Thorsten Wilhelm
Bremthal i/Ts.
GV Höchst, 03-2023

D1985136

Wolfgang Metternich
Burgen in Irland

Wolfgang Metternich

Burgen in Irland

Herrschaftsarchitektur im Hochmittelalter

Wissenschaftliche Buchgesellschaft
Darmstadt

Umschlaggestaltung: Neil McBeath, Stuttgart.

Umschlagbild: Die Burg von Shanid (Foto: W. Metternich).

Die Deutsche Bibliothek – CIP-Einheitsaufnahme

Metternich, Wolfgang:
Burgen in Irland : Herrschaftsarchitektur im Hochmittelalter / Wolfgang Metternich. – Darmstadt : Wiss. Buchges., 1999
ISBN 3-534-13921-6

Bestellnummer 13921-6

Das Werk ist in allen seinen Teilen urheberrechtlich geschützt. Jede Verwertung ist ohne Zustimmung des Verlages unzulässig. Das gilt insbesondere für Vervielfältigungen, Übersetzungen, Mikroverfilmungen und die Einspeicherung in und Verarbeitung durch elektronische Systeme.

© 1999 by Wissenschaftliche Buchgesellschaft, Darmstadt
Gedruckt auf säurefreiem und alterungsbeständigem Papier
Satz: Setzerei Gutowski, Weiterstadt
Druck und Einband: Druckhaus Beltz, Hemsbach
Printed in Germany
Schrift: Thesis

ISBN 3-534-13921-6

Inhalt

I Einleitung ... 7

II Fürsten, Söldner, Abenteurer ... 17

III Die Zeit der Eroberer ... 37

IV Die Zeit der Burgen ... 59

V Die Orte der Burgen ... 68

VI Ein Ort für viele Zwecke ... 78

VII Die Gestalt der Burgen ... 92

VIII Die europäische Dimension ... 122

IX Katalog der Burgen ... 143

X Glossar ... 262

XI Literatur ... 266

XII Bildnachweis ... 276

XIII Register ... 277

Im Katalog aufgeführte Burgen

1. Adare (S. 144), 2. Athenry (S. 146), 3. Athlone (S. 149), 4. Ballinamantain (S. 150), 5. Ballintober (S. 153), 6. Ballylahan (S. 154), 7. Ballyloughan (S. 156), 8. Ballymoon (S. 158), 9. Ballymote (S. 160), 10. Cahir (S. 163), 11. Carlingford (S. 165), 12. Carlow (S. 168), 13. Carrickfergus (S. 170), 14. Castle Carra (S. 173), 15. Castleknock (S. 175), 16. Clonmacnoise (S. 176), 17. Clonmore (S. 179), 18. Clough (S. 182), 19. Cloughoughter (S. 184), 20. Delvin (S. 186), 21. Drogheda (S. 188), 22. Dublin (S. 191), 23. Dunamase (S. 194), 24. Dundrum (S. 197), 25. Dungarvan (S. 200), 26. Dunmore, Co. Galway (S. 202), 27. Dunmore, Co. Meath (S. 204), 28. Enniscorthy (S. 205), 29. Ferns (S. 207), 30. Ferrycarrick (S. 210), 31. Greencastle, Co. Donegal (S. 213), 32. Greencastle, Co. Down (S. 215), 33. Harry Avery's Castle (S. 217), 34. Kilkenny (S. 219), 35. Knockgraffon (S. 221), 36. Lea Castle (S. 222), 37. Limerick (S. 225), 38. Liscarroll (S. 227), 39. Maynooth (S. 229), 40. Moylough (S. 231), 41. Nenagh (S. 233), 42. Newcastle McKynegan (S. 235), 43. Rinndown (S. 237), 44. Roche Castle (S. 241), 45. Roscommon (S. 244), 46. Roscrea (S. 247), 47. Shanid (S. 249), 48. Swords (S. 251), 49. Terryglass (S. 254), 50. Trim (S. 257)

I Einleitung

In der Burgenforschung ist Irland noch immer eine einsame Insel am nordwestlichen Rande Europas. Irischer Burgenbau ist kein Thema. Es gibt genügend andere Gründe, der Grünen Insel einen Besuch abzustatten, gerade auch für den Historiker. Hier kann man die Bronzezeit in ihren großartigsten Denkmälern erleben, die Quellen des europäischen Mittelalters reichlich fließen sehen, allerdings in einer keltisch-christlichen Einfassung. Von Burgen ist da keine Rede, von Befestigungen und Wehranlagen allerdings; gemeint sind dann aber die großen Ringwallanlagen der keltischen und vorkeltischen Epoche. Charakteristisch ist die Bemerkung eines irischen Reiseunternehmers, der, auf die Bitte, auch Roscommon auf einer historischen Rundreise durch Irland zu besuchen, antwortete: „Da gibt es doch nichts zu sehen." In Roscommon steht eine der eindrucksvollsten Burganlagen Irlands.

Auch in Irland wird seit mehr als einhundert Jahren viel Gelehrtenfleiß der Erforschung der Burgen gewidmet. Aber nur wenige Ergebnisse dieser Arbeiten gelangen über die Insel hinaus. Das Burgenland Irland ist ein abgeschlossener Raum, der weder enge Beziehungen zu anderen Regionen Europas, Britannien einmal ausgenommen, zu pflegen scheint, noch von außen der Beachtung wert erachtet wird. Diese Isolation der irischen Burgenkunde ist schlichtweg falsch, zugleich aber auch ein Anreiz, Fragestellungen gerade mit Blick auf den abgeschlossenen und überschaubaren Raum der Insel zu formulieren. Durch die umgebenden Meere hat das Land klar definierte Grenzen, innerhalb deren sich die keltische Kultur bis zum Beginn des mittelalterlichen Burgenbaus scheinbar unberührt von den Entwicklungen im übrigen Europa gehalten hatte. Erst die englische „Eroberung" Irlands ab 1169 sollte diese Isolation durchbrechen und das Land nachhaltig verändern – mit unübersehbaren Folgen bis zum heutigen Tag.

Zu dem überschaubaren Raum, in dem sich der mittelalterliche Burgenbau Irlands abspielt, gesellt sich eine zeitlich klar umrissene Periode, in der die in dieser Arbeit besprochenen Burgen errichtet wurden. Am Anfang steht das Jahr 1169, gerne und allzu häufig als das Schicksalsjahr der irischen Geschichte bezeichnet.[1] Immerhin begann mit diesem Datum die mehr als achthundertjährige konfliktbeladene Verbindung mit dem benachbarten Königreich England, begann aber auch, wenn man einige Unschärfen zu übersehen bereit ist, der Burgenbau im mittelalterlichen Irland. Das Ende der Epoche des hochmittelalterlichen Wehrbaus auf der Insel ist nicht

[1] Richter 1996, S. 133

aufs Jahr genau festzulegen, aber eine Fülle von Daten in dichter Folge, vor allem, wenn man sie in einem engen Zusammenhang sieht, verhilft auch hier zu einer Orientierung. Kurz nach 1300 sind die letzten Burgen im Bau, 1306 stirbt einer der großen Burgenbauer des Mittelalters, König Eduard I. von England, der auch für Irland nicht ohne Bedeutung war, 1314 endete die englische Eroberung Schottlands mit dem Desaster von Bannockburn, 1318 der schottische Feldzug in Irland mit dem Tod von Robert Bruce. Der Ausbruch des Hundertjährigen Krieges zwischen England und Frankreich 1337[2] und die Pest ab 1348, in enger Verbindung mit gravierenden ökonomischen und sozialen Problemen[3], führten dazu, "that there was virtually no castle building in Ireland during the fourteenth century"[4].

Die rund einhundertfünfzig Jahre des in diesem Buch behandelten Zeitraumes irischer Burgenarchitektur werden sehr häufig als die Epoche der englischen Eroberung Irlands, als "Norman Conquest", bezeichnet. Unter diesem Blickwinkel sind die irischen Wehrbauten nach 1169, die es vorher in dieser Anzahl und Größenordnung nicht gab, überdies fast ausschließlich von den neuen Herren errichtet, reine Erobererarchitektur. Allzu lange hing den Burgen Irlands dieses Odium auch an, waren sie Monumente der Unterdrückung, Symbole fremder Macht, Zeichen nationaler Schande. Längst aber kann das englische Übergreifen nach Irland im 12. Jahrhundert nicht mehr als einseitige Aggression eines mächtigen und hochgerüsteten Nachbarn angesehen werden, der ein kleines, in beschaulicher Idylle ein wenig zurückgebliebenes Land überfällt und brutal – nicht zuletzt mit Hilfe der Burgen – unterjocht. Längst ist eine fruchtbare Diskussion im Gange, welche die englischen Aktivitäten in Irland im Rahmen der europäischen Binnenkolonisation seit dem 11. Jahrhundert sieht, analog etwa zur deutschen Ostkolonisation. Die Auswirkungen neuer landwirtschaftlicher Techniken wie der Dreifelderwirtschaft, des zunehmenden Bevölkerungswachstums, der engeren Verbindung von ehemals abgelegenen oder in Randlage sich befindenden Regionen durch bessere Verkehrswege und eine Erweiterung des Horizonts im Bewußtsein des mittelalterlichen Menschen machten auch an Küsten und vor Meeren nicht halt. Gerade der irische Burgenbau zeigt, wie Europa sich damals weitete und zugleich zusammenfand. Irland war auch im hohen Mittelalter keine Insel der Seligen, die sich auf Dauer von der Entwicklung in Europa abkoppeln konnte.

Die Betrachtung des irischen Burgenbaus in den einhundertfünfzig Jahren nach 1169 liefert einige wertvolle Erkenntnisse zu dieser Betrachtungsweise. Irland steht in dieser Zeit in einem engen Zusammenhang mit der Entwicklung des westeuropäischen Burgenbaus von den Pyrenäen bis ins schottische Hochland. Das schließt bemerkenswerte Eigenleistungen und Sonderentwicklungen der irischen Burgenarchitektur zu dieser Zeit mit ein. Aber es

[2] Krieger 1996, S. 179
[3] Barry 1987, S. 177
[4] Frame, The English lordship 1250–1450. In: Bartlett/Jeffrey (ed.) 1996, S. 87

gibt kein einseitiges Gefälle im Wehrbau von Frankreich über England nach Irland, es gibt auch keinen reinen Import einer fremden und fremdartigen Militärarchitektur in ein friedfertiges Land ohne Wehrbauten. Es gibt im Gegenteil viele Beispiele einer gegenseitigen Durchdringung der verschiedenen Kulturen auch auf dem Gebiet des Wehrbaus.

Das schließt die Besonderheiten der Bedingungen in Irland mit ein. Gewiß lassen sich die typologischen Wurzeln vieler irischer Burgen nach 1169 aus Frankreich oder England herleiten. Deshalb steht in Irland aber keine einzige rein französische oder englische Burg. Deshalb ist auch der gängige Brauch, die in Irland ab 1169 errichteten Motten durch Bildbeispiele vom einhundert Jahre älteren Teppich von Bayeux zu illustrieren, fragwürdig, muß doch auch bei den leicht und schnell zu errichtenden Holz-Erde-Bauten eine eigenständige Typologie nach Funktion und Zeitstellung zumindest ins Kalkül gezogen werden. Eine Rekonstruktion nach gesicherten Grabungsbefunden wäre sinnvoller und ergäbe, wie einzelne wenige Untersuchungen zeigen konnten, ein sehr viel differenzierteres Bild der frühen Burgen in Irland. Auf den Bau von Burgen – nicht nur in Irland – wirken so viele Einflußfaktoren ein, daß der scheinbar so klare Begriff der Burg gerade noch als kleinster gemeinsamer Nenner für eine überaus komplexe und in sich sehr differenzierte Architekturform gelten kann. Die mittelalterliche Burg kann ein befestigter Bauernhof ebenso wie eine ausgedehnte, mit Mauern und Türmen bewehrte Residenz sein. Sie kann auf Zeit für einen taktischen Vorteil oder in Verfolgung einer bestimmten Strategie errichtet werden oder als Ursprung und Sicherung einer Jahrhunderte überdauernden Siedlung. Beispiele der unterschiedlichsten Art finden wir in Irland genügend.

Die Literatur zum irischen Burgenbau ist nicht sehr reichhaltig. Das Standardwerk ist noch immer "Irish Castles and Castellated Houses" von Harold Leask aus dem Jahr 1941. Die revidierte Fassung von 1944 wurde seither viele Male nachgedruckt[5], blieb aber inhaltlich auf dem Stand der vierziger Jahre. Vorausgegangen war 1936 Leasks Aufsatz zum gleichen Thema, jedoch ohne die Behandlung der spätmittelalterlichen Turmburgen[6]. An beiden Publikationen kann die Burgenforschung in Irland bis zum heutigen Tag nicht vorbeigehen. Es muß aber deutlich gemacht werden, daß die Pionierleistungen Leasks bereits mehr als ein halbes Jahrhundert zurückliegen.

Die Burgenforschung in Irland ist seither nicht stehengeblieben. Zusammenfassende Publikationen wurden jedoch nicht vorgelegt. Das spricht auch für die Qualität und den fortdauernden Einfluß der Arbeit von Leask. Erst in den letzten Jahren haben einige Werke etwas Abhilfe geschaffen. Die jüngste Publikation ist zweifellos die wichtigste. Im Herbst 1997 legte Tom McNeill sein Buch "Castles in Ireland – Feudal Power in a Gaelic World" vor[7] vor. Es behandelt sowohl die in dieser Arbeit angesprochenen hochmittelal-

[5] Leask 1986
[6] Leask 1937
[7] Mc Neill 1997

terlichen Burganlagen als auch die Turmburgen des Spätmittelalters, räumt allerdings der ersten Gruppe zwei Drittel des Buches ein. Tom Mc Neill, der schon 1981 die bis dahin gründlichste Monografie zu einer irischen Burg vorgelegt hat[8], darf heute als einer der besten Kenner des irischen Burgenbaus gelten.

1970 publizierte Peter Harbison zum ersten Mal seinen "Guide to the National Monuments of Irland"[9], in dem er zu den unter der Aufsicht des Office of Public Works stehenden Denkmälern der nationalen Geschichte etwa einhundert weitere nicht staatlich betreute Monumente seiner eigenen Auswahl beisteuerte. Unter der reichhaltigen Hinterlassenschaft der langen irischen Geschichte nehmen die Burgen – nahezu vollständig erfaßt – breiten Raum ein. Natürlich konnten jeder Anlage nur wenige Zeilen gewidmet werden. Hervorzuheben sind jedoch die präzisen kartografischen Angaben und die Literaturzitate, die eine Vertiefung des mitgeteilten Wissens erlauben. Während die älteren Auflagen des "Guide" noch sehr ausführlich über die Zugangsmöglichkeiten informierten, fehlen diese Hinweise in der jüngsten Auflage. Auch sind die Literaturhinweise nicht mehr auf dem neuesten Stand. Dafür ist den Denkmälern (und Burgen) Nordirlands nun die gleiche Aufmerksamkeit gewidmet wie den in der Republik gelegenen. Flächendeckende Burgenforschung in Irland ist ohne Harbisons Führer kaum möglich.

Eine sehr schöne Übersicht, aber ohne wissenschaftlichen Anspruch, publizierten 1977 Brian de Breffny und George Mott mit dem Buch "Castles of Ireland"[10]. In der öden Buchlandschaft zum Thema Burgen in Irland war es nach Leask, trotz seiner begrenzten Zielsetzung, ein Lichtblick. Die zahlreichen gelungenen Abbildungen, mit informativen Texten versehen, waren geeignet, den Appetit auf irische Burgen anzuregen. Gewiß stellen auch hier die spätmittelalterlichen Publikumsrenner Blarney und Bunratty die früheren Anlagen in den Schatten, aber das Buch vermag bis heute eine Vorstellung von dem enormen Reichtum des irischen Burgenbaus, zumeist in herrlichen Landschaften gelegen, zu vermitteln.

Ein schmales, leider auch in Irland nur schwer erhältliches Bändchen aus dem Jahr 1993 muß dennoch als Schwergewicht in der irischen Burgenliteratur bezeichnet werden. Mike Salter[11] legte hier in einer enormen Fleißarbeit eine Übersicht über nahezu alle irischen Burgen, die spätmittelalterlichen Turmburgen wiederum eingeschlossen, vor. Wie schon bei seinen gleichartigen Arbeiten über Burgen in England, Schottland und Wales mußte er die Textmenge stark begrenzen, glich diesen Mangel aber dadurch weitgehend aus, daß er nahezu jede Burg in Plänen und charakteristischen Abbildungen vorstellte. Dem Katalog der irischen Burgen vorangestellt ist eine informative Einleitung über die Wesensmerkmale irischer Burgen, ebenfalls reich illustriert.

Salters Arbeit war geeignet, die Neuauflage der "Castles of the British Isles" des englischen Burgenforschers Plantagenet Somerset

[8] Mc Neill 1981
[9] Harbison 1992
[10] Breffny 1977
[11] Salter 1993

Fry[12] aus dem Jahr 1996 unter dem Titel "Castles of Britain and Ireland"[13] anzuregen. Fehlten im ersten Werk die irischen Burgen noch ganz, so nehmen sie nun in dem opulent ausgestatteten Buch mit eigenem Kapitel und Katalog immerhin zweiundsechzig Seiten ein. An Plänen und Abbildungen nicht so reich wie Salters Arbeit, liegt der Vorteil dieses Bandes darin, den schnellen Vergleich mit dem Burgenbau auf den gesamten britischen Inseln vornehmen zu können.

Bleibt noch der Hinweis auf das einzige deutschsprachige Buch, in dem der irische Burgenbau einigermaßen Berücksichtigung findet: Bodo Ebhardts „Der Wehrbau Europas im Mittelalter" von 1939[14]. Das Erscheinungsjahr kennzeichnet den Stand des Wissens, aber die achtundzwanzig Seiten über die Burgen Irlands sind als früher Versuch, das Wissen um den irischen Burgenbau über die Insel hinaus im deutschsprachigen Raum zu verbreiten, bemerkenswert.

Alle genannten Arbeiten benennen natürlich zahlreiche weiterführende Aufsatzliteratur, die in den großen irischen historischen und archäologischen Fachzeitschriften bis weit in das 19. Jahrhundert zurückreicht. Daneben gibt es in vielen zusammenfassenden Arbeiten wichtige Beiträge über den mittelalterlichen Burgenbau in Irland. Sie haben häufig den Vorzug, die Ergebnisse der neuesten Forschungen, Grabungen und Bauuntersuchungen mitzuteilen. Zu Recht am meisten zitiert wird hier das Kapitel "Anglo-Norman military fortifications" in T. E. Barrys Übersicht über die irische Mittelalter-Archäologie[15]. Aber auch die allgemeine historische Literatur gibt zahlreiche Hinweise zu den Burgen der Eroberungszeit, angefangen bei dem Zeitzeugen und Chronisten Giraldus Cambrensis mit seinen noch ins 12. Jahrhundert datierenden Werken[16] über das voluminöse und materialreiche, teilweise aber veraltete Werk G. H. Orpens "Ireland under the Normans"[17] bis zu "A New History of Ireland"[18].

Auch wenn Einzelpublikationen zum irischen Burgenbau noch rar oder veraltet sind, kann man feststellen: In der irischen Burgenforschung weht ein frischer Wind. Das Buch McNeills ist ein Markstein, deutlicher aber kann man die frischen Impulse im Land wahrnehmen, wo aus gottverlassenen und vergessenen Ruinen plötzlich Baustellen werden. Die Denkmalpflege hat die Burgen des Hochmittelalters entdeckt. Die kartografische Erfassung der zahlreichen Motten begann schon vor mehr als zwei Jahrzehnten, Grabungen, die zu wichtigen Erkenntnissen führten, schlossen sich an. Eine der wichtigsten Baustellen des *Office of Public Works* ist derzeit die seit Jahren geschlossene Burg Trim, wo eine der bedeutendsten Burgen Irlands sorgfältig restauriert wird und dem Publikum als Informationszentrum über den irischen Burgenbau zur Verfügung gestellt werden soll. Baugerüste stehen auch in Adare, Ballymote, Carlingford und weiteren interessanten Plätzen.

12 Fry 1980
13 Fry 1996
14 Ebhardt 1939
15 Barry 1987
16 Scott/Martin (ed.) 1978; O'Meara (ed.) 1982
17 Orpen 1911–1920
18 Cosgrove (ed.) 1993

Abb. 1: Adare: Ansicht von Nordwesten. Im Vordergrund die ältere Halle, dahinter die Reste des Keep

Die Aktivitäten sind Teil einer Neubesinnung in der irischen Denkmalpflege, welche lange Zeit im nationalen Interesse der jungen Republik das keltische Erbe identitätsbildend stilisierte und – zum Glück – vorzüglich pflegte, der englischen Hinterlassenschaft aber bestenfalls ein pflichtgemäßes Interesse entgegenbrachte. Der Nordirland-Konflikt ließ auch die Denkmalpflege nicht unberührt. Es war in diesem Klima verständlich, wenn man „englischen" Denkmälern, zumal den Monumenten einer bis heute als unheilvoll erfahrenen Eroberung, sehr reserviert gegenüberstand. Die Burgen der Eroberer wurden unter der Aufsicht der staatlichen Denkmalpflege gewiß so gut es ging bewahrt, geliebt hat man sie nicht. Schon gar nicht wollte man sich mit ihnen als Teil des nationalen Erbes identifizieren, mochte man auch die Namen der Eroberer – Roche, Barry, Burgh und Fleming – auf dem Türschild stehen haben.

Nachdem nun so lange Megalithgräber und Ringforts, Hochkreuze und Klosteranlagen, auch ein paar späte Turmburgen irischer Geschlechter im Rampenlicht des öffentlichen Bewußtseins gestanden haben, ziehen nun die Burgen nach. Sie erhalten ihren Platz in der historischen Topografie Irlands zurück, werden zu Wahrzeichen einer Epoche, in der weniger die Unterdrückung einer keltischen Scheinidylle als vielmehr die erneute Hinwendung Irlands nach Europa stattfand. Die Tragik der Entwicklung war nicht, daß sie –

wenngleich wie im Mittelalter die Regel – gewaltsam eingeleitet wurde, sondern, daß sie kein friedliches Ende fand. Doch das kann man den Burgen und ihren Erbauern nicht anlasten. Die wirklichen Fehler wurden von späteren Generationen gemacht. Auch England wurde 1066 von Franzosen aus der Normandie, nicht zuletzt mit Hilfe des damals noch neuartigen Burgenbaus, erobert, aber eine Abneigung der Engländer gegen Franzosen und Bewohner der Normandie aus diesem Grund ist nicht zu erkennen.

Die irischen Burgen des Hochmittelalters finden zu dem ihnen angemessenen historischen Ort zurück. Dieses Buch möchte einen Beitrag dazu leisten. Ein wenig Wehmut ist angesichts der neuen Entwicklung in Forschung und Denkmalpflege auch dabei. Wie schön war es – und ist es noch –, über Wiesen und Weiden, über Feldmauern und Gatter zu einer einsam gelegenen, romantisch überwachsenen Burgruine zu gelangen, bestenfalls Auge in Auge mit einem Jungstier, dessen unedle Absichten es vor dem Genuß zu ergründen galt! Kassenhäuschen, Kieswege, Zäune und Verbotsschilder werden Burgen und Landschaften verändern, aber das ist der Preis, der für denkmalpflegerische Maßnahmen, Forschung und Information der Besucher zu entrichten ist. Das Gegenteil wäre Idylle, Ignoranz und Verfall, und gerade letztere können wir uns in einer Zeit, in der historische Rückbesinnung so wichtig ist, nicht mehr leisten.

Dieses Buch ist nicht voraussetzungslos entstanden. Die Idee reifte in der langjährigen Begegnung mit dem Land und der Burgenforschung im westeuropäischen Raum. Die Wissenschaftliche Buchgesellschaft griff den Gedanken auf, das Engagement der Lektorin Dorothee Feigel brachte das Projekt auf den Weg. Ihr Nachfolger Heribert Heuschneider begleitete in enger und konstruktiver Zusammenarbeit die Drucklegung. Ohne diese angenehme Zusammenarbeit wäre das Buch so nicht entstanden. Ein wichtiger Stützpfeiler war die Bibliothek der Römisch-Germanischen Kommission in Frankfurt am Main, wo die schwer erhältlichen irischen Fachzeitschriften jederzeit zur Verfügung standen. Bei den Fotoarbeiten gaben Walter Kloos und Peter Frank Rat und Hilfe. Die Erstellung des Manuskripts wurde durch die Mitarbeit von Sigrid Bisch wesentlich gefördert, meine Ehefrau Ursula Metternich half, die Zeit zu gewinnen, die zum Erarbeiten der Inhalte und zum Schreiben notwendig ist.

In Irland selbst wurden hervorragende Arbeitsbedingungen angetroffen. Die Mitarbeiter des *Office of Public Works* in Dublin, die vielen Bauleiter auf den Baustellen, aber auch die Eigentümer und die Kustoden der Burgen waren jederzeit bemüht, gute Arbeitsbedingungen zu schaffen, selbstredend auch die vielen Farmer und "Locals", die halfen, wo sie konnten. Die Bibliothekare der County-Libraries leisteten schnelle und unbürokratische Hilfe, selbst in einem Pub konnte man noch wertvolle Informationen und Hinweise bekommen. Die übermütigen Jungstiere und einige alte Bullen auf Wiesen und Weiden ließen mich trotz massiver Vorwarnungen anstandslos passieren. Allen Genannten und Ungenannten, die zum Werden dieser Arbeit beigetragen haben, sei dieses Buch gewidmet.

Wolfgang Metternich

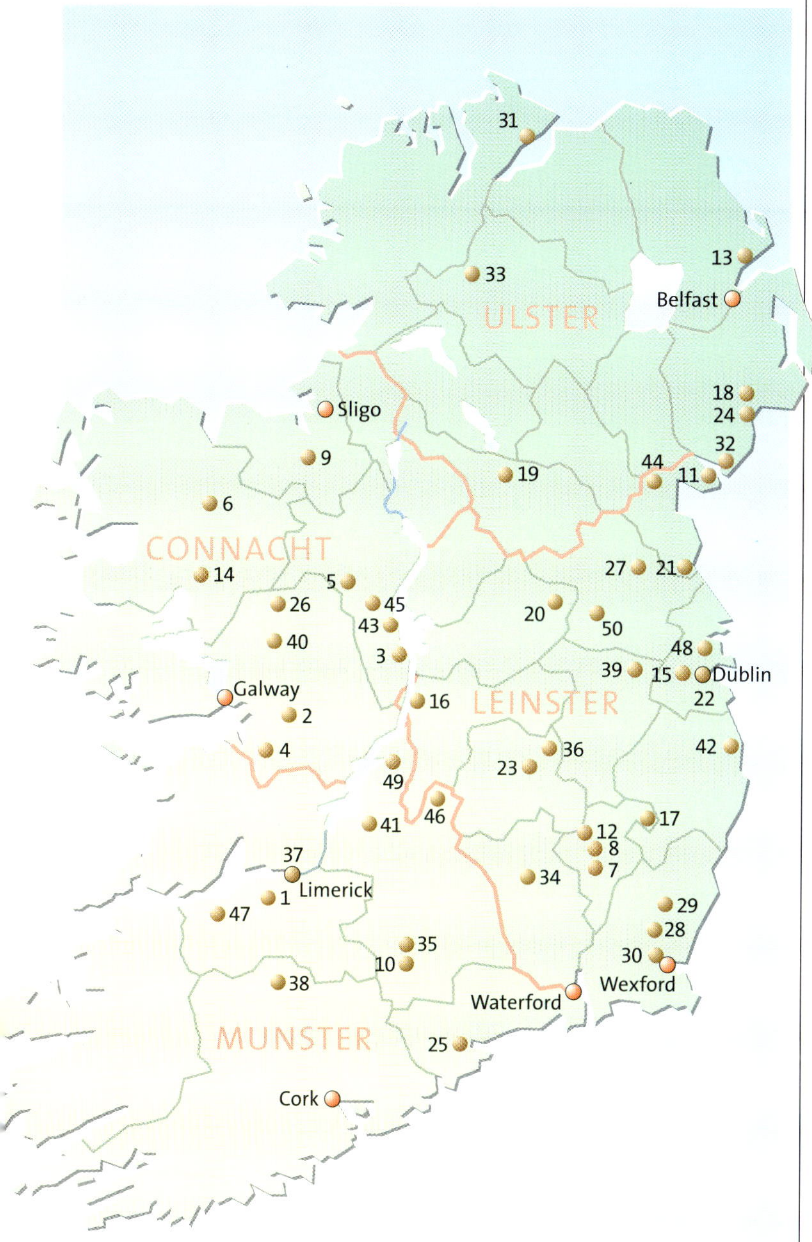

	Grenzen der Counties
	Grenzen der Königreiche vor der anglonormannischen Eroberung
	Der Shannon-River
Galway	Städte zur Orientierung
mit lfd. Nr.	Im Katalog behandelte Burgen

1 Adare, Co. Limerick
2 Athenry, Co. Galway
3 Athlone, Co. Westmeath
4 Ballinamantain, Co. Galway
5 Ballintober, Co. Roscommon
6 Ballylahan Co. Mayo
7 Ballyloughan, Co. Carlow
8 Ballymoon, Co. Carlow
9 Ballymote, Co. Sligo
10 Cahir, Co. Tipperary
11 Carlingford, Co. Louth
12 Carlow, Co. Carlow
13 Carrickfergus, Co. Antrim
14 Castle Carra, Co. Mayo
15 Castleknock, Co. Dublin
16 Clonmacnoise, Co. Offaly
17 Clonmore, Co. Carfow
18 Clough, Co. Down
19 Cloughoughter, Co. Cavan
20 Delvin, Co. Westmeath
21 Drogheda, Co. Louth
22 Dublin, Co. Dublin
23 Dunamase, Co. Laois
24 Dundrum, Co. Down
25 Dungarvan, Co. Waterford
26 Dunmore, Co. Galway
27 Dunmore, Co. Meath
28 Enniscorthy, Co. Wexford
29 Ferns, Co. Wexford
30 Ferrycarrick, Co. Wexford
31 Greencastle, Co. Donegal
32 Greencastle, Co. Down
33 Harry Avery's Castle, Co. Tyrone
34 Kilkenny, Co. Kilkenny
35 Knockgraffon, Co. Tipperary
36 Lea Castle, Co. Laois
37 Limerick, Co. Limerick
38 Liscarroll, Co. Cork
39 Maynooth, Co. Kildare
40 Moylough, Co. Galway
41 Nenagh, Co. Tipperary
42 Newcastle McKynegan, Co. Wicklow
43 Rinndown, Co. Roscommon
44 Roche Castle, Co. Louth
45 Roscommon, Co. Roscommon
46 Roscrea, Co. Tipperary
47 Shanid, Co. Limerick
48 Swords, Co. Dublin
49 Terryglass, Co. Tipperary
50 Trim, Co. Meath

II Fürsten, Söldner, Abenteurer

Burgen wachsen nicht von selbst, dieser Gemeinplatz muß gerade dann hervorgehoben werden, wenn es sich um eine besondere soziale Gruppe handelt, die für den Bau von Burgen verantwortlich ist. Auch muß betont werden, daß es sich bei den Burgenbauern in Irland nach 1169 nicht um keltisch sprechende Iren handelte, sondern um landfremde Neuankömmlinge, mit eigener Lebensweise und Traditionen, mit Normen und Zielen, wie sie in Irland wenn nicht unbekannt, so doch ungebräuchlich waren. Es waren Fremde, die sich anschickten, in Irland zu siedeln, dort zu herrschen und heimisch zu werden. Sie gebrauchten, ganz gleich welches Idiom über ihre Lippen kam, eine fremde Sprache, sie kamen aus einem anderen Land. Sie waren aber auch fähig, sich den Gegebenheiten in Irland so weit anzupassen, daß sie sehr bald das ganze Land dominierten, wenn auch nicht vollständig beherrschten. Man wird noch einige Zeit trefflich darüber streiten, wie weit entfernt Irland von England und dem übrigen Europa im 12. Jahrhundert war, eines ist sicher: die Neuankömmlinge waren keine Iren, fügten sich nicht der im Land anerkannten Sozialordnung ein, vertraten eine andere Kultur und Rechtsauffassung. Sie brachten etwas Neues nach Irland, und die Burgen waren nur ein Teil davon.

Wer waren diese Menschen, die, zunächst mit drei Schiffen, Anfang Mai 1169[1] auf der Halbinsel von Bannow, an der Südküste zwischen den Städten Wexford und Waterford, landeten? Die Historiker sprechen bei diesem Thema alles andere als eine einheitliche Sprache. Unter Überschriften wie "The Norman Invasion of Ireland"[2], "Adventus Anglorum"[3], „Die anglo-normannische Invasion"[4] und „Das englische Eingreifen in Irland"[5] finden sich dann "The Normans and their Flemish and Welsh comrades"[6] und "Expansive Anglo-French feudalism"[7].

Der Wirrwarr der Begriffe ist verständlich, denn bei den Invasoren von 1169 handelte es sich tatsächlich um eine sehr heterogene Truppe von landhungrigen Abenteurern, die nicht entfernt eine strategisch geplante Eroberung Irlands im Sinne hatten. Der gerne gebrauchte Vergleich mit der Invasion Englands durch Wilhelm den Eroberer 1066 macht dies augenfällig. Einhundert Jahre zuvor hatte der normannische Herzog nichts weniger als die Eroberung eines ganzen Königreiches ins Auge gefaßt, mit langem Atem, einem klar formulierten Rechtsanspruch, mit diplomatischer und kirchlicher Absicherung und nicht zuletzt einem starken und disziplinierten Heer[8]. Ganz anders 1169 in Irland. Hier schickte sich eine angewor-

[1] Roche 1995, S. 117–118
[2] Roche 1995
[3] Duffy 1997
[4] Elvert 1993
[5] Richter 1996
[6] Roche 1995, S. 114
[7] Graham, in: Graham/Proudfoot 1997, S. 63
[8] Douglas 1980, S. 163–248; le Patourel 1997, S. 28–48; Jäschke 1981, S. 70–88

bene und zusammengewürfelte Gruppe aus Rittern und Söldnern an, Beute zu machen und Land zu erobern[9], Land außerhalb der Kontrolle ihres Oberherrn, des englischen Königs. Als dieser das Spiel durchschaute, wurde aus dem waghalsigen Raubzug eine wirkliche Invasion unter der Aufsicht und der direkten Teilnahme der englischen Krone, gruppierte sich um die Abenteurer eine Schicht mit klaren Zielen, in einer Tradition, die bis in die Zeit von 1066 zurückreichte.

Ihre ersten Anführer waren Barone aus den walisischen Marken und Grenzgrafschaften, zugleich Angehörige der vornehmsten Familien Englands im 12. Jahrhundert, direkte Nachkommen der normannischen Eroberer Englands von 1066. Mögen die Hoffnungen und Erwartungen der einzelnen Söldner in den Besatzungen der ersten Schiffe auch auf schnelle Beute, Gewinn und vielleicht Land als Lohn für ihren Kriegsdienst gerichtet gewesen sein, die Ziele ihrer Anführer ergaben sich aus dem Gedankengut der gesellschaftlichen Schicht, der sie angehörten. Dieses Gedankengut aber war durch eine mehr als einhundertjährige Erfolgsserie, mit den Höhepunkten der Eroberung Englands, der Schaffung normannischer Kreuzfahrerstaaten im Orient und eines florierenden Staates auf Sizilien, derart zu Traditionen verfestigt, daß die Eroberer mit Blick auf die Leistungen ihrer Vorfahren den Erfolg fest auf ihrer Seite sahen. Giraldus Cambrensis, Abkömmling und Verwandter dieser England regierenden Herrenschicht, drückt dieses Sendungsbewußtsein und Überlegenheitsgefühl gegenüber dem irischen Gegner sehr treffend aus: „Zu einem Teil stammen wir durch direkte Abstammung von den Troianern ab. Aber zu einem Teil sind wir auch Abkömmlinge der Männer aus Gallien, und haben unseren Charakter auch von diesen. Von den ersten haben wir unsere Kühnheit, von den letzten unsere Fähigkeiten im Gebrauch der Waffen. So sind wir gleichermaßen mutig und versiert in Waffen, wegen unserer zweifachen Tugenden und vornehmen Abstammung von beiden Seiten. Gibt es dann noch irgendjemanden, der glaubt, daß dieser unbewaffnete Pöbel, dieser Haufen gewöhnlicher Leute, uns widerstehen kann?"[10].

Giraldus Cambrensis hatte keine hohe Meinung von den Iren, er verachtete sie. Aber charakteristisch in seinen Worten ist die Hervorhebung der Herkunft der Invasoren aus Gallien, aus der Normandie[11]. Richter hat zu Recht betont, daß die aus der Normandie 1066 nach England gekommene Oberschicht längst dort heimisch geworden war, im Alltag sogar mehr die englische als die französische Sprache gebrauchte[12]. Aber noch besaßen alle großen Familien Besitzungen, Eigengüter und Lehen, auf beiden Seiten des Kanals. Und ihr Landhunger, ihr Wille zu Expansion und Eroberung war ungebrochen. Sie sahen sich als eine privilegierte Gruppe, versehen mit dem Segen der Kirche und mit überragenden militärischen Fähigkeiten, prädestiniert, Land zu gewinnen, das andere zu regieren nicht fähig waren.

[9] Graham 1997, S. 62
[10] Giraldus Cambrensis 1978, S. 49
[11] Scott, A. B./Martin, F. X. 1978
[12] Richter 1996, S. 135

Dieses Selbstbewußtsein kam nicht von ungefähr. Es war in mehr als einhundert Jahren zuerst unter der Führung der Herzöge der Normandie geformt[13] und unter ihrer straffen Führung als Könige von England weiterentwickelt worden. Man muß sich vergegenwärtigen: Eine Gruppe von wenigen tausend Leuten hatte 1066 ein Königreich mit mehr als einer Million Einwohner erobert und sich nahezu uneingeschränkt zu Herren des Landes gemacht. Ihr damaliger Führungszirkel von kaum zwanzig Baronen, allen weit voran der Herzog als König von England, hatte es zu ungeheurem Reichtum an Land, Menschen und Ressourcen gebracht[14]. Aber auch ihre Mitstreiter und Lehensleute waren nicht leer ausgegangen. Hinzu trat in der Mitte des 12. Jahrhunderts die Ausweitung englisch-normannischer Macht auf ganz Westfrankreich durch die Heirat König Heinrichs II. mit Eleonore von Aquitanien, zwar keine Eroberung und Landnahme, aber eine weitere Chance für die immer land- und beutehungrige Herrenschicht, in den permanenten Kleinkriegen des Mittelalters weiteren Besitz zu erlangen. Unmittelbar nach der Eroberung von 1066 war Wales zum lohnenden Ziel geworden, und überall war diese Kriegerkaste erfolgreich, sogar im fernen Unteritalien, Sizilien und im Orient, worüber diese Barone, wenn sie schon nicht teilnahmen, sehr genau Bescheid wußten. Nach Gründen und Belegen für ihre Überlegenheit zu suchen, fiel ihnen nicht schwer.

Normannische Tradition, Expansion, Krieg und Landnahme als Daseinszweck[15], das ist die ideologische Folie, vor der sich auch die Invasion in Irland abspielte, mag das Bild der ersten Ankömmlinge auch sehr bescheiden ausfallen und ihre Anfangserfolge von viel Glück und dem Unvermögen ihrer Gegner begünstigt gewesen sein. Normannische Tradition aus der Rückschau des 12. Jahrhunderts: das war das Gefühl einer natürlichen gottgegebenen Überlegenheit, das waren aber auch ununterbrochener Kampf und Waffentraining in den Kampfpausen, das war die Entwicklung neuer Kampftaktiken, die Fähigkeit, diszipliniert in geschlossener Formation zu kämpfen, abzuwarten bis der Gegner sich eine Blöße gab. Das war die Entwicklung neuer Waffen und Ausrüstung für Pferd und Reiter, das Kettenhemd, die Vollpanzerung, die Stoßlanze, der hohe Sattel und die Einführung des Steigbügels. Normannische Tradition war aber auch die Ausbildung von Verwaltungsstrukturen, um erobertes Land zu kontrollieren und seine Ressourcen nutzen zu können. Dazu gehörten Eigenleistungen wie das Kataster des "Domesday Book" und das Amt des Exchequers in England ebenso wie die Übernahme bereits funktionierender Verwaltungsstrukturen in den eroberten Ländern, so des Shire-Systems in England. Anpassungsfähigkeit und Flexibilität dieser europäischen Elite,[16] militärische Stoßkraft und die Fähigkeit, die Reichtümer eines Landes schnell zu erschließen und in einem Staatswesen zu organisieren, führten dazu, daß die Staaten in normannischer Tradition im 12. Jahrhundert an der Spitze der Entwicklung in Europa standen und zu den reichsten ihrer Zeit

[13] Douglas 1980, S. 91–111
[14] Hierzu zusammenfassend Krieger 1996, S. 81–137
[15] le Patourel 1997, S. 278–354
[16] Frame 1981, S. viii–ix

gehörten. Dies war das Potential, das zur Verfügung stand, als sich 1169 die Tür nach Irland öffnete. Wer auf diesem Instrument spielte, war zweitrangig, wenn er ihm nur die richtigen Töne entlockte.

Die normannische Welt war eine feudale Welt[17]. Wilhelm der Eroberer hatte vor 1066 den Feudalismus in seinen entwickelten Formen noch nicht vorgefunden, aber nach der Eroberung Englands seine machtvolle Stellung dazu genutzt, die feudale Hierarchie nach den Bedürfnissen seines Königtums weiter auszuformen[18]. Danach war er der oberste Lehnsherr, der das eroberte Land als Lehen an seine Gefolgsleute ausgab, nicht ohne sich selbst einen großen Teil persönlich als Krondomäne zu sichern. Für diese Lehen wurden ihm Dienste und Abgaben geschuldet, die die großen Barone dadurch aufbrachten, daß sie von ihrem Land Unterlehen vergaben, die ihrerseits Dienste und Abgaben erbrachten. Es entstand die feudale Hierarchie der Lehnspyramide in fast perfekter Ausbildung. Neben der Lehnspyramide aber gab es die Verwaltung des Landes in Grafschaften und Hundertschaften, verwaltet von Beamten des Königs, die ebenfalls der feudalen Aristokratie angehörten. Waren die Lehen in der Regel auf Dauer vergeben, so war der Sheriff in der Grafschaft nur für einen befristeten Zeitraum im Amt. Dem Machtmißbrauch war hier ein Riegel vorgeschoben. Aber auch die Lehnsträger waren nicht unabsetzbar. Fehlverhalten und Auflehnung gegen den obersten Lehnsherren konnten ebenfalls zur Enteignung und Vertreibung führen. Das Lehnssystem funktionierte nicht reibungslos, aber leidlich. Vor allem hatte der König als oberster Lehnsherr de jure immer die uneingeschränkte Kontrolle über seine Gefolgsleute, die sich vor seinem Gericht zu verantworten hatten. Wenn ihm dann noch die notwendigen militärischen und finanziellen Machtmittel zu Gebote standen und er persönlich bereit und in der Lage war, sich diesem System persönlicher Herrschaft intensiv zu widmen, stand einer machtvollen und erfolgreichen Regierung nur wenig im Wege.

Normannische Tradition hieß somit für die Barone des hohen Adels auch, sich dem Machtanspruch des Königs immer wieder zu entziehen. Schon die Herzöge der Normandie vor Wilhelm dem Eroberer hatten mit diesem Problem ihre Last und auch Wilhelm selbst hatte in seinen jungen Jahren Mühe, sich die Herzogswürde zu erhalten. Diese unruhige, militärisch so potente Herrenschicht war fortwährend bereit, das Schwert auch gegen ihren Herren zu führen. Dahinter steht nichts weniger als der immer wieder durch Überlieferung und Tradition belebte Lebenszweck dieser Herrenschicht: Krieg, Expansion und Herrschaft. In Ruhe die Früchte einer Eroberung zu genießen war für diese Kriegerkaste undenkbar. Und auch die oft blutig ernsten Turniere waren ihnen nur unvollkommener Ersatz. In der Normandie, im Vexin, an der Grenze zum Territorium des Königs von Frankreich, auch gegen das Anjou, gegen Maine und die Bretagne war das kein Problem. Dort herrschte bis zur Eroberung der Länder des englischen Königs in Frankreich 1204 ein

[17] Zum Feudalismus allgemein: Ganshof 1983
[18] Feudalismus in England: Douglas1980, S. 269–293

Abb. 2: Carrickfergus: Ansicht der Burg von Osten

permanenter Krieg, der sich, als der Graf von Anjou als Heinrich II. Herzog der Normandie und englischer König wurde, nur verlagerte, aber nicht endete. In England gab es nur zwei Grenzregionen, wo der englische König, um seiner kampfeslustigen Aristokratie ein Ventil zu schaffen, ihrem Expansionsdrang freien Lauf ließ: Schottland und Wales.

Das Beispiel Wales ist in vielerlei Hinsicht geeignet, als Vergleich zur „Eroberung" Irlands ab 1169 herangezogen zu werden, nicht weil die Aktionen beide Male nach dem gleichen Muster abliefen, sondern weil beide Länder am Ende der in diesem Buch zu betrachtenden Periode innerhalb des englischen Herrschaftsgebietes völlig verschieden dastanden, obwohl die ursprünglichen Bedingungen einander sehr ähnlich zu sein schienen. Wales hatte vor 1066 nicht zum angelsächsischen Königreich Englands gehört und blieb bis zum Ausgang des 13. Jahrhunderts außerhalb des direkten Einflusses der englischen Krone[19]. Wilhelm der Eroberer in seiner Eigenschaft als neuer englischer König hatte 1066 an den Grenzen von Wales haltgemacht, nicht so der Expansionsdrang seiner Barone. Schon 1067 errichtete William fitzOsbern, einer der führenden Männer aus der Umgebung des Eroberers, mit Chepstow die erste Burg auf walisischem Gebiet. Sehr schnell drangen dann die normannischen Barone und Ritter, denen der Reichtum des soeben gewonnenen England noch nicht genug bot, im Süden, in der Mitte und im Norden nach Wales ein, bauten Burgen und nahmen sich das Land.

[19] Zur Eroberung von Wales: Metternich 1984

Der englische König ließ sie gerne gewähren. Nicht nur öffnete er seiner expansionslüsternen Aristokratie ein Ventil und einen Tummelplatz für ihre Neigungen, er schob auch den permanenten Raubzügen der Waliser nach England einen Riegel vor.

Wales war wie Irland ein keltisches geprägtes Land. Eine staatliche Zentralgewalt, ein Oberkönigtum gab es nicht, wurde aber zeitweise von einzelnen Fürsten des Landes mit mehr oder weniger Erfolg angestrebt. Kleinfürstentümer gliederten das Land und Kleinkrieg der Fürsten, Häuptlinge und Clanchefs untereinander war an der Tagesordnung. Das Land war, mit Ausnahme des Südens, seiner Natur nach schwer zugänglich. Hohe rauhe Gebirgsmassive, dichte undurchdringliche Wälder, sumpfige Täler und schneebedeckte Gipfel waren, zumal sich auf diesem Terrain die guerillaartige Taktik der walisischen Kriegsführung erst richtig entfaltete, auch für harte Kriegernaturen wenig einladend. Auch wenn die sieggewohnten Normannen durch ihre Ausrüstung und Taktik in ebenem und freiem Gelände überlegen waren, fanden sie in der walisischen Wildnis in den Einwohnern des Landes ebenbürtige Gegner, die die Vorteile ihrer Heimat zu nutzen wußten. Der englische König wußte wohl, warum er hier seinen Gewinn nicht aufs Spiel setzen wollte.

Den eindringenden normannischen Baronen winkte in diesem neuzuerobernden Land jedoch ein lockender Vorteil. Im Gegensatz zu England, wo das feudale Lehnsrecht und die machtvolle Hand ihres normannischen Herzogs sie eng an die Kette legten, folgte ihnen hierher, außerhalb der Grenzen Englands nur eine vage formulierte Oberhoheit des englischen Königs. In den Territorien, die sie sich hier eroberten, waren sie als "Marcher Lords" selbst Inhaber vieler königlicher Rechte; ein erheblicher Machtzuwachs war die Folge[20]. Entsprechend groß waren die Anreize, das Abenteuer der Eroberung zu wagen und die harten Entbehrungen, verbunden mit schweren Rückschlägen, über viele Jahre auf sich zu nehmen. Dabei zählte die anfängliche militärische Überlegenheit auf Dauer wenig. Die Waliser lernten schnell von ihren Gegnern und lieferten ihnen über rund zweihundert Jahre einen Kampf, in dem ein Sieger lange Zeit nicht zu erkennen war. Außerdem hatten sie mit dem weitreichenden und zielgenauen Langbogen eine Waffe zur Verfügung, mit der auch gepanzerte Reiter in Schach zu halten waren[21]. Natürlich boten den Invasoren auch in Wales wie schon in den Kämpfen in der Normandie vor und in England nach 1066 die Burgen Sicherheit und Zuflucht. Die relativ schnelle, aber nie gänzlich gesicherte Eroberung von Südwales bis Pembroke geschah vermittels eines dichten Netzes von Burgen; das Eindringen in Mittelwales und auch der Gewinn und Verlust des Nordens westlich von Rhuddlan waren begleitet vom Bau und der Zerstörung von Burgen. Seit dem Ende des 13. Jahrhunderts ist Wales eine der großen Burgenlandschaften Europas[22].

Ohne allzuweit vorzugreifen, muß schon an dieser Stelle angemerkt werden, daß die erste Gruppe der Invasoren, die 1169/70 iri-

[20] Zur normannischen Eroberung von Wales: Walker 1980, S. 20–67; Reeves 1983

[21] Newark 1988, S. 127

[22] Allein im Internet sind 1997 aus dem Zeitraum von 1067 bis ins 14. Jahrhundert 163 Burgen aufgezählt und im einzelnen dargestellt: http://www.castlewales.com/listings.html

schen Boden betrat, aus Wales kam und unter der Führung von Marcher Lords stand, denen einhundert Jahre des Kampfes gegen ihre keltischen Gegner die Abenteuerlust nicht ausgetrieben hatte. Im Gegenteil, sie hatten offensichtlich Gründe, jenseits der Irischen See, in einem unbekannten und gefahrvollen Land, ihr Glück erneut zu versuchen.

Es ist nicht schwer, diese Gründe zu verdeutlichen. Trotz aller Unabhängigkeit im eigenen walisischen Territorium waren die Marcher Lords doch in vielfältiger Weise im feudalen Netz der Lehnsbeziehungen gebunden. Zu ihrem mühsam eroberten Besitz in Wales hatten sie alle beträchtliche Güter und Lehen in England, wofür sie dem König auf dessen Anordnung pünktlich Dienste und Abgaben zu leisten hatten. Fehlverhalten wurde vom König unnachgiebig mit Sanktionen bis hin zum Entzug des englischen Lehens geahndet. Doch war der englische König nicht der einzige Lehnsherr der Marcher Lords und des englischen Adels. Da fast alle großen Familien ihre Wurzeln in der Normandie hatten und im Zuge der Ausweitung des Angevinischen Reiches bis an die Pyrenäen durch Heiratsbeziehungen weit nach Frankreich hinein versippt und mit weiterem Besitz belastet waren, gab es nicht wenige Beispiele, in denen englische Barone sowohl dem englischen wie dem französischen König als Oberlehnsherren zu huldigen hatten. Natürlich bedeuteten die über halb Westeuropa verstreuten Lehnsgüter und Territorien auch eine Last, denn effiziente Herrschaft bedeutete im Mittelalter persönliche Präsenz. Es ging für mehr als einen dieser gewaltigen Ritter an oder über die physischen Kräfte, heute in Wales, morgen in England, in der Normandie, in Aquitanien, auf dem Kreuzzug, am französischen Königshof oder in Flandern zu sein, schon gar, wenn er an mehreren Stellen gleichzeitig gebraucht wurde. Die Notwendigkeit, an vielen Orten zugleich in Erscheinung zu treten, war auch ein Element der Schwäche, das lokale Gegner immer wieder nutzten. Vor diesem Hintergrund wird klar, warum, ob in Frankreich, England, Wales oder bald auch in Irland, feste Burgen und treue Gefolgsleute unabdingbar notwendig waren, wollten die Normannen und die in ihrer Nachfolge stehende englische Aristokratie die gewonnenen Länder fest im Griff behalten.

So besehen waren Krieg und Gewaltausübung für diese Schicht nicht allein pure Lust an Kampf und Eroberung, auch wenn es fast ein Ethos der Gewalt gab[23]. In einem fortwährend gewaltbereiten Umfeld, in dem nicht nur der in der eigenen Stoßrichtung sich befindliche Gegner der Feind war, sondern jederzeit Verwandte, Gefolgsleute, Lehnsherren, Freunde und Fremde, Vertraute und Unbekannte über Nacht aus einem plötzlichen Wandel der Interessen heraus zu Widersachern werden konnten, war die ständige Bereitschaft zum Kampf Teil des eigenen Überlebens und der Sicherung der Herrschaft. War so die eigene Position schon in einem überschaubaren Raum ständig gefährdet, so mußten die Gefahren ange-

[23] Keen 1937, S. 152–190, 257–271, 335–362; Painter 1988, S. 28–64; van Winter, in: Borst (ed.), S. 370–391

sichts der ständig zu bewältigenden Entfernungen ins Unermeßliche wachsen. Man muß nicht nur die Kaiser und Könige auf ihren permanenten Zügen durch das Reich und Italien sehen, ein extremeres Beispiel noch ist König Heinrich II. von England auf seinen ununterbrochenen Reisen und Kriegszügen nach Schottland, Wales, der Gascogne und Bretagne, der Normandie, dem Loiretal, nach Flandern, England und schließlich auch nach Irland. Diese Art der Herrschaftsausübung funktionierte natürlich nur mit Hilfe einer genügenden Anzahl von Gefolgsleuten, aber auch die mußten durch die Bande des Feudalrechtes, durch Ankündigung königlicher Ungnade oder durch offene Gewaltandrohung ständig in Schach gehalten werden.

Diese Aristokratie ist die gesellschaftliche Gruppierung, die für den Burgenbau verantwortlich war, ihr entstammten auch die Leute, die ab 1169 Irland nachhaltig veränderten, ohne es im Hochmittelalter je ganz unterwerfen zu können. Ein Grund für die walisischen Aristokraten mit ihren Gefolgsleuten, das irische Abenteuer zu wagen, war auch, dem sich verstärkenden und erfolgreichen Druck ihrer walisischen Gegner auszuweichen und in einem Land, das mehr Erfolgsaussichten zu bieten schien, ihr Glück erneut zu versuchen. Die Waliser hatten im 12. Jahrhundert nicht nur gelernt, den Normannen mit ihren eigenen Waffen, Burgen und besserer Ausrüstung, entgegenzutreten, ihnen kam auch zugute, daß die normannischen Barone ihre weitgespannten Interessen in ihren über Westeuropa verstreuten Territorien verzettelten, während die Waliser sich in ihrem eigenen wohlvertrauten Gelände auf die Rückeroberung verlorenen Gebietes konzentrieren konnten. Ganz vertreiben konnten sie die Normannen aus Wales nicht, aber viele ihrer Gegner standen als Marcher Lords mit dem Rücken zum eigenen Burgtor, ohne Aussicht auf Hilfe. Zwar hätten sie den König als ihren Oberlehnsherrn zu Hilfe rufen können, aber das war das letzte, was sie wollten. Vor dessen Hilfe stand der zu leistende Lehnseid für das Marcher-Land. Sein Eingreifen hätte den Verlust ihres unabhängigen Status als Marcher Lord bedeutet, sie wären auch in Wales zum abhängigen Lehnsmann der englischen Krone geworden[24]. Einige der Marcher Lords aus Wales wichen auch einfach auf einen als leichter angesehenen Kriegsschauplatz aus, in der Hoffnung, mit den dort zu gewinnenden Ressourcen im Rücken auch in den Marken von Wales wieder zu mehr Erfolg zu kommen.

Es lohnt sich, einmal die Sippe der Marcher Lords, die in den der ersten Landnahme folgenden einhundertfünfzig Jahren in Irland eine führende Rolle spielte, unter dem Brennglas zu betrachten. Es handelt sich um die Familie von Richard de Clare, gen. Strongbow, der im Licht der Geschichte als der anglonormannische Eroberer Irlands schlechthin gehandelt wird. Seine Persönlichkeit, seine Herkunft, seine Familie und ihre Geschichte bis zu ihrem Aussterben im frühen 14. Jahrhundert berühren alle Probleme der Durchdringung Irlands von England und Wales her, bis hin zum Burgenbau.

[24] Metternich 1984, S. 14

Die de Clares mußten in ihrer dreihundertjährigen Geschichte an Rang und Herkunft hinter niemandem zurückstehen, auch nicht hinter dem englischen König. Sie stammten in direkter männlicher Linie von Richard I., Herzog der Normandie 942–996, ab[25]. Zwar war der Stammvater des Geschlechts, Godfrey oder Geoffrey de Brionne, Graf von Eu, ein illegitimer Sohn des Herzogs, aber diesen erbrechtlichen 'Makel' teilte er mit seinem Großneffen Wilhelm, Herzog der Normandie von 1035 bis 1087 und 1066 Eroberer und König von England. Die Familie blieb in engstem Kontakt zur regierenden Dynastie. Godfreys Sohn Gilbert († 1040) war der Vormund Wilhelms des Eroberers und sein Enkel Richard fitzGilbert († 1090) gehörte zu den dreizehn weltlichen Fürsten, die bei der Eroberung Englands als Führungszirkel und engste Vertraute des Herzogs auftraten. Er kämpfte in der Schlacht von Hastings 1066, und als anschließend die englische Beute verteilt wurde, erhielt er, nach den Einnahmen gerechnet, als Lord von Clare und Tonbridge zu seinen Besitzungen in der Normandie etwa ein Zehntel des Königreiches England als Kronlehen hinzu[26]. Der Landhunger und Expansionsdrang der Familie war damit noch nicht gestillt. Schon zwei Söhne Richard fitzGilberts finden sich unter der ersten Generation der Marcher Lords in Wales, wo sie sich in Cardigan und in Netherwent weiteres Land eroberten, Burgen und Klöster[27] erbauten. In der folgenden Generation teilte sich die Familie in zwei Linien, deren ältere zu den Titeln der Lords von Clare und Tonbridge noch die Würde eines Earl of Hertford im Grenzland zu Wales hinzufügte. Gilbert fitzGilbert, der Begründer der jüngeren Linie († 1148), weitete, unter Beibehaltung seiner Besitzungen in England und der Normandie, seinen Machtbereich in Wales noch aus und wurde 1138 Earl of Pembroke. Er war der Vater Strongbows.

Richard fitzGilbert, Lord von Strigoil und Chepstow, Earl of Pembroke, Lord of Leicester, gen. Strongbow[28], war ein kriegs- und kampferprobter Marcher Lord, dessen Aktivitäten nicht nur auf Wales beschränkt waren. Seine Gründe, sich in Irland zu engagieren, entsprangen nicht nur der Lust am Abenteuer und dem Hunger auf Land. Er hatte sich vor 1169 zeitweise auf die Seite der Gegner König Heinrichs II. geschlagen und war von diesem mit der Konfiskation seiner Güter bestraft worden[29]. Aber auch in Wales selbst war er unter Druck geraten. Rhys ap Gruffydd, König des südwalisischen Deheubarth, "The Lord Rhys", hatte in der zweiten Hälfte des 12. Jahrhunderts große Territorien von den südwalisischen Marcher Lords zurückerobert[30] und auch Strongbow schwerstem militärischem Druck ausgesetzt. Auch wenn seine wichtigsten Burgen Pembroke und Chepstow gehalten werden konnten, hatte er doch allen Grund, nach Irland auszuweichen, wo ihm seine verbündeten Widersacher, König Heinrich II. und Rhys ap Gruffydd, fern waren, die Aussicht auf Ersatz für die verlorenen Territorien jedoch nahe lag.

[25] Moody/Martin/Byrne 1984, S. 174. Stammtafeln Tafel 156 Douglas 1994, Stammtafeln 1 und 5

[26] le Patourel 1997, S. 335–336

[27] Stammtafel 156, Walter, Lord of Netherwent errichtete 1131 im Wye-Tal das Zisterzienserkloster Tintern Abbey. Von hier aus gründete der Schwiegersohn und Erbe Strongbows, William Marshal d. Ä., um 1200 die gleichnamige Tintern Abbey, Co. Wexford: Breffny 1976, S. 61; H. G. Leask 1990, S. 121; Crouch 1996, S. 101

[28] Den Beinamen "Strongbow" erbte er von seinem Vater, dem eigentlich diese Bezeichnung zukam. Otway-Ruthven 1993, S. 42

[29] Roche 1995, S. 96

[30] Internet: http://www.castlewales.com/lrdrhys.html, Stand 30. 8. 97

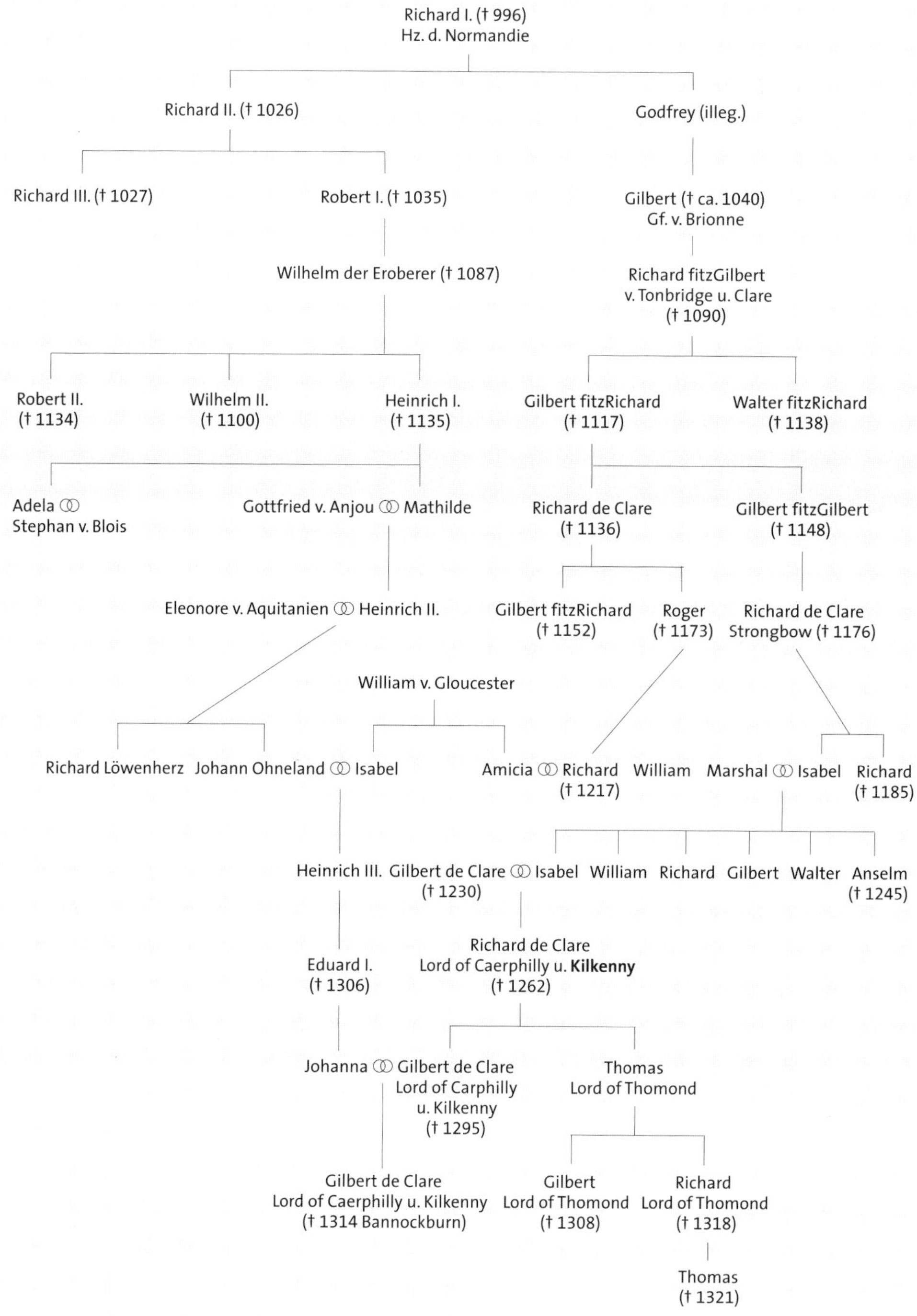

Abb. 3: Verwandtschaftstafel der Familie der Clare mit den Herzögen der Normandie, den englischen Königen seit 1066 und den Nachkommen William Marshals d. Ä.

Die Person Strongbows markiert einen Höhepunkt in der Geschichte der Familie de Clare. Aber schon mit seinem Sohn und Erben Richard starb dieser Zweig der Familie aus. Die Besitzungen in England, Wales und Irland, auch in Frankreich, fielen an William Marshal d. Ä., eine der bedeutendsten Gestalten in der mittelalterlichen Geschichte Englands zwischen den Königen Heinrich II. und Eduard I. Seine kurzlebige eigene Familie, die das Erbe der jüngeren de Clares antrat und nach zwei Generationen zu Teilen an die ältere Linie weitergab, darf in dem hier skizzierten Zusammenhang durchaus zu den de Clares hinzugerechnet werden. Den „besten aller Ritter" hat man ihn, nicht unwidersprochen[31], genannt[32], aber er war, vor allem im letzten Drittel seines Lebens, mehr. Er war der Mann in England, der nach der konfliktreichen Regierung König Johanns Ohneland als Regent das Staatsschiff in ruhigere Gewässer steuerte. Er war auch der Mann, der dem Burgenbau in Wales und Irland zu Beginn des 13. Jahrhunderts seinen Stempel aufdrückte. In ihm manifestierte sich, viel mehr als in der Person Strongbows, die aus den Impulsen aus Frankreich, England und Wales erwachsene Aristokratenschicht, die Irland im Hochmittelalter so nachhaltig veränderte, aber auch von dem Land geprägt und verändert wurde[33].

Die fünf Söhne William Marshals starben ohne Nachkommen, das riesige Erbe fiel nach einem komplizierten Schlüssel an die Ehegatten und Nachkommen der Töchter William Marshals, darunter auch Gilbert de Clare, Earl of Gloucester und Hertford aus der älteren Linie. Auch dieser Familienzweig hatte sich von den Grenzgrafschaften Hertford und Gloucester aus als Marcher Lords bestätigt, war auch in der walisischen „Reconquista" des 12. Jahrhunderts unter Druck geraten, hatte aber mit Gilbert fitzRichard, dem 1. Earl of Gloucester, nicht zuletzt durch die Heiratsverbindung mit dem einflußreichen William Marshal, wieder zu der früheren Bedeutung zurückgefunden. Die alten Besitzungen, das Erbe der Marshals und geschickte Heiratsverbindungen verhalfen nach 1245 der Familie de Clare erneut zu einer überragenden Stellung in der englischen Aristokratie und auch in Irland. Betrachtet man die Heiratsverbindungen aus irischem Blickwinkel, so tauchen mit den de Burghs, den Marshals, den Bigods, den de Braoses, den de Lacys und sogar den schottischen Bruces alle Familien auf, die im Irland des 13. Jahrhunderts eine Rolle spielten. Über die Heiratsverbindungen dieser Familien waren die de Clares mit der gesamten irischen Aristokratie, sei sie englischen oder irischen Ursprungs, verwandt[34].

Hauptbesitz der Familie in Irland war das "Liberty" von Kilkenny, der Rest des von Strongbow erheirateten und eroberten irischen Königreiches von Leinster. Eine kurzlebige Nebenlinie behauptete als Lords of Thomond auch Territorien im südwestlichen Teil Irlands. An allen Konflikten, Kriegs- und Winkelzügen zwischen den neuen Herren Irlands und der zäh überdauernden alten irischen Aristokratie nahm die Familie teil: sie gewann und verlor ständig

[31] Crouch 1996
[32] Duby 1986; Internet: http://www.castlewales.com/marshal.html
[33] Zur Situation William Marshals in Irland: Crouch 1996, S. 92–108
[34] Moody/Martin/Byrne 1984, Stammtafeln S. 166–174

Abb. 4: Kilkenny: Rekonstruktion der Burg des 13. Jahrhunderts

Gebiete, baute Burgen, gründete Siedlungen und versuchte mit allen Mitteln, in diesem anarchischen und irrationalen Land den Besitz zu wahren und auszuweiten. Die Familie de Clare war dabei erfolgreich, auch wenn sie sich mehr als einmal in der Wahrnehmung ihrer Interessen und Verpflichtungen in England und Irland, Wales, Schottland und Frankreich aufrieb.

Das Ende dieser Familie ist ebenfalls ohne den Blick auf die überspannten Bemühungen des Königreichs England, auf allen Kriegsschauplätzen und an allen Grenzen in Westeuropa zu expandieren, nicht zu verstehen. Aus den um 1300 bestehenden zwei Linien der de Clares fiel Gilbert fitzGilbert aus der älteren Linie in der Schlacht bei Bannockburn 1314, wo Englands Absichten, Schottland zu unterwerfen, für Jahrhunderte zunichte gemacht wurden. In Irland kam Richard fitzThomas, Lord of Thomond und Vertreter der jüngeren Linie, im Jahr 1318 bei einem der zahllosen inneririschen Konflikte gewaltsam ums Leben. Sein Tod in einem Gefecht in Dysert O'Dea[35], in Connacht im Westen des Landes, ist typisch für die Situation in Irland nach 1300. Schon lange waren Verbündete und Gegner, Eroberer und eingesessene Aristokratie, Engländer und Iren in den Konflikten nicht mehr auseinanderzuhalten. Jeder kämpfte mit und gegen jeden. Aus dem Versuch der Eroberung und Neusiedlung war längst ein permanenter Krieg der herrschenden Aristokraten im Land um Macht und Prestige geworden. Wie alle Familien waren die de Clares in wechselnden Bündnissen und Koalitionen tief darin verstrickt. Fast genau dreihundert Jahre nach dem Tod seines normannischen Ahnherren Godfrey de Brionne starb 1321 mit dem dreijährigen Thomas fitzRichard die Familie de Clare im Mannes-

[35] Otway-Ruthven 1993, S. 236

stamm aus. Es war nicht zufällig die Zeit, in der das Scheitern der englischen „Eroberung", trotz aller Bemühungen und Burgenbauten, offenkundig war.

Diese Eroberung Irlands war durch einen entscheidenden Vorteil der Ankömmlinge wesentlich befördert worden: ihre militärische Überlegenheit. Schon der Teppich von Bayeux läßt die wesentlichen Elemente normannischer Rüstung und Bewaffnung, wie sie den Eroberern auch noch einhundert Jahre später Vorteile verschaffte, erkennen[36]. Eiserne Helme und Kettenpanzer, Langschwert und Stoßlanze, Steigbügel und feste Sättel, und nicht zuletzt die Disziplin, in einer geschlossenen Formation gemeinsam zu kämpfen und den günstigen Augenblick für die Attacke abzuwarten, das alles ist zur Genüge beschrieben worden. Bei den Betrachtungen in dieser Arbeit kommt noch die Erfahrung im Burgenbau hinzu, die Fähigkeit, den Platz einer Burg richtig auszuwählen, sie taktisch und strategisch zu positionieren und nach den gegebenen Möglichkeiten das wehrtechnische Instrumentarium der Architektur festzulegen und aufeinander abzustimmen. Die Normannen waren "highly skilled"[37], als Krieger ebenso wie als Burgenbauer. Dabei kam dem Burgenbau bei den Kampagnen der anglonormannischen Ausbreitung in Irland eine erheblich größere Bedeutung zu als der Fähigkeit der Angreifer, offene Feldschlachten siegreich zu bestehen.

Giraldus Cambrensis, der ungeachtet seines geistlichen Standes in militärischen Dingen mitreden konnte, stellt in seiner "Expugnatio Hibernica" deutlich heraus, daß kriegerische Aktionen in der ursprünglichen Heimat der Anglonormannen, in Frankreich, einen ganz anderen Charakter hatten als in Wales und Irland[38]. Dort waren Auseinandersetzungen in offenem Gelände, wo sich Reiterheere entfalten konnten, die Regel, hier fanden guerillaartige Kämpfe in unwegsamem Wald- und Buschland statt. Die schwere Bewaffnung, selbst die teuren, gut trainierten Pferde wurden mehr zum Hindernis als daß sie taktische Vorteile brachten. Es darf nicht übersehen werden, daß das Kriegsglück der ersten Eroberer mehrfach an einem seidenen Faden hing[39]; anders als die Eroberung Englands 1066 war die Inbesitznahme Irlands weder ein sorgfältig geplantes Unternehmen noch durchweg von militärischer Überlegenheit der Invasoren gekennzeichnet.

Zahlenmäßig waren die Anglonormannen den Iren über lange Zeit unterlegen. Erst nach einem längeren Zuzug von Rittern und Siedlern, vor allem in der ersten Phase zwischen 1169 und 1216 hatten sich in Leinster und Teilen von Munster, im Südosten von Irland, so viele Neuankömmlinge niedergelassen, daß sie auch zahlenmäßig dem Druck der irischen Bevölkerung einigermaßen standhalten konnten. Die Zahl der ersten Invasoren von 1169/70 ist in der Tat erschreckend klein und es klingt mehr als einmal wenig glaubhaft, wie so wenige Personen einer Übermacht von irischen Gegnern, die zudem mit dem Land vertraut waren, ihren Willen aufzwingen

[36] Rud 1986, S. 81–89
[37] Scott/Martin 1978, S. 247
[38] Scott/Martin 1948, S. 247
[39] Richter 1996, S. 138

konnten. Die erste Truppe unter Robert fitzStephen, die sich 1169 anschickte, Wexford zu erobern, bestand nach Giraldus Cambrensis aus dreißig Rittern. Zu ihnen gesellten sich sechzig weitere gerüstete, d.h. gepanzerte Kämpfer, außerdem dreihundert walisische Bogenschützen[40]. Am folgenden Tag kam Maurice de Prendergast mit zehn Rittern und einer weiteren Gruppe von Bogenschützen in zwei Schiffen[41]. Strongbow kam im folgenden Jahr mit zweihundert Rittern und eintausend weiteren Männern[42]. Auch wenn, besonders nach den ersten Überraschungserfolgen, der Zuzug aus Wales und England anhielt, dürften gerade in den ersten beiden Jahren der Invasion kaum dreitausend waffenfähige Männer auf irischem Boden gestanden haben.

Man muß sich allerdings die Schlagkraft dieser Truppe genauer ansehen, um ihre Erfolge zu verstehen. Zuerst war der Überraschungseffekt auf der Seite dieser zu allem entschlossenen Männer. Außerdem waren es Entwurzelte, Desperados, Leute, die in den Ländern, aus denen sie nach Irland gekommen waren, derzeit nicht allzuviel zu erhoffen hatten. Das gilt für die hochadeligen Anführer ebenso wie für den gemeinen Mann. Giraldus Cambrensis nennt Hervey de Montmorency, Teilnehmer der allerersten Landungstruppe, einen "fugitive from Fortune, unarmed and destitute"[43], und auch der einem alten und angesehenen normannischen Geschlecht entstammende Strongbow kommt bei ihm nicht besser weg, wenn er sagt: "He had a great name rather than great prospects, ancestral prestige rather than ability, and had succeeded to a name rather than to possessions"[44]. Bei aller Abneigung von Giraldus Cambrensis gegen den mit seiner Familie in Irland rivalisierenden Strongbow zeigen diese Bemerkungen dennoch, daß diese Männer nichts zu verlieren hatten. Sie mußten siegreich bestehen oder untergehen.

Man muß jedoch weitere Aspekte der militärischen Stärke der Anglonormannen im Auge behalten. Die permanente Kriegssituation in Wales hatte kampferfahrene Männer hervorgebracht, die sich im Grenzland zu behaupten wußten. Auch war ein „Ritter" keine Einzelperson. Vollausgerüstet handelte es sich hier um eine Einheit von drei bis vier Personen, dem eigentlichen ritterlichen Krieger und Waffen- und Pferdeknechten, die im Kampf sehr effektiv zusammenwirkten, Ersatzwaffen, Schilde und Pferde zuführten und so ein höchstmögliches Maß an Defensiv- wie Offensivkraft für den Hauptkämpfer garantierten. Auch die so häufig genannten Bogenschützen aus Wales dürfen nicht unterschätzt werden. Im Gegensatz zu dem auch in Irland bekannten Bogen, der eher eine Jagdwaffe war, verfügten sie mit dem walisischen Langbogen über eine Waffe, die über große Entfernungen zielgenau und mit großer Durchschlagskraft eingesetzt werden konnte. Noch im 14. Jahrhundert dezimierten in den Schlachten von Crecy 1346 und Poitiers 1356 diese Bogenschützen im Hundertjährigen Krieg die zahlenmäßig überlegenen französischen Ritterheere und sicherten so die

40 Scott/Martin 1978, S. 31
41 Otway-Ruthven 1993, S. 43
42 Scott/Martin 1978, S. 65
43 Scott/Martin 1978, S. 33
44 Scott/Martin 1978, S. 55

Überlegenheit der Engländer in Frankreich über Jahrzehnte[45]. Die Verwendung des Langbogens als typischer walisischer Waffe lenkt den Blick auf eine andere Fähigkeit der Eroberer, ihre Anpassungs- und Lernfähigkeit. Sie adaptierten sehr schnell die Kampfesweise ihrer irischen Verbündeten und Gegner, die überfallartigen Raids, das Erbeuten von Vieh und wichtiger Ressourcen[46]. Man darf eines nicht außer acht lassen: die Anglonormannen waren zwar Fremde, aber nicht fremd im Land. Sie waren als Verbündete eines irischen Fürsten, Dermot MacMurroughs, gekommen, kämpften zusammen mit dessen Gefolgsleuten und anfänglich auch für dessen Ziele. Nicht zuletzt aber war es die Gewohnheit der zahlenmäßig unterlegenen Anglonormannen, sehr schnell feste Stützpunkte, die ersten Burgen, zu errichten, die ihnen taktische wie strategische Vorteile brachten. Giraldus Cambrensis forderte ausdrücklich den Bau vieler Burgen, um das gewonnene Land zu sichern und zu halten[47].

Unter den anglonormannischen Kriegern der ersten Welle befanden sich auch viele Abenteurer, Freibeuter[48] und Söldner, die entweder direkt für Geld Kriegsdienst leisteten oder aber hofften, aus der Beute entlohnt zu werden. Das betraf die Ritter genauso wie alle anderen Kämpfer. Schon Wilhelm der Eroberer hatte bei Hastings Söldner bei sich gehabt[49]. Unter seinen Nachfolgern auf dem englischen Königsthron fiskalisierte sich das englische Militärwesen durch die Scutage[50] derart, daß im englischen Machtbereich Kriegsdienst gegen Geld weder für den Ritter noch für den Gemeinen ungewöhnlich oder gar ehrenrührig war. Im Gegenteil, um sich die kostspielige Waffenrüstung und die für den Kampf besonders trainierten Pferde überhaupt leisten zu können, war man häufig genug auf finanzielle Zuwendungen angewiesen.

Weitere Kampfkraft führten den nach Irland gekommenen Anglonormannen gerade ihre vermeintliche Gegner, die Iren zu. Vom ersten Tag der Invasion an gibt es praktisch keine militärische Auseinandersetzung in Irland, in der nicht auf beiden Seiten irische Kontingente, als Gegner wie als Verbündete der Anglonormannen beteiligt waren. Schließlich waren die Invasoren ja vom vertriebenen König von Leinster, Dermot Mac Murrough, zur Wiedergewinnung seiner Herrschaft gerufen worden. Er blieb bis zum Ende seiner Tage ein enger Verbündeter der neuen Herren im Lande. Sie trafen auch keineswegs auf ein geordnetes, geeinigtes und unter zentraler Leitung stehendes Staatswesen. Auch wenn in Irland durchaus nicht die Anarchie und Unordnung herrschten, die häufig dem Land unterstellt werden, so war das Irland des 12. Jahrhunderts doch "a militarised society"[51], in der Konflikte zwischen den einzelnen Königreichen, Territorien und Clans meist gewaltsam ausgetragen wurden. Verbündete, auch von außerhalb, waren da immer willkommen. Ein irisches Nationalbewußtsein, das Basis einer gemeinsamen Abwehranstrengung gegen die Fremden hätte sein können, gab es nicht[52].

[45] Newark 1988, S. 123–28
[46] Frame 1998, S. 222–225
[47] Scott/Martin 1978, S. 249
[48] Graham, in: Graham/Proudfoot 1997, S. 62
[49] Metternich 1990, S. 63; Jäschke 1981, S. 168
[50] Ablösung der feudalen Heeresfolge durch eine Geldzahlung, die ihrerseits wieder zur Anwerbung von Söldnern und Rittern für Kriegszüge verwendet wurde: Kluxen 1987, S. 24, 42
[51] Flanagan, in: Graham/Proudfoot 1997, S. 68
[52] Richter 1996, S. 149

Irland war kein rückständiges Land. Beziehungen zum Kontinent bestanden seit Jahrhunderten. Sie intensivierten sich noch im 12. Jahrhundert und ließen auch die britische Hauptinsel, besonders Wales[53], nicht außen vor. Mit dem Hochkönigtum finden sich auch Ansätze zu einer Zentralisierung der Herrschaft im Land, allerdings mußten diese Bemühungen angesichts der keltischen Herrschafts- und Sozialstruktur nur sehr langsam zum Erfolg führen und hatten bei der Ankunft der Anglonormannen 1169 noch nicht im entferntesten zu dauerhaften neuen Formen der Herrschaft geführt[54]. Die großen Königreiche Leinster, Munster, Connacht, Meath und Ulster waren in Wahrheit Herrschaftsverbände, bestehend aus vielen unterworfenen Kleinkönigreichen (tuatha) und Clanherrschaften, durch Gewalt und Tributpflicht mühsam zusammengehalten. In dieses labile Machtgefüge reihten die ersten anglonormannischen Eroberer sich ein, als Verbündete oder Gegner, je nach Interessenlage. Gewiß gab es die unterschiedlichen Sprachen und unterschiedliche Rechtsauffassungen, vor allem über das den Iren noch sehr fremde anglofranzösische Feudalrecht. Aber man verheiratete sich sehr schnell miteinander, trat in Traditionen und Rechte der anderen Seite ein, wo es opportun schien, und legte damit die Basis für einen kulturellen Ausgleich, der, ungeachtet der ununterbrochenen militärischen Auseinandersetzungen, Irland im 13. Jahrhundert nachhaltig verändern sollte.

Militärische Erfolge allein, mochten sie auch, wie die Eroberung von Wexford, Waterford und Dublin, später von Ulster, noch so spektakulär sein, konnten die Besitzergreifung des Landes und das Überleben in der neuen Umgebung nicht sichern. Den Kriegern mußten Siedler folgen, mehr noch, die Krieger mußten als Siedler das Land bestellen und verwalten und die Siedler mußten mit Waffengewalt den geraubten, erheirateten oder verliehenen Besitz sichern. Wie in vielen Teilen Europas waren trotz aller Widrigkeiten die Verlockungen für Siedler groß, nach Irland zu kommen. Erobertes Land wurde reichlich verteilt, die Dienstverpflichtungen und Abgaben waren, um überhaupt Anreize zu schaffen, gering, es war, wie immer in Pioniertagen, viel Freiheit vorhanden, die man nutzen konnte, um sein Glück zu machen. Hinzu kommt noch, daß Irland in hohem Maße ein Land der Viehzüchter war. Natürlich gab es Ackerbau, aber mit den modernen Anbaumethoden, die die Siedler in Form der Dreifelderwirtschaft mitbrachten, waren erhebliche Überschüsse zu erzielen. Allerdings darf man sich keinesfalls eine simple Überlagerung und Verdrängung älterer landwirtschaftlicher Systeme durch die moderneren Anbaumethoden der Neusiedler vorstellen[55]. Vielmehr bildeten die Manors und Siedlungen der Ankömmlinge genauso wie ihre Feldsysteme eine unübersichtliche Gemengelage mit dem Wirtschaftssystem der eingesessenen Iren, immer abhängig von der Fähigkeit, das Land unter Kontrolle zu halten, aber auch von der Bodenqualität und der Höhenlage.

[53] Duffy 1997, S. 28–56
[54] Zur Entwicklung Irlands im hohen Mittelalter zusammenfassend Richter 1996, S. 123–173; Elvert 1993, S. 84–118; Duffy 1997, S. 28–133
[55] Elvert 1993, S. 81

Mit den Anglonormannen war ja nur ein weiteres Element in die sich schon seit mehr als drei Jahrhunderten stetig wandelnde irische Gesellschaft gelangt. Schon im 9. und 10. Jahrhundert hatten die Norsemen, Wikinger aus Skandinavien, Irland sowohl verheert als auch dort Handel getrieben. Sie hatten sich in den Küstenstädten Dublin, Wexford, Waterford, Cork und Limerick dauerhaft niedergelassen, mit den Iren auf Dauer mehr als nur Handelsbeziehungen geknüpft und waren, trotz der später zum nationalen Ereignis hochstilisierten Niederlage bei Clontarf[56], immer ein eigenständiges Element in der irischen Gesellschaft geblieben. Vor allem die Außenbeziehungen Irlands liefen im 11. und 12. Jahrhundert über diese Städte, der Handel mit Wales, England und Frankreich war in ihren Häfen kanalisiert. Besonders Dublin hatte sich schon vor der Zeit der englischen Herrschaft sowohl gegenüber den irischen Königreichen wie auch nach außen eine herausragende Position unter den irischen Städten gesichert[57]. Mit der Erhebung Dublins zum Verwaltungssitz für Irland setzten die englischen Könige nur fort, was schon vor ihrer Zeit begonnen hatte.

Nicht nur in diesen Städten konnten die aus England, Wales, Flandern und Frankreich kommenden Angehörigen handwerklicher Berufe und Händler eine Basis für ihre Tätigkeit finden. So wie die Feudalherren das Land durch Siedler zu erschließen versuchten, gründeten sie bei ihren Burgen auch Boroughs, die, nach den verliehenen Stadtrechten zu urteilen[58], den Kern zukünftiger städtischer Siedlungen bilden sollten. Nur wenige dieser „Städte" verdienten je diesen Namen, selbst solche, die anfangs eine gute Entwicklung zu nehmen schienen, gingen im ausgehenden 13. und im 14. Jahrhundert wieder ein[59]. Sie sind jedoch ein sicherer Hinweis darauf, daß es sich bei der dauerhaften Durchdringung Irlands durch die Anglonormannen um weit mehr als nur ein militärisches Unternehmen einiger Abenteurer gehandelt hat. Es war eine von England und Wales ausgehende, alsbald von der englischen Zentralgewalt – allerdings sehr unvollkommen – gesteuerte Expansionsbewegung, die sowohl in einem engen Zusammenhang mit der normannischen Expansion in Europa, mit der enormen Ausweitung des englischen Machtbereichs zwischen Schottland und den Pyrenäen im 12. und 13. Jahrhundert und mit der europäischen Binnenkolonisation zu sehen ist.

Die Phasen dieser Expansion in Irland lassen sich recht gut feststellen. Sie markieren zugleich wichtige Perioden des hochmittelalterlichen Burgenbaus in Irland, soweit er von den Eroberern ausging. Sie bezeichnen aber auch in den einzelnen Etappen den stetigen Wandel, dem Irland in den eineinhalb Jahrhunderten nach der Ankunft der ersten Schiffe mit den gepanzerten Kriegern ausgesetzt war. Kamen zu Beginn landhungrige Krieger, die noch ganz von der anglonormannischen Tradition und dem damit verbundenen Expansionsdrang geprägt waren, so begannen bald staatliche Interessen der englischen Krone sich in den Vordergrund zu schieben. Dem

[56] Elvert 1993, S. 81
[57] Duffy 1997, S. 40–43
[58] Das in der Regel verliehene Stadtrecht war das Recht von Breteuil in der Normandie, ein weiterer Hinweis auf die fortlebenden normannischen Traditionen. Otway-Ruthven 1993, S. 116–117
[59] Barry 1988, S. 116–119

Abb. 5: Rinndown: Ansicht der Burg von Norden. Im Vordergrund die Hafenbucht

ungehemmten Zustrom der Neusiedler nach Irland tat dies keinen Abbruch. Im Gegenteil, die Siedler fanden sich in dem gewohnten Umfeld der Herrschaft wieder, nur daß sie jetzt mehr Land und Freiheiten besaßen, dafür aber auf der anderen Seite Krieg und Überlebenskampf zu bestehen hatten.

Man kann durchaus die ersten fünfzig Jahre der Invasion als die Periode des Königs ansehen, nicht nur wegen der insgesamt drei Aufenthalte von Heinrich II. 1171 und Johann Ohneland 1185 und 1210. Die Landungen der Geraldines 1169 und Strongbows 1170 waren nur ein kurzes Vorspiel. Das englische Königtum wollte in Irland nicht ein zweites Mal walisische Zustände einreißen lassen, wo die Marcher Lords unter einer losen englischen Oberhoheit allzu viele Freiheiten genossen und diese auch gegen ihren König nutzten. Aber Irland wurde auch unter dem direkten Eingreifen der Könige keine englische Provinz. Das Angevinische Reich war zu ausgedehnt, die Probleme in Frankreich[60] waren zu groß und die für Irland bereitgestellten Ressourcen zu knapp bemessen. Es waren der in Irland tätige Feudaladel, die Bauern und Bürger, die Handwerker und Händler, die in den beiden Generationen nach dem für fast zwei Jahrhunderte letzten Königbesuch Johann Ohnelands im Jahr 1210 fast erreicht hätten, was danach weitgehend wieder verspielt wurde. Der Höhepunkt englischer Durchdringung Irlands in der Mitte des 13. Jahrhunderts, unter der langen Regierung König Heinrichs III., markiert auch, nicht zuletzt durch die Schwäche dieses Königs und die von ihm mitverursachten inneren Wirren in England, den Beginn des Niedergangs. Der englische Bürgerkrieg, der Aufstand der Barone unter Simon de Montfort, zog auch aus Irland wertvolle Kräfte ab, die für die Bewahrung und den Ausbau des Erreichten dringend erforderlich gewesen wären.

Das betrifft auch die Burgen, obgleich der Burgenbau in Irland im letzten Drittel des 13. Jahrhunderts, unter der Regierung König Eduards I., seinem Höhepunkt zustrebte, nicht zuletzt durch den permanenten Kriegszustand. Die unter der Herrschaft dieses Königs noch einmal unternommenen Versuche, mit Hilfe militärischer Gewalt und mit vielen Burgen, ganz Irland wie eine Provinz der englischen Krone zu unterwerfen, scheiterten an der maßlosen Überspannung der Kräfte des englischen Staates. Eroberungskriege in Wales, Schottland, Irland und der Gascogne, verbunden mit Feldzügen in Frankreich und in Flandern konnte auch der gut organisierte englische Verwaltungsstaat des Mittelalters nicht mehr gleichzeitig durchhalten. Die Eroberung von Wales ab 1277 wurde, dank eines gigantischen Burgenbauprogramms[61], noch zum Erfolg, in der Gascogne konnte, wiederum durch den Bau von Burgen und Bastiden[62], nach 1295 der Status quo gehalten werden. In Schottland gab es wie in Irland große Anfangserfolge, am Ende standen die Niederlage von Bannockburn 1314 und das Scheitern der englischen Politik. Die Kräfte des Staatswesens waren übermäßig strapaziert worden und am Ende des 13. Jahrhunderts hatte auch die anglonormannische Expansionskraft ihre Schubkräfte eingebüßt. Die normannische Tradition war jetzt nur noch ferne Erinnerung, militärische Überlegenheit verlieh sie nicht mehr. Bezeichnenderweise resultierte die englische Überlegenheit im Hundertjährigen Krieg in Frankreich im 14. Jahrhundert nicht mehr aus der Kampfkraft des feudalen Ritters, sondern beruhte auf der furchtbaren Wirkung des walisischen Langbogens, einer Waffe, die man von den Besiegten übernommen hatte.

In Irland endete eine einhundertfünfzigjährige Periode, die ganz im Zeichen von Krieg, Burgenbau und Siedlungstätigkeit gestanden hatte. Der Krieg endete im Irland des 14. Jahrhunderts nicht, im Burgenbau aber folgte eine einhundertjährige Pause, an deren Ende um 1430 ein ganz neuer Burgentyp, das aus dem hochmittelalterlichen Keep hervorgegangene Tower-House die irische Land-

[60] Die Eroberung von Anjou, Maine, der Touraine und der Normandie durch König Philipp Auguste 1204. Harvey 1979, S. 76–88
[61] Metternich 1984
[62] Gardelles 1967, S. 133–167; Gardelles 1977, S. 61–80

schaft zu prägen begann[63]. Die Siedler und auch ihre Feudalherren begannen sich mit der alteingesessenen irischen Bevölkerung zu vermischen. Nur im "Pale"[64], dem Gebiet um Dublin, vermochte die englische Staatsmacht ihren Herrschaftsanspruch zu behaupten. Irland war nun nicht mehr anglonormannisch, sondern überwiegend angloirisch. Bevor die großen Denkmäler der ersten Eroberungszeit, die irischen Burgen des Hochmittelalters, im einzelnen betrachtet werden, gilt es den Ablauf der historischen Ereignisse, die zu dieser Entwicklung führten, in groben Zügen nachzuzeichnen. Es sind die irischen Burgen, in denen und um die sich diese Ereignisse abspielten.

[63] O'Keeffe 1997, S. 7–13
[64] Duffy 1997, S. 168

III Die Zeit der Eroberer

Die Geschichte der englisch-irischen Beziehungen beginnt nicht im Jahre 1169 oder kurz davor. Das „Schicksalsdatum" der irischen Geschichte markiert nur den Zeitpunkt, in dem die beiderseitigen Beziehungen in ein intensiveres Stadium eintraten. Eine glücklichere Zeit für Irland begann damit allerdings nicht.

Versucht man, den Ablauf der Ereignisse nachzuvollziehen, scheint nach Daten und Fakten auf den ersten Blick alles klar zu sein[1]. Im Mai des Jahres 1169 landeten Robert fitzStephen, Hervey de Montmorency und Maurice de Prendergast mit einer Schar von Rittern und Söldnern aus England und Wales in der Bannow Bay, noch Ende des gleichen Jahres erbaute Robert fitzStephen in Ferrycarrick (Abb. 7) bei Wexford die erste anglonormannische Burg in Irland[2]. Die Städte Wexford und Waterford wurden eingenommen. Von da an waren die Eroberung und die Landnahme nicht mehr zu stoppen, die Ereignisse nahmen ihren Lauf.

Aber historische Ereignisse vollziehen sich so gut wie nie in einer einfachen Kausalkette, insbesondere epochale Umbrüche wie im Irland des 12. Jahrhunderts haben komplexe Ursachen und reichen weit über die Wirkungsmöglichkeiten einer Generation, deren Angehörige handelnd in Erscheinung treten, hinaus. So können wir auch um die Ereignisse von 1169 mindestens drei Kreise legen, innerhalb deren von einzelnen Personen und übergeordneten staatlichen und kirchlichen Organisationen Ziele verfolgt und Interessen wahrgenommen wurden, die allesamt Irland betreffen. Die Motive der Akteure sind dabei, auch wenn sie zusammenwirkten, wozu sie durch ein enges Geflecht von Beziehungen und Abhängigkeiten gezwungen waren, sehr verschieden. Da ist zuerst der vertriebene irische König von Leinster, Dermot MacMurrough, der mit Hilfe der buntgewürfelten Invasionstruppe wieder zur Herrschaft gelangen und seine Rivalen in den irischen Nachbarprovinzen zurückdrängen wollte. Mit ihm kämpften die walisischen Marcher Lords und ihre Söldner, auf Beute und Landgewinn aus, was ihrem Auftraggeber ganz sicher nicht in seiner vollen Tragweite bewußt war. Da ist zweitens der englische König Heinrich II., ein tatkräftiger und finanzstarker Herrscher in einem Reich, das weite Teile Westeuropas umfaßte und dessen Dynamik und Expansionskraft gerade seinem Höhepunkt zustrebte. Hinter diesen Personen und Gruppen aber agierte die römische Kirche mit einer Strategie, die in Jahrhunderten dachte und mit Absichten, die sich auf dauerhaften Machtzuwachs und nicht auf schnelle Beute und Landgewinn richteten. Diese drei

[1] Einen vorzüglichen chronologischen Überblick über den hier behandelten Zeitraum gibt: Moody, T. W./Martin, F. X./Byrne, F. J. (ed.) 1982, Vol. VIII, S. 66–135
[2] Scott/Martin 1978, S. 53

Partner mit ihren bis zum Gegensatz unterschiedlichen Zielsetzungen waren aufeinander angewiesen. Das machte sie zu Partnern und zu Verbündeten, aber nur bis zu dem Punkt, wo jeder glaubte, die eigenen Interessen in den Vordergrund stellen zu müssen. Es bedurfte nicht allein der irischen Gegner, um Krieg und Kampf in Irland zum Alltagsgeschehen werden zu lassen. Die ununterbrochene Kette der großen und kleinen Kriege in und um Irland im 13. Jahrhundert hat ihren Ursprung in den divergierenden Interessen aller Parteien, die einheimischen Iren eingeschlossen. Europäische Politik stimulierte den permanenten Kriegszustand in Irland ebenso wie die lokale Auseinandersetzung zwischen Clans und Feudalherren. Einen Grund zum Krieg gab es immer. Bis zum heutigen Tag sind die irischen Burgen Zeugen dieser Ereignisse.

Der äußerste Kreis um die Invasion von 1169 hat europäische Dimensionen. Der im Investiturstreit des 11. Jahrhunderts entwickelte und im 12. Jahrhundert machtvoll ausgeformte Weltherrschaftsanspruch der Päpste machte auch vor der Irischen See nicht halt, im Gegenteil. Das seit dem 5. Jahrhundert christianisierte Irland war den Reformern an der römischen Kurie seit langem ein Dorn im Auge. Das christliche Irland hatte viel von seinen eigenen, ins Frühmittelalter hinabreichenden Traditionen bewahrt. Der Papst im fernen Rom genoß alle Wertschätzung, seine Macht erstreckte sich indessen nicht auf die abgelegene Insel. Nur zögernd hatte sich die Kirchenreform des 11. Jahrhunderts in Irland ausgewirkt, es gab Ansätze, Anschluß an die Entwicklung in Kontinentaleuropa zu gewinnen, aber in Machtfragen ließ man sich von der Kurie keine Vorschriften machen[3]. Es ist gewiß kein Zufall, daß gerade der einzige Engländer auf dem Stuhl des hl. Petrus, Papst Hadrian IV., 1155–56 Schritte unternahm, mit Hilfe der weltlichen Macht des sich nach längeren inneren Unruhen soeben wieder konsolidierenden englischen Königtums Irland und die irische Kirche seinem Souveränitätsanspruch zu unterwerfen. Die päpstliche Bulle „Laudabiliter" von 1155, von der nicht sicher ist, ob sie je ausgefertigt wurde[4], übergab 1155/56 ganz Irland, vermutlich als päpstliches Lehen, an den jungen König Heinrich II. von England, dem die uneroberte Insel als Herrschaftsbereich zugewiesen wurde, der somit aber auch die kirchenrechtlichen Interessen der Kurie in Irland zu vertreten hatte.

Dazu war König Heinrich II., ein kluger und pragmatischer Politiker, der seine Möglichkeiten einzuschätzen wußte, vorerst nicht bereit. Aber die päpstliche Meinungsäußerung, ob in Form einer Bulle oder nicht[5], verschaffte ihm eine Plattform für eventuelle Schritte in der Zukunft. In der Welt des englischen Königs rangierte Irland auf einem der hinteren Plätze, vergessen war es deshalb noch lange nicht. Es bedurfte nur eines Anlasses, die irische Karte zu spielen. Heinrich II. blickte vor 1169 nur mit einem halben Auge nach Irland. Nach der Konsolidierung seines englischen Königreiches und der Heirat mit Eleonore von Aquitanien 1152 war er durch die Orga-

[3] Zur Kirchenreform und der Situation der irischen Kirche in kurzer Form mit weiterer Literatur: Duffy 1997, S. 48–53; Elvert 1993, S. 87–89; Richter 1996, S. 129–133

[4] Zur Bulle „Laudabiliter" und den damit in einem Zusammenhang stehenden Problemen: Martin, in: Cosgrove (ed.) 1993, S. 56–61

[5] Die Form der Bulle ist verschiedentlich angezweifelt worden, die päpstliche Botschaft steht jedoch außer Frage: Martin, in: Cosgrove (ed.) 1993, S. 57–58; Scott/Martin 1978, S. 261–265; Otway-Ruthven 1980, S. 60

nisation seiner umfangreichen und heterogenen Ländermasse in Frankreich viel zu sehr gebunden. Das bedeutete jedoch nicht, daß er Irland völlig aus den Augen verlor.

Mit den begehrlichen Blicken der Päpste auf Irland und der wachsamen Wartestellung des englischen Königs war eine Situation eingetreten, in der einstweilen nichts geschah, aber ein geringfügiges Ereignis genügte, um den Stein ins Rollen zu bringen, dessen Spur die irischen Verhältnisse innerhalb weniger Jahrzehnte von Grund auf verändern sollte. Es war Dermot MacMurrough, der vertriebene König von Leinster, der die Anglonormannen nach Irland holte und sogar König Heinrich II. persönlich nach Irland brachte. Dermot MacMurrough war in den endlosen Kämpfen zwischen den irischen Teilkönigreichen des 12. Jahrhunderts seinen Widersachern, dem Hochkönig Rory O'Connor von Connacht und Tiernan O'Rourke von Breifne unterlegen. Eine Frauengeschichte, die mehr die persönliche Reputation Dermots als die innerirische Politik betraf[6], gibt der Geschichte eine zusätzliche Würze, ohne die eigentlichen Ursachen zu berühren. Der Hintergrund der Vertreibung Dermot MacMurroughs aus Leinster war die verstärkte Herausbildung einer Oberherrschaft des irischen Hochkönigtums, dessen bis dahin eher sakraler und ideeller Charakter sich unter Ausnutzung militärischer Gewalt und Ansätzen einer modernen Staatlichkeit in Richtung auf die Ausübung wirklicher Herrschaft in ganz Irland hinzuentwickeln begann. Uns stehen diese Tendenzen irischer Politik des 12. Jahrhunderts heute klarer vor Augen als den Zeitgenossen; deshalb ist es nicht erstaunlich, wenn diese wie eh und je in der Art ehrverletzter Clan-Chefs reagierten. So hatte auch Dermot MacMurrough keineswegs gesamtstaatlich-irische Perspektiven vor Augen, als er sich nach Verbündeten umsah. Er gedachte lediglich, im fortwährenden inneririschen Machtkampf eine Scharte auszuwetzen.

Dermot MacMurrough wandte sich nicht an irgendwen um Hilfe. Nach seiner Vertreibung durch Rory O'Connor und Tiernan O'Rourke 1166 ging er zu König Heinrich II., der sich in Aquitanien aufhielt[7], und erbat dessen Unterstützung. Heinrich II. war zu diesem Zeitpunkt mit nahezu allen Sorgen in seinem bunten Riesenreich konfrontiert; ein direktes Eingreifen in Irland war das Letzte, was er sich wünschen mochte. Aber er gab, gegen eine nicht sehr präzise Formulierung der Anerkennung seiner Oberherrschaft in Irland, Dermot die Erlaubnis, im gesamten angevinischen Herrschaftsbereich Hilfskräfte für seine militärischen Aktivitäten in Irland anzuwerben, und eröffnete ihm damit Chancen in der Zukunft. Das Privileg für Dermot MacMurrough kostete ihn zu diesem Zeitpunkt nichts, eröffnete ihm aber im Erfolgsfall die Möglichkeit, die Ansprüche, die in „Laudabiliter" vorformuliert waren, mit Hilfe Dermot MacMurroughs und seiner anglonormannischen Hilfstruppen durchzusetzen.

Das Privileg Heinrichs II. brachte Dermot MacMurrough weder in Frankreich noch in England großen Zulauf; seine Versprechen auf

[6] Elvert 1993, S. 85
[7] Martin, in: Cosgrove (ed.) 1993, S. 64

Entlohnung in Geld und Land fanden kaum Gehör. Lediglich Richard fitzGilbert de Clare, gen. Strongbow, Lord of Strigoil, walisischer Marcher Lord aus einem angesehenen anglonormannischen Haus, zeigte Interesse. Aber er war vorsichtig und stellte Bedingungen, bevor er das Abenteuer wagte: er verlangte die älteste Tochter Dermot MacMurroughs, Aoife, als Ehefrau und für sich die Nachfolge Dermots als König von Leinster nach dessen Tod. Das stand in eklatantem Widerspruch zum irischen Erbrecht, aber Dermot akzeptierte. Er mußte sich nicht sonderlich unwohl dabei fühlen. Sofern die Machtverhältnisse es zuließen, waren Verrat und Betrug durchaus Bestandteile mittelalterlicher Diplomatie und Politik. Ein Versprechen zu geben und zu halten waren zweierlei, der Erfolg des einzelnen würde den Ausschlag geben. Auf dieser Basis gelang es Dermot MacMurrough in Wales, durch Vermittlung des Bischofs von St. Davids[8], weitere Interessenten aus der weitverzweigten walisisch-anglonormannischen Familie der Geraldines zu gewinnen. Sie hatten, wie Strongbow, Grund, unter dem Druck der einheimischen Waliser wie auch König Heinrichs II. aus Wales auszuweichen und auf einem noch unbeackerten Feld ihr Glück zu versuchen. Das ihnen von Dermot MacMurrough in eigennütziger Weise aufgezeigte Terrain hieß Irland.

Die in den Jahren 1169/70 unter der Führung der Geraldines und Strongbows in Irland landenden Ritter und Söldner wußten wenig von den Absichten des Papstes und des englischen Königs. Sie wollten Lohn und Land. Gemessen an den Ressourcen der irischen Königreiche war es eine lächerlich geringe Zahl von Kriegern, aber sie waren zu allem entschlossen, kämpften mit dem Rücken zur Wand und hatten in den ersten Jahren den Überraschungseffekt auf ihrer Seite. Innerhalb eines Jahres fielen die alten Wikinger-Städte und Handelszentren Wexford, Waterford und Dublin in ihre Hand, war der gesamte Südosten Irlands, das Königreich Leinster, unter der Kontrolle der Eroberer. Nach dem Tod Dermot MacMurroughs 1171 trat Strongbow das versprochene Erbe, gegen alle irischen Rechtsgewohnheiten, an, während gleichzeitig zahlreiche Siedler aus England und Wales, freiwillig oder auf Druck ihrer Grundherren, in die neueroberten Ländereien in Irland einzuströmen begannen. Ein erster Damm war gebrochen. Aus einem militärischen Abenteuer heraus begann sich Herrschaft in einem scheinbar rechtsfreien Raum zu etablieren. Das mußte die Aufmerksamkeit König Heinrichs II. erregen. Der jeder Bildung von neuen Machtzentren gegenüber argwöhnische Herrscher erinnerte sich seiner Rechte von „Laudabiliter" bis zur Anerkennung seiner Oberherrschaft in Irland durch Dermot MacMurrough. Angesichts der Tatsache, daß der aus herzoglich-normannischem Geschlecht stammende Strongbow[9] sich gar König von Leinster nennen und eine unabhängige Herrschaft in Irland aufbauen mochte, schrillten bei ihm die Alarmglocken. Heinrich II., dem die Probleme nach der ihm angelasteten Ermordung des Erzbi-

[8] Martin, in: Cosgrove (ed.) 1993, S. 65
[9] Martin, in: Cosgrove (ed.) 1993, S. 80

schofs Thomas Becket das Verweilen in seinen Ländern ohnehin erschwerten, beschloß, persönlich in Irland nach dem Rechten zu sehen. Am 17. Oktober 1171 landete Heinrich II. mit fünfhundert Rittern und drei- bis viertausend Bogenschützen in Crook, in der Nähe von Waterford.

Mit der Landung des Königs bekam die anglonormannische Invasion eine völlig neue Qualität. In den ersten beiden Jahren seit 1169 hatten walisische Marcher Lords mit Wissen ihres fernen Oberherren einen inneririschen Konflikt genutzt, das zu tun, womit ihre Genossen seit einem Jahrhundert in Wales beschäftigt waren: Land und Herrschaft zu erringen. Sie hatten in dem neuen Land Chancen gewittert, waren zunehmendem Druck in Wales ausgewichen – und hatten Anfangserfolge zu verzeichnen, die ihnen und ihrem König vor Beginn der Invasion ganz unglaubwürdig hätten erscheinen müssen. Die wenigen hatten viel erreicht und ihr Anführer Strongbow, selbst mit dem König weitläufig verwandt, stand vor der Möglichkeit, sich nach dem Tod seines Schwiegervaters Dermot MacMurrough selbst König von Leinster nennen zu dürfen. Damit wurde aus einer Affäre am Rande des Angevinischen Reiches eine Staatsangelegenheit ersten Ranges. Heinrich II. stand zwar auf der Höhe seiner Macht, aber war bis in die eigenen Reihen hinein von Rivalen und Feinden umgeben, die er nur durch mißtrauische Wachsamkeit und stete Präsenz einigermaßen in Schach halten konnte. Wenn einer seiner Lehensleute König in einem Land wurde, auf das er selbst Ansprüche geltend machen konnte und in dem er bislang keinerlei reale Macht ausübte, war entschiedenes Handeln geboten. Was er hier durchgehen ließ, mußte ihm auch auf anderen Konfliktfeldern Schaden zufügen. Die Erfolge Strongbows und der Marcher Lords forderten zwingend ein Eingreifen der Königsmacht. Die Spitze der feudalen Lehnshierarchie mußte zeigen, daß die lehnsrechtliche Oberherrschaft nicht nur Anspruch, sondern auch machtpolitisch ausgefüllt war.

Heinrich II. kam in ein ihm unbekanntes Land. Er kannte seine Vasallen recht gut, die irischen Verhältnisse waren ihm fremd. Er konnte jedoch keinerlei Interesse haben, Strongbow und die Marcher Lords noch weiter zu stärken. Also waren ihm die irischen Fürsten natürliche Verbündete, mit deren Hilfe die bedenklich wachsende Macht der im Land operierenden Anglonormannen neutralisiert werden konnte. Seine gewaltige Truppenmacht, die er mit sich nach Irland führte, zeigte aber auch, daß er mit Widerstand von der einen oder anderen Seite rechnete[10]. Aber es kam nicht zum Kampf. Die Anglonormannen waren sich der Tatkraft und der Ressourcen ihres Monarchen nur allzu bewußt, sie hatten, allen voran Strongbow, schon vor der Ankunft Heinrichs II. in Irland den Ausgleich mit ihm gesucht. Strongbow erhielt Leinster nun vom König zu Lehen und verzichtete dafür zugunsten der Krone auf Dublin und die umliegenden Cantreds. Damit legte der König die Hand auf den be-

[10] Otway-Ruthven 1993, S. 49

deutendsten Handelshafen und die wichtigste Flotte Irlands. Zugleich legte er den zentralen Ort königlicher Machtausübung in Irland bis ins 20. Jahrhundert hinein fest. Die Eroberer von 1169 verloren zwar manche von ihren mit Glück und Zähigkeit gewonnenen Eroberungen, fanden aber zu einem Ausgleich mit ihrem Herren, der sie als Lehnsherr wegen ihrer Verfehlungen gegen die feudale Rechtsordnung ohne weiteres mit dem Einzug ihrer Besitzungen in anderen Teilen des Angevinischen Reiches – in Wales, England und Frankreich – hätte bestrafen können. Nun konnten sie sich, mit Rückendeckung durch den König, erst richtig dem Ausbau und der Ausweitung ihrer neugewonnenen Territorien in Irland widmen.

Aber Heinrich II. traute seinen Vasallen nicht. Einerseits beschnitt er sie in ihren Aktionen, beließ ihnen andererseits Freiräume in den Randgebieten seines Machtbereichs und suchte ein Arrangement mit ihren Gegnern, den irischen Fürsten. Auch diese hatten schnell erkannt, daß sie gegen die Militärmacht des englischen Königs keine Chance hatten. Es kam deshalb jetzt und in den folgenden Jahren zu einer Reihe von Abmachungen zwischen dem König und verschiedenen Fürsten, allen voran dem Hochkönig Rory O'Connor. In ihnen erkannten die irischen Fürsten die Oberhoheit Heinrichs II. und die Eroberungen im Südosten der Insel an, wurden aber dafür in ihrem Besitzstand außerhalb der ihnen entrissenen Teile des Landes bestätigt. Rory O'Connor wurde weiterhin als Hochkönig der Iren in diesen Gebieten anerkannt. Der König verfolgte damit erkennbar eine Politik der Balance of Power in einem Land an der Peripherie seines Machtbereiches, in dem er nur selten direkten Einfluß auszuüben vermochte. Er versuchte beide Seiten zu stabilisieren, etablierte die königliche Macht in Irland als letzte entscheidende Instanz in Rechtsfragen, ließ aber zugleich ein Ventil offen, über das seine tatendurstigen Barone ihre Expansionsgelüste auszuleben vermochten. Dieses Ventil hieß: Fortgang der Expansion auf Kosten der einheimischen Iren. Damit gefährdete Heinrich II. zwar seine Politik des Ausgleichs gegenüber den irischen Fürsten, schuf aber auch einen permanenten Kriegszustand, der beide Parteien mitsamt ihren wechselseitigen Verbündeten in Atem hielt und die Krone als Zünglein an der Waage in einer schwachen, aber dennoch entscheidenden Position zu etablieren suchte. Dieses Spiel sollte nur unvollkommen gelingen. Mit einem anderen Schachzug aber hatte Heinrich II. mehr Erfolg und bestimmte ganz wesentlich die militärische und politische Lage in Irland während der nächsten eineinhalb Jahrhunderte. Der König setzte eigene Gefolgsleute neben Strongbow und den Geraldines auf die Eroberung irischer Gebiete an[11] und schuf damit, nicht auf Dauer zugunsten der königlichen Gewalt, weitere Machtfaktoren im Kampf um die in Irland zu gewinnenden Territorien.

Neben den Baronen der ersten Stunde kamen nun Hugh de Lacy und John de Courcy nach Irland, mit der festen Absicht, hier

[11] Frame 1981, S. 15

Abb. 6: Dundrum: Ansicht der Kernburg. In der Mitte der runde Keep

Land und Lohn zu gewinnen. 1172 wurde Meath, im Nordwesten von Leinster und im westlichen Vorfeld von Dublin, an Hugh de Lacy d. Ä. verliehen, 1176 kam John de Courcy nach Irland und begann im Februar 1177 mit seinem Vorstoß nach Norden und der Eroberung von Ulster. Mit der Tätigkeit von Hugh de Lacy verbindet sich der Bau der gewaltigen Burg in Trim (Abb. 23), die Gründung von Carrickfergus (Abb. 2) geht auf John de Courcy zurück. Beide Burgen sind gerade in ihrer Monumentalität ein Zeichen dafür, daß nun nicht mehr nur schnelle Motten und Ringworks aus taktischen Gründen errichtet wurden, sondern daß überall im Land richtige, auf lange Dauer angelegte, Herrschaftszentren entstanden. Die Phase der ersten Landnahme war nach der Visite Heinrichs II. vorbei, man begann, sich auf Dauer einzurichten und das Land nach dem Vorbild Englands staatlich zu organisieren.

Die Art und Weise der juristischen und verwaltungstechnischen Organisation des Landes mußte aufgrund der Randlage, der mangelnden Ressourcen, des halbkolonialen Status und des permanenten Kriegszustandes sehr unvollkommen bleiben. Für das Verständnis des irischen Burgenbaus in diesem Zeitraum sind aber auch die Ansätze wichtig, waren doch die Burgen die nuclei der territorialen Gliederung nach Groß-Herrschaften, Unterlehen und einfachen Rittergütern, wie man sie, so gut es ging, flächendeckend über die eroberten Gebiete zu legen versuchte. Dabei mischten alle mit: die Eroberer der ersten Generation, die Justitiare als Vertreter

Abb. 7: Ferrycarrick: Der durch den Rundturm bezeichnete Platz der ersten anglonormannischen Burg in Irland über dem River Slaney

der königlichen Verwaltung, die Vertrauensleute Heinrichs II. und auch die irischen Fürsten, teils als Verbündete der Anglonormannen, teils als Wahrer ihrer eigenen Interessen, was oft ein und dasselbe war. Im Burgenbau wurden nun aus offensiven und defensiven Wehranlagen Zentren der Herrschaft, Sitze der Verwaltung und des Rechts, architektonische Manifestationen von Macht, wurden Burgen im umfassenden Sinn. Auch wenn noch 1169 in Ferrycarrick die vermutlich erste anglonormannische Burg in Irland entstand, setzte der eigentliche Burgenbau in Irland erst ab ca. 1175 richtig ein. Dauerhafte Burgen konnten erst entstehen, nachdem ein auf Dauer angelegtes System der Herrschaftsausübung in Irland wenigstens in Ansätzen skizziert war. Die in Stein faßbaren Anfänge liegen in der Zeit Heinrichs II., mehr noch in der politischen Tätigkeit seines Sohnes Johann, dem, ungeachtet all seiner anderen Fehlleistungen, eine einigermaßen entschiedene Politik in Irland attestiert werden kann.

Als Prinz Johann 1177 im Alter von zehn Jahren zum "Lord of Ireland" ernannt wurde, konnte niemand ahnen, daß der nachgeborene Sohn König Heinrichs II. einmal selbst den englischen Thron besteigen würde. Johann „Ohneland“ war er eigentlich nie, aber als „Dominus Hiberniae“ war ihm nun wenigstens ein Teil der riesigen Ländermasse des Angevinischen Reiches zugesprochen worden und er machte sich frühzeitig daran, diesen Besitz unter seine Kontrolle zu bringen. Sein erster Irland-Aufenthalt von April bis Dezember 1185 brachte ungeachtet der zwiespältigen Beurteilung seiner Maßnahmen in der historischen Forschung[12] einen wichtigen Schub in der politischen Organisation des Landes und damit auch im Burgenbau. Sein zweiter Aufenthalt, nunmehr als König, von Juni bis August 1210, diente dem Ausbau der geschaffenen Verwaltungsstrukturen, ohne ihnen aber auf Dauer die Festigkeit und Einflußmöglichkeiten zu sichern, die für eine effektive Durchsetzung der Königsmacht, wie in England, notwendig gewesen wäre.

Obgleich die Verwaltungsstrukturen Irlands im 13. Jahrhundert sowohl ausführlich[13] als auch in übersichtlichen Skizzen[14] an anderer Stelle dargestellt sind, lohnt es sich, mit Blick auf die Funktion der Burgen, einige Besonderheiten der englischen Herrschaft in Irland zu betrachten. Auf der Grundlage des Titels „Dominus Hiberniae" oder "Lord of Ireland" ging prinzipiell alle Macht in Irland von der englischen Krone aus. Machtausübung im hohen Mittelalter aber bedeutete Präsenz, basierte auf der Pflege persönlicher Beziehungen und Bindungen und der dauernden Kontrolle der Loyalität von Vasallen und beamteten Gefolgsleuten. Der einzige englische König, der diese direkte Kontrolle in Irland ansatzweise zu verwirklichen suchte, war Johann Ohneland. Nach ihm kam bis zum Ende des 14. Jahrhunderts kein englischer König mehr ins Land. Ihre Interessen lagen in England und Frankreich, in Schottland und in Wales. Irland hatte lediglich Geld, Nahrungsmittel, Ritter und Söldner zu liefern. Entsprechend war es um die Lehnstreue der irischen Vasallen bestellt. Die anglonormannischen Barone legten ein allenfalls ambivalentes Verhalten an den Tag, da ihr König sie letztlich über die Konfiskation ihrer englischen Besitzungen zur Räson bringen konnte. Die irischen Fürsten aber leisteten eilfertig ihre Eide, als ihr Herr 1171, 1185 und 1210 im Lande war. Danach war der König für sie Luft und brachte sich ihnen nur durch die in seinem Namen geführten Kriegszüge seines Justitiars in Erinnerung.

Der Justitiar war der Stellvertreter des englischen Königs in Irland und der Leiter der in Dublin angesiedelten königlichen Verwaltung. Aus praktischen Gründen wurde er meist aus der nach Irland gekommenen anglonormannischen Oberschicht berufen. Es gibt keine der großen Familien, die nicht auch regelmäßig den Justitiar stellten, und auch viele der führenden Barone der Eroberungszeit bekleideten zeitweise dieses Amt. In der Theorie war der Justitiar der mächtigste Mann in Irland. Er stand an der Spitze der zivilen Verwaltung, kontrollierte alle Finanzen, war der oberste Richter und der Führer des feudalen militärischen Aufgebots[15]. Die Praxis sah allerdings bescheidenere Verhältnisse. Die königliche Verwaltung hatte sich aus dem Land zu finanzieren und darüber hinaus hohe Abgaben in Geld und Naturalien nach England zu leiten. Selbst in militärisch etwas ruhigeren und ertragreichen Jahren herrschte in Dublin immer chronische Finanznot. In Kriegszeiten, ob in Irland oder im Dienste der englischen Könige bei ihren zahlreichen auswärtigen Kriegen und Eroberungsfeldzügen, war die Kasse meistens

[12] Duffy 1997, S. 98–104
[13] Martin, in: Cosgrove (ed.) 1993, S. 134, 143–44;
Lydon, in: Cosgrove (ed.) 1993, S. 169–176;
Otway-Ruthven 1993, S. 144–190
[14] Richter 1996, S. 152;
Elvert 1993, S. 110–113
[15] Otway-Ruthven 1993, S. 144

leer. Neben der laufenden Verwaltung waren ja auch die Burgenbauten des Königs in Irland, in Dublin, Limerick, Roscrea, Roscommon und vielen weiteren Orten, zu finanzieren, und die kleinen Raids ebenso wie die Kriegszüge mit dem feudalen Heeresaufgebot kosteten bares Geld. Mehr als im übrigen Europa hatte sich im englischen Machtbereich das feudale Militärwesen fiskalisiert. Der ursprünglich unentgeltliche persönliche Kriegsdienst von vierzig Tagen im Jahr war durch eine Ersatzzahlung, die "Scutage"[16], abgelöst worden, die bis 1222 auch in Irland die Regel wurde[17]. Wenn der Justitiar Krieg führen wollte, mußte er zahlen, gleich, ob ihm Ritter oder Söldner folgten.

Der Justitiar war kein allein entscheidender Gouverneur. Das seit König Heinrich II. ausgebaute System der öffentlichen Verwaltung entwickelte eine fein abgestufte Balance zwischen Feudalherren und königlichen Beamten, aber auch innerhalb der Verwaltungshierarchie, die durch regelmäßigen Ämterwechsel und Blutsbande mit der feudalen Aristokratie eng verwoben war.

Der Justitiar wurde in seiner Regierungstätigkeit von einem Rat der Barone unterstützt, dem im 13. Jahrhundert auch der Chancellor, der Treasurer, der Escheator und die Itinerant Justices angehörten[18]. Letztere Ämter entwickelten sich in Irland analog der englischen Verwaltung nur langsam. Justitiare gibt es seit König Heinrich II. 1172, einen Rechnungshof seit 1200, das Schatzamt seit 1217 und die Itinerant Justices seit 1218. Der Kanzler findet erst 1232 Erwähnung[19]. Alle diese Ämter wurden zwar regelmäßig besetzt, man darf sich jedoch keine zu starren Verwaltungsstrukturen denken. Vor allem waren die Inhaber dieser Ämter dauernd im Land unterwegs, um Recht zu sprechen, Abgaben einzuziehen und militärische Aktionen zu leiten, nicht zuletzt auch im eigenen Interesse als Grundherren, die ihren persönlichen Anteil am Landgewinn bewahren oder ausbauen wollten.

Für den Burgenbau waren innerhalb der staatlichen englischen Verwaltung vor allem drei Amtsinhaber verantwortlich: der Justitiar, der Treasurer und der Escheator. Dem Justitiar oblag es in erster Linie, die ihn von seinem fernen König erreichenden Anordnungen bezüglich der allgemeinen Verwaltung und der Errichtung von Burgen umzusetzen, gegebenenfalls den genauen Platz zu bestimmen und die Arbeiten in Gang zu setzen. Der Treasurer hatte die nicht leichte Aufgabe, die finanziellen Mittel bereitzustellen, die über die Fronleistungen der Bevölkerung hinaus für Material und handwerkliche Spezialisten notwendig waren. Der Escheator kontrollierte im Gegensatz zum Treasurer, der die flüssigen Mittel zu erheben und zu verteilen hatte, alle Immobilien des Königs, Grund und Boden, Bauten und Burgen. Dazu gehörten nicht nur die Eigengüter und das Land im direkten Besitz des Königs, sondern auch vakante Abteien und Bischofssitze sowie das Erbe minderjähriger Nachkommen von Baronen und Grundherren bis zu deren Großjährigkeit. Die Tätigkeit

[16] Hollister 1965, S. 191–215
[17] Otway-Ruthven 1993, S. 103
[18] Otway-Ruthven 1993, S. 149
[19] Richter 1996, S. 152

Abb. 8: Dungarvan: Der Shell-Keep (links) und der südliche Flankenturm

des Escheators war somit eine wichtige Einnahmequelle für den König, der überdies die Übergabe der Lehen an die Erben nach deren Großjährigkeit gerne hinauszögerte oder von besonderen Loyalitätsbekundungen abhängig machte. Im kriegserfüllten Irland starben viele Barone einen frühen Tod und hinterließen unmündige Söhne und Töchter. Der Escheator hatte, wie eine Urkunde von 1290 drastisch beschreibt, reichlich zu tun mit "the custody of castles, manors, and heirs in the king's hand, difficult marches, fighting against rebels, proceeding to and remaining in the said marches, castles, manors and lands with an armed force, loss of horses ..."[20]. Die zeitweise Verwaltung und Nutzung baronialer Burgen durch den Escheator verbreiterte zwar die Machtbasis der Krone erheblich, erforderte aber auch deren Erhaltung und Ausbau, wodurch der englische König zum wichtigsten Burgenbauer im hochmittelalterlichen Irland wurde.

Wie die Verwaltung folgte auch die territoriale Organisation des eroberten Landes dem englischen Vorbild. Und wie in der Verwaltung blieb auch die territoriale Gliederung des Landes unvollkommen und weit hinter dem englischen Modell zurück. Nach dem Aufenthalt Heinrich II. 1171 war in dem noch weithin uneroberten Land begonnen worden, das englische Shire-System einzuführen. Alles Kronland wurde in Grafschaften, die Counties, gegliedert, an deren Spitze der Sheriff als königlicher Beamter stand. Die Counties wiederum gliederten sich in Cantreds und Boroughs, wobei die Cantreds etwa den englischen Hundertschaften entsprechen. Bei einer flächendeckenden und vollständigen Eroberung wäre in jeder dieser

[20] Otway-Ruthven 1993, S. 169

Besitzeinheiten eine Grundherrschaft mit Burg bzw. Manor zu erwarten. Dem entsprach die Situation im Land jedoch nur ganz entfernt. Außer Dublin geht kein County in Irland auf das 12. Jahrhundert zurück. Die Bildung der anderen Counties Cork, Waterford (1207), Munster, Tipperary, Limerick (1211), Louth, Kerry (1233), Connacht (1247), Roscommon (1299) und Carlow (1306)[21] zog sich bis ins 14. Jahrhundert hin und brach dann praktisch ab. Aber der Prozeß der County-Bildung verlief keineswegs gradlinig. Abgesehen von der unvollkommenen urkundlichen Überlieferung gab es zahlreiche Teilungen, Neuordnungen und Statusänderungen zwischen Counties, Liberties[22] und den Territorien irischer Fürsten, die Irlands politische Landkarte im 13./14. Jahrhundert zu einem sich dauernd verändernden Vexierbild machten.

Es gab nämlich nicht nur das Land unter königlicher Verwaltung. Die walisischen Marcher Lords hatten vor der Intervention König Heinrichs II. ihre ersten Eroberungen gemacht, und in dessen Abwesenheit ging die Landnahme, an der sich auch der Justitiar im Namen des Herrschers beteiligte, weiter. Es war ein Wettlauf um Land, der den anschließenden Rechtsstatus der eroberten Gebiete ganz wesentlich bestimmte. Wie in den walisischen Marches bildeten nämlich die Barone in Irland Territorien, für die sie zwar den englischen König als Oberlehnsherren anerkennen mußten, innerhalb deren sie sich jedoch als Inhaber königlicher Rechte aufführen konnten. Diese Territorien sind die im Verlauf der Eroberung anzutreffenden "Liberties", ursprünglich die alten irischen Königreiche Leinster, Meath und Ulster[23], bis sich später am Ende des 13. Jahrhunderts durch Teilungen und Privilegierungen die Liberties von Wexford, Carlow, Kilkenny, Trim (Meath) und Ulster bildeten. So wie sich ein Liberty in ein County wandeln konnte und umgekehrt, so war auch die innere Organisation eines Liberty der des County angeglichen und war in Cantreds und Boroughs gegliedert. Die irischen Liberties sind durchaus mit den halbautonomen Besitzungen der Marcher Lords in Wales zu vergleichen. Vergleichbar in beiden Fällen ist, daß der Lord bzw. Baron innerhalb des Liberty Rechte innehatte, die im County dem König zukamen, nach außen unterstand er in beiden Fällen dem König als seinem Oberlehnsherrn. Der englische König mußte die Einrichtung der Liberties in dieser Form hinnehmen. Nicht nur war das Recht der Eroberung auf seiten der neuen Herren in Irland, ihm fehlten auch die Machtmittel, um das Rad der Entwicklung auf dem entlegenen Kriegsschauplatz zurückzudrehen. Aber er versuchte, wenigstens den Fuß in der Tür zu behalten und die Rechte der Barone in ihren Liberties nach Möglichkeit einzuschränken. In einzelnen Fällen, etwa bei der Zuständigkeit für vakanten Kirchenbesitz, gelang ihm das auch, weshalb die irischen Liberties und die Besitzungen der walisischen Marcher Lords in Wales einander ähnlich, aber nicht gleich sind[24]. Aber es waren reiche und selbstbewußte Aristokraten, die ihre kleinen „Königreiche"

[21] Richter 1996, S. 152
[22] Otway-Ruthven 1993, S. 174
[23] Richter 1996, S. 152
[24] Otway-Ruthven 1993, S. 182

nach Kräften zu erweitern und zu konsolidieren suchten. Viele Burgen, die Instrumente ihrer Machtausübung, zeugen in ihrem Erscheinungsbild von diesen Bestrebungen.

So wie mit Heinrich II. seine Gefolgsleute Hugh de Lacy d. Ä., John de Courcy und die Justitiare nach Irland gekommen waren, hatte auch König Johann Leute seines Vertrauens nach Irland gebracht. Es waren vor allem der Stammvater der Butlers of Ormond, Theobald Walter, der Bruder des Erzbischofs von Canterbury, Hubert Walter, und William de Burgh[25], der Bruder des Justitiars von England, Hubert de Burgh. Ebenfalls in der Zeit König Johanns kam der ältere William Marshal nach Irland, allerdings nicht auf Geheiß seines Herrn, sondern eher, um in dem abgelegenen Land der Ungnade des mißtrauischen Königs zu entgehen, aber auch, um das Erbe Strongbows, dessen Erbtochter er geheiratet hatte, in Leinster anzutreten. Damit waren all die Familien in Irland angelangt, die von nun an in steten Kämpfen gegen die einheimischen Iren und auch untereinander die Geschicke des Landes im folgenden Jahrhundert bestimmen sollten. Eine vollständige Übersiedlung großer Familien von England nach Irland fand nach der Regierungszeit König Johanns nicht mehr statt, auch wenn die Heiratsbeziehungen über die Irische See hinweg bis weit ins 14. Jahrhundert hinein sehr rege blieben. Das Ende der Regierung Johanns stellt schon eine erste Zäsur in der Eroberung des Landes dar. Es endete die Zeit der intensivsten königlichen Präsenz, Umrisse einer staatlichen und verwaltungstechnischen Organisation waren erkennbar, aber der Zuzug sowohl von Angehörigen der englischen Oberschicht wie von einfachen Siedlern ließ nun stark nach. Weder konnten England und Wales auf Dauer die Zahl der benötigten Kolonisten bereitstellen, ohne sich selbst von wichtigen Arbeitskräften zu entblößen, noch war in Irland der Weg für eine ungehemmte Landnahme frei. Schon am Ende des 12. Jahrhunderts, als die schwächeren irischen Königreiche überrannt waren, begannen die Verteilungskämpfe unter den Eroberern[26]. Zwar war deren Expansionskraft noch ungebrochen, aber die Schwierigkeiten, im Land Fuß zu fassen, wurden größer. Und immer mehr trat die Notwendigkeit, das Gewonnene zu konsolidieren, gegenüber der weiteren Ausdehnung des Besitzes in den Vordergrund. Die ab dem ersten Viertel des 13. Jahrhunderts überwiegend in Stein erbauten oder erneuerten Burgen mit ihren Einrichtungen für Repräsentation und Verwaltung sind hierfür ein sicherer Indikator.

Was wir heute rückblickend als Einschnitt in einer historischen Periode erkennen, war den Zeitgenossen nicht im geringsten bewußt. Sie hatten noch weite uneroberte Landstriche vor Augen, die eine stete Verlockung nach Ausweitung ihrer Macht bedeuteten. Der Expansionswille der Anglonormannen war noch nicht gebrochen, daß sie ihre Kräfte irgendwann überspannen mußten, kam ihnen nicht in den Sinn. Und der Erfolg gab ihnen scheinbar recht. Im Verlauf des 13. Jahrhunderts brachten sie fast ganz Irland unter

25 Frame 1981, S. 22
26 Duffy 1997, S. 115

ihre Kontrolle, bauten ihre Burgen weit im Westen, von Donegal im Norden bis hinab nach Kerry, ohne allerdings in weiten Landesteilen die einheimischen Iren und ihre Fürsten entscheidend zurückdrängen oder unterwerfen zu können. Man lebte in einer kaum überschaubaren Gemengelage, bekriegte und verbündete sich, baute Burgen in Sichtweite von Ringforts und Crannógs und wich zurück, wenn der Gegner, ob Ire oder Anglonormanne, übermächtig wurde, um alsbald in einem neuen Vorstoß sein Glück zu versuchen. Viele Landesteile, in denen wir heute die Reste starker Burgen der Eroberer aufragen sehen, waren ebenso offen für englische Siedler wie für die alteingesessenen Iren. Militärische Schlagkraft , Beharrungsvermögen und oft der Ausgleich auf unterer Ebene, durch Heirat und Assimilation, mußten langfristig entscheiden, ob das Gebiet englische Kolonie oder irisches Territorium zu nennen war. Manch ein Lord in seiner Burg hatte in seiner Umgebung wenig zu bestellen. Aber der Anspruch von König und Baronen, in ganz Irland die Herren zu sein, blieb bis ins 14. Jahrhundert hinein bestehen.

Der Verwirklichung dieses Anspruchs waren allerdings nicht nur durch die Verhältnisse in Irland Grenzen gesetzt. Die Aufenthalte der Könige Heinrich II. und Johann hatten gezeigt, was in Irland bei starker königlicher Präsenz und Machtentfaltung möglich war. Aber schon die letzten Regierungsjahre Johanns hatten die Beschneidung der königlichen Macht durch die englischen Barone gesehen. Die lange Regierungszeit König Heinrichs III., die mit Minderjährigkeit begann und mit faktischer Entmündigung endete, überließ Irland weitgehend sich selbst. Anordnungen des Königs erreichten das Land nur aus der Ferne, zu ihrer Durchsetzung trug er nichts bei. Wo die Justitiare und ihre Verwaltung überfordert waren, wichtige Familien, wie de Lacy und die Marshals, zwischen 1243 und 1245 ausstarben, ohne männliche Erben zu hinterlassen[27], begann in Irland das Jahrhundert der Familie de Burgh. 1185 war William de Burgh mit König Johann nach Irland gekommen, schon 1192 war ihm angeboten worden, Connacht, das Stammland des letzten irischen Hochkönigs Rory O'Connor, zu erobern. Das war schon ein erstes Anzeichen dafür, daß es in den früher eroberten Gebieten Leinster, Meath, Munster und Ulster fast nichts mehr zu verteilen gab. 1227 wurde das Angebot erneuert und nach einer Zeit königlicher Ungnade konnte Richard de Burgh ab 1232 mit der Durchdringung Connachts beginnen. Die Burgen von Loughrea, Athenry (Abb. 26), Ballinamantain u. a., von den de Burghs und ihren Untervasallen errichtet, bezeichnen diese erste Phase des Ausgreifens der de Burghs, mißtrauisch beäugt vom König und seinen Beauftragten in Irland. Die Krone reservierte sich als Gegengewicht die wichtigen Cantreds entlang des Shannon, wo in Athlone (Abb. 19) und Rinndown (Abb. 5), später in Roscommon (Abb. 11) königliche Burgen erbaut wurden.

Die Aktivitäten der de Burghs steuerten einem weiteren Höhepunkt entgegen, als Walter de Burgh im Jahr 1283 von der Krone der

[27] Richter 1996, S. 156

Abb. 9: Ballinamantain: Der Keep oberhalb des Gort River

Titel eines Earl of Ulster verliehen wurde. Der Machtbereich der Familie wurde dadurch nicht automatisch erweitert, denn in Ulster hatten die Anglonormannen seit den Tagen John de Courcys, dem ersten Eroberer Ulsters, herbe Rückschläge erlitten. Der Machtanspruch des Titels mußte erst noch ausgefüllt werden, einstweilen war Ulster, bis auf den Küstensaum im Osten, noch unerobertes Land. Die Verleihung des Titels durch den König, eine bis dahin unübliche Praxis[28], erhöhte jedoch das Prestige der de Burghs und zeigte, auf welche Karte die Krone im irischen Machtpoker zu setzen gedachte. Zugleich stellt die Titelverleihung einen etwas unbeholfenen Versuch des Königs dar, in Irland die Hände im Spiel zu behalten, wenn er schon nicht persönlich in der Lage war, kräftig mitzumischen. Den de Burghs mußte die Rangerhöhung und die damit verbundene Rückendeckung durch den Oberlehnsherren auch aus einem anderen Grund willkommen sein. Zwischen 1264 und 1298 brachte eine langwierige und mit aller Erbitterung ausgetragene Fehde zwischen den de Burghs und den Geraldines of Kildare, Nachkommen der allerersten anglonormannischen Eroberer in Irland, dem Land langandauernde bürgerkriegsartige Zustände, die in einer dreimonatigen Gefangenschaft Richards de Burgh, des "Red Earl", in Lea Castle gipfelten[29]. Der Hintergrund waren Interessen beider Familien in Connacht, dem Gebiet in Irland, wo noch am ehesten eine

[28] Richter 1996, S. 157
[29] Duffy 1997, S. 126–127

Abb. 10: Lea Castle: Ansicht der Burg von Osten

neue Herrschaft aufzubauen möglich war. Die Fehde war nicht auf Angehörige und Vasallen der beiden Familien begrenzt. Engländer und Iren, Verbündete und Verwandte waren in die Kämpfe einbezogen, in denen es um nichts weniger als die Vorherrschaft in der scheinbar herrenlosen Kolonie ging – vor allem, solange das erst durch die baronialen Aufstände in England paralysierte[30], dann durch den Kreuzzug Eduards I. und die folgenden Kriege des Monarchen in Wales abgelenkte Königtum sich nicht um die Verhältnisse in Irland kümmern konnte. Erst als König Eduard I. nach 1295 dem Problem seine Aufmerksamkeit widmete und den mittlerweile zahlreichen Beteiligten am Konflikt mit der Beschlagnahme ihrer Besitzungen drohte, kam es zu einer Lösung. Die de Burghs und die Geraldines of Kildare steckten ihre Claims neu ab, wodurch die de Burghs Connacht als Interessengebiet erhielten, während die Geraldines als Entschädigung Land in Leinster und Munster zugewiesen bekamen[31].

Dieser eine ganze Generation mit Krieg erfüllende Konflikt trug wesentlich dazu bei, der anglonormannischen Expansion in Irland die Spitze zu brechen. Waren Konflikte der großen Barone auch vor dieser Fehde an der Tagesordnung gewesen, so hatten sie doch meist eher lokalen Charakter oder waren in persönlichen Rivalitäten begründet gewesen. Hier aber fand ein ganz Irland tangierender

[30] Frame 1998, S. 59–69
[31] Duffy 1997, S. 127

Macht- und Verteilungskampf statt, der die Ressourcen des Landes in umfassendem Maße beanspruchte und zugleich beschädigte. Die Kraft Irlands, solche Konflikte auszuhalten, war nicht unbegrenzt.

Die scheinbare Konsolidierung der Kolonie um die Jahrhundertmitte, als das Land bis auf zu vernachlässigende Restgebiete unterworfen schien, bedeutete nicht, daß hier, ungeachtet aller Produktivitätszuwächse durch neue Siedler und modernere Anbaumethoden, ein blühendes Land entstanden war. Zudem sind gerade zur Jahrhundertmitte unter den irischen Fürsten Bestrebungen zu verzeichnen, nun endlich den Eroberern vereinten Widerstand entgegenzusetzen und sie aus einigen Positionen wieder zu verdrängen. 1258 trafen sich die Fürsten Tadg O'Brien von Thomond, Aed O'Connor von Connacht und Brian O'Neill von Cenél Eògan in Ulster und vereinbarten, O'Neill als neuen König von Irland anzuerkennen und unter seiner Führung den Widerstand gegen die Anglonormannen zu koordinieren. Der schnelle Tod Brian O'Neills im Kampf ließ das Vorhaben nicht zur Reife kommen. Aber schon 1263 gab es erneut eine Aufforderung an einen potenten militärischen Führer, König Haakon IV. von Norwegen, der sich mit seiner Flotte an der schottischen Westküste aufhielt, die Führung der Iren gegen die Anglonormannen zu übernehmen[32]. Wenn diese einzelnen Maßnahmen der Iren auch nicht zu greifbaren Erfolgen führten, so zeigen sie doch, daß der irische Widerstand sich versteifte und zu einem ernstzunehmenden Faktor wurde.

Es ist kein Zufall, wenn sich vor diesem Hintergrund der Burgenbau in Irland im letzten Drittel des 13. Jahrhunderts noch einmal intensivierte. Das betraf den Neubau von Burgen ebenso wie den Ausbau bestehender Anlagen. Es galt, sich sowohl im Status des Lord und Grundherren als auch im militärischen Alltag zu behaupten und die eigene Position zu sichern. Mit dem starken Königtum Eduards I. in England kamen auch von hier neue Impulse, allerdings mit sehr zwiespältigen Folgen. Einerseits übernahm der König, nicht zuletzt durch sein gewaltiges Burgenbauprogramm in Wales zwischen 1277 und 1295[33], auf dem Feld des Burgenbaus eine führende und vorbildgebende Rolle, wie die Burgen in Roscommon, Ballymote, Ballintober und Greencastle/Donegal aufzeigen, andererseits beanspruchte er die Ressourcen Irlands durch seine Kriege in Wales, Schottland und Frankreich, zu denen Irland Söldner, Nahrung und Geld bereitzustellen hatte, auf das äußerste[34] und fügte damit den schon bestehenden Faktoren des Niederganges einen weiteren hinzu.

Der Höhepunkt des irischen Burgenbaus im Hochmittelalter in der Zeit König Eduards I. ist nicht Zeichen einer Blüte und dauerhaften Prosperität, sondern eine letzte Anstrengung zur Behauptung und Darstellung englischer Herrschaft in Irland vor dem Einsetzen eines langen Niederganges. Auch muß man berücksichtigen, daß viele Burgen damals erst, nach bescheidenen Anfängen ein Jahr-

[32] Elvert 1993, S. 99–100
[33] Zu den Königsburgen von Wales: Metternich 1984
[34] Otway-Ruthven 1993, S. 218

Abb. 11: Roscommon: Die Schaufront der Burg mit dem in der Mitte gelegenen Torbau von Nordosten

hundert zuvor, ihren hochmittelalterlichen Endausbau erreichten, was nicht nur mit modernisierter Befestigungstechnik, sondern auch mit erhöhtem Wohnkomfort einherging. Ganz sicher aber stimulierten auch die grandiosen Burgen Eduards I. in Wales die Bauherren im benachbarten Irland, unter denen der "Red Earl", Richard de Burgh, es angesichts seiner Erfolge in Ulster und Connacht auch als Bauherr mit dem König aufzunehmen versuchte. Aber auch die Krone selbst, vertreten durch den Justitiar, hatte in Irland mit der Burg von Roscommon Maßstäbe gesetzt und ihren Machtanspruch unmißverständlich dargestellt. Welche Pläne Eduard I., der ja auch zugleich ein "Lord of Ireland" war, mit seinem Dominion hegte, ist ganz offen. Außerhalb seiner Überlegungen stand das Land nicht. Zumindest als Quelle stetigen Nachschubs für seine zahlreichen auswärtigen Kriege hat er das durch die inneren Kriege bis zum äußersten strapazierte Land extensiv genutzt[35]. In der Regierungszeit Eduards I. beliefen sich die Einnahmen der Krone aus Irland von 1278 bis 1299 auf durchschnittlich £ 6300 im Jahr[36]. Diese Einnahmen kamen aus verschiedenen Quellen. Da waren die Feudaleinkünfte, die aus dem Gut von minderjährigen Erben und als Zahlung bei Übergabe dieses Erbes geleistet wurden. Auch die Vakanzeinnahmen von Abteien und Bischofssitzen gehören hierher. Ein wichtiger Posten waren auch die Gerichtsgebühren, die in den County-Courts und von der obersten Instanz in Dublin erhoben wurden. Zollgebühren auf die Waren der großen Handelsstädte

[35] Otway-Ruthven 1993, S. 218
[36] Otway-Ruthven 1993, S. 163

waren eine regelmäßige Steuer, deren Höhe zudem vom König mitbestimmt werden konnte. Hinzu trat die allgemeine Besteuerung, worunter auch die Scutage für Militärdienste gehörte. Endlich gab es noch die direkten Abgaben aus der Krondomäne, die von den Untervasallen und Pächtern zu leisten war. Unter den gesamten Staatseinnahmen Englands in der Zeit Eduards I. sind die Beiträge Irlands ein recht unbedeutender Posten. Aber hinzu kamen noch die Naturallieferungen, Getreide, Vieh, Holz – und Menschen, die als feudales Aufgebot, als Söldner, als Handwerker und Handlanger bei seinen umfangreichen Unternehmen zu dienen hatten. In diesem Bereich waren die Reserven Irlands nicht unerschöpflich. Aber auch der Ertrag in Geld ging zurück. Von 1299 bis 1315 sanken die jährlichen Einnahmen um fast ein Drittel auf £ 4190[37], in den folgenden Jahrzehnten auf ca. £ 2000[38]. Irland war am Ende seiner Kraft.

Die Erschöpfung des Landes war nicht allein auf Irland beschränkt. Es gilt, die Entwicklung in einem größeren Zusammenhang zu betrachten. Die inneren Wirren in Irland sind die eine Seite der Medaille, die maßlose Überbeanspruchung der Kräfte der englischen Monarchie und das Auslaufen der anglonormannischen Expansionskraft im Verlauf des 13. Jahrhunderts die andere. Irland, im Verband des angevinischen Länderkonglomerats, konnte davon nicht unberührt bleiben. Eine Anstrengung an einem Ende des Reiches mußte über kurz oder lang Einbußen in einem anderen Teil nach sich ziehen. Zuerst die Normandie, dann England mit seiner normannischen Herrenschicht waren seit 1066 offensiv und expansiv gewesen. Auch wenn die Expansion nicht ausschließlich – so bei der Heirat König Heinrichs II. mit Eleonore von Aquitanien – mit Krieg und Kampf bewirkt wurde, militärische Unterstützung und Absicherung war immer vonnöten. In knapp eineinhalb Jahrhunderten weitete der Herzog der Normandie als englischer König seinen Machtbereich von Schottland bis zu den Pyrenäen, von Irland bis nach Flandern aus. Der Zusammenbruch des Angevinischen Reiches 1204 bedeutete nicht sogleich eine Umorientierung, führte nicht dazu, daß man sich auf neue naheliegende Gebiete, wie etwa Irland, konzentrierte. Die Fortführung der Kriege unter erschwerten Bedingungen an allen Fronten höhlte jedoch auf Dauer das expansive Potential der anglonormannischen Herrenschicht aus, ohne es sogleich zu vernichten. Große Schiffe bremsen langsam. Eduard I. paßte sich zunächst der Entwicklung, wie er sie bei seinem Regierungsantritt vorfand, an. Der Chimäre des Angevinischen Reiches König Heinrichs II., wie sie sein Vater noch vor Augen hatte, jagte er nicht mehr nach. Aber er suchte Ersatz, indem er einmal die ihm verbliebenen Territorien zu halten und auszubauen suchte, zum anderen dadurch, daß er in Wales, Schottland und der Gascogne Kriege zur Ausweitung seiner Macht führte. In Wales hatte er einzigartigen Erfolg, in der Gascogne hielt er den Status quo, in Schottland scheiterte er letztlich, auch wenn die endgültige Niederlage erst in die

[37] Otway-Ruthven 1993, S. 163
[38] Duffy 1997, S. 145

Zeit seines Nachfolgers fiel. Für alle Kriege wurde Irland als Reservoir ausgebeutet.

Das Scheitern der Eroberung und Konsolidierung Irlands an der Wende vom 13. zum 14. Jahrhundert ist eine letzte Folge des Scheiterns des Angevinischen Reiches. Der Schubkraft von 1066, als es der normannischen Oberschicht mit Hilfe von zehntausend Soldaten und Söldnern gelungen war, ein Reich zu erobern, gingen die treibenden Impulse verloren. England, die angevinischen Länder in Frankreich und auch die britischen Inseln hatten in diesem Zeitraum ein unglaubliches Reservoir an Menschen und neuen Ideen nach außen gegeben, in den Orient, nach Sizilien und Spanien, nach Frankreich, nach Schottland, Wales – und eben auch Irland. Die Eroberung der Grünen Insel muß in diesem europäischen Zusammenhang gesehen werden, nicht als Abenteuer einiger walisischer Marcher Lords, sondern innerhalb einer Gedankenwelt, der die Erschließung neuer Räume durch Krieg und Eroberung, Besiedlung und geordnete Verwaltung ein vorgegebenes Bestreben war. Dieses Programm hatte sich mehr oder minder erfüllt; dabei hatten sich seine Träger verändert. Die Eroberer von 1169 glichen schon nicht mehr jenen von 1066 und schon gar nicht den Streithähnen in der irischen Provinz um 1300. Aus vorwärtsdrängenden Pionieren waren Seßhafte geworden, die ihren eroberten, geraubten, ererbten oder erheirateten Besitz festzuhalten und zu vererben suchten. Am Ende wurden sie, zumindest in Irland, von den Konflikten und Nöten, die sie mitverursacht hatten, eingeholt.

Die lange Herrschaft Richards de Burgh, des "Red Earl", von 1286 bis 1320 gilt zu Recht als der letzte Höhepunkt anglonormannischer Herrschaft im Irland des hohen Mittelalters vor dem langen Niedergang im 14. und 15. Jahrhundert. Unter ihm erlebte mit der Gründung von Ballymote und Greencastle, Co. Donegal, gerade der Burgenbau eine letzte Hochblüte. Am Ende seines Lebens sah er noch die ersten Zeichen des Zusammenbruchs anglonormannischer Herrschaft in Irland. Es begann mit dem Fehlschlag der schottischen Kriege Eduards I., die dieser jedoch nicht mehr selbst erleben mußte. Am 24. Juni 1314 wurde das englische Heer Eduards II. von den Schotten unter König Robert Bruce bei Bannockburn entscheidend geschlagen. Im folgenden Jahr schickte Robert Bruce seinen Bruder Eduard mit einem Heer nach Irland[39]. König Robert Bruce war zwar der Schwiegersohn Richards de Burgh, dennoch richtete sich die Invasion vor allem gegen diesen[40]. Die O'Neill von Ulster, erklärte Gegner des "Red Earl", hatten Eduard Bruce eingeladen, König in Irland zu werden, eine erneute Aufforderung an eine auswärtige Macht, gemeinsam mit den Iren gegen die Eindringlinge vorzugehen. Eduard Bruce erreichte sein Ziel nicht, man weiß nicht einmal genau, was er eigentlich wirklich wollte. Aber sein dreijähriger Kriegszug in Irland von 1315 bis 1318, ein einziges Sengen und Morden, ließ das Land im Zustand hilfloser Schwäche zurück. Von England, dessen unfähi-

[39] Zur schottischen Invasion 1315–1318: Frame 1998, S. 71–98
[40] Richter 1996, S. 162

Abb. 12: Greencastle, Co. Donegal: Der Torbau von Südosten

ger König Eduard II. sich in Intrigen zerrieb und der nach seiner erzwungenen Abdankung 1327 im Kerker ermordet wurde, war nichts zu erwarten. Verschärft wurde die Situation in Irland durch drei aufeinanderfolgende Mißernten, die genau mit der Invasion von Eduard Bruce zusammenfielen und das Land zusätzlich schwächten[41]. Außerhalb der Küstenstädte fiel das Land in Agonie, Siedlungen entvölkerten sich und wurden aufgegeben. Der Bau von Burgen kam zu einem Ende.

Das Ergebnis war ein völliger Zusammenbruch der anglonormannischen bzw. englischen Eroberungspolitik. Er war nicht allein auf die schottische Invasion des Eduard Bruce zurückzuführen. Viele bereits genannte Faktoren wirkten am Beginn des 14. Jahrhunderts zusammen, die anglonormannische Invasion endgültig zu beschließen. Einer der wesentlichen, bislang noch nicht aufgeführten Grün-

[41] Lydon, in: Cosgrove 1993 (ed.), S. 285

de war dabei die fortgeschrittene Integration der Siedler in ihre neue Umgebung. Aus Landfremden und Eindringlingen waren Einheimische geworden, die in den Randgebieten der anglonormannischen Invasion längst die Sprache und Sitten ihrer irischen Mitbewohner angenommen hatten. Sie identifizierten sich mit dem Land, hatten eine neue Identität. Aus einer Eroberergeneration waren auf allen Ebenen der Gesellschaft die Anglo-Iren hervorgegangen. Über ihnen schwebte nur noch – mehr fiktiv als machtpolitisch durchsetzbar – der Anspruch der englischen Krone auf Oberherrschaft. Den letzten Stoß gegen die sich ohnehin im Umbruch befindende irische Gesellschaft aus Eroberern und Unterjochten führte dann eine Macht, vor der jenseits aller militärischen Stärke und politischen Bedeutung ohnehin alle gleich waren – der Schwarze Tod, die Pest[42]. Hatte seit 1327 schon das Interesse Englands an seiner irischen Kolonie durch den heraufziehenden Hundertjährigen Krieg nachgelassen, so machte dieser demografische Einschnitt auch die letzten Bemühungen, Irland von England aus zu durchdringen, für mehr als zwei Jahrhunderte zunichte. In Irland gingen zwar nicht alle Lichter aus, aber das Land trat für geraume Zeit aus dem Rampenlicht der europäischen Geschichte heraus. Eine Epoche, nicht nur im Burgenbau, war zu Ende.

[42] Zur Pest: Barry1988, S. 176–177; Otway-Ruthven 1993, S. 267–270

IV Die Zeit der Burgen

Das Bild des irischen Burgenbaus im hohen Mittelalter weist zahlreiche Fehlstellen auf, über allzu viele Wehranlagen aus dieser Epoche ist wenig oder gar nichts bekannt. Unstrittig scheint nur eines festzustehen: der Terminus post quem, das Datum, an dem die erste Burg in Irland errichtet wurde. Danach setzte der Burgenbau in Irland mit dem Beginn der anglonormannischen Eroberung im Jahr 1169 ein. Verdächtig an dieser Datierung ist nicht nur die Tatsache, daß Epochen selten an einem festen Datum beginnen, sondern auch, daß es ein exaktes Vorbild für dieses Argumentationsmuster in der normannischen Eroberung Englands im Jahr 1066 gibt. Auch dort soll es vor diesem Zeitpunkt keine Burgen gegeben haben[1]. Angesichts der vielen tausend irischen Wehranlagen aus der Zeit vor der anglonormannischen Eroberung, in der Regel als Ringforts bezeichnet, im einzelnen mit den Begriffen *ráth* und *lios* (Erdwerke) oder *cashel*, *cathair* oder *dún* (steinerne Ringwälle aus Trockenmauerwerk)[2] belegt, von den *crannógs* erst einmal abgesehen, kann man gewiß nicht davon sprechen, daß das Befestigungswesen vor 1169 in Irland unbekannt war. Wenn man also – durchaus mit einiger Berechtigung – die Einführung des Burgenbaus in Irland auf das Jahr 1169 legt, sollte vorher geklärt sein, wovon man spricht, was unter einer Burg, im Gegensatz zu einer der vorangegangenen Wehranlagen, zu verstehen ist.

Die Definition, wonach eine Burg die befestigte Residenz eines Angehörigen der feudalen Oberschicht ist, die administrative Funktionen mit solchen aus dem Bereich der Rechtsprechung vereint, wobei diese von der militärischen Bestimmung der Anlage überlagert und dominiert werden[3], hat heute breite Anerkennung gefunden. Brown bringt dies auf die prägnante Formel: "The castle is the fortified residence of a lord, and as such differs from other known forms of fortification in the history of the West both earlier and later"[4]. Im Unterschied hierzu sind die Ringforts bis auf wenige Ausnahmen keine Residenzen oder administrative Zentren eines Herrschaftsbezirkes, sondern hauptsächlich abwehrbereite Einfriedungen, "to repel the lightning cattle raids which were endemic during the Early Christian period"[5] – und auch noch im Irland des 12. und 13. Jahrhunderts. Eine Befestigung oder Wehranlage ist noch keine Burg, umgekehrt vereint eine Burg in ihren Mauern eine Vielzahl von Funktionen, die alle mit der Ausübung und Darstellung von Herrschaft in einem Zusammenhang stehen. Sie ist deshalb untrennbar mit der Welt des Feudalismus verbunden, in der diese

[1] Brown 1976, S. 40–51
[2] Ó'Ríordáin 1974, S. 2
[3] McNeill 1997, S. 19
[4] Brown 1976, S. 16
[5] Stout 1997, S. 20; Ó'Ríordáin 1974, S. 1–26

Abb. 13: Dunamase: Ansicht der Burg von Osten

Funktionen in der Person des Lord zusammenfanden und in der Burg ihren architektonischen Ausdruck fanden.

Es mag deshalb offenbleiben, ob die ersten Verschanzungen, welche die Anglonormannen bei ihrer Landung in Bannow zu ihrem Schutz errichteten, schon als Burg bezeichnet werden können. Ganz sicher aber war die Anlage von Ferrycarrick (Abb. 7) bei Wexford eine Burg. Ihre Beschreibung bei Giraldus Cambrensis ist nicht sehr eindrucksvoll[6], ihre militärische Funktion überwog in den ersten rauhen Tagen der Invasion die zivilen bei weitem, aber von hier ging unstreitig die Herrschaft, zuerst über Wexford, dann über Leinster und endlich über einen großen Teil von Irland aus. In Ferrycarrick begann 1169 der Burgenbau anglonormannischer Prägung.

Dennoch sind zumindest einige Bemerkungen über „Burgen" in Irland vor 1169 notwendig. Salter nennt sieben Anlagen, die in den irischen Annalen erwähnt seien[7]. McNeill zählt, bei allerdings zurückhaltender Betrachtungsweise, dreizehn Plätze, überwiegend in Connacht[8]. Grundsätzlich sind burgenartige Wehranlagen angesichts der lebhaften Beziehungen zwischen Irland und Wales, aber auch England und dem Kontinent vor 1169[9] als Übernahmen im Wehrbau aus diesen Ländern vorstellbar, die einzelnen Anlagen werfen jedoch mehr Fragen auf, als daß sie eine klare Vorstellung von diesen Burgen vermitteln. Downpatrick in Antrim ist immerhin als königlicher Sitz gesichert und hatte durch seine Kathedrale Zen-

6 Scott/Martin 1978, S. 53, 81, 298, Anm. 58
7 Salter 1993, S. 5
8 McNeill 1997, S. 10–16, Karte S. 11
9 Duffy 1997, S. 28–56

trumsfunktionen, während die in Limerick ergrabenen Trockenmauern unter der heutigen Burg von McNeill zwar mit einer Befestigung der O'Brien aus dem 12. Jahrhundert in einen Zusammenhang gebracht werden[10], diese Mauertechnik aber allein noch keine irische Burg vor 1169 begründet, wie das Beispiel Ferrycarrick nahelegt. Diese Mauern könnten auch Teil des kurzlebigen anglonormannischen Ringworks von ca. 1175 sein[11]. Sicher gab es auf dem seine Umgebung beherrschenden Hügel von Dunamase (Abb. 13) schon vor der anglonormannischen Eroberung eine Wehranlage, und auch das in den "Annals of the Four Masters" erwähnte "Castle" in Athlone[12] ist 1129 sicher vorhanden. Man muß sich jedoch vor Augen halten, daß es in Irland dominierende und beeindruckende Hillforts schon seit der Bronzezeit gab und diese nicht nur schnellen Schutz vor Überfällen zu bieten hatten, sondern eventuell weitere Funktionen als Versammlungsorte, Residenzen und Heiligtümer hatten. Die mächtigen und ausgedehnten Mauern und Wälle von Dún Aonghasa[13], Grianan of Aileach[14] und Tara[15] mögen als wenige Beispiele genannt sein, gerade weil sie nicht im entferntesten als Burgen zu bezeichnen sind.

Mit der Ankunft der ersten Eroberer 1169 stellt sich aber die Frage, inwieweit die Anglonormannen eigene, von Grund auf neue Burganlagen errichteten oder ältere befestigte Plätze der Iren okkupierten und für ihre Zwecke ausbauten. Es ist eine gängige Vorstellung, daß die Eroberer bei ihren Vorstößen in Irland schnell eine Vielzahl von Motte & Bailey-Castles errichtet hätten, um feste Stützpunkte als Rückhalt und Basen für die weitere Eroberung zu haben. Schon 1973 kartierte Glasscock die Motten Irlands, bei der er 340 Standorte nannte, von denen 184 in Leinster und 128 im Osten von Ulster lagen[16]. Inzwischen hat sich diese Zahl erheblich vergrößert. Man geht davon aus, daß all diese Motten zwischen 1170 und 1230 entstanden. Die wenigen Grabungen, vor allem in Ulster, scheinen diese Datierung zu bestätigen. Clough wurde ca. 1200 errichtet[17], Knockgraffon über einer vermuteten älteren irischen Anlage um 1192[18]. Man muß jedoch betonen, daß bis auf ganz wenige Ausnahmen die Motten weder urkundlich erwähnt noch archäologisch untersucht sind, wodurch fast jede Datierung von Motten auf tönernen Füßen steht. Für Shanid (Abb. 15) hat Orpen schon 1909 die Gründung des Motte & Bailey-Castle im Jahr 1198 an der Stelle, die jetzt die Reste des polygonalen Keep einnehmen, wahrscheinlich gemacht[19]. Ob Motten grundsätzlich eine Frühdatierung nahelegen oder ob sie quasi zeitlose, aufgrund kurzfristiger strategischer Überlegungen schnell und preiswert zu errichtende Burgen sind, ist abschließend noch nicht geklärt. Nach dem derzeitigen Wissensstand sind sie ein anglonormannischer Burgentyp der ersten und zweiten Generation, wurden allerdings vereinzelt und frühzeitig auch von irischen Clanchefs übernommen[20]. In jedem Fall gibt es eine nicht unerhebliche Anzahl von Motten und frühen Burgen, die über oder bei einer schon vorher bestehenden irischen Befestigung entstan-

10 McNeill 1997, S. 12
11 Fry 1997, S. 223
12 Orpen 1907, S. 258
13 Waddell, in: Waddell/O'Connell/Korff 1994, S. 84–90
14 Harbison 1992, S. 101
15 Harbison 1992, S. 268–270
16 Glasscock 1975, S. 95–110; Barry 1988, S. 37–39
17 Waterman 1954, S. 103, 118–120
18 Orpen 1907, S. 142; Fry 1997, S. 222
19 Orpen 1909/2, S. 36, 38–39
20 Sweetman 1995, S. 7

Abb. 14: Knockgraffon: Ansicht der Motte von Süden

den, z.B. Athlone, Ballymote, Cloughoughter, Dunamase, Dunmore (Co. Galway), Ferns, Knockgraffon, Shanid u.a.[21]. Deren Datierung als Burgen bezeichnet dann den Zeitpunkt, ab dem die Eroberer den Platz für ihre militärischen und administrativen Zwecke nutzten. Ähnlich unsicher datiert wie die Motten sind zahlreiche Ringworks, bei denen oft kaum zu unterscheiden ist, ob es sich um ein irisches *ráth* oder um eine einfache anglonormannische Anlage handelt. Das Ringwork von Dundonnell ist zu dieser Kategorie zu zählen[22]. Mit einiger Sicherheit ist die Burg von Adare (Abb. 59) aus einem 1199 angelegten anglonormannischen Ringwork hervorgegangen[23] und ist der Keep von Clonmacnoise (Abb. 18) in einem Ringwork erbaut worden. Auch Newcastle McKynegan war in seiner ersten Phase ab 1210 ein Ringwork mit Wall, Palisade und Graben[24].

Steinerne Burgen erbaute die erste Generation der Eroberer kaum. Die wenigen Ausnahmen sind dafür um so imposanter. Vor 1200 entstanden ab 1174 Trim[25] (Abb. 23) und 1177/78 Carrickfergus[26] (Abb. 2), deren mächtige rechteckige Keeps noch ganz dem 12. Jahrhundert angehören. Zu den frühen Steinbauten unter den irischen Burgen gehört sicher auch die westliche Ringmauer von Carlingford, wobei hier für die Datierung ein Spielraum von fast dreißig Jahren gegeben ist, man aber wegen der Analogien zu den Burgen von Dover und Framlingham in England einen Baubeginn im letzten Jahrzehnt des 12. Jahrhunderts für möglich halten muß[27]. Diese wenigen Beispiele, die auch durch künftige Untersuchungen nicht wesentlich zu vermehren sein dürften, zeigen, daß der ersten Generation der Eroberer aus dem neugewonnenen Land nur vereinzelt die Ressourcen zur Verfügung standen, die zur Errichtung einer aufwendigen und kostspieligen Burg aus Stein notwendig waren.

Das änderte sich sehr nachhaltig im folgenden Jahrhundert. Ab 1200 entstehen im Osten und Südosten des Landes zahlreiche Bur-

[21] Siehe die Kat.-Nrn. 3, 9, 18, 21, 26, 31, 43 mit Literaturverweisen
[22] Graham, in: Graham/Proudfoot 1997, S. 72
[23] Fry 1997, S. 192
[24] Orpen 1908, S. 126–129
[25] Freundl. Mitteilung der jüngsten dendrochronologischen Daten durch Kevin O'Brien; McNeill 1990, S. 30–31
[26] McNeill 1981, S. 42
[27] Salter 1993, S. 50

gen aus gemörteltem Mauerwerk neu oder werden ältere Motten und Erdwerke in Stein umgebaut und wesentlich verstärkt. Mehrere Impulse wirken hier in die gleiche Richtung. Eine erste große Welle von Siedlern zwischen 1170 und 1200 ließ erst das wirtschaftliche Potential entstehen, das einen aufwendigeren Burgenbau ermöglichte. Die Regierungszeit König Johanns ist zugleich die Periode der entschiedensten Einflußnahme der zentralen englischen Staatsgewalt. Nicht nur betrieb die Krone selbst einige der größten Bauvorhaben, durch ihre Bautätigkeit gab sie auch ein Vorbild für die anderen Magnaten in Irland ab, die ihrem König nicht nur als Vasallen verbunden waren, sondern auch als Konkurrenten bei der Eroberung und Erschließung der noch nicht unterworfenen Teile des Landes gegenüberstanden. War der Bau von Motten und Ringworks der ersten Eroberergeneration noch eine primär militärische Notwendigkeit, um gegen eine feindliche Bevölkerungsmehrheit bestehen zu können, so wurde nun der Burgenbau auch zu einer Statusfrage, deren Beantwortung wesentlich zur Standortbestimmung innerhalb der feudalen Gesellschaftsordnung beitrug. Nicht zuletzt hielt mit dem runden bzw. polygonalen Keep aus Wales und Frankreich – weniger aus England – eine neue Bauform in Irland Einzug, die von den großen Territorialherren in ihren Burgen unmittelbar umgesetzt wurde.

Der vielleicht erste dieser Bauten war der mächtige Keep von Nenagh (Abb. 22), von Theobald Walter ca. 1200 bis 1206 errichtet[28]. Ihm folgten innerhalb weniger Jahre ab 1203 der runde Keep von Dundrum[29] (Abb. 6) und noch vor 1210 sein polygonales Gegenstück in Shanid[30]. Auch der Keep von Athlone datiert in die Jahre 1210/1211[31]. Der Keep von Cloughoughter (Abb. 33) hingegen ist trotz gegenteiliger Ansichten[32] nicht genau zu datieren, und das gerne an den Beginn des 13. Jahrhunderts datierte Castleknock (Abb. 74) gehört eher in die Zeit König Eduards I.[33]. Mit guten Gründen werden diese Bauten von dem nach 1200 in Pembroke (Abb. 51) in Wales erbauten Keep William Marshals, der nicht nur durch seine Gestalt, sondern auch durch die Persönlichkeit seines Erbauers Maßstäbe setzte, abgeleitet. Das würde auch die direkte Übernahme der Rundform, die in England kaum vorkommt, aus Frankreich nach Wales und Irland erklären, verbrachte doch der Marshal seine im 12. Jahrhundert liegenden Lebensjahre überwiegend in Frankreich[34], wo er in der Zeit des Königs Philippe Auguste die Genese dieser Bauform unmittelbar miterleben konnte.

Das erste Drittel des 13. Jahrhunderts sah aber nicht nur die kurze Blütezeit des runden Keep. Mit ihm kamen nahezu alle um 1200 herum in Frankreich, England und Wales entwickelten Neuerungen im Burgenbau nach Irland. In den großen Burgen von Limerick[35] (Abb. 100), Kilkenny[36] (Abb. 97) und Dublin[37] (Abb. 83) wurden zwischen 1200 und 1213 die ersten Anlagen des modernen Kastelltyps über regelmäßigem Grundriß in Angriff genommen. Gleichzei-

[28] Gleeson 1936, S. 248
[29] Waterman 1951, S. 24
[30] Fry 1997, S. 233–234
[31] Orpen 1907, S. 262, 265
[32] McNeill 1997, S. 33; Internet: http://cavan.local.ie/history/historical_sites/sites/clough_oughter.shtml
[33] Siehe Kat. Nr. 15
[34] Duby 1986
[35] Fry 1997, S. 273
[36] Friel o. J., OPW-Guidebook (ohne Paginierung): 12th Century. A Medieval Castle
[37] Maguire o. J., OPW-Guidebook, S. 4

Abb. 15: Shanid: Der polygonale Keep und das Ringwork von Osten

tig fanden die mit halbrunden Flankentürmen besetzte Ringmauer und der einfache, von zwei runden oder halbrunden Türmen begleitete Torbau Eingang im Land. Auch hier war zusammen mit England und Wales das Frankreich des Königs Philippe-Auguste bestimmend. Neben Limerick, Kilkenny und Dublin müssen hier der Ausbau von Nenagh 1221–1230[38], die 1224 vollendeten Ringmauern und Tore von Trim[39] (Abb. 116) und vielleicht Dungarvan[40] (Abb. 8) genannt werden. Es wäre jedoch falsch, diese hochrangigen und einem verbreiteten Typus entsprechenden Bauten als Spiegelbild des gesamten irischen Burgenbaus am Beginn des 13. Jahrhunderts anzusehen. Nahezu alle Burgen, die zu diesem Zeitpunkt bestanden, wurden mit steinernen Bauten versehen, vom Rock of Dunamase und Carlow des William Marshal nach 1207 bis zu Burgen der Untervasallen, wie das ab 1235 erbaute Athenry[41] der de Bermingham. In vielen Fällen kennen wir weder das Gründungsdatum der Burg noch die Chronologie ihrer einzelnen Bauteile und haben dennoch Grund, eine Bautätigkeit in Stein im frühen 13. Jahrhundert wenigstens zu vermuten. Es war eine Konsolidierungsphase nach den ersten stürmischen Jahrzehnten der Eroberung. Die kriegerische Landnahme war damit noch lange nicht zu Ende, die Eroberung Connachts und des westlichen Ulster hatte noch kaum begonnen, aber die Eroberer setzten sich fest. Sie begannen in Irland Herrschaften aufzubauen, die sie nicht mehr nur als eine von vielen Besitzungen aus der Ferne zu nutzen gedachten, sondern in denen sie auf längere Dauer präsent sein wollten. Selbst der abwesende König versuchte, vor allem

[38] Leask 1936, S. 269; Kat. Nr. 37
[39] McNeill 1990, S. 331
[40] Siehe Kat. Nr. 23
[41] Harbison 1992, S. 148–149

in der Zeit Johanns, durch die königlichen Großbauten Flagge zu zeigen und so seinen Herrschaftsanspruch als „Dominus Hiberniae" wenigstens in seinen Burgen anschaulich zu machen.

Der Burgenbau kam in der Mitte des 13. Jahrhunderts in Irland keineswegs zum Erliegen, aber eine verlangsamende Tendenz ist festzustellen. Dies hat mehrere Ursachen. In den seit 1169 am intensivsten erschlossenen Gebieten im Südosten und entlang der Ostküste trat ein erster Sättigungseffekt ein, der Erweiterungen und Modernisierungen den Vorrang vor Neugründungen einräumte. Neue Burgen entstanden vor allem in den Grenzgebieten zwischen einheimischen Iren und Eroberern und westlich des Shannon, wo die de Burgh ab 1235 begannen, die ihnen 1192 und nochmals 1227 verliehenen Gebiete in Connacht tatsächlich unter ihre Kontrolle zu bringen[42]. Die Minderjährigkeit König Heinrichs III. und seine anschließende konfliktreiche Regierung, die in den Aufstand der Barone unter Simon de Montfort führten, lenkten nicht nur die Aufmerksamkeit der Krone von Irland ab, auch die irischen Magnaten waren zum Teil direkt an den Auseinandersetzungen in England beteiligt[43]. Nicht zuletzt versteifte sich ab der Jahrhundertmitte der irische Widerstand, was den Bau starker Burgen geraten sein ließ, diesen aber auch nicht unerheblich behinderte, besonders was die Beschaffung von Material, Geld und Arbeitskräften anging. Erst im letzten Drittel des 13. Jahrhunderts, unter der Regierung König Eduards I. – selbst ein gewaltiger Burgenbauer –, erlebte der irische Burgenbau des Hochmittelalters seine letzte Blüte.

Die Entstehungsdaten der wichtigsten Burgen dieser Epoche sind einigermaßen gesichert. Roscommon ab 1269 mit einer Hauptbauzeit zwischen 1277 und 1280[44] steht als eine der bedeutendsten Burgen Irlands am Anfang. Weitere Höhepunkte im Burgenbau dieser Zeit markieren das um 1300 entstandene Ballymote[45], die in die gleiche Zeit datierende Burg Ballintober[46] und Greencastle, Co. Donegal aus dem Jahr 1305[47]. Nicht zufällig liegen sie alle im Einflußbereich der damals mächtigsten Familie in Irland, der de Burghs, in Connacht und im westlichen Ulster. An diesen Bauten und ihren Vorbildern, den Königsburgen von Wales[48], orientierte sich der Neu- und Ausbau zahlreicher weiterer Burgen in ganz Irland. Dabei beziehen sich Kopien und Übernahmen von Bauideen durchaus nicht auf die gesamte Anlage. Bei bescheidenen Mitteln zeigten andere Feudalherren im Sinne eines pars pro toto oft nur ein wichtiges Merkmal fortschrittlichen Burgenbaus, den regelmäßigen Grundriß im gegen Ende des 13. Jahrhunderts entstandenen Liscarroll[49] (Abb. 101), den Torbau mit wenigstens teilweise regelmäßigem Grundriß im vermutlich zur gleichen Zeit entstandenen Ballinamantain[50] (Abb. 62) oder auch nur einen gehobenen Wohnkomfort in Türmen und Torhäusern.

Gerade die wohnliche Ausstattung einiger Burgen, die bislang weder urkundlich noch durch Grabungsbefund und Bauuntersu-

[42] Lydon, in: Cosgrove (ed.) 1993, S. 162–166
[43] Frame 1998, S. 59–69
[44] McNeill 1997, S. 96
[45] FitzPatrick 1927, S. 82
[46] Salter 1993, S. 28
[47] Waterman 1958, S. 74
[48] Metternich 1984
[49] Salter 1993, S. 118
[50] Leask 1937, S. 199

Abb. 16: Swords: Ansicht der Wohnbauten und der Kapelle (rechts) vom Innenhof der Burg

chung hinreichend genau zu datieren sind, gibt einige Rätsel auf. Die Rede ist von den Burgen Ballyloughan (Abb. 65), Ballymoon (Abb. 66), Clonmore (Abb. 76) und Swords, deren Entstehung, mehr aus Ratlosigkeit als auf gesicherter Grundlage, in die Zeit vor oder nach der Wende vom 13. zum 14. Jahrhundert eingeordnet wird[51]. Auch wenn Datierungshinweise nicht fehlen, erkennen wir angesichts dieser Anlagen, die man nicht alle als Wehrbauten im eigentlichen Sinn bezeichnen kann, unsere großen Defizite in der Kenntnis des mittelalterlichen Burgenbaus – nicht nur in Irland. Eine rein chronologische Betrachtung des irischen Burgenbaus zwischen 1169 und dem Niedergang im beginnenden 14. Jahrhundert ist daher weit davon entfernt, zu einem fundierten Urteil zu gelangen. Zu viele Baudaten beruhen auf Vergleich und Analogie, sind durch Vermutungen auf dürftiger Quellengrundlage gewonnen. Hinzu kommt – obwohl jedem, der sich mit Burgenforschung beschäftigt, selbstverständlich – die Tatsache, daß die irische Burg des 13. Jahrhunderts ein im fortwährenden Wandel begriffenes Architekturgefüge ist. Zwischen einer Motte oder einem Ringwork des 12. Jahrhunderts und einer ausgebauten Burg um 1320 bestehen gewaltige Unterschiede. Kriegszerstörungen und Wiederaufbau, zeitweise Aufgabe und Modernisierungen, Grenzlandsituation oder sichere Lage in anglisierten Teilen Irlands, all das sind Faktoren, welche die Entwicklung und Gestalt der Burgen im 13. Jahrhundert bestimmen, ganz abgesehen von den Bauten, die wir heute als klägliche und ruinöse Reste vorfinden. Bei einer Betrachtung aus diesem Blickwinkel treten Datie-

[51] Kat. Nrn. 7, 8, 16, 44

rungsfragen in ihrer Bedeutung zurück. Die irische Burg des Hochmittelalters ist nicht nur in ihrer Funktion und ihrer Gestalt ein überaus komplexes Gebilde, sie verdankt ihr Erscheinungsbild auch unterschiedlichen Baumaßnahmen in vielen Jahrzehnten. An welchem Ort und warum gerade dort diese Baumaßnahmen vorgenommen wurden, ist Gegenstand des folgenden Kapitels.

V Die Orte der Burgen

Eine von Glasscock vorgestellte Karte der um 1320 in Irland bestehenden Steinburgen anglonormannischen Typs zeigt die Standorte von zweiundsiebzig Burgen[1], die seit Beginn der Eroberung erbaut wurden. Mit Ausnahme von Ulster im Norden, das, abgesehen von einigen Burgen im Küstenbereich, als weißer Fleck erscheint, sind sie relativ gleichmäßig über das Land verteilt. Es handelt sich jedoch keineswegs um alle bekannten Steinburgen, deren Ursprung vor dem Beginn des 14. Jahrhunderts einigermaßen gesichert ist. Deren Zahl dürfte sich, nimmt man die bei Fry[2], Leask[3], McNeill[4] und Salter[5] genannten Anlagen zusammen, auf ca. zweihundert summieren. Motten und Ringworks sind nur dann mitgezählt, wenn sie später in steinerne Burgen verwandelt wurden. Sie sind auch nicht alle unter den "National Monuments" bei Harbison[6] aufgeführt. Eine exakte Anzahl wird erst dann zu ermitteln sein, wenn die Inventare aller irischen Counties vorliegen.

Diese Kartierungen der Steinburgen lassen zur Zeit noch nicht die wirkliche Verteilung der Anlagen und ihre Dichte in bestimmten Landesteilen erkennen. Zwar gibt es Gebiete, in denen Burgen häufiger vorkommen: entlang der gesamten Ostküste, im südöstlichen Leinster, in Desmond und Thomond unweit der Verbreiterung des Shannon zur Meeresbucht und im östlichen Connacht entlang des Shannon. Dem stehen Gebiete gegenüber, in denen nur vereinzelte oder gar keine Burgen zu finden sind: neben dem schon genannten Ulster das westliche Connacht, die westlichen Regionen der Counties Kerry und Cork im Südwesten, aber auch in Zentralirland in den heutigen Counties Westmeath, Offaly und Laois. Nimmt man zu der Verteilung der Steinburgen eine Übersicht über die nachgewiesenen Motten[7] und Ringworks[8], die mittelalterlichen Boroughs und Manors[9] hinzu, so wird, obgleich auch hier das Material durch noch unentdeckte Wehrbauten und die Gefahr der Verwechselung mit irischen Anlagen[10] noch nicht in exakten Zahlen darzustellen ist, das Bild der anglonormannischen Durchdringung Irlands mit Hilfe der Burgen wesentlich klarer. Es muß jedoch betont werden, daß keiner dieser Typen allein als Indikator für den Stand der Eroberung und die Durchdringung Irlands tauglich ist. Die meisten Wehranlagen und die dichteste Besiedlung findet man im Halbkreis um Dublin, dem späteren Pale[11], im alten Königreich Meath bis ins östliche Connacht, in einem breiten Landstrich von Wexford im Osten bis zum Shannon in der Umgebung von Limerick im Westen und an der Ostküste von Ulster in den heutigen Counties Antrim und Down.

[1] Glasscock, in: Cosgrove (ed.) 1993, S. 218
[2] Fry 1997, Kat. S. 192–237
[3] Leask 1937 und 1986
[4] McNeill 1997, kurzer, aber nicht vollständiger Katalog mit fünfundsiebzig Namen, der auch Tower-Houses einschließt, S. 237–244
[5] Salter 1993, mit Karten (inkl. Tower-Houses) auf S. 44, 79, 133 und 160; er gibt die Zahl der anglonormannischen Steinburgen mit ca. einhundertfünfzig an
[6] Harbison 1992
[7] Glasscock 1975, S. 95–110
[8] Barry 1988, S. 52–53
[9] Glasscock, in: Cosgrove (ed.) 1993, S. 233
[10] Graham, in: Graham/Proudfoot 1997, S. 70
[11] Moody/Martin 1967, S. 173

Abb. 17: Carlingford: Ansicht der über dem Hafen gelegenen Burg

Es erstaunt nicht, in diesen durch Burgen gut erschlossenen Gebieten auch die ertragreichsten Böden für die landwirtschaftliche Nutzung vorzufinden. Die Feudalgesellschaft anglonormannischer Prägung war eine Agrargesellschaft. Nur die Bodennutzung durch den Anbau von Feldfrüchten, die ertragreich genug war, den Krieger und Adeligen von der eigenhändigen Bebauung des Bodens freizustellen, konnte die Überschüsse erzielen, aus denen auch die Mittel zum Burgen- und Siedlungsbau gewonnen wurden. Dem Irland vor der Invasion von 1169 war der Getreideanbau durchaus nicht fremd, aber die Erträge waren geringer, und in manchen Teilen des regenreichen Landes wird das noch auf dem grünen Halm stehende Getreide bis zum heutigen Tag als Viehfutter verwendet[12]. Irland war ein Land der Viehzüchter. Die landhungrigen Eroberer hatten einen Blick für gutes Ackerland, sie wußten sehr genau, welche Böden die höchsten Erträge versprachen. Die überdurchschnittliche Bodenqualität von Dublin bis Meath und entlang der Ostküste bis Wexford, in Kildare und Carlow und von Wexford bis Limerick mußte Grundherren und Siedler anlocken. Auch das östliche Connacht, obwohl die Bodenqualität dort nach Westen hin rasch abnimmt, war bis ins 14. Jahrhundert hinein das Feld zahlreicher Besiedlungsversuche. Dagegen mieden die Eroberer die Wicklow Mountains und das gebirgige Kerry, den felsigen Burren in Clare und Connemara im äußer-

[12] N. N., Field and Shore 1989, S. 94

sten Westen, das Innere von Ulster und die Wasserwildnis am Oberlauf des Shannon. Auch die großen Moorlandschaften in Zentralirland wurden eher zur Durchquerung gesichert als durch Burgen, Manors und Siedlungen richtig erschlossen.

Eine Orientierung der Burgen nach Straßen und Verkehrswegen ist derzeit nur schwer zu belegen. Ausgeschlossen ist sie deshalb nicht. Irland war im frühen und hohen Mittelalter zwar kein wegeloses Land, aber ein Straßensystem, wie es von den Römern in Kontinentaleuropa und in England hinterlassen worden war und weiterhin für Handel und Kriegszüge genutzt wurde, gab es auf der Grünen Insel nicht. Clonmacnoise, bei dem berühmten Kloster gelegen, ist durch seine Lage an einem alten Weg, der von Osten nach Westen über einer Kieserhebung verläuft[13], eher eine Ausnahme. Aber es liegt auch direkt am Shannon. Um so wichtiger waren die Wasserwege, Flüsse und die z.T. wie Fjorde tief ins Land einschneidenden Meeresbuchten. Man wird kaum so weit gehen können wie Bodo Ebhardt, der nahezu alle von ihm aufgeführten irischen Burgen nach ihrer Lage zum Wasser klassifiziert[14], aber es ist nicht zu übersehen, daß zahlreiche Burgen, nicht nur wegen der Versorgung mit Trinkwasser, die Nähe der Gewässer suchen. Da sind zunächst einmal die echten Küstenburgen, deren wichtigste – Greencastle (Co. Donegal), Carrickfergus, Carlingford (Abb. 17), Wexford, Waterford und Dungarvan – mit Schiffen vom Meer her versorgt werden konnten. In den ersten Jahren der Eroberung kam noch viel Nachschub über das Meer von Wales und England her. Es ist deshalb nicht erstaunlich, wenn nicht nur die alten Wikingerstädte an der Küste, sondern auch Buchten, wie bei Greencastle, Carrickfergus und Carlingford, durch Burgen gesichert und zugleich erschlossen wurden. Gerade im östlichen Ulster, wo die Eroberungsversuche nach dem Sturz John de Courcys 1203 in den Ansätzen steckenblieben, waren die küstennahen Burgen mehr als einmal die Garanten für das Überleben der Siedlungen in den Counties Antrim und Down.

Im Landesinnern suchten die Burgen in den meisten Fällen ebenfalls die Nähe von Wasserläufen. Es konnten dies sowohl schiffbare Gewässer als auch kleinere Flüsse und Bäche in feuchten Niederungen sein, bei denen die Burg eine Brücke oder eine Furt sicherte. Zu den Wehranlagen an befahrbaren Flüssen zählen vor allem die Burgen entlang des Shannon, von Limerick nahe der Mündung, über Terryglass, Clonmacnoise (Abb. 18) und Athlone (Abb. 19) bis nach Rinndown (Abb. 5), Trim, Dunmore (Co. Meath) und Drogheda am River Boyne gehören ebenso dazu wie Dublin am Liffey und Enniscorthy und Ferrycarrick (Abb. 7) am River Slaney. Selbst das fern im westlichen Connacht gelegene Castle Carra hatte über die Seenkette von Lough Carra, Lough Mask und Lough Corrib bei Galway Zugang zum Meer. Die Sicherung von Furten und Flußübergängen war neben anderen Aufgabe der Burgen Adare, Athlone, Ballylahan,

[13] Manning 1994, S. 6
[14] Ebhardt 1939, S. 190–218

Abb. 18: Clonmacnoise: Ansicht der Ruine mit Wall und Graben des älteren Ringworks. Im Hintergrund der Shannon

Cahir, Carlow, Enniscorthy, Ferrycarrick, Kilkenny, Limerick und Trim. Die Brücken bei den Burgen von Adare und Kilkenny machen dies bis zum heutigen Tage anschaulich. In Athlone bestand bekanntlich schon Jahrzehnte vor der Eroberung eine Befestigung zur Sicherung des wichtigen Überganges von Connacht nach Meath[15]. Er wurde als strategisch wichtiger Ort im mittleren Irland von der englischen Krone übernommen und ausgebaut.

Die alten irischen Ortsnamen erläutern oft die Gründe, weshalb eine Burg an einer bestimmten Stelle errichtet wurde[16]. Áth = Furt steht in Verbindung mit den Ortsnamen Adare, Athenry und Athlone. Die Lage bei einem See oder Teich kommt in den Ortsnamen von Ballyloughan, Carlow, Cloughoughter, Dublin und Moylough zum Ausdruck. Auch Moore und Sümpfe, in denen entweder Wege zu sichern waren oder in die man sich aus Sicherheitsgründen zurückzog, fanden Eingang in die Orts- und Lagenamen der Burgen: Ballinamantain und Ballymoon verdanken diesem Umstand ihre Namen. Aber auch andere Eigenschaften der Orte, an denen Burgen entstanden, finden sich in den Namen wieder: der Felshügel sowohl in der keltischen Schreibweise Chnoc = Knock in Castleknock und Knockgraffon, bzw. Carraig in Carrickfergus und Ferrycarrick, wie auch als Rock in Roche Castle in anglofranzösischer Form. Natürlich kommen auch allgemeine geografische Bezeichnungen wie Ebene =

[15] Orpen 1907, S. 258
[16] Eine sehr gute Übersicht mit detaillierten Erläuterungen von Ortsnamen gibt Flanagan 1994.

Abb. 19: Athlone: Ansicht der Burg vom Shannon

Magh/Maigh und Inis = Insel, besondere Kennzeichen wie Dún = Großes Fort, oft mit Bezug auf einen irischen Vorgänger, ebenso cathair = Steinfort oder Caisleán = Steinburg oder einfach Bewuchs am Ort, Wald in Roscommon oder Holundersträucher in Trim als namengebende Bestandteile vor.

Angesichts der Verteilung der Burgen im Land müssen jedoch zwei Dinge hervorgehoben werden. Die Eroberer bauten ihre Motten, Ringworks und Steinburgen nicht nach einem strategisch orientierten Gesamtplan, wie dies am Ende des 13. Jahrhunderts König Eduard I. in Gwynedd im gebirgigen Norden von Wales tat[17]. Von den ersten Eroberern hatte lediglich Strongbow nach seiner Heirat mit der Tochter Dermot MacMurroughs in Leinster ein klares Ziel vor Augen. Die anderen unterwarfen sich Land da, wo die Gelegenheit günstig und der Gegner schwach war, und bauten dann ihre Burgen, um den Landgewinn zu halten. Das Konzept einer systematischen Eroberung der gesamten Insel schimmert erst in der zweiten Hälfte des 13. Jahrhunderts durch[18], als es mangels Nachzugs an Siedlern schon nicht mehr zu verwirklichen war. Zweitens muß festgehalten werden, daß die Expansion der Anglonormannen in Irland, was den gesicherten Landgewinn auf längere Zeit betrifft, am Shannon haltmachte. Darüber darf auch die respektable Anzahl von Burgen westlich des Flusses, unter ihnen so bedeutende Anlagen wie Roscommon, Ballymote und Greencastle, Co. Donegal, nicht hinwegtäuschen. Um diese Regionen nachhaltig zu kolonisieren, fehlte es den Eroberern letztlich an Menschen und Ressourcen[19]. Die Anstrengungen des "Red Earl", seine aufwendigen Burgenbauten, führten zeit-

[17] Metternich 1984, S. 34
[18] Graham, in: Graham/Proudfoot 1997, S. 62
[19] Graham, in: Graham/Proudfoot 1997, S. 64–65

Abb. 20: Ferns: Ansicht der Burg von Westen

weise zur einer militärischen Dominanz weiter Gebiete im Westen, dauerhaft zu erschließen und zu kontrollieren waren sie nicht. Vielleicht ist gerade der hohe Anspruch in den Burgen der Familie de Burgh eher eine architektonische Kompensation als der Ausdruck tatsächlich ausgeübter Macht.

Die Lage einer Burg am Ort wurde sowohl von strategischen Überlegungen wie auch der Beschaffenheit des Platzes bestimmt. Insbesondere in den ersten Jahren der Eroberung nutzte man beim Bau von Motten jede taugliche Erhebung, auch prähistorische Grabhügel, wenn diese einigermaßen günstig gelegen waren. Auf dem steinzeitlichen Grab von Knowth im Boyne Valley stand am Ende des 12. Jahrhunderts eine frühe Burg[20], und auch der Burghügel von Drogheda (Abb. 80) ist mit einiger Sicherheit ein vorgeschichtliches Grab[21]. Bemerkenswert ist in einigen Fällen die Nähe von älteren politischen oder monastischen Zentren, die entweder direkt übernommen und ausgebaut oder aber durch eine dominierende Burg in unmittelbarer Nähe beherrscht wurden. Das erstere ist der Fall in Ferns, dem urkundlich bezeugten Sitz des Königs von Leinster[22], von dem allerdings keine Spuren mehr zu erkennen sind, und in Dunamase. In Pfeilschußweite des Burghügels von Shanid liegt auf einer weiteren, etwas niedrigeren Kuppe ein irisches Ringfort mit drei Wällen. Über das Verhältnis der beiden unterschiedlichen Wehranlagen zueinander ist über ihr bloßes Vorhandensein hinaus nichts bekannt. Von Knockgraffon wird vereinzelt angenommen, daß hier vorher ein Sitz der Könige von Munster gewesen sei[23], und Cloughoughter (Abb. 33), bei dem allerdings der anglonormannische Ursprung der Burg fraglich ist, soll auf einen irischen *crannóg* zurückgehen[24]. Die Burg von Clonmacnoise[25] hatte sicherlich die Aufgabe, das Kloster, eines der kirchlichen Zentren des Landes, unter Kontrolle zu halten, sie war, wie viele andere Burgen, auf Kirchenland er-

[20] Fry 1997, S. 90; Hinz 1981, S. 31; OPW-Guidecard o. J., S. 3
[21] Fry 1997, S. 210
[22] Duffy 1997, S. 58; Scott/Martin 1978, S. 31
[23] Fry 1997, S. 222
[24] Kirker 1890, 295
[25] Manning 1994, S. 33–34

richtet. Es kann keine Rede davon sein, daß die anglonormannischen Wehranlagen am Ort ihrer Errichtung ohne Vorgänger gewesen seien.

Auch wenn die Höhenlage bei der Verteidigung einer Burg taktische Vorteile bietet, sind Höhenburgen in Irland die Ausnahme. Oberhalb einer Höhenlinie von 300 m gibt es in Irland keine Burgen, das zentrale Hochland von Ulster, Connemara, die Hochgebirge von Kerry und auch die südlich von Dublin gelegenen Wicklow Mountains sind frei von Wehranlagen der Eroberer. Unter den im Katalogteil dieses Buches aufgeführten Burgen können nur Dunamase (Abb. 13) und Shanid (Abb. 15), mit Abstrichen vielleicht Enniscorthy, als Höhenburgen bezeichnet werden. Bezeichnenderweise folgen gerade diese bei der Wahl des Platzes vorausgehenden irischen Anlagen. Die ganz überwiegende Anzahl der Burgen seit dem ausgehenden 12. Jahrhundert bevorzugt Spornlagen an flachen Höhenzügen oder kleine Hügel und felsige Kuppen, die in Form der Mottenhügel auch mit geringem Aufwand künstlich herzustellen waren. Wenn zu einer solchen Lage die Nähe eines Wasserlaufs kam oder ein See in der Nähe lag, war der Platz der Burg im Sinne der Eroberer fast als ideal zu bezeichnen. Es bedurfte dann, wenn man von der Aufführung des eigentlichen Mauerwerks absieht, nur weniger Maßnahmen, die Burg vor schnellen Angriffen, den Raids, welche Eroberer und Iren gleichermaßen durchführten, zu schützen. Die Hauptangriffsseiten sicherte man durch Gräben, sei es, daß man einen Bergsporn durch einen Graben von einem langgezogenen Hügel abtrennte oder, seltener, daß man einen tiefen Halsgraben in den Felsen schlug. Das erstere ist z. B. der Fall in Newcastle McKynegan (Abb. 105) und in Roche Castle (Abb. 108), den Halsgraben findet man besonders ausgeprägt in Dundrum (Abb. 85). Insgesamt aber spielen die Gräben als defensive Annäherungshindernisse keine allzu große Rolle. In Ballymote ist der Graben vor der Südseite bloßer Schein[26]. Neben den Burgen auf flachen Höhenzügen oder in Spornlage gibt es auch einige Anlagen, die in fast völlig ebenem Gelände liegen. Dennoch sind auch sie kaum durch aufwendige Grabensysteme gegen Angriffe geschützt. Das abgelegene und frei im Weideland gelegene Ballinamantain vermittelt diesen Eindruck noch ganz unverfälscht, aber auch die heute von Siedlungen ganz oder teilweise umschlossenen Burgen Ballintober, Ballymote, Lea, Maynooth und Roscommon waren zwar eindrucksvolle Bauten, aber in ihrer ungeschützten Lage in der Ebene in der Verteidigung von der Natur des Platzes nicht begünstigt.

Die Burgen waren auch ihrer Lage nach offensiv angelegt, was auch an ihrem repräsentativen Erscheinungsbild ablesbar ist. Die Burg als Basis für Eroberungen, Streifzüge und Ausfälle, als Ort der Herrschaft und Symbol der Macht, war wichtiger als die defensive Ausstattung mit reinen Verteidigungseinrichtungen. Gekämpft wurde eher direkt am Gegner – mit der Burg als Sicherheit im

[26] Barry 1988, S. 66

Rücken – als von Mauern und über Gräben hinweg. Die Burg war nicht so sehr taktisches Hilfsmittel im Kampf als vielmehr Symbol und Instrument der Machtausübung. Der repräsentative Charakter einer in Stein erbauten Burg war das propagandistisch-offensive Gegenstück zur militärischen Okkupierung des Landes im offenen Kampf.

Eine besondere Rolle kam den Burgen zu, die in oder unmittelbar bei den schon vorhandenen Städten errichtet wurden. Die alten Wikingerstädte Dublin, Wexford, Waterford und Limerick waren schon vor der Invasion von 1169 blühende Handelszentren gewesen. Sie waren den Anglonormannen durch Glück und Überraschungserfolge gleich zu Beginn in die Hände gefallen. Die unverhoffte Beute, deren Bevölkerungszahl ein Mehrfaches der Truppenstärke der ersten Eroberer betrug, mußte gesichert werden. Hielt die allererste Burg der Eroberer in Ferrycarrick noch einen kleinen Abstand zur Stadt Wexford ein, so wurden die Burgen von Waterford, Limerick und Dublin und auch die bald in Wexford erbaute Burg direkt mit den Stadtmauern verbunden. Dennoch hielten sie eine Randlage ein und vermieden es, auf allen Seiten von bürgerlichen Quartieren umgeben zu sein. In Limerick und in Waterford suchte man zusätzlich die Nähe zum Fluß als Nachschublinie und letztem Ausweg bei einem Rückzug. Die Gründe für diese Randlage sind leicht einzusehen und bei anderen Stadtburgen in ganz Europa nachzuvollziehen[27]. Die große Bevölkerungszahl einer Stadt war durch die normalerweise kleine Besatzung einer Burg nur schwer unter Kontrolle zu halten. Mochte man auf Grund einer überlegenen Rüstung und Bewaffnung auch gegen eine große Zahl von Gegnern im Vorteil sein, so konnte sich die ritterliche Kampfesweise zu Pferd in engen Gassen zwischen Hütten und Häusern doch kaum entfalten. Auch der gefürchtete Langbogen war hier von nur geringem Nutzen. Umgekehrt konnte eine in Waffen zwar unterlegene, in Handwerken aber geübte Stadtbevölkerung zu einem ernstzunehmenden Belagerer werden, besonders wenn Bauleute und Zimmerer ihre Kenntnisse, die sie sonst bei der Errichtung von Burgen einsetzten, nun zur Zerstörung verwendeten. Das Heil der Besatzung lag dann im Rückzug, der nur durch die Randlage einer Burg zur Stadt zu gewährleisten war. Das Phänomen ist nicht auf Irland beschränkt. Der Tower in London, der alte Louvre in Paris und auch die Tour Constance, die königliche Burg in Aigues Mortes, der Musterstadt des 13. Jahrhunderts in Südfrankreich, sind in ihren Randlagen alle nach diesem Prinzip gebaut.

Waren die genannten Stadtburgen, zu denen noch Drogheda zu zählen ist, nachträglich bei den alten Wikingerstädten errichtet worden, so wurden die Burgen im Land an vielen Orten zur Keimzelle neuer Siedlungen und Städte. Die Burgen bedurften nicht nur der Bauern zur Etablierung einer auf Dauer angelegten Herrschaft über Land und Leute. Ebenso wichtig waren Händler und Handwerker,

[27] Metternich 1990, S. 62–63

Abb. 21: Limerick: Ansicht der Burg vom Shannon

die am Ort nicht vorhandene Güter und Rohstoffe herbeischafften und verarbeiteten. Privilegierungen nach dem Stadtrecht von Breteuil wurden im 13. Jahrhundert von den neuen Herren in Fülle verteilt[28], ließen aber zumeist "Boroughs" entstehen, die kaum den Namen eines Dorfes verdienten. Die meisten dieser Siedlungen verschwanden im 14. Jahrhundert wieder, ohne Spuren zu hinterlassen. Die Pest von 1348 richtete viele von ihnen zugrunde[29]. Einige aber überlebten und bestehen mit ihren Burgen bis heute. Es ist immer noch eine stattliche Anzahl: Adare, Athenry, Athlone, Ballymote, Cahir, Carlingford, Carlow, Carrickfergus, Dungarvan, Enniscorthy, Kilkenny, Liscarroll, Maynooth, Nenagh, Roscommon, Roscrea und Trim[30]. Von den abgegangenen Boroughs wissen wir sehr viel weniger. Grabungen werden hier noch einige zutage fördern. Bei Ballymoon ist eine Burgsiedlung bezeugt[31]. Ein noch gut erkennbarer Borough des 13. Jahrhunderts ist in Rinndown wahrzunehmen[32], wo Mauern und Gräben noch von der Siedlung des hohen Mittelalters zeugen, ohne daß wir genau wissen, warum der durch eine wehrhafte Mauer gesicherte Borough nie zu städtischem Leben erwachte. Die Verteilung der bei Burgen entstandenen Siedlungen in Irland zeigt erneut, welche Landesteile auf längere Dauer von den Eroberern gehalten werden konnten. Bis auf ganz wenige Ausnahmen liegen sie alle östlich und südlich des Shannon. Die Burgen waren bei der Eroberung Irlands durch die Anglonormannen in den eineinhalb Jahrhunderten nach 1169 die Vehikel für die gewaltsame Erschließung und Besiedlung des Landes. Sie konnten aber mit diesen Siedlungen das hohe Mittelalter nur überdauern, wenn ihnen im

[28] Otway-Ruthven 1993, S. 116–117
[29] Barry 1988, S. 176
[30] Siehe Kat. Nrn. 1–3, 9–13, 23, 25, 30, 34, 35, 37, 41, 42 und 45
[31] McNeill 1997, S. 110
[32] FitzPatrick 1935, S. 179

feudalen Herrschaftssystem eine wirkliche Funktion zukam. Als rein militärische Stützpunkte, abgeschnitten von einer sie tragenden und versorgenden Bevölkerung, hatten sie nur eine begrenzte Existenz, wurden entweder eine sichere Beute ihrer Gegner oder ganz einfach aufgegeben und verlassen.

VI Ein Ort für viele Zwecke

Jede Burg hat eine militärische Zweckbestimmung. Sie kommt in ihrer äußeren Erscheinung durch Graben und Mauern, Türme und Tore, Fallgatter, Zinnen und Schießscharten zum Ausdruck. Mögen andere Funktionen hinzutreten, die militärische sogar überlagern, so ist doch der Charakter als Wehranlage entscheidend für die Definition einer Burg, sozusagen der kleinste gemeinsame Nenner. Alles andere ist Hofstatt oder Schloß, Pfalz oder Residenz, wie immer man die unbefestigten Bauwerke der Herrschenden bezeichnen will. Mag diese Art, sich dem Verständnis einer Burg zu nähern, irgendwie für Wehrbauten in ganz Europa gelten, so muß in einem Land, das gerade mit Hilfe zahlreicher neuerrichteter Burgen erobert wird, der militärische Aspekt des Burgenbaus noch mehr im Vordergrund stehen. Dennoch soll in den folgenden Zeilen auch der Frage nachgegangen werden, ob die Burgen tatsächlich in erster Linie Wehrbauten waren. Das martialische Äußere allein macht noch keine Burg.

Die Eroberer von 1169 kamen in ein Land ohne Burgen, aber nicht ohne Befestigungen. Seit prähistorischen Zeiten prägten die Ringforts das Land, manche von beträchtlichen Ausmaßen mit mehreren konzentrischen Mauerringen und Annäherungshindernissen, die eine militärische Funktion nahelegen. Im westlichen Clare und auf den Aran-Inseln in der Galway Bay kommen bei einigen Hillforts, namentlich Dún Aonghasa, Aranmore, die *chevaux de frise*, ein sehr wirksames Annäherungshindernis aus aufrechtstehenden, z.T. scharfkantigen Steinbalken von etwa einem Meter Höhe vor[1], die recht eindeutig eine militärische Zweckbestimmung zu haben scheinen. Dennoch ist nicht einmal der Charakter des abgelegenen Hillforts auf einer Klippe über dem Atlantik als Wehrbau gesichert, fehlte doch außer der Wasserversorgung vor allem der Gegner, der sich in feindlicher Absicht nähern sollte. Ein Heiligtum innerhalb der mächtigen Mauerringe wird ebenso erwogen[2] wie die Möglichkeit, hier größere Herden sicher unterzubringen. Daß zahlreiche Ringforts dem Schutz des Viehs vor Raids und Raub dienten, wurde bereits erwähnt[3].

Der Vergleich eines irischen Ringforts mit einer anglonormannischen Burg zeigt, selbst wenn man nur ihren rein militärischen Nutzen einander gegenüberstellt, gravierende Unterschiede auf. Die Ringforts hatten gewiß eine Schutzfunktion, Wehrbauten, die gar eine Belagerung auszuhalten vermochten, waren sie nicht. Den Burgen darf man eine solche Funktion erst einmal unterstellen, kritisch zu hinterfragen ist sie aber allemal.

[1] Waddell, in: Waddell/O'Connell/Korff (ed.) 1994, S. 84–90
[2] Robinson 1995, S. 393–395
[3] Stout 1997, S. 20

Es beginnt mit der Frage, ob die hochgerüsteten anglonormannischen Eroberer angesichts der irischen Kampfesweise – schnelle Überfälle im offenen Kampf – überhaupt der Burgen bedurften. Man muß nicht gerade den polemischen und herablassenden Bemerkungen des Giraldus Cambrensis folgen, der uns glauben machen will, die Iren seien nackt und ohne defensive Rüstung, Äxte und Speere schwingend, in den Krieg gezogen[4]. Aber es ist sicher und durch die Ereignisse belegt, daß die gepanzerten Ritter selbst in der Minderzahl meist in der Lage waren, ihre irischen Gegner in die Flucht zu schlagen. Schon bei der Eroberung von Wexford hatte es die Übermacht der Einwohner angesichts der Schlachtordnung der Anglonormannen vorgezogen, sofort wieder hinter die Umwallung der Stadt zurückzukehren[5].

Die ersten Burgen der Anglonormannen, Motte & Bailey-Castles, wurden in der Regel als Stützpunkte bezeichnet, von denen aus die Eroberer das Kampfgeschehen bestimmen[6] und das im offenen Kampf gewonnene Gebiet kontrollieren konnten[7]. Dies würde neben der militärstrategischen Funktion der Burg auch eine taktische Komponente im Kampfverlauf einschließen. Davon kann aber keine Rede sein. Gewiß brauchten die wenigen Ritter und Söldner mit ihren Bogenschützen mitten im Feindesland einen sicheren Platz, wohin sie sich zurückziehen konnten. Schließlich waren Wunden zu pflegen, Ausrüstung zu reparieren, Vorräte zu lagern und eine Atempause im Kampf benötigte auch der härteste Kämpfer. Die Motte als taktisches Instrument beim schnellen Vorstoß ins Land darf aber ins Reich der Fabel verwiesen werden. Dafür dauerten die Erdarbeiten, das Fällen der Bäume und das Zurichten der Hölzer denn doch zu lange. Der Feind wartete ja nicht, bis die Motte vollendet war. Die Funktion der einfachen Erdhügelburg war neben der Rolle als Stützpunkt die, als sichtbares und befestigtes Herrschaftssymbol den Anspruch der neuen Herren auf das unterworfene Land unumkehrbar zu machen. Die Motte war nicht sicherer Ort im Kampfgeschehen, sondern, auch in den Ansätzen, vom ersten Tag an Mittelpunkt einer territorialen Herrschaft.

Vielleicht haben die Bilder vom Bau der ersten Motte in Hastings[8] nach der Landung Wilhelms des Eroberers zu einer falschen Auffassung von deren Rolle geführt. Diese wurde von Wilhelm ausschließlich zur Absicherung seiner Position nach der Landung und nicht als Mittelpunkt einer Herrschaft errichtet. Letzteres wurde sie erst im 12. Jahrhundert, als in Hastings der steinerne Keep erbaut wurde[9]. Zwischen 1066 und 1169 gibt es nämlich einen gewaltigen Unterschied. Das Ziel seines Feldzuges stand dem Herzog der Normandie nämlich zu jedem Zeitpunkt klar vor Augen: er wollte das gesamte Königreich England, auf das er Anspruch zu haben glaubte, gewinnen. Er war auf dem direkten Weg zur Krönung nach Winchester und London. Ein solches Ziel hatten die ersten Invasoren in Irland nicht. Sie wußten nicht einmal, was sie wirklich erwartete.

[4] O'Meara 1982, S. 101
[5] Scott/Martin 1978, S. 33
[6] Richter 1996, S. 138
[7] Elvert 1993, S. 99
[8] Rud 1988, S. 72
[9] Fry 1990, S. 239

Abb. 22: Nenagh: Der Keep, das Symbol der Macht

Ihnen war jeder Meter Boden ein Stück unverhoffter Beute und sie krallten sich mit ihren Burgen da fest, wo sie gerade gesiegt hatten. Die Motten Wilhelms des Eroberers waren Etappen auf dem Weg zum Gewinn der englischen Krone, die ersten Motten und die von diesen aus kontrollierten Gebiete der Geraldines und Strongbows waren Stücke aus dem Kuchen Irland, von dem niemand der Eroberer zu diesem Zeitpunkt wußte, wieviel er davon abbekommen würde.

Die Burg, ganz gleich ob Motte & Bailey-Castle, Ringwork oder Steinburg, war der Mittelpunkt einer Territorialherrschaft. Sie stand in der Regel am Anfang der Herrschaftsbildung, sie war das wichtigste Instrument, mit dessen Hilfe die neuen Herren sich in ihren Ländereien festsetzten. Als solche hatte die Burg eine ganz und gar offensive Funktion, und zwar in zweierlei Hinsicht: Der Bau einer Burg inmitten eines noch nicht eroberten Gebietes war der erste Schritt, dieses auf Dauer in Besitz zu nehmen. Diese Phase dauerte gerade so lange wie der Sieg im offenen Kampf und der anschließende Bau der Burg in Anspruch nahmen. Nach der ersten militärischen Unterwerfung ging von der Burg die Offensive der Erschließung und Durchdringung des Landes durch Parzellierung und Siedlungsmaßnahmen einerseits, durch die Organisation von Verwaltung und Rechtsprechung andererseits aus. Beides geschah mit Hilfe von Untervasallen und Siedlern. Aber in die Organisation der Territorialherrschaft mußte auch, zumindest bis zu einem gewissen Grad, die unterworfene Bevölkerung einbezogen werden. Das geschah auf sehr unterschiedliche Weise und reichte von der Entrechtung und Unterdrückung der einheimischen Iren, wie sie in zahlreichen Vorschriften über deren minderen Rechtsstatus zum Ausdruck kommt[10], bis zur engen Zusammenarbeit. Es ist nicht verwunderlich, daß gerade die Barone die größten und schnellsten Erfolge im Aufbau ihrer Herrschaft aufzuweisen hatten, die, wie John de Courcy in Ulster[11], dies zusammen mit den Einheimischen taten und deren Traditionen wenigstens zum Teil respektierten. Gerade zu Beginn der Invasion gab es keine grundsätzlichen Gegensätze zwischen Anglonormannen und Iren. Die Eindringlinge waren zunächst nur ein weiteres Element im steten Machtkampf der irischen Fürsten untereinander. Als sie sich aufgrund ihrer militärischen Überlegenheit sehr bald als eigenständige Kraft etablierten, riß auch das noch keine Kluft zwischen den beiden Bevölkerungsgruppen auf. Man kämpfte um Land und Beute, Macht und Herrschaft, war aber im ersten Jahrhundert der Eroberung jederzeit fähig zu friedlichem Zusammenleben. Erst am Ende des 13. Jahrhunderts trennten sich die Wege, nun aber nicht so sehr der Anglonormannen und Iren, sondern der Engländer in Irland auf der einen Seite und der Iren und assimilierten Anglo-Iren auf der anderen Seite.

Die offensive Ausrichtung der Burgen kann anhand einzelner Beispiele erläutert werden. Eine Einschränkung ergibt sich allerdings dadurch, daß wir bei den allermeisten irischen Burgen weder die Daten noch die genauen Umstände der Gründung kennen. Eine der eindrucksvollsten Burgen in Irland, Trim im alten Königreich Meath, gibt durch einzelne architektonische Details Hinweise auf die offensive Ausrichtung gerade der ersten Burgen. Ihrem Erbauer, dem älteren Hugh de Lacy, war 1172 das alte Königreich Meath von König Heinrich II. verliehen worden[12]. Unmittelbar darauf begann er mit dem Bau der mächtigen Burg, die uns heute noch kaum verändert vor Augen steht. Meath war zum Zeitpunkt des Baubeginns keineswegs unter der sicheren Kontrolle der Eroberer. Entsprechend würde man eine starke Festung erwarten. Aber McNeill fragt zu Recht, wie die Verteidiger den Keep länger als eine Woche gegen die Streitmacht eines Angreifers hätten halten können[13], so schwach war der Zugang zu dem Hauptbau der Anlage geschützt[14]. Trim ist

[10] Elvert 1993, S. 101
[11] Richter 1996, S. 150
[12] Martin, in: Cosgrove (ed.) 1993, S. 96
[13] McNeill 1990, S. 331
[14] Kat. Nr. 50

Abb. 23: Trim: Der Keep

kein Einzelfall. Vergleicht man gerade die großen Burgen mit ihren Pendants und Vorbildern in Wales, England und auf dem Kontinent, so fällt auf, daß die irischen Burgen, ungeachtet ihres imposanten Erscheinungsbildes, gegen einen Belagerer schlecht gerüstet waren. In Roscommon (Abb. 11, 110), fast ein Abbild von Harlech (Abb. 52) in Wales[15], fehlt der äußere Mauerring, der die gleichartige walisische Burg zusätzlich umgibt. Das gleiche ist der Fall in Ballymote (Abb. 67), stellt man die Vorbilder Beaumaris[16] oder Caerphilly[17] daneben. Ballymote ist nicht nur auf einen einzigen Mauerring angewiesen, der um die Burg herumführende Wassergraben hat auf der Südseite mit neun Metern zwar eine beträchtliche Breite, aber mit kaum einem halben Meter eine geradezu lächerliche Tiefe[18]. In Adare scheint die Halle zeitweise außerhalb der Umwallung gelegen zu haben[19]. Bei den Burgen von Carlow (Abb. 71) und Ferns (Abb. 92) vermutet man zwar einen äußeren Mauerring, aber es gibt nicht einmal Spuren davon. Selbst wenn es ihn gegeben hat, was eigentlich zwingend anzunehmen ist, dürfte er kaum eine übermäßig abschreckende Wirkung entfaltet haben. Diese wenigen Beispiele der mangelhaft ausgebildeten Wehrhaftigkeit der irischen Burgen sind durch noch anstehende Bauuntersuchungen mit Gewißheit zu vermehren, aber sie weisen darauf hin, daß die Burgen in der Phase der Expansion im 13. Jahrhundert überwiegend offensiv und nicht defensiv ausgerichtet waren.

In die Überlegungen miteinzubeziehen ist aber auch die Tatsache, daß für die Iren auch schon eine bescheiden ausgestattete Burg ein schwer zu nehmendes Bollwerk war. Wir wissen von einigen Burgen, daß sie im schnellen Überfall von den Iren eingenommen wurden[20], aufwendige Belagerungen gab es nicht. Diese waren, wie in Rochester, Kent, im Jahre 1215[21] mit hohem logistischem und technischem Aufwand verbunden und brauchten Zeit. All das stand in dem permanenten Kleinkrieg im Irland des 13. Jahrhunderts nicht zur Verfügung. Belagerungen waren allenfalls kurze Zernierungen. Es mag durchaus sein, daß auch die fehlende Furcht vor aufwendiger Belagerungstechnik die Gegenmaßnahmen in manchen Burgen etwas nachlässig ausfallen ließ. Die Fronten verliefen aber nicht nur zwischen Iren und Anglonormannen. Viele Kämpfe wurden von den Eroberern untereinander ausgetragen, und da hatten die Kontrahenten zumindest mit der Möglichkeit des Einsatzes von erprobter Belagerungstechnik zu rechnen. Zumindest für Trim ist eine solche Belagerung durch William Marshal d. J. und Walter de Lacy aus dem Jahr 1224 bezeugt[22]. Die Burgen der Anglonormannen verzichteten auch in ihrer offensiven Disposition nicht auf die zur Verteidigung notwendigen Einrichtungen, in der Balance zwischen Herrschaftsanspruch und Defensivkraft aber kam dem ersteren eindeutig der höhere Stellenwert zu.

Eine Burg ist nur dann wirksam zu verteidigen, wenn sie eine ausreichende Besatzung und genügend Vorräte in ihren Mauern hat.

[15] Taylor 1988/2, Plan in der Rückenklappe und Ansicht S. 16–17; Taylor 1974 aus: Colvin (ed.) 1963, S. 357–365
[16] Taylor 1988/1, Plan in der Rückenklappe und Ansicht S. 24–25
[17] Renn 1989, Plan in der Rückenklappe und Ansicht S. 24–25
[18] Barry 1988, S. 66
[19] Kat. Nr. 1
[20] Roscommon ca. 1276, Harbison 1992, S. 285; Ballintober 1315, Salter 1993, S. 28; Ballymote 1317, FitzPatrick 1927, S. 84
[21] Brown 1994, S. 10–11
[22] McNeill 1990, S. 331

Abb. 24: Ballintober: Der Nordwestturm der Rechteckanlage

Dieser Gemeinplatz gilt vor allem für die irischen Burgen im 13. Jahrhundert. Es fehlten sehr bald die Menschen, die Burgen zu bemannen. Schon von Anfang an war die Eroberung mit Hilfe von Söldnern durchgeführt worden. Diese kosteten Geld oder hatten Anspruch auf Land als Lohn für ihre Dienste. Geld war immer notorisch knapp und die Vergabe von Land hatte zur Folge, daß sich die neuen Eigentümer vor allem um ihren eigenen Besitz zu kümmern hatten. Die im englischen Machtbereich wie nirgendwo sonst in Europa sich entwickelnde Möglichkeit, persönlichen Kriegsdienst durch eine Geldzahlung, die Scutage, abzulösen, brachte fiskalische Vorteile, hatte aber für die Besetzung der Burgen in Kriegszeiten – die in Irland fortwährend bestanden – fatale Folgen. Dabei war die von der englischen Krone dem Land auferlegte Quote von Dienstleistungen eigentlich günstig und beließ den Baronen genügend Vasallen, die sie für ihre eigenen Burgen heranziehen konnten. Heinrich II. hatte von Strongbow für die Vergabe von Leinster den Dienst von einhundert Rittern gefordert, von Hugh de Lacy für Meath fünfzig[23]. Leinster hatte aber einhundertundachtzig Afterlehen, die an Untervasallen ausgegeben waren, und Meath deren einhundertundzwanzig[24]. Die Differenz war für die Barone eigentlich hinreichend, die Burgen in beiden Herrschaften genügend zu bemannen[25]. Der Nachzug aus England hielt jedoch im 13. Jahrhundert mit der Expansion in Irland nicht Schritt. Weder gab es genug Untervasallen und Siedler, um die Gebiete westlich des Shannon zu kolonisieren, noch Ritter und Söldner genug, um die Burgen auch außerhalb der Kriegszüge ausreichend zu bemannen.

Gerade die großen Burgen des "Red Earl" mußten da an die Grenzen ihrer Möglichkeiten stoßen. Auch wenn eine vergleichsweise geringe Anzahl von Langbogenschützen eine große Zahl von An-

[23] Otway-Ruthven 1993, S. 102
[24] Down, in: Cosgrove (ed.) 1993, S. 442
[25] Elvert 1993, S. 111

greifern auf Distanz zu halten vermochte, so mußten diese erst einmal vorhanden sein. Die walisischen Bogenschützen waren Spezialisten und dienten in der Regel als Söldner. Diese galt es auch dann zu bezahlen, wenn kein Kriegszustand herrschte, und dazu waren nur wenige Barone bereit und in der Lage. Das entscheidende Element für die Abwehr eines Angriffs auf eine Burg, die nötige Anzahl geeigneter Verteidiger, war somit meist gar nicht vorhanden. War dies der Fall, so half auch ein abschreckendes Erscheinungsbild der Burg wenig. Die Angreifer, ob Iren oder Anglonormannen, wußten, wo die eigentliche Schwäche der Burg lag. Dann nutzten auch Türme und hohe Mauern, Schießscharten, Fallgatter und Torkammern wenig, zumal all diese wehrtechnischen Einzelheiten in Irland so gut wie nie das Niveau und die Durcharbeitung der Details wie in England, Wales und auf dem Kontinent erreichten. Mögen die Grundrisse von Roscommon (Abb. 110) und Ballymote (Abb. 67), von Dublin (Abb. 82) und Limerick (Abb. 100) auch noch so sehr einigen Burgen außerhalb Irlands gleichen, in den Einzelheiten des wehrtechnischen Apparates blieben sie weit hinter ihren Ebenbildern zurück. Die irischen Burgen sind selbstverständlich Wehranlagen und hatten manche bedrohliche Situation zu bestehen. Fragt man aber nach ihrer eigentlichen Funktion, so tritt die militärische des Wehrbaus eindeutig hinter die politischen, organisatorischen und repräsentativen Aufgaben der Burganlage zurück.

Die Burg war das Zentrum eines Verwaltungsbezirks. In der streng hierarchisch aufgebauten Feudalgesellschaft war der Baron prinzipiell für alle Vorgänge in seinem Herrschaftsbereich zuständig, für Rechtsprechung und Verwaltung, für die Erschließung durch Siedler ebenso wie für die wirtschaftliche Nutzung. Er hatte den Existenzrahmen seiner Vasallen und Untertanen zu gewährleisten und zu schützen, dafür standen ihm Abgaben und Dienstleistungen, letztlich auch die Anerkennung seines Status als Lord und Lehnsherr durch seine Leute zu[26]. Dieses einfache Modell war natürlich nirgendwo in idealtypischer Weise verwirklicht. Ältere Traditionen, lokale Besonderheiten, neuaufkommende Verwaltungsstrukturen und besondere militärische und politische Situationen führten immer wieder zu Modifikationen der feudalen Ordnung, die in einer Vielfalt von Rechten und Rechtsbeziehungen, die der jeweiligen Situation Rechnung zu tragen suchten, ihren Ausdruck fanden. Das gilt in besonderem Maße für die Gestaltung der feudalen Herrschaftsordnung in Irland. Der permanente Krieg im Grenzland, die unterschiedlichen Rechtsordnungen der Iren und Anglonormannen, aber auch die verschiedenartigen Formen der Herrschaft in Counties und Liberties, der Wille, durch Privilegierungen und besonderen Rechtsstatus das neugewonnene Land für Siedler attraktiv zu machen, all das führte zu einer Vielfalt von abweichenden Regelungen, auch zu rechtsfreien Räumen, in denen die klassische Feudalordnung nur sehr begrenzt verwirklicht wurde. Im angevinischen

[26] Zur feudalen Gesellschaftsordnung allgemein: Ganshof 1983, S. 65–182

Machtbereich kam noch die für mittelalterliche Verhältnisse sehr frühe Entwicklung einer Verwaltungsebene hinzu[27], die vor allem in der Rechtsprechung und in der Finanzverwaltung[28] eine zweite Form der Regierungspraxis neben der feudalen Grundherrschaft etablierte. Der Ort, an dem die Handlungen, die das Funktionieren dieser komplexen Gesellschafts- und Verwaltungsordnung zu gewährleisten hatten, vorgenommen wurden, war normalerweise die Burg. Sie war, weit mehr noch als eine Wehranlage, der Sitz der Herrschaft.

Zu den wichtigsten Aufgaben des Grundherren gehörte die Rechtsprechung. Auf der höchsten Ebene geschah dies durch die Teilnahme an den Beratungen der königlichen Courts in Dublin oder in den Counties im Zusammenwirken mit dem Sheriff. In seinem Liberty war der Baron mit den schon genannten Einschränkungen selbst der höchste Gerichtsherr. Die Gerichte tagten entweder in der Burg, dann meist in der Halle, oder im Schutz einer Burg. Kirchen und Klöster konnten ebenfalls der geeignete Ort für Gerichtsverhandlungen sein[29]. Auch die *itinerant justices*, die königlichen Reiserichter, nutzten die Burgen als Orte für ihre Handlungen. Die Halle als der Ort der herrschaftlichen Rechtsprechung machte diese zu einem unverzichtbaren Bestandteil einer vollständig ausgestatteten Burg. Auch wenn die Gerichtssitzungen nicht notwendigerweise an eine Halle gebunden waren, mußte es doch das Bestreben eines jeden mit Gerichtsrechten begabten Grundherren sein, bei der Ausübung dieser Rechte auch über den angemessenen architektonischen Rahmen zu verfügen. Aus diesem Blickwinkel heraus wird auch der Streit, ob es sich bei dem großen Raum innerhalb des Keep um eine Great Chamber oder um eine Halle handelt, verständlich, aber auch überflüssig[30]. Gerade bei kleinen Burgen geht es nicht um

[27] Zusammengefaßt bei White 1970, S. 73–85
[28] Ein einzigartiges Dokument der englischen Finanzverwaltung im 12. Jahrhundert ist der „Dialogus de Scaccario" des Richard von Ely; Siegrist 1986, S. IX–LIX
[29] Otway-Ruthven 1993, S. 150
[30] Vgl. die Diskussion des Hall-House bei McNeill 1997, S. 149–155

Abb. 25: Carrickfergus: Die Halle im Keep

Abb. 26: Athenry: Der Keep

die Frage, ob sie eine Halle, einen Hall-Keep oder nur eine Great Chamber hat. Entscheidend ist, welche für die Öffentlichkeit relevanten Rechtshandlungen in den Räumen stattfanden. Gerade die Definition des Hall-Keep sollte mehr funktionsbezogen als architekturformalistisch nach der Größe und Lage bestimmter Räume in den kleineren Burgen gesehen werden. Die Halle ist dort, wo Rechtsprechung und Verwaltung durch den Grundherren praktiziert werden.

Eine wichtige Funktion hatte die Burg im Bereich der Finanzverwaltung. Hier wurden die Abgaben der Pächter und Vasallen eingezogen und gelagert. Die kleinen *tenants*, die freien Bauern und die in verschiedenen Formen der Hörigkeit stehenden Untertanen lieferten in der Regel Naturalien, Vieh, Getreide und andere Feldfrüchte, aber auch Brennholz, Rohstoffe, Halbfabrikate und Fertigwaren wie Häute, Wolle, Leinen, Keramikgefäße und Werkzeuge aus Holz und Metall. Für diese Waren war die Burg Lagerort und Verteilungszentrum, hinter ihren sicheren Mauern waren diese Güter, die vielfach nach England weitergeleitet oder über die Küstenstädte bis auf den Kontinent exportiert wurden, vor dem nächsten drohenden Überfall geschützt. Für den Umschlag dieser Güter war die Burg auf den Borough, den Markt der Händler, angewiesen, einer der Gründe, warum die Grundherren selbst in wenig Erfolg versprechenden Fällen die Gründung einer mit Stadtrechten begabten Siedlung betrieben. Über die Märkte kam der Burgherr auch zu einem Teil des von

Abb. 27: Moylough: Das Innere des Keep. Die Halle lag im Bereich der großen Fenster im Obergeschoß

ihm benötigten gemünzten Geldes, den anderen Teil erhielt er als Scutage oder Pachtgeld von seinen Untervasallen und Pächtern, wenn diese dazu in der Lage waren. Man wird nicht so weit gehen können, die Burgen als Ersatz für Banken bezeichnen zu können, als Etappe im Geld- und Warenumlauf spielten sie, angesichts der geringen Bedeutung einer stabilen Schicht von Kaufleuten und Geldwechslern außerhalb der Küstenstädte, in der mittelalterlichen hoheitlichen Finanzverwaltung in Irland eine nicht unerhebliche Rolle.

Rechtsprechung und Verwaltungstätigkeit haben, selbst wenn sie nur die gewöhnlichen Dinge des Alltags in einem kleinen Ritterlehen betreffen, immer hoheitlichen Charakter. Das Bestreben, den Ort dieser Handlungen architektonisch hervorzuheben und zu gestalten, ist daher nur zu verständlich. Hoheitliche Tätigkeit und herrschaftlicher Repräsentationswille fallen zusammen und führen ab dem späten 12. Jahrhundert dazu, daß sich in der Burg eine öffentliche Sphäre von einer privaten absondert. Im älteren Keep gab es diese Unterscheidung nur in Ansätzen und bei kleineren Burgen war sie aus Platzgründen noch längere Zeit nicht vorzunehmen. Bei großen Burgen ist dieser Prozeß an der Verteilung der einzelnen Bauten mühelos abzulesen. Es gibt den Keep mit den Wohnräumen, die später auch in einzelnen Türmen der Ringmauer und im Torbau liegen können, und die Halle im Hof. Die meist dem Wohnbereich zugeordnete Great Chamber nimmt eine gewisse Zwitterstellung ein, da in ihr sowohl Rechtshandlungen vorgenommen werden, sie aber auch zum privaten Wohnbereich gezählt wird. Je kleiner die Burg, um so mehr vermischen sich die Funktionen. In einem kleinen Hall-Keep wie Moylough oder dem ersten Bau von Athenry (Abb. 60) ist es müßig, über die Funktion der wenigen Räume zu spekulieren. Dort spielte sich alles in einem einzigen Raum ab.

Die mittelalterliche Burg war der Stolz ihres Besitzers[31]. Das gilt für Irland ebenso wie für andere Regionen Europas. In seiner Burg stellte der Besitzer sich selbst dar. Aber die Burg ist auch unabhängig vom Anspruch ihres Herrn der architektonische Ausdruck mittelalterlicher Herrschaft und das Symbol der Macht. Die repräsentative Funktion darf bei der Betrachtung ihres Erscheinungsbildes nicht außer acht gelassen werden. Sie kommt sowohl in ganzen Bauteilen – dem Keep, der Halle, dem Torbau – zum Ausdruck wie auch in zahlreichen architektonischen Einzelheiten, vor allem der vom König zu bewilligenden "crenellation", oder den bis ins Detail gehenden Privilegierungen von Mauerhöhen, Schießscharten, Fallgattern und Aufsatztürmen. Auch wenn die Quellenlage für den Einzelnachweis solcher Privilegierungen in Irland desolat ist, zeigen uns viele irische Burgen Bauformen, die keinen anderen Zweck haben, als dem Bauwerk einen möglichst repräsentativen Charakter zu verleihen. Die mit nur einem geringen Verteidigungswert versehenen Burgen von Ballymoon , Clonmore und Swords, eher als frühe Wohnschlösser denn als Wehranlagen zu bezeichnen, verzichten alle nicht auf das zum bloßen Abzeichen gewordene Instrumentarium der Fortifikationstechnik.

Nach der Betrachtung der „offiziellen" Funktionen einer Burg gilt es noch einen Blick auf das Wohnen, den Haushalt des Burgherren zu werfen[32]. Die Burg war auch der persönliche Wohn- und Wirtschaftsraum des Burgherren, der Mittelpunkt der von ihm persönlich bewirtschafteten Ländereien. Gerade kleinere Burgen von Untervasallen dürften sich von einem größeren Bauernhof kaum unterschieden haben. Wie dort waren die meisten Funktionen des Alltags, Wohnen und Arbeiten, in nur wenigen Räumen konzentriert. Auch wenn uns aus dem englischen Machtbereich selbst von

[31] Coulson 1979, S. 75
[32] Hierzu zusammenfassend Burke 1980, S. 33–70

Abb. 28: Clonmore: Nordostturm mit Wohnappartements

einfachen Motte & Bailey-Castles Beschreibungen vorliegen[33], die eine glänzende Hofhaltung vorspiegeln, müssen wir uns das Leben auf einer durchschnittlichen Burg sehr einfach, wenn nicht gar primitiv vorstellen. Im Kolonisationsgebiet Irlands, in einer harten und vielfach feindlichen Umgebung dürfte sich das tägliche Leben auf einer noch niedrigeren Stufe abgespielt haben. Der Maßstab für das Leben in einer irischen Burg des 13. Jahrhunderts kann nicht aus den Burgen von Dublin und Limerick, Trim, Carrickfergus und Nenagh abgeleitet werden. Um zu einem einigermaßen zuverlässigen Bild zu gelangen, müssen wir durch die Reste von Athenry und Ballylahan, Clough, Dunmore (Co. Galway), Knockgraffon, Liscarroll und Moylough, von Newcastle McKynegan und Shanid hindurchschauen

[33] Brown 1976, S. 36 und 200–213

und zu erkennen versuchen, welche Rolle die Burgen insgesamt für die Entwicklung Irlands im hohen Mittelalter spielten.

Die hier nur angerissenen vielfältigen Funktionen der mittelalterlichen Burgen – nicht nur in Irland – sind deshalb angesprochen worden, weil ohne deren Kenntnis diese Bauten nicht verstanden werden können. Zwar wird heute niemand mehr die Burgen als Militärarchitektur im engeren Sinne bezeichnen, dennoch ist man angesichts der Vielfalt der Aufgabenstellungen an diese Anlagen immer wieder überrascht. Auch die permanente Kriegssituation in Irland über eineinhalb Jahrhunderte, von der Ankunft der ersten Eroberer 1169 bis zum Auslaufen der Kolonisation im frühen 14. Jahrhundert und noch darüber hinaus, macht die Burgen noch nicht primär zu Wehrbauten. Sie waren Zentren der Herrschaft, Symbole der Macht, architektonische Manifestationen einer Gesellschaftsordnung, der Expansion und Eroberung ein Wesenszug war. Die Tatsache, daß diese Landnahme unter gewaltsamen Begleitumständen vor sich ging, daß eine Minderheit von neuen Herren der Mehrheit einer unterworfenen Bevölkerung ihren Willen aufzwang, machte es nötig, deren Herrschaftszentren als befestigte Bauten, als Burgen, zu errichten. Sie wurden neben den Kirchen und Klöstern zur markantesten Hinterlassenschaft des hohen Mittelalters und stehen in ihrer Monumentalität und an Vielfalt in ihrem Formenrepertoire nicht hinter den Sakralbauten zurück.

VII Die Gestalt der Burgen

Eine Betrachtung des Burgenbaus in Irland ab 1169 hat mit den Motten, genauer: mit den Motte & Bailey-Castles zu beginnen. Sie gelten in den ersten Jahrzehnten der Eroberung als der Typ der Burg anglonormannischer Prägung schlechthin. Mittlerweile sind in der Forschung zum irischen Burgenbau die Ringworks gleichrangig neben die Motte & Bailey-Castles getreten. Beiden gemeinsam ist, daß ihre Existenz und ihre Bedeutung für die erste Phase der Landnahme unbestritten ist, daß man aber, nimmt man gesicherte Befunde aus Grabungen als Maßstab, noch sehr wenig über diese Burgen weiß. Eine Steinburg, mag sie auch noch so sehr zerstört sein, gibt sich im Gelände fast immer durch einige Mauerreste oder einige Haufen Steine zu erkennen. Sowenig diese auch oft über ein Entstehungsdatum und die Besitzverhältnisse aussagen, helfen sie doch wenigstens, den Platz der Burg zu identifizieren. Motten und Ringworks erscheinen als Verformungen in der Landschaft und bieten gerade in Irland eine Fülle von Möglichkeiten, sie mit anderen Relikten der irischen Geschichte zu verwechseln. So ist durch bloßen Augenschein oft nicht zu unterscheiden, ob man vor den Resten einer Wehranlage der Anglonormannen oder vor einem prähistorischen Grabhügel steht. Ähnlich ist es mit den Ringworks. Ohne Grabungsbefund ist es nahezu ausgeschlossen, dieses von einem irischen Ringfort zu unterscheiden[1]. Während aber die Motten durch die Arbeit Orpens[2] seit nahezu einem Jahrhundert bekannt sind, findet man das Ringwork in der irischen Burgenliteratur bis in die jüngste Zeit kaum erwähnt[3].

Die Motte findet sich vom Niederrhein bis in die Normandie[4] und wurde von den Anglonormannen über England in Irland eingeführt. Die bekanntesten hochmittelalterlichen Darstellungen finden sich mit den Motten von Dol, Rennes, Dinan und Hastings auf dem Teppich von Bayeux[5]. Das Beispiel Hastings wird besonders gern zitiert, weil hier eine Motte im Bau dargestellt ist. Der berühmte Teppich von Bayeux als Quelle für die Mottenforschung hat auch für das Bild des Motte & Bailey-Castle in Irland nach 1169 eine nachhaltige Wirkung entfaltet. Auch wenn die beiden Ereignisse einhundert Jahre auseinanderliegen, wird die Motte von Hastings als Illustration für den anglonormannischen Burgenbau in Irland gerne verwendet[6]. Man muß sich jedoch davor hüten, eine Motte grundsätzlich als eine frühe Burg archaischen Typs anzusehen. In Irland ist ihre Verwendung bis mindestens ins 13. Jahrhundert hinein[7], vielleicht sogar länger, gesichert. Die Entstehung der Burg von Roscrea

[1] McNeill 1997, S. 63
[2] Orpen 1906, S. 417–444; Orpen 1907/1, S. 123–152
[3] Verweise in: McNeill 1997, S. 61–63 und Graham, in: Graham/Proudfoot 1997, S. 70–77
[4] Hinz 1981, S. 11–70
[5] Grape 1994, S. 111, 112–114, 142–143
[6] Barry 1988, S. 40, Tafel 4
[7] Barry 1988, S. 38

Abb. 29: Clough: Ansicht der Motte mit späterem Wohnturm von Süden

ist als eines der wenigen urkundlich datierten Motte & Bailey-Castles für 1213 gesichert[8].

Die klassische Form des Motte & Bailey-Castle, wie sie auch in Irland anzutreffen ist, besteht aus einem künstlich aufgeworfenen Hügel, dem oft ein von einem Erdwall umgebener flacher Hofbereich, der Bailey zugeordnet ist. Aber auch Motten ohne Bailey kommen sehr zahlreich vor. Motte und Bailey sind meist von einem Graben umgeben[9]. Steinbauten gibt es bei der Motte nicht, wenn sie vorhanden sind, sind sie Zutat im späteren Ausbau der Burg. Außer Wall, Graben und Hügel kannte die Motte als Befestigung nur Palisaden und hölzerne Aufbauten. Zu den letzteren ist in der Regel ein Wohnturm auf der Höhe des Mottenhügels zu zählen, aber auch hölzerne Hallen sind bezeugt[10]. Dieses Modell einer Motte ist ein Idealtyp, obwohl er in dieser Form an vielen Orten verwirklicht worden ist. Schon die Art und Weise, ein Motte & Bailey-Castle zu konstruieren, ist im 12. und 13. Jahrhundert sehr unterschiedlich. Im eher ebenen Gelände wurde zuerst der Graben ausgehoben und der Aushub für die Aufschüttung der Wälle und des Hügels verwendet. Eine verbreitete Bauweise war auch die "Ring-and-Fill"-Methode. Dabei wurde zuerst ein kreisrunder Erdwall aufgeworfen und erst dann der Innenraum so hoch aufgefüllt, daß ein die Umgebung überragender Hügel entstand, die eigentliche Motte. Der erste Wall stabilisierte das aufgeschüttete Erdreich und verhinderte ein Abrutschen[11]. Die gut untersuchte Motte von Clough ist mit einiger Si-

[8] Orpen 1906, S. 426–427
[9] Pläne und Rekonstruktionen bei Hinz 1981, S. 13–25
[10] McNeill 1997, S. 64
[11] McNeill 1997, S. 63–66 mit Schaubild Abb. 40

cherheit in dieser Weise errichtet worden[12]. Aber auch natürliche Erhebungen und, wie schon erwähnt, prähistorische Grabhügel wurden für den Bau von Motte & Bailey-Castles genutzt. Nicht wenige Motten hatten einen Vorgänger in Form eines irischen Ringforts. Gerade diese konnten bei der "Ring-and-Fill"-Methode als eine Art Fundament dienen. Dunsilly, Co. Antrim, ist ein gut dokumentiertes Beispiel für die Überbauung eines irischen Ringforts durch eine Motte[13].

Die Verteilung der Motten spiegelt annähernd die Unterwerfung Irlands durch die Anglonormannen wider. Die verschiedenen Übersichten von Orpen bis zur heute meist abgebildeten Karte von Glasscock[14] zeigen, daß die meisten Motten im Osten von Irland, in Leinster, Meath und im östlichen Ulster, liegen. Allerdings weist McNeill auf einen auffälligen Mangel an Motten im ebenfalls früh kolonisierten Munster in den heutigen Counties Waterford, Cork, Limerick und Tipperary hin[15]. Vereinzelt wird angenommen, daß in diesem Gebiet dem Ringwork der Vorzug vor der Motte gegeben wurde[16], aber dies blieb nicht unwidersprochen[17]. Überzeugende Erklärungen hierfür gibt es noch nicht. Hingegen ist das weitgehende Fehlen von Motten in den Landesteilen westlich des Shannon und im westlichen Ulster damit zu erklären, daß die Vorstöße der Anglonormannen in diese Gebiete erst nach 1230 einsetzten, einem Zeitpunkt, ab dem neue Motten offensichtlich kaum mehr errichtet wurden. Die de Burgh, auf die so viele Burgen in Connacht bis hinauf nach Ulster zurückgehen, bauten in Stein.

Auch wenn die Motte als die anglonormannische Wehranlage der Eroberungszeit schlechthin gilt, verdient doch der Hinweis Sweetmans auf von irischen Clanchefs errichteten Motten Beachtung. Westlich des River Bann zählt er allein sechzehn Motten, die er den Iren zuschreibt. In Big Glebe, Co. Derry, datieren Ausgrabungen die Motte sogar in die frühmittelalterliche Zeit. Die meisten Motten der Iren dürften Imitationen anglonormannischer Wehranlagen sein[18].

Dem anglonormannischen Ringwork in Irland wurde, im Gegensatz zur Motte, über viele Jahrzehnte keinerlei Aufmerksamkeit gewidmet. McNeill bestreitet seine Existenz im hohen Mittelalter sogar ganz[19]. Dagegen führen Barry[20] und Graham[21] Beispiele und gewichtige Argumente für das Ringwork als gebräuchliche anglonormannische Wehranlage in Irland an. Bisweilen führen schon der erste Augenschein und die Tatsache, daß dem Ringwork unmittelbar eine anglonormannische Steinburg folgte, zu begründeten Vermutungen. So liegt die Burg bei dem berühmten Kloster Clonmacnoise (Abb. 18) in einem fast rechteckigen Ringwork von ca. 1212[22], das in dieser Form nicht mit einem irischen Ringfort gleichzusetzen ist, möglicherweise aber auch noch nicht als Burg mit allen Funktionen angesprochen werden kann. Die Steinburg der Zeit König Heinrichs III. nimmt nur noch einen kleineren Teil von dessen Grundfläche in Anspruch, wobei einstweilen offenbleibt, ob das Ringwork als Befestigung nach dem Bau der Steinburg aufgegeben wurde

[12] Waterman 1954, S. 103–163
[13] Barry 1988, S. 40
[14] Glasscock, in: Cosgrove (ed.) 1993, S. 215
[15] McNeill 1997, S. 69–79
[16] Barry 1988, S. 45–46
[17] McNeill 1997, S. 60
[18] Sweetman 1995, S. 7
[19] McNeill 1997, S. 63
[20] Barry 1988, S. 45–55
[21] Graham, in: Graham/Proudfoot 1997, S. 70–73
[22] Salter 1993, S. 55; sehr gute Abb. in: Manning 1994, S. 34

oder als Vorburg weiter genutzt wurde. Wägt man die Argumente der Kontrahenten gegeneinander ab, so scheint es weniger eine Frage zu sein, ob das Ringwork in Irland als Befestigung vorkommt, als die, ob es bereits als eine richtige Burg zu bezeichnen ist.

Die Beschreibung der Burg von Ferrycarrick (Abb. 93) bei Giraldus Cambrensis[23] weist diese klar als ein Ringwork aus. Mit einem Motte & Bailey-Castle hat die Anlage nichts zu tun. Der Vergleich mit einem zweiten, ganz am Beginn der Invasion von Raymond le Gros errichteten Ringwork in Baginbun[24] ist jedoch geeignet, etwas Klarheit in die Beurteilung dieser Anlagen zu bringen. Beide Anlagen waren zuerst einmal Schanzen, die als Basen, Ferrycarrick gegen Wexford und Baginbun gegen Waterford, für die ihrer Anzahl nach unterlegenen ersten Invasoren dienen sollten. In dieser Funktion können sie nicht als Burgen bezeichnet werden. Während aber Baginbun anschließend aufgegeben wurde, erfuhr Ferrycarrick den Ausbau zu einer bis ins 14. Jahrhundert genutzten Burg mit Halle und Kapelle[25]. Der Unterschied in der Art und Weise der Befestigung durch Ringwall und Graben ist bei beiden Wehranlagen gering, in der Art der Nutzung liegen jedoch Welten zwischen der aus taktischen Gründen angelegten und nur temporär genutzten Schanze von Baginbun und der über eineinhalb Jahrhunderte als Herrschaftssitz nachgewiesenen Burg von Ferrycarrick.

Alle Autoren, die sich dem Ringwork als anglonormannischer Wehranlage widmen, weisen auf die Schwierigkeit hin, es von einem irischen Ringfort zu unterscheiden. In der Praxis ist dies ohne Grabung auch unmöglich. Es gibt aber nicht nur eine ganze Reihe von Anlagen, bei denen man mit Barry vermuten muß, daß sie Burgen vom Typ des Ringworks waren[26], aus Ringworks gingen auch einige der bedeutendsten Steinburgen Irlands hervor. In Adare[27] (Abb. 59) ist der Graben des Ringworks um die innere Burg noch vorhanden, in Trim ist das unmittelbar vor dem Baubeginn des Keep angelegte Ringwork ergraben worden[28]. Auch in Shanid (Abb. 15) dürfte ein Ringwork dem polygonalen Keep und der steinernen Umwallung vorangegangen sein. Zu diesen Anlagen in Irland, die wegen der Schwierigkeit der Identifizierung ihrer Anzahl nach gering sind, tritt mit der Burg von Penmaen in Wales eine anglonormannische Anlage des 12. Jahrhunderts, die einem ganzen Typus dieser Burgen ihren Namen gegeben hat[29]. Es handelt sich um eine einfach Anlage, bei der eine Fläche von ca. 40 m Durchmesser ringsum von einem Wall mit Palisade umgeben war. Die hangseitige Angriffsseite war zusätzlich durch einen tiefen Graben und einen hölzernen Torturm geschützt. Im Innern gab es ein in Trockenmauerwerk erstelltes Gebäude, auch der Torturm wurde später in Trockenmauerwerk verstärkt. Die Anlage von Penmaen läßt sich gut mit Ferrycarrick vergleichen, ganz abgesehen davon, daß die Invasoren von 1169 aus dem südwestlichen Wales, wo es noch weitere Burgen vom Penmaen-Typ gab, nach Irland kamen. Auch wenn dem Ringwork jeder repräsenta-

23 Scott/Martin 1978, S. 53, 79–81
24 Scott/Martin 1978, S. 57, 300, Anm. 68
25 Bennett 1984/85, S. 30
26 Barry 1988, Karte und Auflistung S. 52–53
27 Kat. Nr. 1
28 Sweetman 1978, S. 133–140
29 Internet: http://www.castlewales.com/penmaen.html; Salter 1991, S. 68

Abb. 30: Roscrea: Hofseite des Torbaus

tive Anstrich fehlte, es gegenüber der Motte, von der wenige Bogenschützen aus sicherer Höhe das Feld gegen eine Übermacht zu beherrschen vermochten, nur mit einer höheren Anzahl an Kriegern zu verteidigen war, so muß es bis zum sicheren Beweis des Gegenteils unter die ersten Burgen Irlands gezählt werden.

Der Turm ist architektonisch das konstituierende Element der Burg. Er stand am Anfang der Entwicklung, als an der Loire und im Anjou am Ausgang des 10. Jahrhunderts die ersten Burgen entstanden[30]. Er ist das Symbol der Macht und der Herrschaft über das Land. Von seiner Höhe aus konnte man – nicht nur im übertragenen Sinne – das beherrschte und für die Herrschaft grundherrschaftlich organisierte Land überblicken und kontrollieren. Und er bot, zumindest zeitweise, hinter seinen dicken Mauern Schutz vor Angreifern und

[30] Mesqui 1997, S. 207; Finó 1977, S. 415–420; Junges o. J., S. 29–39

Abb. 31: Moylough: Ansicht des Keep

Rivalen, die dem Burgherren seinen Machtanspruch über Land und Leute zu bestreiten gedachten. In der Frühzeit der Burg, im kapetingischen Frankreich des 11. und 12. Jahrhunderts, ab 1066 auch in England, waren Turm und Burg nur zwei verschiedene Begriffe für das gleiche Bauwerk. In dieser Zeit entstand mit dem Donjon bzw. Keep auch der Kernbau der Burg anglofranzösischen Typs, wie wir ihn in seiner entwickelten Form unmittelbar nach der Eroberung von 1169 in Irland antreffen.

Die Keeps von Carrickfergus[31] (Abb. 2) und Trim[32] (Abb. 23) wurden errichtet, als der rechteckige Keep am Ausgang des 12. Jahrhunderts in das Stadium seiner letzten und vollkommenen Durcharbeitung gelangte. Die frühen Keeps vom Tower in London[33] bis Rochester[34] stehen am Anfang, mit dem Keep von Dover[35] wurde am Ende

[31] Kat. Nr. 13; McNeill 1981

[32] Kat. Nr. 46 und Sweetman 1978, S. 127–198; McNeill 1990, S. 308–336

[33] HMSO-Guide 1976

[34] Brown, HMSO-Guide 1994

[35] Brown, HMSO-Guide 1983

der Regierung König Heinrichs II. der Maßstab gesetzt, an dem sich auch die beiden ambitioniertesten Burgen des 12. Jahrhunderts in Irland ausrichteten. Gemeinsam ist ihnen die charakteristische Mittelteilung und die Positionierung der saalartigen Great Chamber im oberen Bereich. Keeps dieser Art waren Wohntürme, in denen nach Möglichkeit alle Funktionen der Burg in einem, defensiv ausgerichteten, Bauwerk vereint wurden. Aber zum Zeitpunkt ihrer höchsten Vollendung waren diese massiven Bauten auch schon veraltet. Gerade der Vergleich von Trim und Carrickfergus zeigt dies sehr deutlich. Gemeinsam ist beiden noch, daß sie in der ersten Phase der Burg allein in einem kleinen Bering standen, der in Carrickfergus von einer Mauer von mäßiger Stärke, in Trim von einem Ringwork aus Erdwall und Graben[36] umgeben war. Während aber der Keep von Carrickfergus durch die eigene Wasserversorgung und einen gut geschützten Eingang im Obergeschoß auch verteidigungstechnisch auf der Höhe der Zeit war, kann das von Trim nur in sehr eingeschränktem Maße behauptet werden. Hier steht der Symbolwert des Keep als Zeichen der Herrschaft im Mittelpunkt des architektonischen Konzepts. Das vielgestaltige Äußere, die Verfeinerung und Raffinesse in der Abfolge und Erschließung der Räume in Trim[37], das Zurücknehmen der baulichen Vorkehrungen zur Abwehr eines belagernden oder eindringenden Feindes sind Spätformen eines Bautyps, der in Irland in den Keeps von Adare und Dunamase noch Nachfolger hat, in den späteren Hall-Keeps auch noch in einzelnen Elementen weiterwirkt, dessen Nachfolger aber in Frankreich schon entwickelt war.

Abb. 32: Trim: Grundriß und Binnenteilung des Keep im 1. OG (Eingangsgeschoß)

Die Rechteckform des im 12. Jahrhundert gebräuchlichen Keep war rein defensiv bestimmt. Hier schloß man sich bei Gefahr ein und harrte aus, bis der Feind abgezogen war. Eine aktive Verteidigung in das Vorfeld der Burg hinaus war durch die toten Winkel und die Tatsache, daß der Keep inmitten des Burgberings stand, kaum möglich. Dem suchte die im letzten Viertel des 12. Jahrhunderts in Frankreich aufkommende Rundform des Donjon[38] durch die Vermeidung der toten Winkel abzuhelfen. Bezeichnenderweise hatten aber die ersten runden Keeps, z. B. der alte Louvre in Paris[39], noch immer ihren Platz in der Mitte des Burghofes. Dem folgten nach dem Beispiel von Pembroke (Abb. 51) in Wales auch die bald nach 1200 erbauten runden und polygonalen Keeps von Nenagh (Abb. 22), Dundrum (Abb. 85), Shanid (Abb. 15) und Athlone (Abb. 19). Eine Einbindung des Keep in die Ringmauer der Angriffsseite oder die

[36] Sweetman 1978, S. 186
[37] McNeill 1990, S. 318–325
[38] Ein frühes Beispiel ist Câtillon-Coligny, Dept. Loiret, von 1180: Mesqui 1991, S. 111, 119–120
[39] Dessen Fundamente sind ergraben und unter der Cour Carrée zugänglich: Fleury 1984, mit Plänen und alten Ansichten

Abb. 33: Cloughoughter: Der runde Keep auf der Insel im Lough Oughter

Plazierung auf einer Ecke der Burganlage fand am Anfang des 13. Jahrhunderts in Irland nicht statt. Zu verpflichtend waren die frühen Vorbilder aus Frankreich und Wales[40]. Die Ausbildung von Eckflankentürmen der Ringmauer als keepartige Hauptwohnbauten der Burg ist in Irland erst spät im 13. Jahrhundert, z. B. in Roscommon (Abb. 11) und Ballintober (Abb. 24), zu beobachten. Allenfalls Dublin kann hier als eine frühe – und sehr moderne – Ausnahme angesehen werden.

Unter den Keeps stellen die D-Türme walisischen Ursprungs[41] einen Bautyp ganz eigener Prägung dar. Es handelt sich um Wohntürme von hufeisenförmigem Grundriß, die sowohl in die Ringmauer eingebunden sein können, als auch frei im Burgbering stehen. Sie vereinigen in ihrem Baukörper alle Funktionen des Keep und geben sich in ihrem dominierenden Erscheinungsbild deutlich als Hauptbauten der Burg und Sitz der Macht zu erkennen. In Wales sind sie

[40] In England setzte sich der runde Keep bis auf ganz wenige Ausnahmen nicht durch.
[41] Internet: The Welsh D-Tower, http://www.castlewales.com/d_tower.html

überwiegend in den Steinburgen der Waliser zu finden, vereinzelt aber auch in den Burgen der Anglonormannen[42]. In Irland kommen sie nicht freistehend innerhalb der Mauern vor, sondern sind immer in die Ringmauer eingebunden. Das macht ihre Verwechselung mit bewohnbaren halbrunden Flankentürmen der Ringmauer leicht und läßt eine große Zurückhaltung bei der Identifizierung dieses Bautyps in irischen Burgen angeraten sein. Einigermaßen sicher können als D-Türme walisischen Typs nur der nordöstliche Turm in Greencastle, Co. Down[43] (Abb. 95), und der östliche Turm in der Ringmauer von Roscrea[44] (Abb. 111) bezeichnet werden. Greencastle besaß allerdings einen repräsentativen Keep und Roscrea einen ebensolchen Torbau. Die vier Ecktürme von Roscommon (Abb. 110) entsprechen zwar formal und in ihrer Größenordnung ebenfalls diesem Typ, als Hauptwohnbau der Burg kann man angesichts ihrer identischen Abmessungen keinen von ihnen bezeichnen. Diese Rolle übernimmt vielmehr der mächtige Torbau. Die D-Türme geben einen Hinweis auf die Herkunft vieler Teilnehmer an der Invasion in Irland, eine besondere Rolle haben sie im irischen Burgenbau nicht gespielt.

Nahezu jede Steinburg in Irland besitzt Ringmauern. Bei der Sicherung dieser Mauern mit Flankentürmen gibt es aber sowohl zeitliche als auch qualitative Unterschiede. Hier zeigt sich der Unterschied zur Ausstattung englischer und walisischer Burgen mit diesen Bauteilen am deutlichsten. In den ersten Jahrzehnten der Eroberung war der Burgbering in vielen Fällen ein Ringwork mit Graben, Erdwall und Palisade. In Adare[45] (Abb. 59) ist es noch erkennbar und in Trim ergraben[46], in Athenry zu vermuten. Erst im Laufe der Zeit wurden die Wälle durch Mauern ersetzt, aber nicht in allen Fällen auch mit Flankentürmen verstärkt. Aus der Bestückung der Burgen mit Flankentürmen lassen sich klar eine Abstufung nach dem Rang des Bauherren und eine abnehmende Tendenz vom Zentrum zur Peripherie erkennen[47]. In den Bauten der Untervasallen und in den umkämpften Grenzgebieten finden wir die reiche Durchformung der Ringmauer mit Flankentürmen seltener als an den Bauten des Königs und der großen Magnaten. Die Bestückung der Mauer mit Flankentürmen war weniger eine Frage der Abwehrkraft als ein weiteres Statussymbol, mit dem der Burgherr seinen Rang in der Feudalgesellschaft zu erkennen gab. Allerdings finden wir auch bei Burgen ranghoher Herren Abstufungen. Greencastle, Co. Donegal (Abb. 94), erbaut von Richard de Burgh, dem "Red Earl", verzichtet neben seinem aufwendigen Torhaus fast ganz auf Flankentürme, und auch Carrickfergus (Abb. 72) leistet sich neben dem gewaltigen Keep nur noch den doppeltürmigen Torbau. Von den königlichen Burgen verzichteten Newcastle McKynegan (Abb. 106) und Dungarvan (Abb. 86) außer den Torbauten fast ganz auf Flankentürme, und Carlingford (Abb. 69) geht sehr sparsam mit diesem Bautyp um. Dicht mit Türmen besetzte Mauerkronen wie in England gibt es im irischen Burgenbau des Hochmittelalters nicht.

[42] Marten's Tower in Chepstow, Perks 1978, Abb. S. 9 und S. 23–25
[43] Waterman/Collins 1952, S. 92; Gaskell-Brown 1979, S. 56–57
[44] Harbison 1992, S. 312–313
[45] Kat. Nr. 1
[46] Sweetman 1978, S. 127–198
[47] McNeill 1997, S. 165–168

Abb. 34: Newcastle McKynegan: Die Reste des Torbaus. Die später vermauerte Tordurchfahrt in der Mitte ist gut zu erkennen

Eine wichtige Rolle, nicht nur an den Außenmauern, kommt in den Burgen den Schießscharten zu. Beim Fehlen eines durch Grabung gewonnenen oder urkundlichen Befunds sind sie oft, manchmal zusammen mit Profilen und Maßwerkformen der Fenster, der einzige Hinweis auf die Datierung einer Burg. Die Gefahr des Fehlgriffs ist allerdings groß. Eine zuverlässige Chronologie der in Irland vorkommenden Formen von Schießscharten gibt es nicht. Bei Leask finden sich nur einige Bemerkungen zur Typologie[48]. In der Regel lehnt man sich bei ihrer Beurteilung an Formen in Wales und England an. Chepstow in Wales ist eine der Burgen, die eine einigermaßen zuverlässige Datierung der dort vorkommenden Schießscharten erlaubt[49], auch Fry hat eine grobe Chronologie der Schießscharten versucht[50]. Danach soll um 1200 die einfache schlitzförmige Schießscharte (Abb. 28) vorherrschend gewesen sein, während sich zwischen 1220 und der Jahrhundertmitte ein kreuzförmiger Typ durchsetzte. Im letzten Drittel findet man dann kreuzförmige Schießscharten (Abb. 10), deren Enden in kreisartigen Vergrößerungen auslaufen, und die nicht nur den Bedürfnissen von Langbogen- und Armbrustschützen entgegenkommen, sondern auch als schmückendes Element die Fassaden bereichern. Die Schießscharten sind ein legitimes Hilfsmittel für die Datierung einer Burg, ein Allheilmittel für die Ermittlung von Baudaten sind sie keineswegs.

[48] Leask 1941, S. 20
[49] Knight 1991, S. 7
[50] Fry 1997, S. 46 und 58

Abb. 35: Liscarroll: Ansicht der „Kastellburg" von Nordwesten

In der Grundrißgestaltung der irischen Burgen ist an Vielfalt kein Mangel. In Höhenlagen, auf Bergvorsprüngen und bei Insellagen bestimmt meist die Natur des Platzes den Verlauf der Ringmauern. Runde und ovale, vieleckige oder einfach unregelmäßige, dem Gelände angepaßte Grundrisse überwiegen bei weitem. Aber wie im gesamten anglofranzösischen Burgenraum zwischen Schottland und den Pyrenäen gibt es auch in Irland eine Gruppe von Burgenbauten nach dem sog. „Kastelltyp"[51], Bauten über regelmäßigem, meist quadratischem oder rechteckigen Grundriß. Mit dem römischen Kastell haben sie ungeachtet ihrer Bezeichnung nichts gemein. Es gibt in der Grundrißgestaltung keine nachweisbare Kontinuität von der Antike zum hohen Mittelalter. Eher ist das Gegenteil der Fall, wie einige von den Normannen wieder genutzte Römerkastelle in Südengland nahelegen[52]. Sie treten, wie im übrigen Westeuropa, nicht vor 1200 auf, enden allerdings in Irland mit dem Niedergang des hochmittelalterlichen Burgenbaus im ersten Drittel des 14. Jahrhunderts und haben allenfalls in den Bawns[53] bei den spätmittelalterlichen irischen Tower-Houses eine späte Nachwirkung. Die in Irland nach dem „Kastelltyp" erbauten Burgen treten über das ganze 13. Jahrhundert verteilt auf und es finden sich unter ihnen die großen Burgen des Königs und der mächtigsten Barone. Die zu Beginn des 13. Jahrhunderts erbauten Burgen von Limerick (Abb. 100), Kilkenny (Abb. 97) und Dublin (Abb. 83) legen, bei geringen Abweichungen von der streng rechtwinkligen Form, den Typ in Irland fest. Beziehungen über England hinaus zum Kontinent sind in der Konzeption der Anlagen, die den regelmäßigen Grundriß mit dem neuartigen doppeltürmigen Torbau verbinden, nicht zu übersehen. Die Blütezeit dieses Burgentyps in Irland aber dürfte im letzten Viertel des 13. Jahrhunderts liegen. Roscommon (Abb. 110), Ballintober

[51] Héliot 1965, S. 238–257
[52] Pevensey und Portchester: Metternich 1990, S. 60
[53] Salter 1993, S. 18–23

Abb. 36: Ballymoon: Die Aufteilung der Wohnbauten ist vom Innenhof an den Mauern ablesbar

(Abb. 63) und Ballymote (Abb. 67) lassen sich zuverlässig in die Zeit zwischen 1280 und 1300 datieren. Liscarroll ist mit hoher Wahrscheinlichkeit in dieser Periode entstanden, und bei den rätselhaften Burgen von Ballyloughan, Ballymoon und Clonmore hat man zumindest alle Mühe, Gründe für eine Datierung vor 1280 zu finden. Cahir scheint früher entstanden zu sein, läßt aber mangels Befund und urkundlicher Überlieferung viele Fragen offen. Vor allem in der Gestaltung der Grundrisse von Dublin (Abb. 54) und Kilkenny (Abb. 4) zeigt der irische Burgenbau schon früh im 13. Jahrhundert eine erstaunliche Modernität, die ihm aufgrund seiner Randlage am Ende Europas gerne abgesprochen wird[54]. Es ist hervorzuheben, daß Limerick, Dublin und Kilkenny königliche Anlagen, bzw. des Regenten von England während der Minderjährigkeit König Heinrichs III., in einer Zeit sind, in der das Angevinische Reich dem Anspruch nach noch halb Frankreich umfaßte. Es handelt sich bei ihnen nicht um provinzielle Bauten, sondern um Burgen, in denen sich die Repräsentanten der englischen Krone auch im noch nicht vollständig eroberten Irland als Spitzen der Feudalgesellschaft darstellten. Die Modernität dieser „Kastellburgen" des frühen 13. Jahrhunderts ist Programm, ist der Anspruch auf Oberhoheit auch in entlegenen Winkeln des angevinischen Länderkonglomerats. Der Bezug zu den neuartigen Burgen im Machtbereich des großen Rivalen der englischen Krone, des Königs Philippe-Auguste von Frankreich, ist gewollt und stellte für die Zeitgenossen zumindest im Erscheinungsbild der Burgen die Machtbalance zwischen den Königen beiderseits des Kanals wieder her.

Bei den im späten 13. Jahrhundert erbauten Burgen des „Kastelltyps" war Irland sowohl gebender wie nehmender Teil. Inwieweit die Gestalt von Roscommon (Abb. 11, 110) von der Riesenburg der de Clare in Caerphilly beeinflußt war, ist eine offene Frage, in

[54] Hierzu auch die Bemerkungen von Fry 1997, S. 86–87

jedem Fall aber geht sie dem walisischen Harlech (Abb. 52) voraus[55] und kann durchaus die Gestalt dieser fast idealtypisch verwirklichten „Kastellburg" beeinflußt haben. Die Burg von Ballymote (Abb. 67) ist eine reduzierte Wiederholung von Beaumaris[56] im walisischen Anglesey. Richard de Burgh, der Erbauer, übertrug den königlichen Anspruch als Oberherr von Wales über seine Burg auf das von ihm erst noch zu erobernde Connacht. Die „Kastellburgen" verraten einiges über den gesellschaftlichen Rang und die Selbsteinschätzung ihrer Erbauer. Das gilt selbst im abgelegenen Liscarroll (Abb. 101), deren Eigentümer, die de Barrys, zwar nicht zur allerersten Garnitur der anglonormannischen Barone in Irland gezählt werden können, die aber als Nachkommen der Männer, die 1169 zuerst ihren Fuß auf irischen Boden gesetzt hatten, mit dieser Bauform deutlich machten, daß sie „dazugehörten". In der architektonischen Ausstattung der Burg bleibt Liscarroll denn auch hinter den anderen „Kastellburgen" zurück, der Anspruch war durch das Erscheinungsbild formuliert, die Mittel für den Ausbau aber waren begrenzt.

Die Tore einer Burg sind deren neuralgische Punkte, gleichzeitig auch der repräsentative Zugang, der Ort der Begrüßung und der Selbstdarstellung des Burgherren. Bei den Torbauten der irischen Burgen treffen wir auf eine große Vielfalt der Gestaltung des Zugangs zur Burg. Die einfachste Art des Zuganges ist kaum mehr als ein Loch in der Ringmauer, das durch eisenbeschlagene Torflügel und einen Sperrbalken verrammelt werden konnte. Einem Angreifer vermochte ein solches Tor kaum viel Widerstand entgegenzusetzen. Bezeichnenderweise findet man solche Tore gerade in den frühen Burgen, in denen der Keep, und nicht die Ringmauer, das Hauptbollwerk der Verteidigung war. Carrickfergus[57] gehört zu diesen Wehranlagen, auch Dundrum (Abb. 85) in seiner ersten Bauphase, als der Keep noch nicht stand[58]. Shanid (Abb. 112) und Ferrycarrick (Abb. 93) dürften ebenfalls sehr schwache Tore gehabt haben, und ob die Motten von Clough und Knockgraffon über ihrem einfachen Zugang einen Holzturm hatten, wie bei den Motte & Bailey-Castles bisweilen vermutet wird[59], ist nicht gesichert. Tortürme, über oder unmittelbar neben dem Zugang zur Burg, sind ein sicheres Indiz für die Verlagerung der Anstrengungen der Verteidiger vom Keep auf die Ringmauer. Wie die einfache Maueröffnung war diese Torform schon unmittelbar nach 1066 in England bekannt[60] und wurde von den Anglonormannen nach Irland mitgebracht. Beispiele sind Adare (Abb. 59), Liscarroll (Abb. 101) und Rinndown (Abb. 106), mit einiger Wahrscheinlichkeit auch auch Lea Castle. In Greencastle, Co. Down (Abb. 95), lag der einfache Mauerdurchlaß unmittelbar neben dem südwestlichen Eckflankenturm, der damit das Tor wirkungsvoll schützen konnte. Auch in Swords (Abb. 113) steht in der Reihe der palastartigen Bauten ein Turm unmittelbar neben dem Tor. Angesichts der militärisch wertlosen Konzeption dieser Wohnburg hatte

[55] Fry 1997, S. 86
[56] Taylor 1988
[57] McNeill 1981, S. 19–21
[58] Waterman 1951, S. 24
[59] Hinz 1981, S. 46–47
[60] Beispiel Exeter von 1068: Brown1976, S. 62–63

Abb. 37: Ballyloughan: Der repräsentative Torbau, Feldseite

er allerdings eher eine repräsentative Funktion und diente nicht der Abwehr von Feinden.

Schon zu Beginn des 13. Jahrhunderts tritt in Irland, nämlich in Limerick (Abb. 100), Dublin (Abb. 83) und Kilkenny (Abb. 4), das von zwei runden Türmen flankierte Tor auf. Fast gleichzeitig wurde in die Ringmauer von Carlingford (Abb. 69) ein von zwei rechteckigen Türmen flankiertes Tor eingesetzt. Damit begann gleichzeitig mit der Entwicklung in England und Frankreich die Genese eines Bautyps, der zu den großartigsten und durchdachtesten Schöpfungen der mittelalterlichen Burgenarchitektur in Westeuropa werden sollte[61]. Das von zwei Türmen flankierte Tor, aus dem im Verlauf des 13. Jahrhunderts sowohl im englischen als auch im französischen Machtbereich erst ein eigenständiges Verteidigungsbollwerk, dann eine von der übrigen Wehranlage fast autonome Torburg, das "Keep-Gatehouse"[62], wurde, verdankt seine Entwicklung weniger der Tatsache, daß man der Verteidigung des Zugangs zur Burg nun ganz besondere Aufmerksamkeit widmete, als vielmehr dem Willen, den Zugang zur Burg möglichst eindrucksvoll und abschreckend zugleich zu gestalten. In der doppeltürmigen Torburg des 13. Jahrhunderts verdichten sich Architekturmotive unterschiedlicher Art, der Symbolwert von Herrschaftsbauten ebenso wie eine gesteigerte, von der übrigen Burganlage unabhängige Verteidigungsbereitschaft, zu etwas Neuem. Die Torburg am Beginn des 14. Jahrhunderts ist die Synthese aus zweihundert Jahren hochmittelalterlichen Burgenbaus.

61 Zur Entwicklung und Funktion des doppeltürmigen Torhauses: Metternich 1990, S. 58–74
62 Gardelles 1972, S. 70; Metternich 1990, S. 63

Abb. 38: Nenagh: Ansicht des "Keep-Gatehouse" vom Burghof

Im doppeltürmigen Torbau findet sich das Motiv des römischen Stadttores, die vielfach als Triumphpforte gestaltet war, was auch im Mittelalter, wie das Triumphtor Kaiser Friedrichs II. in Capua belegt, so verstanden wurde[63]. Es werden aber auch vom Keep, dem Symbol der Macht vor allem im 11. und im 12. Jahrhundert, sowohl Bedeutungsinhalte als auch Wohnfunktionen auf den Torbau übertragen. Nicht selten enthält er nun das Wohnappartement des Burgherren, wird Sitz der Macht und zeigt diese durch eine repräsentative und machtvolle Architektur denen, die sich der Burg nähern, an. Das "Keep-Gatehouse" löst in nicht wenigen Burgen den Keep als Hauptbau der Burg vollständig ab[64].

Nicht zuletzt muß auch auf die Tatsache aufmerksam gemacht werden, daß der Torbau eine Verteidigungsposition gegen die übrigen Teile der Burg entwickelt. Die Eroberungskriege in Irland wurden vom ersten Tag an und mit weiter zunehmender Tendenz mit Hilfe von Söldnern geführt. Schon die Eroberer von 1169 waren Söldner, die im Dienst von Dermot MacMurrough für dessen Ziele kämpften und als Bezahlung Land und Beute erwarteten[65]. Es waren als Krieger sehr unsichere Kantonisten, die sich sehr schnell gegen ihren Herrn wandten, wenn die erwartete Entlohnung auf sich warten ließ[66]. Giraldus Cambrensis hatte keine hohe Meinung von ihnen und nennt sie "murderers, traitors and profligates"[67]. Die Söldner, die Prinz Johann 1185 auf seinem ersten Zug nach Irland mitbrachte, desertierten alsbald und schlossen sich zum Teil den irischen Fürsten an[68]. Solchen Partnern gegenüber mußte der Burgherr auf Vorsicht und Abstand bedacht sein. Vom Torhaus konnte man alle Bewegungen im Innern der Burg kontrollieren. Außerdem erlaubte es auch jederzeit die Flucht vor einer rebellischen Besatzung. Seine Entwicklung zur eigenständigen Befestigung an der Peripherie der Burg spiegelt, aus diesem Blickwinkel betrachtet, die Ent-

[63] Willemsen, in: Hausherr (ed.) 1977, S. 158–160
[64] Metternich 1990, S. 63
[65] Flanagan, in: Bartlett/Jeffery 1996, S. 67
[66] Metternich 1990, S. 63–65
[67] Scott/Martin 1978, S. 187 und 337, Anm. 337
[68] Scott/Martin 1978, S. 241 und 356, Anm. 492; Martin, in: Cosgrove (ed.) 1993, S. 123–124

Abb. 39: Ballymote: Die Reste des Torhauses von der Feldseite. Man erkennt wesentliche Merkmale der Raumverteilung im Innern

wicklung des hochmittelalterlichen Söldnerwesens und das Zurücktreten der Bedeutung des vasallisch gebundenen feudalen Gefolgsmannes im Militärwesen wider.

Die großartigsten – und trotz aller Zerstörungen noch gut erkennbaren – Beispiele dieser ausgereiften Torbauten in Irland finden sich in der königlichen Burg Roscommon (Abb. 11, 110) und in den beiden programmatischen Burgen Richards de Burgh, in Ballymote (Abb. 67) und Greencastle, Co. Donegal. Das "Keep-Gatehouse" von Roscommon ist nicht nur in Irland ein Pionierbau[69], die Burg gehört zu den frühesten perfekt durchkonzipierten Wehrbauten ihrer Art auf den britischen Inseln überhaupt. Ballymote und Greencastle, Co. Donegal, sind auch in ihren Torbauten nicht ohne das Vorbild der walisischen Burgen König Eduards I. zu denken[70], vor allem Greencastle zeichnet sich jedoch durch eine sehr selbständige Konzeption der Wohnbauten und hohen Wohnkomfort aus. Mit diesen kann in Irland allenfalls der Ausbau des Torbaus in Nenagh vor 1300 konkurrieren.

Im Windschatten dieser Leitbauten entstanden in Irland im Verlauf des 13. Jahrhunderts in zahlreichen Burgen zusätzlich zu den vorhandenen Bauten doppeltürmige Tore oder richtige Torhäuser. Auf die Größe und Abwehrkraft kam es bei diesen Bauten nicht so sehr an, sie waren wichtig als Symbole der Macht, bisweilen in Verbindung mit einer eindrucksvollen Schaufront. In Dungarvan (Abb. 86) wird das Torhaus zum Pendant des älteren Shell-Keep, in Ballinamantain (Abb. 62), Dundrum, Ballyloughan und Dunamase findet man kleinere, aber wirkungsvoll plazierte Torhäuser, in Ballylahan (Abb. 64), Lea (Abb. 99) und Roche Castle (Abb. 108) haben sie zusätzlich eine respektable Größe. Sie sind alle bewohnbar.

An zwei Beispielen kann man gut erläutern, wie sehr es den Erbauern auf den Symbolwert ihrer Torhäuser ankam. In Dundrum

[69] Fry 1997, S. 86
[70] McNeill 1997, S. 101–106

Abb. 40: Dunamase: Der Torbau mit der Durchfahrt zwischen den Türmen

wurde der Torbau direkt neben dem alten bescheidenen Eingang in die innere Burg in imposanter Weise auf eine steil abfallende Felskante gesetzt. Eine frontale Annäherung an das Tor ist dadurch unmöglich. Man mußte von links auf einem schmalen Weg unterhalb der Mauer von der Seite her zum Tor aufsteigen. Um dem Ankommenden überhaupt den Zugang zu ermöglichen, war es notwendig, dem linken der beiden Tortürme seine halbrund vorspringende Feldseite zu kappen. Auch nahm man, zugunsten der effektvollen Plazierung der Toranlage, in Kauf, daß ein sich nähernder Feind den Schildarm gegen die Mauer richten konnte, was sonst bei der Wegeführung im Burgenbau strikt vermieden wurde. Das zweite Beispiel ist noch kurioser, zeigt aber gerade dadurch den Vorrang der symbolischen Wirkung des Torbaus vor seinem praktischen Nutzen auf. In Harry Avery's Castle nähert sich der Besucher erwartungsfroh seinem Ziel – der Torbau ist der einzige steinerne Rest der Burg inmitten grünen Weidelandes –, um dann sehr überrascht festzustellen, daß dieser „Torbau" gar kein Zugangsbauwerk, sondern eine Art frühes Tower-House vom Ende des 14. Jahrhunderts im Gewand eines Torbaus ist. Besser als durch diese abgelegene Burg eines irischen Häuptlings kann man den Symbolwert des Torhauses nicht illustrieren.

Auf einen weiteren Typ des Torhauses in Irland, der eine reduzierte, aber auch zukunftsträchtige Variante des doppeltürmigen

Abb. 41: Dundrum: Der Torbau auf der steil abfallenden Felskante

Torhauses repräsentiert, muß noch hingewiesen werden. In Cahir, Newcastle McKynegan (Abb. 34) und Roscrea (Abb. 30) sind die Torhäuser unzweifelhaft die Hauptbauten der Burg, in ihrem Symbolwert ebenso wie in ihrer Funktion als Wohnbau und Residenz. Es fehlen ihnen jedoch die halbrund vorspringenden Flankentürme beiderseits der Tordurchfahrt. Sie müssen als Reduktion des Typs des doppeltürmigen Torbaus in Burgen minderen Ranges verstanden werden, eine Erscheinung, die McNeill auch bei anderen Bauelementen der irischen Burgen erkannt hat[71]. Es ist charakteristisch, daß sich diese drei Torbauten im späteren Mittelalter wegen ihrer rechteckigen Form und ihres Symbolgehaltes für den Umbau zum Tower-House geradezu anboten. Vereinzelt geschah dies, wie der Torbau von Lea Castle zeigt, auch mit den doppeltürmigen Torbauten. Wohn- und Residenzfunktionen brachten sie schon mit. Was Harry Avery's Castle tatsächlich war, aber nicht sein wollte, ein Tower-House, wurden die Torhäuser von Cahir, Newcastle McKynegan und Roscrea durch einfachen Umbau. Ihr Symbolwert wurde davon nicht berührt.

Natürlich verfügten die Torbauten in ihrer überwiegenden Anzahl über das notwendige wehrtechnische Repertoire wie Fallgatter, Torkammern, Pechlöcher und Zugbrücken. Schon eine schnelle Übersicht zeigt jedoch, daß diese Elemente der Wehrarchitektur in Irland sehr viel sparsamer verwendet wurden als in England und Wales.

[71] McNeill 1997, S. 148–156, 165–168

Abb. 42: Harry Avery's Castle: Der von außen unzugängliche „Torbau"

Verschließbare Torflügel mit Sperrbalken gibt es überall. Aber schon die Fallgatter treten meist nur in einfacher Form auf, aufwendige Torkammern wie in Denbigh, Wales, wo ein eindringender Feind im Torhaus durch mehrfache Tore und Fallgatter regelrecht eingekreist und gefangen werden konnte[72], gibt es in ganz Irland nicht. Der Torbau von Lea Castle hat immerhin zwei Fallgatter. Einfachere Formen der Torkammer sind noch sehr gut in Liscarroll und in Maynooth zu erkennen. Zugbrücken sind eher selten. Dundrum hat zwar einen tiefen in den Felsen geschlagenen Halsgraben, aber der eigenartige Torbau muß wegen seiner Lage auf eine Zugbrücke verzichten, während in Roche Castle den tiefen Graben vor der Hauptfront der Burg eine Zugbrücke teilweise überbrückte. Vielleicht ist diese Nachlässigkeit bei der mangelnden Sicherung des Zugangs zur Burg mit der Tatsache zu erklären, daß Belagerungen und Kämpfe um die Burgen in Irland kaum stattfanden. Es mag aber auch sein, daß im Fehlen dieser wehrtechnischen Einzelelemente eben doch die periphere Lage der irischen Burgenlandschaft im Vergleich zu England und Frankreich zum Ausdruck kommt. Eine abschließende Beurteilung steht noch aus.

Nahezu jede mittelalterliche Burg hatte eine Kapelle oder wenigstens ein kleines Oratorium, eine Betecke oder gleich alles zusammen. In Irland dürfte das kaum anders gewesen sein, die in den Burgen sichtbaren Überreste bzw. die dokumentarische Überliefe-

[72] Metternich 1984, S. 94–97

rung sind jedoch mehr als kläglich. In Kilkenny wird 1307 eine Kapelle erwähnt[73], in Dublin kann sie für das Jahr 1225 durch die Erwähnung von William de Radeclive als „capellanus in capella nostra in castro nostro Dublinie" zumindest erschlossen werden, auch wenn sie auf dem Plan von 1606 schon nicht mehr eingezeichnet ist[74]. Die beiden frühen großen Burgen Irlands, Trim und Carrickfergus erlauben uns die Identifizierung der Kapelle im Baugefüge, und zwar an einer in Burgen charakteristischen Stelle. In Trim liegt die Kapelle im östlichen Vorbau des Keep, direkt über dem Eingang[75], in Carrickfergus (Abb. 72) hat sie nach 1226 ihren Platz im östlichen Turm des Tores im 2. Obergeschoß gefunden[76]. Während der Kapellenraum im Keep von Trim in seiner einfachen Ausstattung kaum an einen Sakralraum erinnert, ist die Kapelle von Carrickfergus durch ein sehr schönes Fenster im Early English mit Wandsäulen, Schaftringen und Zungenblattkapitellen ausgezeichnet. Es muß betont werden, daß die Bezeichnung dieses Raumes als Kapelle sehr spät und aufgrund einer vagen Überlieferung erfolgte[77], angesichts der Bauzier und der Lage kommt dieser Zuweisung jedoch eine hohe Wahrscheinlichkeit zu. Die Nähe der Kapelle zum Eingang in die Burg oder in den Keep kommt in ganz Europa vor. Man versicherte sich damit des göttlichen Beistandes an dem am meisten gefährdeten Punkt der Burg, sollte ein Feind vor dem Tor erscheinen. Ohne daß dies bei den wenigen irischen Beispielen nachweisbar wäre, waren die Burgkapellen auch oft dem hl. Michael, dem Wächter des Paradieses, oder zumindest den Ritterheiligen Georg und Nikolaus geweiht[78]. Die erzbischöfliche Anlage von Swords, mehr ein Palast als eine Burg, verfügte selbstverständlich über eine große Kapelle[79] nahe beim Hauptzugang (Abb. 16). Ein kleineres privates Oratorium für den Erzbischof wird bei dessen Wohnräumen vermutet[80]. Auch die Kapelle in Ferns, im ersten Stock des Südostturmes gelegen, ist eher ein privates Oratorium bei den Wohnräumen des Burgherren als der Sakralraum für alle in der Burg lebenden Menschen. Als Burgkapelle ist die gewölbte und mit schönen Maßwerkfenstern ausgestattete Kapelle[81] zu klein. Die wenigen Beispiele von Kapellen und Oratorien in irischen Burgen ergeben allein schon aufgrund ihrer geringen Anzahl ein unvollkommenes Bild, lassen aber einen Ausblick auf die Ausstattung der Anlagen mit Sakralräumen zu.

Das Leben in der hochmittelalterlichen Burg, nicht nur in Irland, kannte die strikte Trennung zwischen einem öffentlichen und einem privaten Bereich, der aus der Anlage unterschiedlicher Räume abzulesen wäre, ursprünglich nicht. Es gab allerdings, wenn auch weniger als heute, eine private Sphäre des Burgherren und seiner Familie und den Bereich für sein öffentliches Auftreten als Träger der Macht und Verkörperung des Rechts. In dem beschränkten Raumangebot der Burg mußten Handlungen in beiden Handlungsbereichen notgedrungen mit den gleichen Räumen vorliebnehmen. Nur ganz große Burgen wie Trim und Carrickfergus, Dublin oder

[73] Leask 1941, S. 57
[74] Maguire, OPW-Guide o. J., S. 3–4
[75] McNeill 1990, S. 323, Fig. 8, 324
[76] McNeill 1981, S. 36, 45
[77] McNeill 1981, S. 45
[78] Keller 1987, S. 248–252, 430–432, 442–443; Metternich 1994, S. 56–60
[79] Bericht vom 14. März 1326, in: Fanning 1975, S. 48
[80] Fanning 1975, S. 64
[81] Leask 1936, S. 172; Ffrench 1910, S. 360

Abb. 43: Cahir: Der im späten Mittelalter zum Tower-House umgebaute Torbau des 13. Jahrhunderts

Abb. 44: Ballylahan: Ansicht mit den Resten des Torbaus

Limerick, waren für ein differenziertes Raumangebot konzipiert worden und geeignet, die öffentliche und die private Sphäre auch nach den Räumlichkeiten zu trennen. In nachrangigen Burgen wie Athenry oder Castle Carra spielt sich anfangs alles Leben in der Halle im Obergeschoß des Keep ab. Es bedeutete schon einen gewaltigen Fortschritt, als um 1250 die Halle im Burghof erbaut wurde, wodurch der Raum im Keep als Chamber einer etwas privateren Nutzung zugänglich wurde. Die gleichzeitigen Umbauten belegen dies.

Die Halle ist nach ihrer Funktion als quasiöffentlicher Raum und der Ort, an dem sich die Herrschaft darstellt, fast ein konstituierendes Element der Burg. Als eigenständiges Bauwerk treffen wir

Abb. 45: Castle Carra: Der Keep

sie in irischen Burgen eher selten an. Meist ist sie Bestandteil des Keep oder Torbaus und von der Chamber, gerade in kleinen Burgen, nur mit Mühe oder auch gar nicht zu unterscheiden. Eine eigene Halle haben vor allem die großen Burgen, in denen wirkliche Residenzfunktionen angesiedelt waren, allen voran Dublin (Abb. 54, 83). Die Beschreibung der dortigen Halle, wie sie ab April 1243 als freistehendes Bauwerk im Burghof entstehen sollte, zeigt zumindest den Anspruch auf, der bei königlichen und großen baronialen Burgen an die Gestalt der Halle gestellt wurde. Mit Schmuckportal, Rosenfenster, Verglasung und aufwendigen Wandmalereien, in denen der König mit den Spitzen seines Reiches dem Betrachter entgegentrat[82], ist sie ohne weiteres mit der Westminster Hall[83], der gleichzeitig entstandenen Halle von Winchester und anderen erhaltenen Bauten dieser Art in England zu vergleichen.

Die einigermaßen rekonstruierbaren Hallen in den irischen Burgen haben einen bescheideneren Zuschnitt als Dublin oder die englischen Staatsbauten. In Adare (Abb. 59), Trim (Abb. 115), Athenry (Abb. 60) und Carlingford (Abb. 69) treffen wir den irischen Typ

[82] Lydon, in: Cosgrove (ed.) 1993, S. 175
[83] Im Kern 1097 erbaut, erhielt sie ihre heutige Gestalt unter König Richard II. (1377–1399), Thompson 1991, S. 173

Abb. 46: Greencastle, Co. Down: Ansicht des Keep von Süden

der Halle in seiner für dieses Land normalen Größe an. Häufig liegt die Halle im komfortablen und besser klimatisierten Obergeschoß eines Bauwerks, verfügt über große, bisweilen mit gotischen Schmuckformen versehenen Fenstern, bei denen auch die Aussicht auf die Umgebung, den Fluß in Adare, Limerick und Trim, das Meer in Carrickfergus und Carlingford, nicht zu kurz kam. Meist ist die Halle abseits der gefährdeten Angriffsseite an die Ringmauer angelehnt, und nur die frühe Halle von Adare konfrontiert uns mit der erstaunlichen, letztlich nicht zu erklärenden Tatsache, daß sie frei außerhalb des Befestigungsringes gelegen zu haben scheint. Eigenständige Hallen in irischen Burgen sind ein starkes Indiz dafür, der Anlage einen besonderen Rang innerhalb einer Herrschaft und Residenzfunktionen zuzuerkennen. Eine Halle außerhalb des Keep oder Torhauses bedeutet eine fortgeschrittene Trennung von öffentlichem und privatem Bereich der Burg und verweist auf einen strukturierten Haushalt mit Funktionsträgern, die verschiedenartiger Räume aus Gründen der Repräsentation ebenso wie täglicher Verwaltungspraxis bedurften. In kleineren Burgen des Königs und der

Abb. 47: Dunmore, Co. Meath: Ansicht der Burg mit dem Keep von Süden

Barone war dies nicht notwendig, weshalb der als Halle genutzte Raum im Keep oder auch im Torbau verbleiben konnte. Untervasallen wiederum hatten vielfach weder die Mittel noch einen Haushalt von der Größe, der den Bau einer eigenen Halle in der Burg angeraten sein ließ. Sie nahmen weiterhin mit dem Keep als Allzweckbau vorlieb.

Die Unterscheidung zwischen Keep, Tower-Keep, Hall-Keep und Hall-House ist vor allem dann, wenn nur ein einziger Raum zur Betrachtung ansteht, sehr problematisch. Sicher kann man der alten Ansicht von Leask nicht mehr folgen[84]: er unterscheidet den längsrechteckigen Hall-Keep, bei dem Halle und Chamber auf einer Ebene liegen, vom Tower-Keep, in dem Halle und Chamber übereinander angeordnet sind. Die Schwierigkeit beginnt schon bei der Feststellung, ob ein heute als ein einziger Raum erscheinendes Geschoß vielleicht in früherer Zeit durch Holz- oder Fachwerkwände unterteilt war. Zudem hing die Möglichkeit, einen Keep in mehreren Geschossen zu bauen, auch von den zur Bauzeit verfügbaren Mitteln des Bauherren ab. Gerade die kleineren Vasallen hatten sich in der permanenten Kriegssituation, welche die Einnahmen aus dem Land nicht immer reichlich fließen ließ, nach der Decke zu strecken und mußten sich mit bescheideneren Bauten als vielleicht geplant zufriedengeben. Mit hoher Wahrscheinlichkeit ergibt sich aus diesen Überlegungen die Feststellung, daß der Keep als Bautyp der irischen Burg nicht in verschiedene Untertypen zerlegt werden kann, wohl aber, daß er, abhängig von den Mitteln und Möglichkeiten des Bauherren uns in unterschiedlicher Größenordnung und Differenzierung seiner räumlichen Disposition vor Augen steht.

[84] Leask 1941, S. 22; etwas unentschieden bei den Hall-Houses McNeill 1997, S. 149

Abb. 48: Terryglass: Ansicht der Mauern des Keep von Osten

Von vielen Autoren wird im irischen Burgenbau ein Bautyp besonders hervorgehoben und als rein irische Eigenentwicklung betrachtet, eine These, die, wie zu zeigen ist, im westeuropäischen Vergleich sehr fragwürdig wird. Es handelt sich um die von Leask als "Towered or Turreted Keeps" bezeichneten Keeps mit gerundeten Ecktürmen: Carlow (Abb. 56), Ferns (Abb. 20), Lea (Abb. 99), Terryglass (Abb. 114) und Wexford[85]. Zu den genannten werden noch, mit unterschiedlich starken Argumenten und Datierungen, Dunmore (Co. Meath), Delvin und Enniscorthy gezählt. In der neueren Literatur nennt Salter sie "peculiar to Ireland"[86] und Fry gibt an, sie seien einhundert Jahre früher entstanden als vergleichbare Bauten in England[87]. Frankreich wird in derlei Betrachtungen nicht einbezogen. McNeill handelt sie unter dem Begriff des „Donjon" ab, erörtert aber nicht die Frage, warum an anderer Stelle die Begriffe "Keep" und „Donjon" als der englische und französische Begriff für ein und denselben Bautyp verwendet werden.

Auf den ersten Blick haben wir in den erwähnten Burgen tatsächlich eine geschlossene Gruppe vor Augen, deren nächstes Pendant in England erst einhundert Jahre nach den irischen Bauten errichtet wurde. Bei näherem Hinsehen bleiben allerdings nur drei Bauten übrig – Carlow, Lea und Terryglass –, die sich von einem normalen Keep nur durch die gelängte Grundrißform und die Ecktürme unterscheiden – und das auch nur in Irland. Ferns scheidet aus der Gruppe wegen seines mit Sicherheit anzunehmenden Innenhofes aus[88], Enniscorthy wegen der Tatsache, daß seine Baugestalt zuverlässig nur bis ins 16. Jahrhundert zurückverfolgt werden kann. Wex-

85 Leask 1941, S. 47–51
86 Salter 1993, S. 11
87 Fry 1997, S. 87
88 Kat. Nr. 26

ford ist verschwunden und nicht nachprüfbar. Bleiben Dunmore, Co. Meath, und Delvin, deren Datierung ins hohe Mittelalter angezweifelt wird, was aber ohne weitergehende Untersuchungen einstweilen offenbleiben muß[89]. In allen Fällen gibt es keinen ersichtlichen Grund, weshalb man diese Bauten nicht als Keep bezeichnen soll. Der einzige Unterschied zu den Keeps von Carrickfergus, Dunamase und Maynooth, aber auch zu Adare, Athenry, Castle Carra und Ballinamantain liegt in den Ecktürmen, weniger im Raumkonzept des Innern. Die Ecktürme stellen allenfalls zusätzliche Nebenräume zur Verfügung, was sowohl als Zeichen für eine fortschreitende Entwicklung auf höheren Wohnkomfort hin gewertet werden kann als auch, gerade bei den Burgen von Carlow und Lea, den Blick auf die Ressourcen der Bauherren freigibt.

In ihrer inneren Aufteilung sind diese Keeps so verschieden voneinander wie andere auch. Terryglass, der kleinste von ihnen, war vermutlich nie vollendet und nicht über die heutige Höhe von 3,6 m hinaus gelangt. Im Gegensatz zu den beiden anderen Keeps dieses Typs sollte der Keep von Terryglass in die Ringmauer der Angriffsseite eingebunden sein. Carlow hatte drei Stockwerke und eine Halle im 1. oder 2. Obergeschoß. Eine genauere Beurteilung wird durch die Tatsache erschwert, daß nur eine Hälfte des Keep erhalten ist. Von einer Ringmauer und einer Hofbebauung gibt es keinerlei Spuren mehr. Sicher scheint nur, daß der Keep von Carlow frei inmitten eines wie immer gearteten Burgberings stand. Lea Castle hatte im Gegensatz zu Carlow vier Geschosse, der Keep ist aber ebenfalls nur teilweise in voller Höhe erhalten. Der Keep von Lea stand in einem ovalen, auf die Zeit vor seiner Erbauung zurückgehenden Mauerring, dem zusätzlich noch der äußere Burghof mit dem doppeltürmigen Torbau zugeordnet war. Die Unterschiede zwischen den drei Bauwerken sind mindestens ebenso groß wie ihre Gemeinsamkeiten, der rechteckige Grundriß und die Ecktürme. Man mag sie Keep oder Hall-Keep nennen, das ist einerlei. Wichtiger ist die Feststellung, daß sie, mit Ausnahme von Lea, wie im klassischen Keep, alle Funktionen der Burg unter einem Dach zu vereinen suchen. Es handelt sich um Burgen der in Irland tonangebenden Barone, die eine hohe Qualität in Wohnkomfort und Erscheinungsbild mit einem reduzierten Aufwand in ihrer baulichen Gestalt verbinden.

Das irische Hall-House[90] ist ein kleiner Keep, vom Hall-Keep nur graduell unterschieden. Es ist der gebaute Kompromiß, den ein Untervasall zwischen seinem Anspruch auf Herrschaft und seinen ihm zur Verfügung stehenden Mitteln eingehen mußte. Zugleich rangiert das steinerne Hall-House am unteren Ende der Skala dessen, was noch als Burg bezeichnet werden kann. Von hier zum steinernen "Manor" des freien Mannes, zum „Festen Haus", sind die Übergänge ebenfalls fließend. Es gibt geradezu sophistische Überlegungen zum Unterschied zwischen "Hall" und "Tower", deren Feinheiten

[89] Bei Dunmore tendieren die Datierungen ins 15. Jahrhundert: Salter 1993, S. 60 und Fry 1997, S. 213–214 im Gegensatz zu Harbison 1992, S. 259; Delvin wird von Salter 1993, S. 56 und von Harbison 1992, S. 329 ins 13. Jahrhundert datiert. McNeill 1997, S. 118 will sich nicht recht entscheiden und setzt Dunmore eher ins 15. Jahrhundert und Delvin früher an.
[90] McNeill 1997, S. 149–155

in der deutschsprachigen Terminologie des Burgenbaus auf den ersten Blick gar nicht erkennbar sind[91]. Sie übersehen aber, daß "Hall" und "Tower", bzw. „Donjon" und "Keep", im anglofranzösischen Burgenbau aus der gleichen Wurzel gewachsen sind. Nicht zu Unrecht steht die eingemottete Halle von Doué-la-Fontaine aus der Mitte des 10. Jahrhunderts in vielen Publikationen am Beginn des westeuropäischen Burgenbaus[92], am Anfang der Entwicklung, die vom französischen Donjon zu den irischen "Hall-Keeps" und "Hall-Houses" führt. Wann wir es bei diesen Bauten noch mit einer Burg zu tun haben, müssen die einzelnen bekannten Fakten entscheiden. Die wichtigsten Kriterien sind auch hier der soziale Rang des Burgherren in der Feudalgesellschaft, die Grundherrschaft, deren Mittelpunkt die Anlage ist, und die Eigenschaft als Wehrbau. Zur topografischen Situation ist anzumerken, daß diese Burgen oft in äußersten Grenzlandlagen im Westen Irlands und in Ulster anzutreffen sind[93]. Sie müssen dann auch als Wehrbauten von Pionieren begriffen werden, mit deren Hilfe der im Mittelalter letztlich gescheiterte Versuch der Eroberer, ganz Irland unter ihre Kontrolle zu bringen, unternommen wurde.

Westlich des Shannon vertreten Castle Carra (Abb. 45) und Moylough[94] (Abb. 31) diesen Typ der irischen Kleinburg. Moylough zeigt gegenüber dem später aus- und umgebauten Castle Carra bei aller Einfachheit der Form in seiner Architektur Eleganz und Würde. Die Dimensionen von Keep und Burgbering sind klein, nicht jeder Teil der Burg war in Stein errichtet. Die Umwallung war meist ein mit Palisaden besetztes Ringwork mit einem davorliegenden Graben. Die Raumaufteilung des Keep ist von der ersten Ausbaustufe von Athenry nicht weit entfernt, der Wohnkomfort noch etwas bescheidener. Auch die Bebauung der Motte von Clough mit einer steinernen Halle ließ diese Burg nicht zu einer großartigen Anlage werden, zeigt aber an, daß hier Herrschaftsfunktionen angesiedelt waren. Die Burg als Sitz der feudalen Macht kommt sicherlich im mit Eckflankentürmen besetzten Keep von Dunmore, Co. Meath (Abb. 47), zum Ausdruck, sofern seine Gestalt aus dem 13. Jahrhundert stammt[95]. Über diese Burg finden, folgt man der Aufstellung von McNeill[96], die "Hall-Houses" Anschluß an die "Hall-Keeps" wie Carlow, Lea und Terryglass. Eine Typologie im Sinne einer schubfachartigen Klassifizierung nach Donjon, Keep, Hall-Keep, Hall-House und Manor stößt hier endgültig an ihre Grenzen. Ein einfacheres und klareres Bild ergibt sich, wenn man von Keeps unterschiedlicher Größe und unterschiedlichem Wohnkomfort spricht. Auch Untervasallen und weniger begüterte Ritter bauten ihre Burgen. Ihre knapperen Ressourcen und ihr minderer Rang in der feudalen Aristokratie spiegeln sich in ihren Wehrbauten wider.

Ob Keep, Hall-Keep oder Hall-House, mit dem Niedergang des irischen Burgenbaus im 14. Jahrhundert war das Ende dieses Bautyps noch lange nicht gekommen. Im irischen Tower-House des

[91] McNeill 1997, S. 149
[92] Hinz, 1981, S. 81–82; Brown 1976, S. 24
[93] Die von McNeill 1997, S. 150–151 zusammengestellte Übersicht verzeichnet unter dreizehn Hall-Houses nur zwei, die nicht in Connacht oder Ulster liegen. Dunmore und Delvin lagen zum Zeitpunkt ihrer Gründung im westlichen Grenzgebiet von Meath
[94] Kat. Nrn. 14, 36
[95] Die Datierungsvorschläge reichen vom Anfang des 14. bis ins 15. Jahrhundert, über die Burgenlücke zwischen irischem Hoch- und Spätmittelalter hinweg. Frühdatierung nach 1315: Harbison 1992, S. 259; Spätdatierung ins 15. Jahrhundert: Salter 1993, S. 60; unentschieden dazwischen, 14./15. Jahrhundert: Fry 1997, S. 213–214
[96] McNeill 1997, S. 150–151

Abb. 49: Dunmore, Co. Galway: Der Keep von Südosten

15. bis 17. Jahrhunderts sollte gerade die reduzierte Form des Wohnturmes noch eine lange Nachblüte haben und zugleich reichen Nutzen aus den im Hochmittelalter entwickelten Architektur- und Bedeutungsformen der Burg ziehen. Eine eingehende Betrachtung des Tower-House ist nicht Gegenstand dieser Arbeit, einige Verbindungslinien zwischen diesem Burgentyp und seinen hochmittelalterlichen Vorgängern sollen aber kurz aufgezeigt werden. Für Leask war noch ganz unklar, wann und wo das Tower-House im 15. Jahrhundert seinen Ursprung hatte[97]. Er vermutete einen wesentlichen Anstoß in der Gewährung eines Baukostenzuschusses von £ 10 für jeden, der im Pale eine Turmburg von mindestens 50 Fuß Höhe errichtete, durch die englische Regierung im Jahr 1429[98]. Inzwischen sind aber die Verbindungen zwischen den anglonormannischen Burgen des 13. Jahrhunderts und den Tower-Houses des späten Mit-

[97] Leask 1941, S. 76
[98] Cosgrove, in: Cosgrove (ed.) 1993, S. 545; Barry 1988, S. 188

telalters klar erkannt[99], und es gibt gute Gründe, die Entstehung des Bautyps schon ab ca. 1300 anzunehmen[100]. Die Betrachtung der Hall-Keeps und Hall-Houses des 13. Jahrhunderts in Irland stützt diese Annahme und ist geeignet, richtet man den Blick über Irland hinaus, die Idee des Tower-House bis auf Formen des Keep im 12. Jahrhundert zurückzuverfolgen. Vom Keep, besonders von dessen reduzierter Form, dem Hall-Keep übernimmt das Tower-House den Gedanken, alle Funktionen der Burg in einem wehrhaften Bauwerk unterzubringen. Mit der Turmgestalt wird zugleich ein seit alters her anerkanntes Symbol der Macht weitergeführt. So ist es auch nicht verwunderlich, wenn die Torburgen des 13. Jahrhunderts ebenfalls zum Tower-House überleiten, oder einfacher, wenn im späteren Mittelalter zahlreiche Torburgen zum Tower-House umgebaut werden. Das ist der Fall bei dem kleinen Torturm von Liscarroll wie beim Torbau von Lea Castle, in Ballyloughan, Cahir und Roscrea. Der Symbolwert des Baus und die Möglichkeit, alle Funktionen unter einem Dach zu konzentrieren, waren auch hier gegeben. Das doppelgesichtige Harry Avery's Castle ist ebenfalls in diesem Kontext zu sehen. Seltener wurden in den Burgen, bei weitgehender Vernachlässigung des übrigen Burgareals, die hochmittelalterlichen Keeps zu Tower-Houses umgebaut. Ballinamantain, Castle Carra und Dunamase sind gute Beispiele. Diese wenigen Hinweise auf die Verbindungen zwischen den Burgen des hohen Mittelalters in Irland und ihren spätmittelalterlichen Nachfolgern sollen genügen. Sie belegen, daß der Niedergang des Burgenbaus im 14. Jahrhundert, bedingt durch die desolaten politischen Verhältnisse, Seuchen und Mißernten, zwar offenkundig und quantitativ erfaßbar ist, aber eine Kontinuität zwischen dem Burgenbau der Anglonormannen und den irischen Wehrbauten der folgenden Jahrhunderte in jedem Fall besteht.

Eine typologische Betrachtung der irischen Burgen hilft zweifellos, die Funktion und Gestalt der einzelnen Bauteile, das Gefüge der Burg insgesamt zu verstehen. Sie wirft aber auch einige Fragen auf und birgt Gefahren in sich. So sind typologische Überlegungen und Schubkastendenken eng miteinander verwandt. Die Neigung, jede Variation in der Architektur, auch noch das kleinste Detail in der Form, zu einem eigenständigen Typ zu erhöhen, verfälscht die Ergebnisse, zu denen ordnendes Denken eigentlich gelangen will. Auch erschwert der ungleiche Forschungsstand in Irland das Verständnis vieler Burgen in erheblichem Maße. Wenn wir nichts über die Datierung, über die Erbauer und ihre Absichten, über das wahre Aussehen eines Bauwerks und seine Funktion wissen, wie sollen wir dann zuverlässig einen Typus bestimmen? Aus diesem Grund sind in dieser Arbeit die schloßartigen Anlagen von Ballymoon, Clonmore und Swords zwar angesprochen worden, von einer typologischen Betrachtung mußte aber weitestgehend Abstand genommen werden. Der Forschungsstand und unser Wissen über diese Bauten lassen das nicht zu. Es ist bezeichnend, daß sie in einer neueren Ar-

[99] O'Keeffe 1997, S. 8
[100] Barry 1988, S. 186

beit über die spätmittelalterlichen Residenzen in England nicht einmal im Wege des Vergleichs erwähnt werden, obwohl ihre Pendants in England durchaus zu identifizieren sind[101]. Hier ist noch erheblicher Forschungsaufwand nötig.

Eine Burgentypologie muß den individuellen Charakter einer jeden Anlage berücksichtigen. Die Beschaffenheit des Bauplatzes, die Absichten und Mittel des Bauherren, die strategische Ausrichtung, all das, und nicht allein die Wahl eines präfigurierten Typus, bestimmen die Größe und die Gestalt der Burg. Andererseits leben Bauherren, auch die mittelalterlichen Ritter und Barone, nicht im luftleeren Raum. Sie sind eingebunden in eine Gesellschaftsordnung mit ihren Regeln und Normen, mit ihren Anschauungen und ihrer eigenen Bildwelt. Das Bild einer Burg entstand nicht jedesmal neu, wenn ein solches Bauwerk errichtet wurde. Vorbilder und Orientierungshilfen gab es genug. Und man war nicht lokal gebunden. In der ausgedehnten Interessensphäre des angevinischen England, in einem Gebiet, das von Schottland bis Spanien reichte und auch die Wege der Kreuzfahrer im gesamten Mittelmeerraum einschloß, gab es für die hochmobile anglonormannische Oberschicht reichlich Gelegenheit, sich an anderer Stelle umzusehen, Entwicklungen im Wehrbau ferner Länder und Regionen zu studieren und in den eigenen Burgen umzusetzen. Der irische Burgenbau des Hochmittelalters kann nicht nur aus irischem Blickwinkel betrachtet werden.

101 Jäschke 1990, S. 217–254

VIII Die europäische Dimension

Irland, ein Burgenland am Ende Europas, von Anglonormannen, Walisern und Engländern und Flamen erobert und mit Burgen überzogen – muß angesichts dieser Randlage und Fremdbestimmung nicht die Vermutung Raum gewinnen, die Grüne Insel sei auch im Burgenbau eine ferne Provinz, gegenüber der Entwicklung in Britannien und auf dem Kontinent in unselbständiger Abhängigkeit und selbstverständlich weit hinterherhinkend? In der Tat hat der irische Burgenbau bislang wenig Aufmerksamkeit in der europäischen Burgenliteratur gefunden. Im Land selbst sind Darstellungen, die einem breiteren Publikum zugänglich sind, erst in den letzten Jahren publiziert worden, in der europäischen Burgenliteratur ist Irland kein Begriff. Selbst der Massentourismus ist im Reiseland Irland bisher achtlos an den hochmittelalterlichen Burgen vorbeigegangen, nur einige spätmittelalterliche Turmburgen, Blarney und Bunratty vor allem, ziehen die Scharen an.

In der reichen englischen Burgenliteratur kommt Irland fast nicht vor, auch nicht das doch immerhin zum Königreich zählende Nordirland. Aus Frankreich wird kein Blick auf die so eng mit dem Land verbundenen Burgen in Irland geworfen. Ein Wandel zeichnet sich allerdings ab, ist angesichts der europäischen Dimension des irischen Burgenbaus auch dringend geboten. Hatte Plantagenet Somerset Frys vorzügliches Handbuch über die "Castles of the British Isles" 1990[1] noch kein Wort für den irischen Burgenbau übrig, so kann die erweiterte Ausgabe von 1997 mit einem eigenen Kapitel über den irischen Burgenbau und einem respektablen Katalog der Bauten aufwarten. Fry fordert zu Recht, "that the castles in Ireland cannot take a back seat for much longer"[2].

Irland wurde von England und Wales aus, mit Wissen und Willen der englischen Krone, erobert. Deshalb muß sich der Blick, will man Vergleichsmaterial für die irischen Burgen heranziehen, zuerst auf England und die Gebiete der Marcher Lords in Wales richten. Auch in England gab es Burgen erst seit der Eroberung durch die Normannen unter ihrem Herzog Wilhelm im Jahr 1066[3], die Burg Chepstow, das Einfallstor nach Wales, wurde schon ein Jahr später begonnen[4]. Die Normannen brachten allerdings aus der Normandie eine eigenständige Tradition im Bau von Burgen mit und ihre ersten Burgen in England, seien es die Motte von Hastings oder der White Tower in London, zeigen, daß sie die gesamte Breite des Burgenbaus beherrschten und technisch auf der Höhe ihrer Zeit waren. Die Minderheit der normannischen Eroberer hatte sich nicht nur vor der

[1] Fry 1990
[2] Fry 1997, S. 87
[3] Brown 1976, S. 49–50
[4] Metternich 1984, S. 53

Mehrheit einer unterworfenen Bevölkerung zu schützen, sondern suchte diese auch durch gewaltige Bauwerke, Kathedralen[5] ebenso wie Burgen, einzuschüchtern und zu beeindrucken. In Irland war das nach 1169 ganz ähnlich.

Die Liste der Keeps des 11. und 12. Jahrhunderts bei Thompson, unterteilt in die größeren Hall-Keeps und die kleineren Solar-Keeps, umfaßt, die runden und polygonalen Bauten nicht mitgerechnet, achtundsechzig Anlagen[6]. Aus Irland sind unter die Hall-Keeps Carrickfergus (Abb. 2), Maynooth und Trim (Abb. 23) gerechnet, unter die Solar-Keeps nur Adare (Abb. 1). Von diesen stammen die Keeps von Trim und Carrickfergus noch aus der Regierungszeit König Heinrichs II., während Maynooth und Adare nicht vor 1200, als der rechteckige Keep schon veraltet war, begonnen wurden. In England waren nach 1066 bis in die Regierungszeit König Heinrichs I. große und repräsentative Burgen errichtet worden. Der Tower von London[7] und der Keep von Rochester[8] markieren Beginn und Ende dieser Periode. Beide königliche Burgen zeigen schon charakteristische Einzelheiten, wie sie sich auch noch in den Keeps von Carrickfergus und Trim, jedoch nicht in Adare und Maynooth wiederfinden. Es handelt sich um die Mittelteilung des Keep, bei der in Rochester und in Carrickfergus der im Keep liegende Brunnen so in die mittlere Trennmauer eingesetzt ist, daß, in Rochester durch alle Stockwerke, in Carrickfergus bis zum 1. Obergeschoß Wasser geschöpft werden konnte. Die Wasserversorgung bis ins 1. Obergeschoß, findet sich auch in Dover. Diese Burg stellt am Ende der Regierungszeit König Heinrichs II. die letzte und am perfektesten durchgearbeitete Entwicklungsstufe der rechteckigen Keeps des 12. Jahrhunderts dar[9]. Der Keep von Dover, ca. 1180–85 im vollen Ausbau begriffen, dürfte mehr als alle anderen Bauten dieser Art auch Carrickfergus und Trim beeinflußt haben. Vor allem Trim (Abb. 32) hat mit Dover den Charakter eines

[5] Man beachte, im Vergleich zu Burgen wie dem Tower in London oder Colchester, auch die mächtigen Kathedralen wie St. Albans und Durham: Clifton-Taylor 1979, S. 29–65
[6] Thompson 1991, S. 64–66
[7] HMSO-Guidebook o. J., S. 9–10
[8] Brown 1980, S. 24–25 und 29–41
[9] Brown 1980, S. 10

Abb. 50: Maynooth: Der Keep von Westen

Abb. 51: Pembroke: Ansicht der Burg von Westen. In der Mitte der runde Keep William Marshals d. Ä.

sehr differenzierten Wohnbaus gemeinsam[10]. In beiden Keeps lassen sich, im Gegensatz zu den ungegliederten Innenräumen anderer Wohntürme, Appartements mit mehreren Räumen unterscheiden, gibt es eine Erschließung, die es ermöglicht, einzelne Räume auf dem Weg durch das Bauwerk zu umgehen, wodurch private und intime Bereiche abgesondert werden. Dover wie Trim sind für eine aufwendige Hofhaltung konzipiert, in der öffentlicher und privater Raum voneinander getrennt werden konnten. Beide sind befestigte Residenzen, wobei der Keep von Trim in seiner Defensivkraft deutlich hinter Dover zurückbleibt, in seiner Raumanordnung und Wegeführung aber das anspruchsvollere Bauwerk ist[11]. Die Orientierung an Dover läßt die Ambitionen des Bauherren von Trim, des älteren Hugh de Lacy, deutlich zutage treten. Demgegenüber sind die Keeps von Adare und Maynooth von einfacherem Zuschnitt und bei Baubeginn schon nicht mehr auf der Höhe ihrer Zeit. Der mindere Rang ihrer Erbauer gegenüber dem König, aber auch gegenüber dem mächtigen Hugh de Lacy drückt sich auch in ihrer Architektur aus.

Um 1200 war der rechteckige Keep vor allem durch seine rein defensive Konzeption überholt. Schon seit ca. 1180 war beim Bau von Donjons und Keeps mit gerundeten Formen, bei denen tote Winkel zu vermeiden waren, experimentiert worden. Die in Frank-

[10] Siehe den Vergleich Dover–Trim in: McNeill 1992, S. 50–53
[11] McNeill 1992, S. 52–53

reich in der Regierungszeit des Königs Philippe-Auguste gefundenen Lösungen waren allerdings in England nur vereinzelt übernommen worden. Gleichwohl setzte im englischen Machtbereich ein Bau für diesen neuen Typ Maßstäbe, die auch in Irland sofort beachtet wurden. Es handelt sich um die Burg Pembroke im südwestlichen Wales. Diese schon 1093 gegründete Burg sollte für Irland in mehrfacher Hinsicht Bedeutung erlangen. 1138 hatte König Stephan von Blois für Gilbert de Clare das "Earldom of Pembroke", ein halbautonomes Marcher-Territorium, geschaffen[12]. Gilberts gleichnamiger Sohn, besser bekannt unter dem Namen Strongbow, war der wichtigste unter den in Wales ansässigen anglonormannischen Baronen, die 1169 die Eroberung Irlands einleiteten. Zu diesem Zeitpunkt war die Burg noch immer "a wooden fortification ... from wooden stakes and turf", wie Giraldus Cambrensis uns unterrichtet[13]. Diese primitiven Burgen waren in den Kämpfen des 12. Jahrhunderts in Wales die Regel, nicht die Ausnahme. Penmaen gab nicht nur einem ganzen Burgentyp seinen Namen[14], es gleicht auch auffallend manchem frühen Ringwork im Irland des 12. Jahrhunderts.

Aufgrund seiner Lage im Südwesten von Wales wurde Pembroke in den ersten Jahrzehnten nach dem Beginn der Invasion zu einer der wichtigsten Versorgungsbasen für die in Irland kämpfenden Anglonormannen. Das blieb auch so nach dem Tod Strongbows 1176. Erst 1189 konnte dann William Marshal der Ältere das ihm durch die Heirat mit der Tochter Strongbows zugefallene Erbe antreten und die Burg in Besitz nehmen. Er begann mit dem Ausbau der Holz-Erde-Burg zu der gewaltigen Wehranlage[15], die wir heute am Ort vor Augen haben. Von Interesse ist ausschließlich der mächtige runde Keep im Zentrum der inneren Burg. Bei einer Höhe von 22 m hat er über dem Sockel drei Geschosse, dessen oberstes, das die herrschaftlichen Wohnräume enthielt, von einer breiten Kuppel überdeckt ist.

Ein Vorbild in England ist für diesen Rundturm nicht namhaft zu machen, aber der Marshal gehört noch zu der Generation der Anglonormannen, die in Frankreich ebenso zu Hause war wie in England und Besitzungen auf beiden Seiten des Kanals hatten. Er kannte die neuesten Entwicklungen im Burgenbau aus eigener Anschauung. Nicht nur 1204, als er als Unterhändler von König Johann zu König Philippe-Auguste reiste und auch den Lehnseid für seinen Besitz Longueville und weitere Ländereien in der Normandie erneuerte[16], hatte er Gelegenheit, den Louvre und andere neue Burgen im Machtbereich des französischen Königs zu studieren. In Pembroke, seinem Brückenkopf nach Irland, setzte William Marshal um 1200 die neuesten Tendenzen im französischen Burgenbau direkt und ohne Umweg über englische Vorbilder um. Auch wenn die Zahl der Nachfolgebauten Pembrokes in Irland klein ist, zeigen die Orte und die Namen der Bauherren an, daß die Botschaft des Marshals verstanden wurde. Der jüngere Hugh de Lacy, der John de Courcy 1203

[12] Innes-Smith 1990, S. 15
[13] Thorpe 1978, S. 148
[14] Brown 1976, S. 47, 63
[15] Internet: http://www.castlewales.com/pembroke.html
[16] Duby 1986, S. 184

Ulster mit Gewalt entriß, nahm sich beim Bau seines neuen Keep in Dundrum (Abb. 22) ebenso die Burg des bald mächtigsten Mannes in England zum Vorbild wie Theobald Walter, der Bruder des Erzbischofs von Canterbury und Begründer der Burg von Nenagh. Der Keep von Pembroke dürfte um 1207 vollendet gewesen sein. Für den Baubeginn in Nenagh kann man die Zeit unmittelbar nach 1200 ansetzen, Dundrum dürfte nach de Lacys Sieg bald nach 1203 begonnen worden sein. Wie in anderen Fällen zeigt sich auch hier, daß Neuerungen im Burgenbau in Irland unmittelbar und ohne größere zeitliche Verzögerung aufgenommen wurden, gleich ob ein englischer oder kontinentaler Bau der Impulsgeber war. Die Wirkung der neuen Form auf die Burg von Shanid (Abb. 15, Titelbild), deren Keep polygonal gestaltet ist, ist nicht sicher, kann aber aufgrund der Datierung von Shanid nahe an Pembroke als wahrscheinlich gelten, und selbst bei dem weniger gut datierbaren Keep von Cloughoughter (Abb. 78) vermeint man das große Vorbild der walisischen Burg zu spüren. Der Aufenthalt William Marshals d. Ä. und die Bautätigkeit in seinen irischen Burgen werden gerne überschätzt – vieles was ihm zugeschrieben wird, ist nicht in seiner Lebenszeit erbaut oder begonnen worden[17] – das Beispiel Pembroke und die dieser Burg nachfolgenden Bauten in Irland zeigen jedoch, daß der Marshal sich zumindest indirekt nachhaltig in das Buch des irischen Burgenbaus eingeschrieben hat.

Die Regierungszeit König Heinrichs III. ist nicht durch große Innovationen im Burgenbau Irlands gekennzeichnet. Die Entwicklung kam zwar nicht zum Stillstand, es wurde an vielen Anlagen aus- und weitergebaut, wobei aus vielen einfachen Ringworks steinerne Burgen hervorgingen, aber Anregungen von England gingen in dieser Zeit praktisch nicht aus. Es ist bezeichnend, daß man den Namen dieses Königs, ganz im Gegensatz zu seinen burgenbauenden Vorgängern Heinrich II., Richard Löwenherz und Johann Ohneland und seinem auf diesem Gebiet nicht minder bedeutenden Sohn und Nachfolger Eduard I., eher in Verbindung mit der Westminster Abbey[18] und im Burgenbau allenfalls mit der eleganten Halle in Winchester[19] sieht. Erst unter Eduard I. setzte England wieder eigene Akzente im Burgenbau, dann allerdings mit Ausstrahlung auf den ganzen Westen Europas. Natürlich hemmte auch der Aufstand der Barone unter Simon de Montfort die Entwicklung. Burgen wurden in dieser Zeit zwar benötigt, aber die Bautätigkeit erlebte einen Rückgang. Das änderte sich schon in den letzten Jahren König Heinrichs III., als der Kronprinz und zukünftige König Eduard nach dem Sieg über die Barone in der Schlacht bei Evesham 1265 faktisch die Regierungsgewalt in England übernahm[20]. Es sollte noch einige Jahre dauern, bis der neue König, der 1272 auf der Rückkehr vom Kreuzzug in Sizilien vom Tod seines Vaters und seiner neuen Würde erfahren hatte, auch als Burgenbauer in die Fußstapfen seiner angevinischen Vorfahren treten konnte. Er kehrte erst 1274 nach England

[17] Siehe die Beispiele Carlow und Lea, Kat.-Nrn. 12 und 36
[18] Kowa 1990, S. 138–140
[19] Biddle/Clayre 1983, S. 9–12, 25–29
[20] Krieger 1996, S. 158–159

zurück, hatte aber schon vor Antritt seiner Kreuzfahrt durch kluge Übernahmen wichtiger Forderungen der Barone in sein Regierungskonzept für eine weitgehende Befriedung des Landes gesorgt. Bautätigkeit, auch in großem Stil, war nun wieder möglich.

So war schon seit 1268 in Glamorgan, Wales, Caerphilly[21], eine der gewaltigsten Burgen auf den britischen Inseln, im Bau. Bauherr war Gilbert de Clare, der nach dem König reichste Baron Englands, dem neben dem Marcher-Territorium Glamorgan auch die Earldoms Hertford und Gloucester in England sowie aus dem Erbe Strongbows und der Marshals auch das Liberty von Kilkenny in Irland gehörten. Caerphilly ist eine ausgedehnte regelmäßige Anlage nach dem Kastelltyp, mit verdoppelten Torburgen in den beiden inneren konzentrischen, mit Eckflankentürmen besetzten Mauerringen und einem mächtigen, mehr als 300 m langen Vorwerk auf der Hauptangriffsseite. Die Burg liegt, hierin vielleicht dem englischen Kenilworth folgend[22], inmitten mehrerer künstlicher Seen und gefluteter Gräben und war nach menschlichem Ermessen allein durch ihre schiere Größe uneinnehmbar. Daß auch solche Burgen verwundbar sind, bewies Llewelyn ap Gruffydd, der letzte einheimische Prince of Wales, 1270/71, als er die noch im Ausbau befindliche Burg zweimal niederbrannte. Nach ihrem Wiederaufbau stand die Burg militärisch bald im Abseits, sie lag zu weit vom Kriegsschauplatz der edwardianischen Eroberungskriege in Wales ab 1277 entfernt[23]. Caerphillys Bedeutung und Vorbildfunktion liegt denn auch nicht in der militärischen Stärke der Burg, sondern in der ungehemmten, fast protzigen Häufung aller Architekturelemente: Sie nahm in ihrer Zeit eine absolute Spitzenstellung als Residenzburg ein. Alles ist hier ins Riesenhafte gesteigert. Allein sieben Torburgen unterschiedlicher Größe sichern die Zugänge. Jedes der beiden Vorwerke beansprucht die gleiche Grundfläche wie die Kernburg. Mehrere Schleusen, z.T. mit Mühlen, regulieren die unterschiedlichen Wasserstände der Gräben und Seen. Im Innern gibt es eine große, reichgeschmückte Halle, dem Wohnkomfort dienen neben den Flankentürmen die inneren Torhäuser und ein D-Turm walisischen Typs. Die Beschreibung ließe sich im Detail, bei Schießscharten, Toren und Fallgattern, fortsetzen[24]. Caerphilly bot alles, was bei einer Burg damals auch nur denkbar war, im Übermaß.

Es ist kein Wunder, wenn diese Burg reichlich Nachahmer fand, ohne daß auch nur eine einzige Anlage diese Größenordnung zu erreichen suchte. Wahrscheinlich über Tonbridge, Kent, wo Gilbert de Clare bis 1275 das mächtige Torhaus errichtete und König Eduard I. zur gleichen Zeit mehrfach weilte[25], gelangte die Bauidee des Torhauses in das edwardianische Burgenbauprogramm in Wales ab 1277. Aberystwyth[26], Harlech[27] und Beaumaris[28] sind ohne das Vorbild von Caerphilly und Tonbridge kaum denkbar, auch wenn der Savoyarde James de St. George zu Recht als der Baumeister dieser Burgen gilt[29]. Von hier aus gelangten die Bauideen aus Caerphilly, natür-

21 Johns 1978, S. 26–32; Renn 1989, S. 18–21
22 Renn 1973; Renn 1989, S. 7; Thompson 1991/1, S. 118, Thompson 1991/2, S. 4, 6, 25–26
23 Metternich 1984, S. 63–68
24 Siehe die ausführliche Beschreibung bei Johns 1978, S. 36–82
25 Fry 1990, S. 307–308
26 Spurgeon 1975
27 Taylor 1980/1, 1988/2, 1997/2
28 Taylor 1980/2, 1988/1
29 Taylor 1950, S. 433–457

Abb. 52: Harlech: Die Angriffsseite und Schaufront der Burg. In der Mitte der doppeltürmige Torbau

lich in reduzierter Form, wie es den dortigen Möglichkeiten entsprach, auch nach Irland. Am deutlichsten wirkt der Grundriß von Caerphilly in Ballymote (Abb. 67) nach, das allerdings ebensosehr dem vermittelnden Einfluß des walisischen Beaumaris verpflichtet ist. Auch dessen Torbau kann, wenn auch ohne Gegenstück in der Burg selbst, die walisischen Vorbilder nicht verleugnen.

Neben Ballymote hat Roscommon (Abb. 110) am meisten von der Ausstrahlung der walisischen Burgen profitiert. Die Beurteilung dieser Burg wirft allerdings einige Fragen auf. Im Grundriß, in der Stellung der Ecktürme und des großen Torhauses, auch, soweit erkennbar, in der Anordnung der Bauten entlang der inneren Seite der Ringmauer gleicht Roscommon wie keine andere Burg dem walisischen Harlech. Während aber der Bau des 1269 begonnenen Roscommon um 1280 sehr weit gediehen und 1285 vermutlich vollendet war, ist Harlech, das mit seinem Torbau gerne als die klassische Ausformung der edwardianischen Burg[30] mit Ausstrahlung in ganz Westeuropa dargestellt wird[31], nicht vor 1283 begonnen worden und war 1289/90 vollendet[32]. Fry betont angesichts dieser chronologischen Abfolge mit guten Gründen die Modernität von Roscommon[33], läßt aber Caerphilly und Tonbridge bei seinen Überlegungen außen vor, von Einflüssen aus Frankreich ganz zu schweigen. Seine Frage, ob Meister James de St. George Roscommon gesehen haben könnte, ist berechtigt. Weniger wahrscheinlich, aber nicht auszuschließen ist, daß Roscommon und Harlech in Caerphilly und in Frankreich aus der gleichen Quelle geschöpft haben könnten. McNeill behilft sich mit dem Hinweis, daß die Baumeister in den königlichen Burgen untereinander in Kontakt standen[34]. In jedem Fall zeigt der Vergleich von Harlech (Abb. 52) und Roscommon (Abb. 11) ein weiteres Mal, wie der irische Burgenbau im 13. Jahrhundert immer auf

30 Brown 1976, S. 104
31 Beispiel Villandraut: Gardelles 1987, S. 368; Kat. Nr. 41
32 Thompson 1991/1, S. 124; Brown 1976, S. 104
33 Fry 1997, S. 86
34 McNeill 1997, S. 100

gleicher Höhe mit der Entwicklung in England, Wales und Frankreich stand und man nicht ausschließen kann, daß Irland nicht nur der nehmende, sondern in einzelnen Fällen auch die vorbildgebende Region in diesem Quartett war. Von der zeitlichen Abfolge her gilt das nicht für die aufwendige Torburg von Greencastle, Co. Donegal (Abb. 12), die McNeill in enger Abhängigkeit von Harlech und Caernarfon sieht[35]. Als diese Burg 1305 begonnen wurde, waren Harlech ganz und Caernarfon zum größten Teil vollendet. Richard de Burghs Absicht war es um 1300 auch weniger, die in Wales realisierten Bauformen und Verteidigungskonzepte zu kopieren, er übernahm im Sinne eines pars pro toto den Symbolwert dieser Architektur, um seine Ansprüche in Ulster und Connacht nachdrücklich zur Schau zu stellen.

Eine bislang noch nicht beachtete Verwandtschaft läßt sich zwischen den Burgen von Ferns und Conwy in Wales erkennen. Dabei geht es in Conwy nicht um die Gesamtanlage, sondern um die innere Burg am Ostende der Gesamtanlage. Conwy ist mit dem Baubeginn 1283 sicher zu datieren[36], für Ferns schwanken die Angaben zwischen ca. 1210 und 1280–1300[37]. Die wesentliche Gemeinsamkeit beider Anlagen sind die fast identische Grundrißgestaltung mit der rechtwinkligen Anordnung der Wohnräume um einen inneren Hof[38], die äußere Erscheinung mit vier Ecktürmen, aber auch die Lage der Kapelle im Obergeschoß eines Eckturmes, die, soweit an dem erhaltenen Turm in Ferns noch erkennbare, Erschließung dieser Ecktürme durch Wendeltreppen und sogar die vor dem Zugang zur inneren Burg in Conway wie in Ferns liegende Zugbrücke, wobei eine äußere Umwallung in Ferns bislang zwar nicht nachgewiesen ist, aber offensichtlich vorhanden war[39]. Die Parallelen zwischen der inneren Burg von Conwy und den Resten von Ferns sind frappierend, erlauben aber keine klare Aussage über das zeitliche Verhältnis der beiden Bauten zueinander. Mit Blick auf die Einzelformen, vor allem der Kapelle, ist jedoch der Schluß erlaubt, daß die aufgehenden Mauern von Ferns weniger in die Zeit der Marshals um 1220 als in das letzte Viertel des 13. Jahrhunderts zu datieren sind. Ob nun wiederum Ferns der Burg von Conwy vorausgeht oder umgekehrt, ist unerheblich. Es genügt die Feststellung, daß beide Anlagen in ihrer Konzeption wie im schmückenden Detail der Architekturformen auf einem Niveau und zeitlich ganz nahe beieinanderliegen.

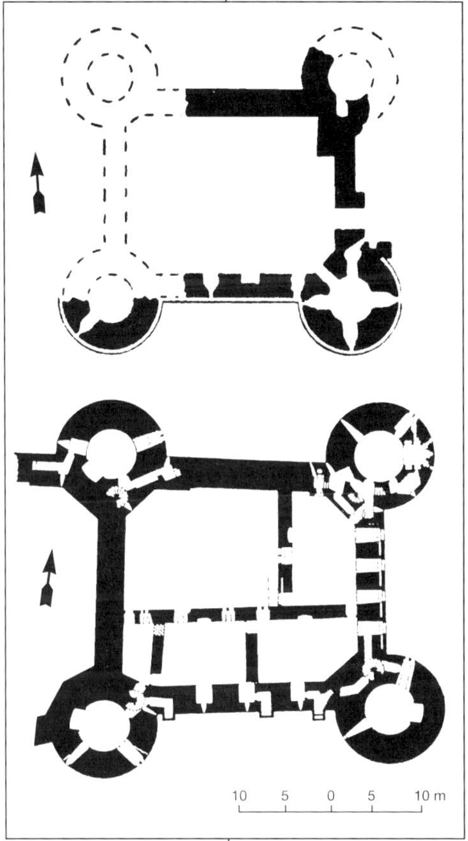

Abb. 53: Ferns (oben): Die erhaltene Burganlage im Vergleich zur Kernburg von Conwy (unten)

35 McNeill 1997, S. 103
36 Taylor 1990, S. 4–6
37 Kat. Nr. 29, Sweetman 1979, S. 240
38 Taylor 1979, S. 28
39 Sweetman 1979, S. 240

Neben den bekannten „Leitfossilien" gibt es Berührungspunkte zwischen zahlreichen weiteren Burgenbauten in England und Wales. Will man den runden Keep von Dundrum nicht unbedingt mit Pembroke in einem Zusammenhang sehen, so bieten in Wales die Burgen von Dinefwr, Skenfrith und Tretower ein ganz ähnliches Erscheinungsbild. Der Keep von Dinefwr ist nicht datiert, scheint aber im frühen 13. Jahrhundert erbaut worden zu sein[40], die Rundtürme von Skenfrith[41] und Tretower[42] stammen aber in jedem Fall aus der Zeit nach 1220 und sind somit jünger als Dundrum. Sucht man in England und Wales Gegenstücke zu den polygonalen Keeps in Irland, wird man ebenfalls fündig, allerdings in einem weiteren Datierungsrahmen. Die am Anfang des 13. Jahrhunderts entstandenen Keeps von Athlone (Abb. 61) und Shanid (Abb. 112) folgen den in Tickhill[43] und Odiham[44] verwirklichten neuen Formen. Wieder ist letztere Burg etwa gleichzeitig mit den irischen Burgen entstanden. Castleknock (Abb. 74) jedoch scheint sich an der ab 1283 entstandenen Burg von Caernarfon[45] zu orientieren, mit der einer der Höhepunkte im mittelalterlichen Burgenbau auf den britischen Inseln erreicht war.

Auch im Vergleich mit ähnlichen Burgen in England bleiben Ballymoon, Clonmore und Swords eine rätselhafte Gruppe von Bauten. In ihrem fortgeschrittenen Wohnkomfort bei Vernachlässigung der Verteidigungskraft stehen sie den Burgen Bodiam und Bolton-in-Wensleydale[46], Ford und Chillingham[47] aus dem späteren 14. Jahrhundert am nächsten. Aber die politische und militärische Situation im Irland dieser Epoche scheint solche Bauten, mit Ausnahme von Swords, gar nicht zuzulassen. Mit Blick auf das unvollendete Ballymoon (Abb. 36) wäre wieder zu fragen, ob diese Burg ihren englischen Verwandten nicht vorausging, aber unfertig liegenblieb, weil die Verhältnisse einen Abschluß der Bauarbeiten nicht mehr gestatteten.

Welche Burg des Hochmittelalters man in Irland auch betrachtet, Parallelen zu England sind überall in unterschiedlichem Maße festzustellen. Die Datierung der Burgen beweist eine Gleichzeitigkeit der Entwicklung in beiden Ländern, Wales mit eingeschlossen. Irland ist gegenüber dem Herkunftsgebiet der Eroberer und Kolonisatoren alles andere als eine abgelegene und abhängige Burgenprovinz, in die, wenn überhaupt, moderne Formen des Burgenbaus nur zögernd und wenn, dann mit erheblicher Verspätung Eingang fanden. Im Gegenteil, die Anglonormannen bauten von Anfang an Burgen, die in der Gesamtkonzeption und in jedem Detail mit den Anlagen jenseits der Irischen See konkurrieren konnten. Viele irische Burgen waren vergleichbaren englischen Anlagen zeitlich voraus. Irland hielt nicht nur Schritt, sondern trieb die Entwicklung im 13. Jahrhundert sogar voran.

Dennoch gibt es einen gewichtigen und auffallenden Unterschied zwischen England und Wales auf der einen Seite und Irland

40 Internet: http://www.castlewales.com/dinefwr.html
41 Craster 1970, S. 11
42 Fry 1997, S. 323
43 Fry 1990, S. 306
44 Fry 1990, S. 270
45 Inventory Caernarvonshire 1960, S. 132–133; Taylor 1997, S. 30–32
46 Brown 1976, S. 142–146
47 Jäschke 1990, S. 226–231, Salter 1997, S. 34–35, 56–57

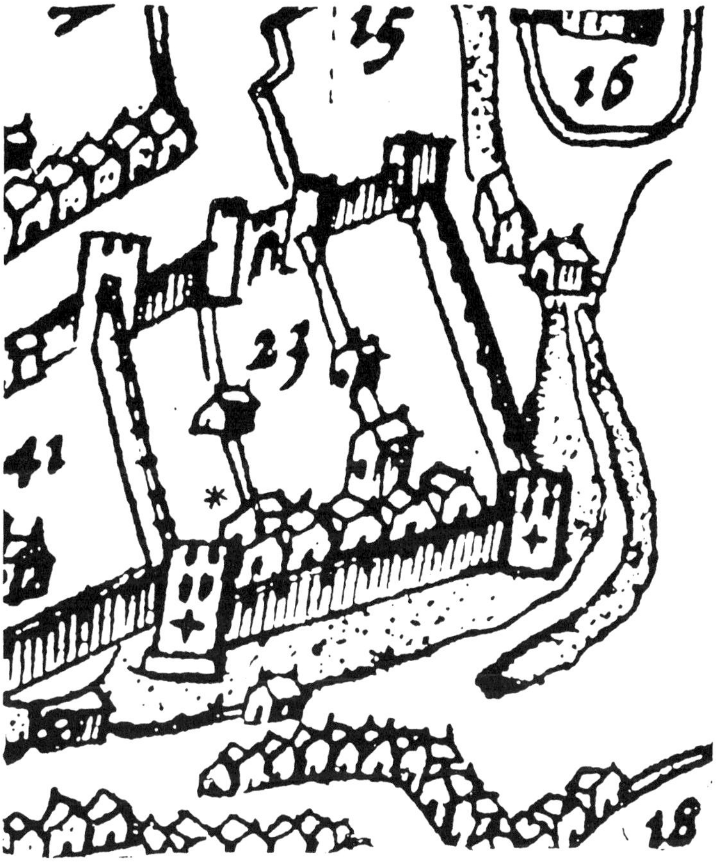

Abb. 54: Dublin: Die Ansicht von 1610 zeigt die großzügig konzipierte Rechteckanlage. Über der Ziffer 23 der doppeltürmige Torbau, links unter dieser Ziffer die Halle

auf der anderen. Ungeachtet ihrer fortschrittlichen Konzeption sind die Burgen auf der Grünen Insel meistens kleiner und bescheidener ausgestattet. Riesenburgen wie Dover, Caerphilly, Caernarfon und Warwick gibt es in Irland nicht, die Zahl der für irische Verhältnisse großen Burgen – Dublin, Kilkenny, Limerick und Roscommon – ist recht klein. Letztlich können sie es nicht mit ihren Ebenbildern in England und Wales aufnehmen. Die Erklärung liefert der Blick in die irische Geschichte des 12. bis 14. Jahrhunderts. In dem nie ganz eroberten, unruhigen und von ununterbrochenem Kleinkrieg geplagten Land fehlten die Mittel und die Arbeitskräfte für langwierige und kostspielige Bauvorhaben. Kleine Burgen können in einer kriegerischen Epoche schnell errichtet werden, für große und aufwendige Anlagen braucht man ruhigere Zeiten, es sei denn man initiiert eine Baukampagne wie König Eduard I. in Wales. Dort bauten gleichzeitig Zehntausende von Arbeitern aus ganz England[48] die großen Burgen, gesichert von fast ebenso vielen Rittern und Söldnern. Die walisischen Burgen, so großartig sie heute auf den Besucher wirken, trieben damals England fast in den Ruin[49]. In Irland war eine derarti-

[48] Taylor 1986, S. 117–129
[49] Krieger 1996, S. 167–168

ge Anstrengung den Baronen nicht möglich und von der englischen Krone nicht gewollt.

Eine weiterer Grund für die geringere Größe und Ausstattung vieler irischer Burgen ist aus deren Lage im Land abzuleiten. Aus der Sicht eines anglonormannischen Barons war Irland Kolonialland. Es war eben nicht wie im England von 1066, wo die normannischen Eroberer ein verwaltungsmäßig schon gut geordnetes Königreich mit funktionierenden regionalen Untergliederungen vorfanden. Wilhelm der Eroberer erbaute seine Burgen nicht als Vorposten in unerschlossenen Gebieten, sondern in den Hauptorten der Counties, mitten in den alten Machtzentren[50]. In Irland mußte jeder Meter Boden in dem offenen, verwaltungsmäßig aus der Sicht der Eroberer ungeordneten Land, der den Iren abgerungen war, mit Hilfe von Burgen gesichert, als Herrschaft aufgebaut und durch Siedler erschlossen werden. Die Hauptlast lag dabei auf den Untervasallen und den freien Bauern, die sowohl nach ihrem gesellschaftlichen Rang wie nach ihren Ressourcen nur kleinere Burgen und Manors bauen durften und konnten. Selbst da, wo der Baron mit einer Burg an die „Front", an den äußersten Rand seines Einflußgebietes ging, baute er in einem kleineren Maßstab. Die königlichen Burgen von Athlone, Rinndown und Roscrea machen dies anschaulich. Die Burgen der de Burgh in Connacht und Ulster sind Ausnahmen, was ihr Mißerfolg – die baldige Einnahme durch die Iren – belegt. Hier ist Irland im Burgenbau wirklich Peripherie, nicht was die Fähigkeiten von Bauherren und Baumeistern betrifft, sondern im Sinne eines Grenzlandes, in dem man kleine Außenposten, aber keine Residenzen errichtet. Dennoch wahren auch die kleinen Burgen den Anspruch auf Herrschaft. Aber ein Abzeichen der Herrschaft muß nun genügen: entweder ein Keep, wie in Athenry (Abb. 26) oder Castle Carra (Abb. 45), ein doppeltürmiger Torbau von kleineren Abmessungen wie in Ballinamantain (Abb. 62) oder Ballylahan (Abb. 64), oder auch nur ein massiver Torbau umgeben von Graben, Wall und Palisade wie in Newcastle McKynegan (Abb. 34). England, Wales und Irland bilden eine europäische Burgenregion auf gleichem Niveau, die Unterschiede resultieren aus dem Gefälle in der politischen und wirtschaftlichen Erschließung der einzelnen Gebiete, letztlich auch auf dem Fehlschlag der anglonormannischen Eroberungspolitik in Irland im 13. Jahrhundert.

Als die ersten Eroberer 1169 den Fuß auf die Grüne Insel setzten, hatte das Angevinische Reich unter König Heinrich II. seine größte Ausdehnung erreicht. Zu seinem Herrschaftsgebiet gehörte der größte Teil Frankreichs. Heinrich II. war als Graf des Anjou selbst französischer Herkunft, stammte zudem aus einer Dynastie von Burgenbauern, deren Ahnherr Fulco Nerra (987–1040) zu den ersten gehörte, die begannen, Steinburgen zu errichten[51]. Mit seinem Sohn Richard Löwenherz liegt er im Anjou, in der Abteikirche von Fontevrault an der Loire, dem Herkunftsgebiet der Plantagenets, bestattet.

[50] McNeill 1992, S. 31–32
[51] Junges o. J., S. 8–14, 29–39

Schon Heinrich II. war dauernd unterwegs[52], getrieben von seinem Naturell und gezwungen, die Herrschaft in seinem Riesenreich, das eher ein Konglomerat von unterschiedlich strukturierten Besitztümern als ein einheitliches und stabiles Staatswesen war, persönlich auszuüben. Er verbrachte viele Jahre in seinen französischen Ländern. Sein Sohn Richard Löwenherz hielt sich in seiner zehnjährigen Regierungszeit ganze sechs Monate in England auf[53] und war in seiner Persönlichkeit viel mehr ein abenteuernder Ritter aus Aquitanien als ein englischer König. Auch König Johann hatte bis zum Verlust seiner festländischen Besitzungen Gelegenheit, weite Teile Frankreichs kennenzulernen, außerdem verblieb nach 1204 die Gascogne weiterhin im englischen Machtbereich. Mit den Königen war immer ein großer Kreis von Baronen und Rittern in Frankreich und bis in den Orient unterwegs[54], was der gesamten anglonormannischen Oberschicht eine weitreichende Kenntnis des westeuropäischen Burgenbaus vermittelte. Es sind dies die gleichen Herren, die ab 1169 die irischen Burgen erbauen. Bei der Ermittlung der Wurzeln und der Beziehungen des irischen Burgenbaus zu anderen Regionen kann Frankreich nicht außen vor bleiben.

Die Bauform des rechteckigen Keep bedarf keiner näheren Erörterung. Deren Entstehung im Frankreich des ausgehenden 10. Jahrhunderts, im Gebiet der Grafen von Anjou, ist vielfach besprochen und unbestritten[55]. Die Normannen brachten ihn nach England, wo er im 12. Jahrhundert den Höhepunkt seiner Entwicklung und alle Teile der britischen Inseln erreichte. Die Keeps von Carrickfergus (Abb. 2), Trim (Abb. 23) und Maynooth (Abb. 102) kann man sich auch als Donjons in Frankreich vorstellen. Was von den Beziehungen zwischen dem anglowalisischen zum irischen Burgenbau gesagt wurde, gilt auch in vielerlei Hinsicht für das Verhältnis zu Frankreich. All diese Regionen des westeuropäischen Burgenbaus bewegten sich in ihrer Fortentwicklung einigermaßen im Gleichtakt, wobei der Strom der Innovationen aus vielen Quellen in allen Ländern gespeist wurde, nicht zu vergessen die Impulse aus den Kreuzfahrerstaaten des Orients. Der Burgenbau zwischen Pyrenäen, schottischem Hochland und dem Shannon ergibt ein recht einheitliches Bild mit vielen landschaftlichen und durch lokale Traditionen bedingten Facetten.

Drei Elemente der französischen Burg sollen in ihrem Verhältnis zum irischen Burgenbau näher betrachtet werden: der „Kastelltyp“, der doppeltürmige Torbau und der Keep mit vier Ecktürmen. Alle erscheinen in den beiden Ländern sehr früh, was Fragen zur relativen Chronologie und zum Ursprung des Typs aufwirft. Aber auch die Fortentwicklung und das Nachleben dieser Formen sind von Interesse.

Héliot sieht die Burg über regelmäßigem Grundriß sich in der zweiten Hälfte des 12. Jahrhunderts entwickeln[56]. Es ist die Zeit, in der der Donjon seine Bedeutung als das die ganze Burg repräsentie-

[52] Krieger 1990, S. 126–127
[53] Krieger 1990, S. 138
[54] Ein typischer Vertreter dieser Schicht ist William Marshal d. Ä., Duby 1987
[55] Hinz 1981, S. 74–88; Mesqui 1991, S. 89–220
[56] Héliot 1965, S. 238–243

rende Bauwerk einbüßt und die Ringmauer, die auch repräsentative Gebäude und Wirtschaftsbauten einschließt, an Bedeutung gewinnt. Mesqui nennt die etwa zwischen 1162 und 1188 entstandene[57], fast quadratische Anlage von Druyes-les-Belles-Fontaines im Auxerrois einen Prototyp der Burgenarchitektur[58] und vermutet Einflüsse aus den Kreuzfahrerstaaten des Orients[59]. Unter König Philippe-Auguste (1180–1223) begann dann der Siegeszug der Burgen des Kastelltyps[60], die zwar an Zahl gegenüber den unregelmäßigen Burgen vergleichsweise wenige blieben, aber in ihrer Bedeutung für den Burgenbau des 13. Jahrhunderts in Westeuropa überhaupt nicht zu überschätzen sind. Ab 1190 wurde am Westrand von Paris der alte Louvre[61] errichtet, nicht lange danach, am Beginn des 13. Jahrhunderts, die Burg von Mez-le-Maréchal[62]. Beide Burgen haben im Innenraum noch den zentral gelegenen Donjon, allerdings in modernen Formen, rund im Louvre und quadratisch mit angedeuteten Ecktürmen in Mez-le-Maréchal. Einen Donjon, aber nicht mehr im Zentrum, sondern, durch einen Graben getrennt, auf einer Ecke des Quadrats haben auch das ca. 1222 im Bau befindliche Dourdan[63] und Nesles-en-Tardenois[64]. Ganz ohne Donjon sind ab 1214 Passy-en-Valois[65], ca. 1220 Montaiguillon[66] und Diant[67], das in die 1. Hälfte des 13. Jahrhunderts zu datieren ist, errichtet worden. All diese Burgen haben in Verbindung mit dem regelmäßigen Grundriß einen von zwei Türmen flankierten Torbau, der Louvre, Montaiguillon und Dourdan sogar richtige Torhäuser.

Was läßt sich von diesen Bauideen in den regelmäßig gestalteten irischen Burgen wiederfinden? Vom Louvre dürfte vor allem der mächtige runde Donjon über Pembroke (Abb. 51) Einfluß auf Nenagh (Abb. 22) genommen haben. Die trutzige Kastellanlage mit ihren beiden Torburgen hat in Irland kein Gegenstück. In Mez-le-Maréchal verweist der Donjon mit seinen Ecktürmen auf den ähnlichen Typ des Keep in Irland, die Ringmauer mit Tor und Flankentürmen ist vom Grundriß der Burg Dublin nicht weit entfernt. Ähnlich gestaltet im Grundriß sind Dourdan und Nesles-en-Tardenois; mit ihrem beherrschenden Element, dem auf der Ecke sitzenden Donjon haben sie keine Nachfolge in Irland, wohl aber mit der Burg Flint[68] in Wales gefunden. Montaiguillon, Passy-en-Valois und Diant sind mit mehreren irischen Burgen in unterschiedlicher Weise in einen Zusammenhang zu bringen. Mit den beiden letzteren stimmt der Grundriß von Dublin annähernd überein, vor allem aber nehmen sie, bis auf das mächtige Torhaus, den Grundriß von Ballymote (Abb. 67) vorweg. Sehr nahe an Ballymote liegt auch Montaiguillon, das sowohl die walisische Burg Harlech wie auch die Gestalt von Roscommon (Abb. 110) mitbestimmt haben könnte. Gerade Montaiguillon scheint in erheblichem Maße die Grundrißlösungen und die Torbauten der walisischen Burgen zu präfigurieren und damit auch die den Einflüssen aus Wales verpflichteten Burgen von Ballymote und Ballintober (Abb. 63) zu bestimmen.

57 Héliot 1965, S. 16
58 Mesqui 1997, S. 155
59 Mesqui 1991 ,S. 57–58
60 Héliot 1965, S. 243
61 Fleury/Kruta 1989, S. 39–54; Mesqui 1988, S. 262–268
62 Mesqui 1988, S. 220–225; Châtelain 1983, S. 369–372
63 Mesqui 1988, S. 180–186; Châtelain 1983, S. 319–325
64 Mesqui 1988, S. 256–261; Châtelain 1983, S. 355–359
65 Mesqui 1988, S. 276–280; Châtelain 1983, S. 391–393
66 Mesqui 1988, S. 226–233, Châtelain 1983, S. 429–435
67 Mesqui 1988, S. 387–388; Châtelain 1983, S. 375–379
68 Metternich 1990, S. 63–64

Ein Blick auf die Datierungen öffnet die Augen. In der Gruppe der Kastellburgen aus der Epoche des Königs Philippe-Auguste können sich Dublin mit dem Baubeginn von 1204/13 und das um 1210/11 im vollen Ausbau befindliche, nicht ganz regelmäßige, aber dem Kastelltyp angenäherte Limerick (Abb. 100) gut behaupten. Beide Anlagen stehen mit den französischen Burgen gleichen Typs auf einer Höhe. Wenn es Beziehungen zwischen den beiden Bautengruppen gibt, dann bestanden sie direkt zwischen Frankreich und Irland. In England und Wales findet man am Beginn des 13. Jahrhunderts keine Burg dieser Art, die Vermittlungsdienste geleistet haben könnte. Bei den späteren Burgen des Kastelltyps in Irland ist die Sache komplizierter. Hier scheint einmal mehr das gewaltige Caerphilly Impulse nach Wales und nach Irland geleitet zu haben. Typologisch und von der Zeitstellung her scheint Caerphilly in Frankreich Anregungen sowohl vom alten Louvre wie auch von Montaiguillon empfangen zu haben. Diese Anregungen gab es mit einiger Sicherheit an Roscommon in Irland und anschließend an die walisischen Burgen Eduards I., allen voran Harlech und Beaumaris, weiter. Aber auch Roscommon mag in Wales nicht ohne Einfluß gewesen sein. Ballymote und Ballintober endlich gehen dann direkt von den in Wales verwirklichten Lösungen aus, die Beziehungen dieser Burgen zu Frankreich sind am Ende des 13. Jahrhunderts nur noch indirekter Natur. Eine Sonderstellung unter den irischen Burgen vom Kastelltyp nimmt Liscarroll (Abb. 101) ein. Mit den Burgen der Zeit des Königs Philippe-Auguste ist es nicht ohne weiteres zusammenzubringen. Auch die Parallelen mit Druyes-les-Belles-Fontaines und Brie Comte Robert sind rein formaler Natur. Die Burg Budos in der Gascogne, ab 1308 erbaut[69], weist aber eine geradezu frappierende Ähnlichkeit mit Liscarroll auf, auch wenn Gardelles in Budos nicht ohne Grund eine reduzierte Version der Burg Villandraut sieht. Liscarroll dürfte in der Datierung der Burg von Budos vorausgehen. Es ist durchaus nicht abwegig, dem ambitionierten Entwurf von Liscarroll eine Beeinflussung des südwestfranzösischen Budos zuzutrauen, so wie auch die benachbarten Villandraut[70] und Roquetaillade[71], von Mitgliedern der gleichen Familie wie Budos erbaut, ohne die Vorbilder Roscommon und Harlech[72] kaum in dieser Form entstanden wären. Nicht nur die gascognischen Interessen König Eduards I. führten Menschen und Nachschub aus Irland und Wales nach Aquitanien[73], wo die Erbauer von Villandraut und Budos im Hofdienst Eduards I. nachgewiesen sind[74], ebenso ist die Teilnahme von Gascognern an Missionen und Kriegszügen in Wales und Irland bezeugt[75]. Der Kastelltyp erfreute sich bei den anspruchsvollen Burgen des Königs und der großen Barone in Irland von seinen ersten Anfängen an einer dauernden Wertschätzung und brach erst mit der Krise des hochmittelalterlichen Burgenbaus in den Wirren des 14. Jahrhunderts ab. In England und Frankreich aber wurden gerade die Bauten des Typs Roscommon und Harlech, über regelmäßigem Grundriß

[69] Gardelles 1972, S. 109
[70] Cadis 1982; Gardelles 1987, S. 363–373
[71] Mesqui 1997, S. 325–327
[72] Zu Harlech und Villandraut: Gardelles 1972, S. 234
[73] Lydon, in: Cosgrove (ed.) 1993, S. 181, 197
[74] Krieger 1990, S. 169
[75] Gardelles 1987, S. 368

Abb. 55: Drogheda: Das Stadttor St. Laurence's Gate

und mit einer Schaufront auf der Angriffsseite, bei der in der Mitte der Ringmauer, gerahmt von zwei Eckflankentürmen, das doppeltürmige Torhaus als machtvolles Symbol der Herrschaft in der Nachfolge des Keep bzw. Donjon und repräsentatives Entrée zugleich war[76], wiederaufgenommen. Beispiele in England sind Herstmonceux[77], Warwick[78] und Kirby Muxloe[79]. In Frankreich sind unter einer größeren Anzahl dieser Burgen und Schlösser La Ferté-Milon[80], das kaum bekannte Ratilly[81] und noch im 16. Jahrhundert die Anlage von Chambord[82] zu nennen.

Mit dem Kastelltyp in Frankreich ist, wie gezeigt, der doppeltürmige Torbau eng verknüpft. Dessen früheste Wurzeln lagen, sieht man einmal von der durchaus möglichen, aber problematischen Vorbildwirkung antik-römischer Kastell- und Stadttore von der Art der Porta Nigra in Trier ab[83], auf französischem Boden, aber im Machtbereich der angevinischen Könige. In der Burg Gisors existiert aus der 2. Hälfte des 12. Jahrhunderts eine der frühesten Toranlagen

76 Metternich, in: Hofrichter 1994, S. 110–118
77 Muir 1990, S. 198, 201, 203
78 Fry 1990, S. 316
79 Peers 1977
80 Mesqui 1988, S. 204–213
81 Salch/Finó (ed.) 1988, S. 815; Dictionnaire des Châteaux de France 1980, S. 312–313; Association des Amis de Ratilly o. J.
82 Metternich 1982, S. 17–28; Metternich 1985, S. 24
83 Metternich 1990, S. 60, 67

mit zwei – noch rechteckigen – Türmen unterschiedlicher Größe beiderseits des Tores[84], vielleicht abgeleitet vom Eingang des Krak des Chevaliers in Syrien[85]. Gisors und der ähnliche Eingang von Dover können zeitlich wie typologisch Vorbild für das gleichartige Tor der Burg Carlingford (Abb. 69) gewesen sein. Die eigentliche Entwicklung des doppeltürmigen Torbaus beginnt kurz vor dem Jahr 1200 mit dem alten Louvre in Paris und den noch bescheidenen, von zwei einfachen Rundtürmen begleiteten Toren in den schon genannten Anlagen von Mez-le-Maréchal, Nesles-en-Tardenois, Passy-en-Valois und Diant. In Irland haben sie ihre zeitgleichen Pendants in den Toren von Limerick, Dublin und Carrickfergus. In Frankreich scheint mit den schon als Torhäusern zu bezeichnenden Zugangsbauten in Dourdan und Montaiguillon deren Gestalt um 1220–1230 einen wesentlichen Entwicklungssprung hinter sich gebracht zu haben. Die Perfektionierung des Torbaus zur gegenüber der Burg fast autonomen Torburg vollzog sich in Frankreich – wie in England – erst in der zweiten Hälfte des 13. Jahrhunderts. Das schließt auch die Stadttore mit ein. Die um 1220 erbauten Porte de Soissons und Porte de Laon in Coucy[86] unterscheiden sich in nichts von einem Torbau in einer englischen und französischen Burg. Ihnen folgen zwischen 1270 und 1285 die imposante Tour Narbonnaise in Carcassonne[87] und die mächtigen Stadttore von Aigues Mortes, erbaut zwischen 1271 und 1300[88]. St. Laurence's Gate in Drogheda zeigt, daß dies in Irland nicht anders war. Im französischen Burgenbau erlebte die Torburg erst im 14. Jahrhundert den Höhepunkt ihrer Entwicklung. Es mag als bezeichnend angesehen werden, daß in dem so eng an Roscommon und Harlech orientierten Villandraut, im Gegensatz zu diesen Burgen, das Tor noch von zwei Rundtürmen in der Mauerflucht flankiert wird. Mit Torbau des Fort St. André in Villeneuve-lès-Avignon, errichtet um 1360[89], sind dann auch in Frankreich Dimensionen erreicht, wie sie in England und Wales nur in wenigen Burgen zu sehen sind und in Irland gar nicht erst vorkommen. Angesichts der Bastille von 1370–80 in Paris ist dann schon nicht mehr zu unterscheiden, ob es sich hier um eine eigenständige, das Stadttor sichernde Burg an der Peripherie der Stadt oder um eine Torburg in der Stadtmauer handelt[90]. Noch der ab 1519 erbaute „Donjon" des Renaissanceschlosses Chambord an der Loire ist nichts anderes als ein gigantischer, als Wohnschloß genutzter Torbau[91].

Sowenig der „Donjon" von Chambord mit seinen vier Ecktürmen auf den ersten Blick mit dem hochmittelalterlichen Burgenbau zu tun hat, so führt doch von diesem Schloß der Weg gedanklich zu einem Bautyp zurück, dessen Ursprünge, folgt man den Überlegungen von Fry[92], in Irland liegen: dem mit vier runden Ecktürmen besetzten Keep oder Hall-Keep, wie wir ihn in Carlow, Lea (Abb. 100) und Terryglass (Abb. 114) antreffen. Leask spricht gar von einem "keep specially Irish found nowhere else in earlier or coeval castle building"[93].Tatsächlich findet sich die Burg außerhalb Irlands, die

84 Mesqui 1991, S. 319
85 Rihaoui 1982, S. 24–26; Müller-Wiener 1966, S. 61–63
86 Enaud 1978, S. 22–24
87 Salch 1987, S. 65–75; Grimal 1966, ohne Seitenzahlen; Viollet-le-Duc o. J., S. 57–65
88 Salch 1987, S. 76–85
89 Mesqui 1991, S. 332–333
90 Kat. Bastille 1990, S. 23–27, 37–54
91 Metternich, in: Hofrichter 1994, S. 110–118
92 Fry 1997, S. 87
93 Leask 1943, S. 143

Abb. 56: Carlow: Die erhaltene Westseite des Keep

vom Typ her und geografisch den irischen Burgen am nächsten liegt, in Südengland. Es handelt sich um die ab 1373, zu einem Zeitpunkt, als der hochmittelalterliche Burgenbau in Irland praktisch zum Erliegen gekommen war, erbaute Burg Nunney in Somerset[94]. Tatsächlich haben wir hier eine Burg vor Augen, die uns ein Bild vom erhaltenen Zustand der Burgen Carlow und Lea, vom unvollendeten Terryglass einmal abgesehen, zu vermitteln scheint. Bei der Suche nach Ebenbildern dieser irischen Burgen den Blick nur auf die englische Burgenlandschaft zu richten heißt, zu kurz zu springen. Weitet man den Gesichtskreis auf die Regionen Frankreichs aus, ergibt sich ein anderes, nach dem bisher Gesagten nicht mehr überraschendes Bild. Die Wurzeln dieses Burgentyps reichen nämlich in Frankreich bis tief ins 12. Jahrhundert zurück, in eine Zeit, als gerade die ersten anglonormannischen Invasoren in der Bannow Bay von ihren Schiffen stiegen.

Zu dieser Zeit ging in Nemours, Dept. Seine et Marne[95], eine Burg ihrer Vollendung entgegen, die den irischen Burgen Carlow, Lea und Terryglass zum Verwechseln ähnlich ist. Der längsrechteckige Donjon ist auf allen vier Ecken mit dreiviertelrunden Flankentürmen besetzt. Über einem Sockelgeschoß verfügte das Bauwerk über drei weitere Stockwerke. Der Eingang lag, wie gewohnt, im 1. Obergeschoß, der große Saal auf der darüberliegenden Ebene. In den Eck-

[94] Rigold 1977/1, S. 3, 9–14
[95] Châtelain 1983, S. 263–268; Mesqui 1997, S. 264–265

Abb. 57: Nemours: Ansicht des Donjon von Westen

türmen befanden sich kleine Nebenräume, darunter eine gewölbte Kapelle in den frühgotischen Formen des späteren 12. Jahrhunderts auf dem Niveau des Hauptgeschosses. Nemours verkörperte in seiner Zeit die letzte Stufe der Entwicklung des Donjon in Vollendung. Die gedankliche Konzeption führt aber noch weiter zurück.

Erste Baugedanken, die auf die in Nemours gefundene Lösung hinweisen, finden sich im 1123 datierten normannischen Donjon von Falaise, Dept. Calvados[96]. Albrecht weist auf eine offenbar normannische Besonderheit in der Raumaufteilung des Donjon hin, in dem der Hauptwohnraum im Obergeschoß durch eine Anzahl von Gängen und Abseiten, hauptsächlich in den Ecken des Bauwerks, erweitert wird. Auch die Kapelle und der trésor, die Schatz- und Archivkammer der Herzöge der Normandie, fanden hier ihren Platz[97]. Diese Anordnung kleiner Nebenräume läßt sich auch noch im vor 1189 er-

[96] Decaris o. J.
[97] Albrecht 1986, S. 12

bauten normannischen Donjon von Chambois, Dept. Orne[98], beobachten. Aber diesem Typ des alten Donjon gehörte nicht die Zukunft. Schon vor der Mitte des 12. Jahrhunderts war der Donjon von Houdan, Dept. Yvelines[99], mit gerundeten Mauern, aus denen andeutungsweise runde Ecktürme heraustraten, erbaut worden. Diese Anregungen wurden beim Bau des Donjon von Mez-le-Maréchal zwischen 1150 und 1180[100] aufgenommen und weiterentwickelt, so daß über dessen immer noch quadratischem Grundriß sich ein Bauwerk mit Ecktürmen erhob, die aber nicht alle auch Innenräume enthielten. Erst in Nemours wurde eine Lösung gefunden, die für mehr als zwei Jahrhunderte im westeuropäischen Burgenbau ihren Nutzwert unter Beweis stellte. Die zweite Hälfte des 12. Jahrhunderts ist in Frankreich eine Epoche, in der man mit dem massiven Baublock des alten Donjon zu experimentieren begann[101]. Nemours war nur eine von vielen Möglichkeiten, die damals im Burgenbau erprobt wurden. Gleichzeitig wurden erstmals runde bzw. polygonale Donjons erbaut, aber auch Mischformen entstanden, über kleeblattförmigem Grundriß in Étampes, Dept. Essonne[102], und mit Ecktürmen, die an Stärke den Kernbau zu übertreffen scheinen, in Ambleny, Dept. Aisne[103]. In Provins, Dept. Seine et Marne[104], begleiten vier Ecktürme einen oktogonalen Kernbau, von dem sie sich im oberen Teil ganz lösen. Letztlich setzte sich aber die klar gegliederte Form des rechteckigen Baukörpers mit vier Ecktürmen, die Konzeption des mit einem gegenüber dem alten Donjon erhöhten Wohnkomforts durch. Es war auch in Frankreich eine Burg kleineren Zuschnitts, der Sitz rangniederer Vasallen oder von untergeordneter Bedeutung im Herrschaftsgefüge der führenden Familien. Im frühen 13. Jahrhundert erkennen wir diesen Typ in der bescheidenen Burg von La Chasse, Dept. Val d'Oise, erbaut nach 1207[105], oder, etwas aufwendiger, in Armentières, Dept. Aisne, zwischen 1225 und 1275 erbaut[106], wieder. Im späteren 13. und im 14. Jahrhundert kommt der Vierturmdonjon auch an bedeutenden Burg- und Palastanlagen zur erneuten Verwendung, turmhoch über quadratischem Grundriß kurz vor 1300 im Temple in Paris und 1337–1369[107] in Vincennes[108], breit gelagert und zum Rechteck gestreckt in der ab 1384 erbauten Tour Maubergeon in Poitiers[109]. Bis ins 15. Jahrhundert greifen vor allem kleinere Burgen im südlichen Frankreich immer wieder auf diesen vielseitigen und preiswerten Bautyp zurück[110].

Die Beispiele und die Verbreitung des mit vier Ecktürmen besetzten Donjon in Frankreich zeigen, daß die gleichartigen Burgen in Irland keinesfalls Einzelfälle oder eine irische Sonderentwicklung darstellen. Eine direkte Verbindung zum Kontinent könnte mit der Gründung von Carlow durch den älteren William Marshal herzustellen sein. Auch wenn die heute in Carlow zu sehenden Mauern nicht zwingend dessen Aufenthalt in Irland ab 1207 beweisen können, spricht doch manches dafür, daß dieser Baron, der fast die ganze erste Hälfte seines Lebens in Frankreich verbrachte, den modernen

98 Mesqui 1997, S. 102–103
99 Châtelain 1983, S. 73–77; spätere Datierung nach 1152 bei Albrecht 1986, S. 15
100 Châtelain 1983, S. 257–262; Mesqui 1988, S. 220–225
101 Albrecht 1986, S. 13–14
102 Châtelain 1983, S. 235–243
103 Châtelain 1983, S. 269–274
104 Châtelain 1983, S. 244–251
105 Châtelain 1983, S. 399–402
106 Mesqui 1988, S. 75–82
107 Albrecht 1986, S. 33
108 Mesqui 1997, S. 332–361
109 Albrecht 1986, S. 57–58
110 Beispiele Sarzay, Dept. Indre, Salch/Finó 1988, S. 359, 361 und Abb. vor S. 365; Anjony, Dept. Cantal, Salch 1978, S. 29–30

Abb. 58: Delvin: Ansicht der im späten Mittelalter in ein Tower-House umgebauten Burg

und den irischen Verhältnissen so entsprechenden Burgentyp des ausgehenden 12. Jahrhunderts mit ins Land gebracht hat. Auch Lea gehörte zu den irischen Ländereien des Marshals. Vielleicht ist der dortige Keep, dessen Fensterformen im obersten Geschoß eher in die Jahrhundertmitte verweisen, auf dessen Veranlassung in der Zeit William Marshals d. Ä. zumindest begonnen oder konzipiert worden.

Der Ursprung des viertürmigen Hall-Keep in Frankreich mindert die Bedeutung dieses Typs für Irland nicht. Erneut zeigt sich an diesem Beispiel, wie sehr die irische Burgenarchitektur des hohen Mittelalters auf gleicher Höhe mit der Entwicklung in anderen Teilen Westeuropas war. In Irland wurde überdies mit dem Hall-Keep französischen Ursprungs eine Form gefunden und weiterentwickelt, die, parallel zur Entwicklung in Frankreich, aber in ganz unterschiedlicher Ausrichtung, die Vielzahl und die Variationsmöglichkeiten des Tower-House vom 15. bis zum 17. Jahrhundert ermöglichte.

Ob man die irische Burgenarchitektur von 1169 bis an den Beginn des 14. Jahrhunderts nur für sich oder im europäischen Kontext betrachtet, immer kann man feststellen, daß sie ganz auf der Höhe der Zeit ist. Das gilt für die Anfänge in Trim und Carrickfergus und reicht bis zur Errichtung der letzten großen Wehranlagen in Ballymote und Greencastle, Co. Donegal, vor der Zäsur des 14. Jahrhunderts. Irland ist fest in die Entwicklungslinien der westeuropäischen Wehrarchitektur eingebunden. Unterschiede zum Burgenbau in Frankreich, England und Wales sind dennoch nicht zu übersehen. Sie ergeben sich aus der Situation eines Landes, das einerseits integrierter Teil einer großen, von der englischen Krone beherrschten Ländermasse sein sollte, andererseits über den Status einer übermäßig ausgebeuteten Kolonie, in der ein permanenter Kleinkrieg die Mittel verschlang, die zur Konsolidierung einer geordneten Herrschaft und zur Schaffung großer Architektur notwendig sind, nie hinauskam. In der zeitweise kaum durchschaubaren Gemengelage der irischen Territorien und Herrschaften rieben sich diejenigen auf, die vielleicht große Bauherren sein wollten, aber froh sein mußten, wenn sie hinter einfacheren Mauern und Türmen einige Fetzen des eroberten Landes in der Hand behielten, die Barone ebenso wie die englische Krone. Der irische Burgenbau zeigt auch die Grenzen der anglonormannischen Expansionskraft auf, nicht wenige dieser Wehranlagen sind Grenzsteine englischer Machtentfaltung im Mittelalter. Daß sie zum Teil mitten in Irland liegen, bekommt das Land bis heute zu spüren.

IX Katalog der Burgen

Der nachfolgende Katalog enthält eine kurze Charakteristik von fünfzig Burgen. Das ist etwa ein Viertel der steinernen Burgen Irlands, von denen bekannt ist, daß sie auf das 12. bis 14. Jahrhundert zurückgehen. In dieser Zahl sind die vielen namenlosen Motten nicht berücksichtigt, wohl aber die in der Burgenliteratur besprochenen und durch archäologische Untersuchungen erschlossenen Anlagen dieses Typs. Eine Begrenzung war sinnvoll, weil zahlreiche Burgen, deren Ursprung im 13. Jahrhundert gesichert ist, durch spätere Erneuerung nichts mehr von ihrer Substanz aus dieser Zeit zeigen, verschwunden sind oder als kümmerliche Steinhaufen wenig Aussagekraft haben.

Die Auswahl der Burgen des Katalogs, die überwiegend auch die Basis für die im ersten Teil dieser Arbeit behandelten Themen darstellen, folgt mehreren Kriterien. Zuerst einmal sind alle bekannten und in der Fach- und Reiseliteratur behandelten Burgen vertreten. Sowohl der Burgenforscher als auch der Reisende sollen diesen Katalog vor Ort benutzen können. Sodann wurde Wert darauf gelegt, Burgen aus allen Jahrzehnten der in diesem Buch angesprochenen historischen Periode zwischen 1169 und 1348 aufzunehmen. Ähnliches gilt für den typologischen Überblick. Alle wichtigen Architekturformen und Bautypen, Motten und Ringworks, Keeps, Ringmauern, Türme und Tore, Wohn- und Repräsentativbauten, das ganze defensive Instrumentarium des irischen Burgenbaus, sollen hier vertreten sein. Auch der geografischen Verteilung wurde Aufmerksamkeit gewidmet. Alle Landesteile Irlands wurden berücksichtigt; wo es in der Verteilung Lücken gibt, hat dies historische Ursachen.

Natürlich läßt die Auswahl Wünsche offen, aber vieles von dem, was am Beispiel dieser Burgen gesagt wird, ist auf andere, die nicht angesprochen werden, ohne weiteres übertragbar. In jedem Fall gilt: Alle wichtigen Burgen wurden berücksichtigt. In den einzelnen Beiträgen werden zuerst die topografische Situation beschrieben, dann die wichtigsten Datierungsfragen erörtert. Danach erfolgt eine Charakterisierung der Burg nach ihren wesentlichen Merkmalen. Unwichtige Details wurden nicht behandelt. Der Katalog ist kein ausführlicher Burgenführer, der jeden Stein einer ausführlichen Würdigung unterzieht, sondern eine Einführung in die Anlage, eine Sehhilfe und ein Hinweis auf die besonderen Merkmale. Die Ausführungen sollten nicht zu langatmig werden, denn die Burgen wollen gesehen, nicht gelesen werden. Letzterem Bedürfnis dienen die Literaturhinweise am Ende eines jeden Unterkapitels. Über diese

Hinweise und das Literaturverzeichnis des Buches kann alles, was über diese Bauten geforscht und geschrieben worden ist, aufgefunden werden.

Bei den einzelnen Burgen wurden Schwerpunkte gesetzt. Hier ist die Datierung interessant, dort die topografische Lage. Besondere Beispiele von Motten, Keeps, Toren und anderen Einzelheiten werden bei den Bauten, wo sie besonders charakteristisch oder auch nur gut erhalten sind, hervorgehoben. Auch Vergleiche mit anderen Burgen auf den britischen Inseln und in Frankreich werden vorgenommen, um an die Einbettung der irischen Burgen in größere Zusammenhänge zu erinnern. Der Katalog ist nicht Wiederholung des in den ersten Kapiteln Gesagten am Beispiel der einzelnen Burganlage, sondern eine Ergänzung mit zusätzlichen Informationen, natürlich auch die Erfassung der Burg als architektonische Einheit. Er ist ganz und gar Teil dieses Buches.

1. Adare, Co. Limerick

Die Burg von Adare (Abb. 1) liegt am Rande eines malerischen, heute von Touristen viel besuchten Städtchens knapp zwanzig Kilometer südwestlich von Limerick an der Straße nach Kerry. Die Burg sicherte auf dem Ostufer den Übergang über den River Maigue. An der Stelle der ursprünglichen Furt wurde schon frühzeitig eine steinerne Brücke erbaut, von der sich heute ein schöner Blick auf die Burganlage bietet.

Die Burg wird 1226 zum erstenmal erwähnt, ihr Eigentümer war Geoffrey de Marisco, der zeitweise auch als Justitiar, als Stellvertreter des Königs in Irland, amtierte. Die Herrschaft Adare wurde ihm bereits 1199 übertragen. Der Bau der ersten Wehranlage an diesem Platz dürfte nicht wesentlich später begonnen worden sein. Die Verteilung der Bauten innerhalb der Burg gibt einige Rätsel auf. In einem Ringwork, vermutlich aus der ersten Zeit der Burg, dessen Wall und Graben noch gut zu erkennen sind, steht ein rechteckiger Keep, dessen Nordmauer in voller Höhe erhalten ist. Im Süden und Osten der inneren Burg erstreckt sich, ebenfalls ummauert, der große äußere Burghof, in dem entlang der zum Fluß hin gerichteten Mauer zwei große Hallen unterschiedlicher Zeitstellung liegen. Von diesen beiden Bauten wird die westliche, beim Tor gelegene Halle als zeitgleich mit dem Keep im inneren Burgbering bezeichnet. McNeill sieht sie aufgrund der Fensterformen, die er mit denen des nahen Zisterzienserklosters von Monasternenagh vergleicht, sogar als vor dem Keep, unmittelbar nach 1200, entstanden an. Diese Halle hätte somit ungeschützt außerhalb der Umwallung des inneren Befestigungsringes gelegen, eine, gleich ob man den äußeren Mauerring als später entstanden ansieht, erstaunliche und nicht erklärbare Tatsache. Die Halle war zweigeschossig, der eigentliche repräsentative Raum lag im Obergeschoß und war durch schmale

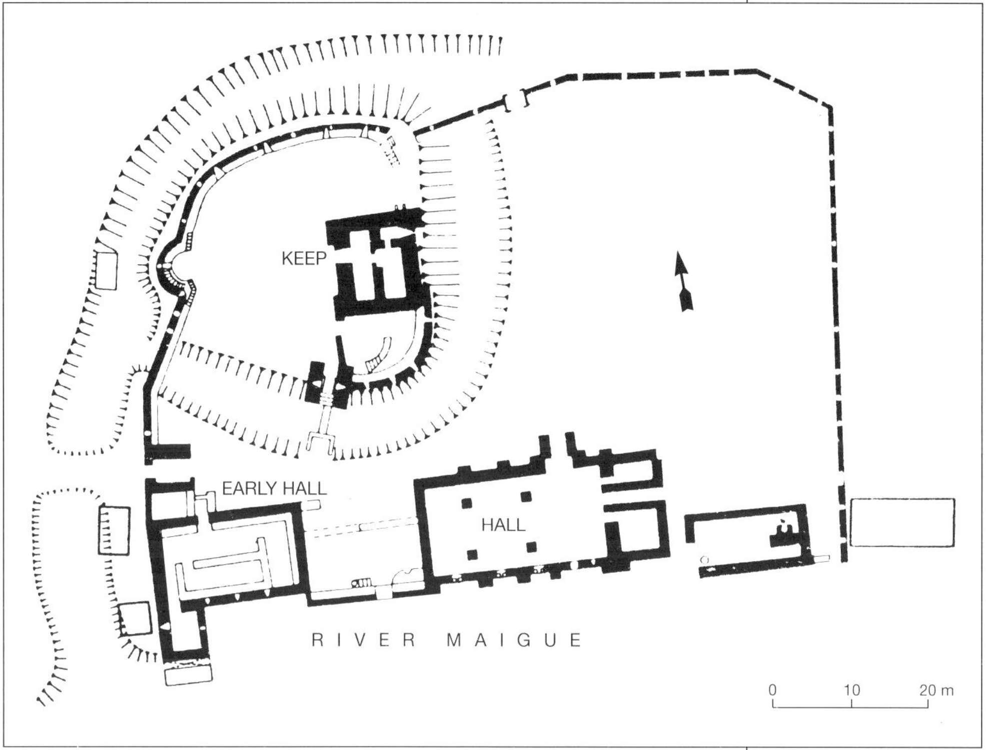

Abb. 59: Adare: Grundriß

romanische Fenster mit großen, innenliegenden Rundbogennischen belichtet.

Der hohe Keep war in der ersten Zeit seines Bestehens nur zweigeschossig. Über einem niedrigen Untergeschoß lag eine einfache Halle, ohne die heute in den Plänen eingezeichnete Mittelmauer. Diese wurde mit dem Ausbau zu einem Tower-House, frühestens nach 1379, eingezogen. Bei dieser Gelegenheit wurde der Keep um zwei Geschosse erhöht. Die Dachschräge der früheren Phase aus dem 13. Jahrhundert ist noch an der Nordwand des Keep zu erkennen. In dieser Form muß der Keep von Adare als Hall-Keep angesprochen werden, vergleichbar den Hall-Keeps von Dunamase (Kat. Nr. 23), Greencastle, Co. Down (Kat. Nr. 32, Abb. 46), und Athenry (Kat. Nr. 2, Abb. 26) aus der Zeit zwischen 1215 und 1235. Eine Auflösung des Problems ermöglichen diese Vergleiche jedoch nicht. Ein Hall-Keep und eine gleichzeitige oder gar frühere Halle außerhalb des Kernbereichs der Burg lassen die Frage nach dem funktionalen Verhältnis zwischen den beiden Schlüsselbauten der Burg völlig offen und auch das zeitliche Verhältnis bleibt ungeklärt.

Der rechteckige Keep geht in seinem Ursprung, vor allem im Vergleich zu dem nach ihm auftretenden runden Keep, auf das 12. Jahrhundert zurück. Deshalb sind jedoch nicht alle rechteckigen Keeps früh und die runden später zu datieren. Gerade die Verbindung des Keep als wehrhafter Hauptwohnbau mit der repräsentativen und auf herrschaftliche Funktionen ausgelegten Halle in der Form des Hall-Keep mußte die Rechteckform als die geeignetere erscheinen lassen. Mit Blick auf die ältere Halle in Adare und unter Berücksichtigung der von McNeill vorgeschlagenen relativen Chronologie möchte man, vorbehaltlich weiterer Untersuchungen, folgende Abfolge der Bauten in der Frühzeit der Burg von Adare vorschlagen: Unmittelbar nach 1199 wurde das Ringwork mit Graben und Erdwall sehr schnell errichtet. Die Befestigung des Walls in Form einer Palisade und der Turm im inneren Bering waren aus Holz. Als erster Steinbau wurde der Burg bald nach 1200 die repräsentativere ältere Halle, vielleicht aus Platzgründen innnerhalb eines äußeren, schwachbefestigten Mauergürtels gelegen, hinzugefügt. Erst danach, aber in nicht zu großem zeitlichem Abstand wurde auch der Keep in seiner älteren Form in Stein erbaut, wohl um einem vermehrten Sicherheitsbedürfnis von Burgherren und Besatzung in den stark umkämpften Gebieten im Westen des Landes zu genügen. In den etwas ruhigeren Zeiten nach der Jahrhundertmitte, als die englische Macht und die Ausdehnung ihres Einflußgebietes den Höhepunkt erreicht hatten, dürfte dann die zweite mehrschiffige Halle mit den Küchenbauten errichtet worden sein.

Lit.: Harbison 1992, S. 214; O'Brien/Harbison 1996, S. 145; Fry 1997, S. 192; Salter 1993, S. 89; Barry 1988, S. 57–58; Breffny 1977, S. 17; McNeill 1997, S. 39–41, 237; Leask 1936, S. 153–155; Leask 1986, S. 34–36.

Obwohl Adare zu den großen irischen Burganlagen zählt, war der Burg eine dauernde Blüte nicht vergönnt. Schon 1329 war sie weitgehend zerstört und vor 1379 ein zweites Mal. Nach dem Wiederaufbau wurde sie 1580 von den Engländern belagert und 1599 durch Zerstörung unbrauchbar gemacht. Spätestens seit den Cromwellschen Feldzügen im 17. Jahrhundert ist die Burg eine unbewohnbare Ruine.

2. Athenry, Co. Galway

Die Burg von Athenry (Abb. 26) liegt im alten Königreich Connacht, weit im Westen von Irland am nordöstlichen Rande der gleichnamigen Kleinstadt. Heute etwas abseits der Hauptstraßen, lag die Burg zur Zeit ihrer Entstehung unweit einer der wichtigsten Ost-West-Verbindungen in der Mitte Irlands, der bei dem berühmten Kloster Clonmacnoise den Shannon kreuzenden Straße von Dublin nach Galway. Der Ortsname in seiner irischen Bezeichnung *Baile Átha an Rí* (Furt des Königs) gibt einen Hinweis auf die strategische Bedeutung des Ortes. Zwar ist der an der Burg vorbeifließende River Clareen oder Clarinbridge klein, aber in der moorigen Niederung im Osten von Galway waren gangbare Wege und Flußübergänge wichtig, wollte man das Land kontrollieren.

Die Entstehung der Burg Athenry wird allgemein unmittelbar nach dem Jahr 1235 angesetzt, als der Erbauer Meiler de Bermingham, der wichtigste Lehnsmann Richards de Burgh, bei dessen Vorstoß zur Eroberung Connachts den Platz in dessen Auftrag befestig-

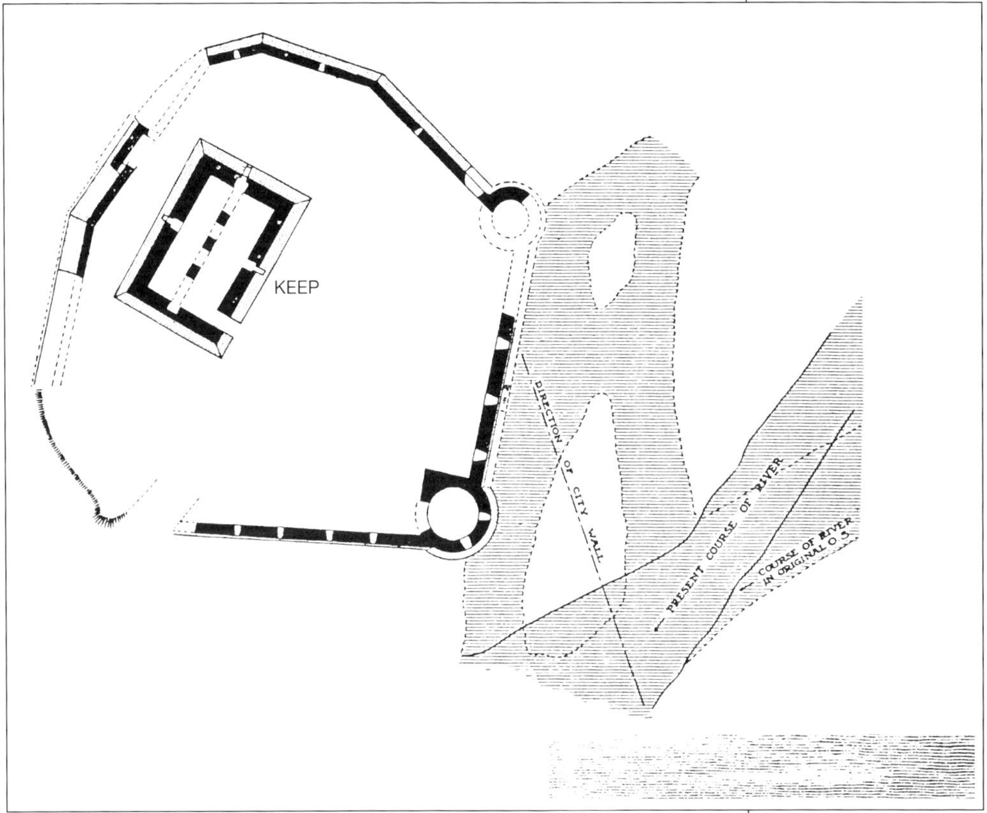

Abb. 60: Athenry: Grundriß

te. Einen schnellen Ritt entfernt lagen weitere feste Stützpunkte der de Burgh, die 1236 begonnene Burg in Loughrea und die nicht sehr viel später errichtete Burg von Ballinamantain (Kat. Nr. 4, Abb. 9).

Zuerst wurde zweifellos der rechteckige Keep errichtet, ob schon innerhalb der steinernen Mauer oder noch umgeben von einem Ringwork aus Erdwällen, ist unsicher. In jedem Fall war der Ursprungsbau des Keep eine sehr einfache Konstruktion, die noch nicht das Aussehen des heutigen, vorzüglich restaurierten Bauwerks hatte. Über einem Untergeschoß, das außen durch einen geböschten Sockel mit Eckquaderung zusätzlich geschützt wurde, lag im Obergeschoß eine einfache, den ganzen Keep einnehmende Halle. Ein zweites Obergeschoß gab es in der ersten Phase des Keep nicht.

Schon eine Generation später veränderte der Sohn des Erbauers, Piers de Bermingham, die Halle im ersten Obergeschoß durch die Einfügung der eleganten profilierten gotischen Lanzettfenster und des mit Kapitellen, die noch an die irische Romanik erinnern, geschmückten Eingangs. Vor dem Eingang gab es ursprünglich einen hölzernen Vorbau. Das Untergeschoß hatte, im Gegensatz zum heutigen Zustand, keinen eigenen Eingang, sondern war nur vermittels einer Leiter durch eine Falltür über die Halle im Obergeschoß erreichbar. Über Kamine oder andere erkennbare Feuerstellen der Erbauungszeit verfügt der Keep im Obergeschoß nicht. Vermutlich gab es eine zentrale Feuerstelle, von der Rauch durch eine Öffnung in dem hohen Dachstuhl ins Freie abzog. Diagonal gegenüber dem Eingang gibt es im Keep im ersten Obergeschoß einen Aborterker, der auf Konsolen in der Mauer aufsitzt.

Im 15. Jahrhundert wurde das Untergeschoß des Keep über drei Pfeilern zweischiffig eingewölbt und über der Halle an der Stelle des alten Wehrganges ein weiteres Geschoß aufgesetzt. Dabei wurden der Wehrgang mit seinen Zinnen und Schießscharten und der obere Abschluß des Keep verändert. Die steilen Giebel und die heutige Dachneigung geben nicht mehr den Zustand des 13. Jahrhunderts wieder.

Die etwa U-förmige Ringmauer dürfte, trotz vieler späterer Reparaturen, noch dem Verlauf der Erbauungszeit folgen. Ein Torbau aus der Bauzeit ist nicht zu erkennen, der heutige ist modern. Ein Plan von 1793 läßt einen einfachen rechteckigen Torturm über einer Durchfahrt, flankiert von einer bastionären rechteckigen Ausbuchtung der Ringmauer westlich des Tores, vermuten. Entlang der geraden Ostseite der Ringmauer liegt zwischen zwei nur unmerklich aus der Mauerflucht vorspringenden Flankentürmen eine weitere Halle mit gotischen Lanzettfenstern, der sich an der Südseite im rechten Winkel ein weiteres Gebäude anschloß. Da die Ringmauer bei der Halle und dem anschließenden Gebäude schon auf diese Baulichkeiten Rücksicht nimmt, kann man davon ausgehen, daß sie den ersten Umbauten durch Piers de Bermingham, etwa ab 1250, angehören, was auch durch die Fensterformen, die denen in der Halle des Keep entsprechen, nahegelegt wird.

Die Burg von Athenry ist eine Vasallenburg, ein Unterzentrum im Machtbereich der de Burghs von nachrangiger Bedeutung, läßt aber ihre Funktionen durch ihren guten Erhaltungszustand einwandfrei erkennen. Der Hauptbau ist der Keep, mit seinen lediglich zwei Räumen, anfangs von recht primitivem Zuschnitt. Die Halle in seinem Obergeschoß vereinte Repräsentativfunktionen mit dem Wohnraum der gesamten Besatzung. Burgherr und Knechte hausten hier unter einem Dach. Es ist völlig gerechtfertigt, diesen Bau als einfachen Hall-Keep zu bezeichnen.

Mit dem Bau der Halle im von der Ringmauer umschlossenen Hof wird ein Ausbaustadium erkennbar, in dem Wohnen und Repräsentation getrennt wurden. Nicht zufällig geschah dies zu einem Zeitpunkt ab der Mitte des 13. Jahrhunderts, als die englische Oberherrschaft in Irland ihre größte Ausdehnung und Stabilität erreicht. Die de Berminghams hielten Athenry zwar noch im gesamten 14. Jahrhundert, ihre Macht reichte aber kaum noch über die Mauern ihrer Burg hinaus. Die Umbauten des 15. Jahrhunderts verwandelten dann den Hall-Keep in ein irisches Tower-House.

Lit.: Harbison 1992, S. 148–149; O'Brien/Harbison 1996, S. 146; Fry 1997, S. 194–195; Salter 1993, S. 26; Barry 1988, S. 57–58, 61; McNeill 1997, S. 89, 130–135, 237; Leask 1936, S. 156–159, Leask 1986, S. 36–39; Knox et al., JGAHS 1920/21, S. 13–21; OPW-Guidecard.

3. Athlone, Co. Westmeath

Athlone (Abb. 19) ist das Einfallstor von Meath nach Connacht. Die Stadt liegt in einer zentralen Lage mitten in Irland, wo die Hauptstraße von Dublin nach Galway, von der Ost- zur Westküste, den Shannon überquert. Die Burg liegt auf dem Westufer des Shannon, unmittelbar bei der seit mindestens 1129 bezeugten Brücke über den Fluß. Aber schon im Jahr 1000 existierte hier ein von Menschen künstlich geschaffener Flußübergang.

Die Burg von Athlone gehört zu den wenigen Wehranlagen, die schon 1129, vor dem Einfall der Anglonormannen, als *caislen* bzw. *caistel*, also als Befestigung oder Burg zur Sicherung des Flußübergangs bezeichnet werden. In dieser frühen Zeit dienten Burg und Brücke ausschließlich als Einfallstor nach Meath für die Raub- und Plünderungszüge der O'Connor-Könige von Connacht. Entsprechend häufig waren beide das Ziel feindlicher Angriffe und mußten nach Zerstörungen immer wieder aufgebaut werden.

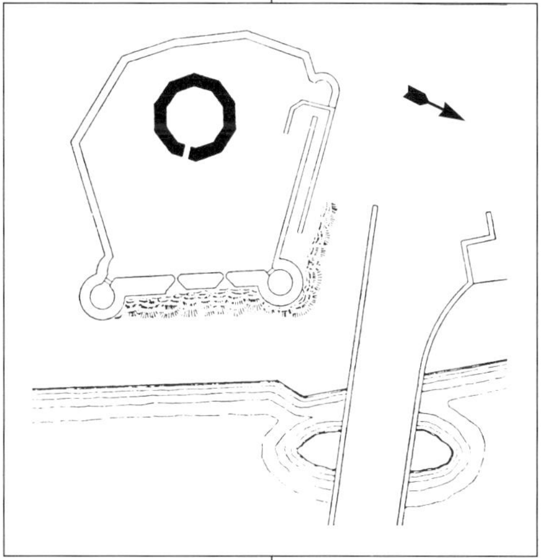

Abb. 61: Athlone: Grundriß

Die Anglonormannen konnten diesen strategisch wichtigen Verkehrsknotenpunkt natürlich nicht ignorieren, weshalb ein befestigter Stützpunkt an diesem Platz, allerdings auf dem Ostufer, schon im ausgehenden 12. Jahrhundert anzunehmen ist.

Die Geschichte der heutigen Burg beginnt wenige Jahre später, mit dem zweiten Irlandaufenthalt von König Johann im Jahre 1210. Dessen Justitiar John de Gray, Bischof von Norwich, unternahm im Sommer 1210 einen Vorstoß nach Athlone, "where a bridge was constructed by him and a castle instead of O'Conor's castle".

Damals wurde mit dem Bau des Keep, einem mächtigen Dekagon, begonnen, er stürzte wegen mangelhafter Gründung der Fundamente jedoch schon im folgenden Jahr großenteils ein. Der Wiederaufbau setzte unmittelbar danach ein und nach der Vollendung dieser ersten steinernen Burg an dem Platz um 1215 gehörte Athlone zu den stärksten Burgen des Landes. Offensichtlich wurde sie von den Iren auch in den Zeiten, als der Machtbereich der O'Connors sich fast auf die gesamte Umgebung erstreckte, nie erobert.

Der Keep, heute nicht mehr in seiner ursprünglichen Höhe erhalten, zeigt sich immer noch als ein mächtiges und dominierendes Bauwerk, das von seiner Anhöhe herab Fluß und Brücke unangefochten beherrscht. Sein Erscheinungsbild im 13. Jahrhundert ist heute nicht mehr zu rekonstruieren, nur die Mauern des Untergeschosses stammen aus dieser Zeit. Seine Zehneckform ist zum Zeitpunkt seiner Entstehung nicht ungewöhnlich und geht auf Einflüsse aus England zurück. Dort haben der Keep von Tickhill aus der Zeit um 1180 und der gleichzeitige Keep von Odiham ebenfalls polygonale Außenmauern. Die Form ist noch bei den am Ende des 13. Jahrhunderts im Bau befindlichen Türmen von Caernarfon, der „Königsburg" Eduards I. in Wales aktuell. In Irland selbst haben die um 1200 und 1300 entstandenen Keeps von Dungarvan und Castleknock (Kat. Nr. 15, Abb. 74; Kat. Nr. 25, Abb. 87) ebenfalls polygonale Form.

Die Widerstandsfähigkeit des Keep darf nicht darüber hinwegtäuschen, daß die anfangs schwache äußere Umwallung Ziel zahlreicher Angriffe war und häufig zerstört wurde. 1251 fanden umfangreiche Reparaturarbeiten an der Burg statt und in den ersten Jahren der Regierung Eduards I. wurde vermutlich die heutige Außenmauer mit den nach der Flußseite gerichteten Flankentürmen errichtet. Diese sind dreiviertelrund (nicht D-förmig, wie mehrfach in der Literatur angegeben) und sitzen an beiden Enden der flußseitigen Wehrmauer, die eine erheblich größere Stärke als die anderen Außenmauern aufweist. Der Grund liegt wohl weniger in der Erzielung einer besseren Verteidigungsfähigkeit, die zum Shannon hin ohnehin nicht so wichtig war, als vielmehr in ihrer Funktion als Stützmauer für die Aufschüttung des Bodenniveaus im Innern, wodurch rund um den Keep eine einheitlich hohe durchgehende Wehrplatte entstand. Von den ehemaligen Bauten im Innern der Burg ist durch die späteren Veränderungen nichts mehr zu erkennen.

Die Burg Athlone bietet heute das Bild eines Artillerieforts des 18. und 19. Jahrhunderts. Die Bekrönung des verkürzten Keep und die breiten, für Kanonen angelegten Schießscharten stammen aus dieser Zeit. Dennoch ist die Burg Athlone durch ihre Lage und durch die immer noch erkennbare ursprüngliche Gestalt ihres Keep ein herausragendes Beispiel unter den Burgen des frühen 13. Jahrhunderts in Irland.

Lit.: Harbison 1992, S. 329; Fry 1997, S. 195; Barry 1988, S. 39, 54, 59; McNeill 1997, S. 129, 132, 238; Leask 1936, S. 167–168; Leask 1986, S. 42–43; Orpen, JRSAI 37, 1907, S. 257–276.

4. Ballinamantain, Co. Galway

Es dürfte wenige Burgen in Irland geben, über die so wenig bekannt ist wie über Ballinamantain (Abb. 9). Die Anlage, häufig auch unter dem Namen Kiltartan erwähnt, steht etwa drei Kilometer nördlich der kleinen Stadt Gort im alten Königreich Connacht, nahe der Verbindungsstraße von Limerick über Ennis und Gort nach Galway und Loughrea. Die Burg liegt heute an einem abfallenden Hang inmitten von Weideland an dem auch als Gort River bekannten Flüßchen, welches das kleine Coole Lough mit Lough Cutra verbindet. Der unmittelbar oberhalb des Gewässers liegende Keep besetzt eine kleine Kuppe. Eine bei der Burg gelegene Furt oder gar ein alter Übergang sind nicht zu erkennen, für die Entstehungszeit der Burg aber auch nicht auszuschließen.

Die Burg ist bislang nicht präzise zu datieren. Die spärlichen Angaben in der Literatur nennen lediglich das 13. Jahrhundert als

Entstehungszeitraum, ohne den Versuch, nach Bauphasen oder Details zu differenzieren. Lediglich McNeill bildet den Torbau der Burg ohne ins Detail gehende Begründung unter den "gate houses of the later thirteenth century" ab. Übereinstimmend nennen die Autoren, welche die Burg überhaupt erwähnen, die de Burghs als Erbauer, eine Annahme, die insofern gerechtfertigt erscheint, als die de Burghs mit ihren Untervasallen ab dem zweiten Drittel des 13. Jahrhunderts ganz entschieden die Unterwerfung des Königreichs Connacht in Angriff nahmen und dabei über zwei Generationen hinweg beträchtliche Erfolge erzielten. Fahey vermutet mit einigen guten Gründen Redmond de Burgh, einen der jüngeren Söhne Earl Walter de Burghs, als Erbauer von Ballinamantain. Das würde eine Datierung um 1260 nahelegen. Wie Ballinamantain gehen zahlreiche Burgen des 13. Jahrhunderts im Westen von Irland, von Donegal im Norden bis hinunter nach Clare, auf die de Burghs und ihre Vasallen zurück.

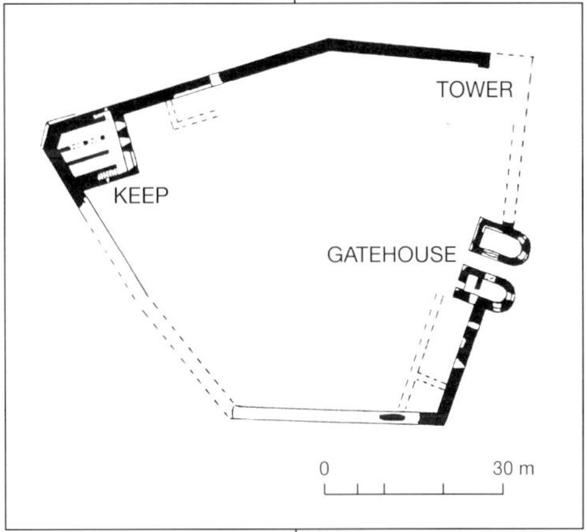

Abb. 62: Ballinamantain: Grundriß

Die Burg von Ballinamantain hat einen trapezoiden Grundriß, dem eine gewisse Regelmäßigkeit nicht abzusprechen ist. Bei einer Länge von mehr als 80 m zwischen Keep und Torbau und einer Breite von 60 m nimmt die Burg eine beträchtliche Grundfläche in Anspruch. Außer dem Keep und dem stark ruinösen Torbau sind Gebäudereste heute nur noch seitlich des Torbaus und nahe beim Keep zu erkennen, ohne daß damit eine funktionale Identifizierung dieser Bauten zu verbinden wäre. Die ganze Anlage harrt noch der archäologischen Untersuchung.

Auch nach dem heutigen Wissensstand stellt sich die Frage nach der Datierung und dem Erscheinungsbild der Burg zur Zeit ihrer Gründung. Die Lage nicht allzuweit südlich von den Burgen Loughrea und Athenry (Kat. Nr. 2), beides Gründungen im Interesse der de Burghs, spricht für eine Entstehung um oder bald nach 1235. Trifft dieses frühe Datum zu, so wird man um diese Zeit keinesfalls mit dem großflächigen Burgareal, welches der Besucher heute vorfindet, rechnen können. Eher wäre dann nur mit dem Keep auf der Anhöhe über dem Fluß, umgeben von einem Ringwork aus Erdwällen zu rechnen, vielleicht auch einer schwachen Umfassungsmauer. Eine Gründung durch Redmond de Burgh, wie von Fahey vermutet, schließt diese Datierung aus, es sei denn, man schreibt ihm die rechteckige Erweiterung mit dem doppeltürmigen Torbau zu. Der Keep selbst hat ebenfalls einen trapezförmigen Grundriß, die zum Fluß weisende Mauerecke ist abgestumpft. Im Untergeschoß und im 1. Obergeschoß gab es je einen einfachen Raum. Der obere Abschluß ist heute nicht mehr zu klären, ebenso die Frage, ob es Räume in einem 2. Obergeschoß gab. Die heutigen Binnenteilungen in den beiden erhaltenen Geschossen stammen von einem Umbau zum Tower-House im 15. Jahrhundert und ähneln sehr den Umbauten von Athenry aus der gleichen Zeit. Im Gegensatz zu Athenry verfügt der Keep über eine komfortable Erschließung der beiden Geschosse durch zwei in der Mauerstärke verlaufende Treppen von unterschiedlicher Breite. Es ist nicht auszuschließen, daß in diesem Unterschied im „Komfort" des Hauptwohnbaus die höhere soziale Stellung der de Burghs als Burgherren gegenüber den Keeps ihrer Untervasallen aus der Familie de Bermingham in Athenry und Dunmore, Co. Galway, zum Ausdruck kommt. Auffallend sind die im Keep überwiegend zum Burghof, d.h. zur ursprünglichen Landseite hin, gerichteten Schießscharten und Schießkammern. Nur zwei Schießscharten öffnen sich bei der schmaleren Treppe nach der Außenseite. Zum Fluß hin, wo die Mauern des Keep auch die geringste Stärke aufweisen, gibt es gar keine Schießscharten.

Liegt der Keep im umregelmäßig gestalteten Teil der Burg, so haben die vom Torbau ausgehenden Mauern einen fast rechteckigen Zuschnitt. Diese Tatsache spricht zusammen mit dem für eine frühe Entstehungszeit sehr großen Burgareal und den Formen des Torbaues für eine zweite Bauphase, in der die Burg ihre heutige Größe erreichte. Mit McNeill könnte man das letzte Drittel des 13. Jahrhunderts, vielleicht die Zeit Richards de Burgh, des "Red Earl", als Erweiterungszeitraum annehmen, es sei denn, man akzeptiert Redmond de Burgh als Erbauer. Für sich allein betrachtet, ist der Torbau nicht datierbar; abgesehen von notwendigen archäologischen Untersuchungen kann die spätere Zeitstellung des Torbaus nur über eine relative Chronologie im Verhältnis zum Keep, der gegenüber dem Torbau als die ältere Form anzusprechen ist, versucht werden. Es fällt auf, daß der Torbau, wie in Lea Castle (Kat. Nr. 36, Abb. 99) und Ballylahan (Kat. Nr. 6, Abb. 64), zur Tordurchfahrt hin dünnere Mauern aufweist als zur Feldseite und zum Hof. Von außen führte der Weg durch ein Tor und ein Fallgatter in der Durchfahrt in den Burghof. Ein Torabschluß zum Hof hin ist im Bestand derzeit nicht zu erkennen. Zum Hof hin springt der Torbau, der mindestens zwei Vollgeschosse gehabt haben dürfte, vor, ohne mit den westlich anschließenden Gebäuderesten zu fluchten. Der westliche Halbrundturm hat im Erdgeschoß einen einzigen Raum, der östliche ist durch eine Mittelmauer aus der Bauzeit unterteilt. Beide haben zur Feldseite zwei Schießkammern. Die Überreste des Torbaues sind zu gering, um eine sichere zeitliche Einordnung zu wagen. Nach dem derzeitigen Wissensstand und den Analogien mit Roscommon (Kat. Nr. 45), Ballintober (Kat. Nr. 5), Lea (Kat. Nr. 36), Ballylahan (Kat. Nr. 6) und Newcastle McKynegan (Kat. Nr. 42) ist jedoch eine Entstehungszeit im ausgehenden 13. Jahrhundert wahrscheinlich. Vom späteren Schicksal der Burg ist nur der Ausbau des Keep zum Tower-House im 15. Jahrhundert zu erschließen.

Lit.: Harbison 1992, S. 159; Fry 1997, S. 222; Salter 1993, S. 28; McNeill 1997, S. 99, 123, 130, 134; Leask 1936, S. 199; Fahey, JGAHS 1905/1906, S. 3–4.

5. Ballintober, Co. Roscommon

Die Burg von Ballintober (Abb. 24) wird nicht selten als ein typisches Beispiel des Burgenbaus einheimischer irischer Fürsten in der Nachahmung der machtvollen Wehranlagen der englischen Eroberer angesehen. Die ausgedehnte, sich über einer Grundfläche von fast 80 × 80 m erstreckende Anlage liegt nur zehn Meilen in leicht nordwestlicher Richtung von Roscommon entfernt, in einem immer zwischen den Eroberern und den Iren Connachts unter der Dynastie der O'Connors, den Nachkommen des letzten irischen Hochkönigs Rory O'Connor, umkämpften Gebiet. Dieser Familie wird häufig der Bau der Burg um oder kurz nach 1300 zugeschrieben.

Es scheint jedoch schon seit den Forschungen Orpens sicher zu sein, das es sich hier um eine der zahlreichen Burgen der Familie de Burgh handelt, die diese zur Sicherung ihrer Eroberungen im irischen Königreich Connacht anlegte. McNeill nimmt, Orpen folgend, eine Errichtung der Burganlage schon am Ende des 13. Jahrhunderts unter Richard de Burgh, dem "Red Earl", an. Der Grundriß der Burg wird gerne mit dem nahen Roscommon (Abb. 11,110) zusammen gesehen. Näher liegt jedoch der Vergleich mit weiteren Burgen der Familie de Burgh und mit deren Vorbildern in Wales. In der Tat hat die Burg als Sitz irischer Fürsten, auch wenn sie zur ersten Garnitur der einheimischen irischen Aristokratie zählten, eine ganz ungewöhnliche Größe und zeigt Bauformen auf, die nur als Abzeichen des englischen Feudaladels einen Sinn ergeben.

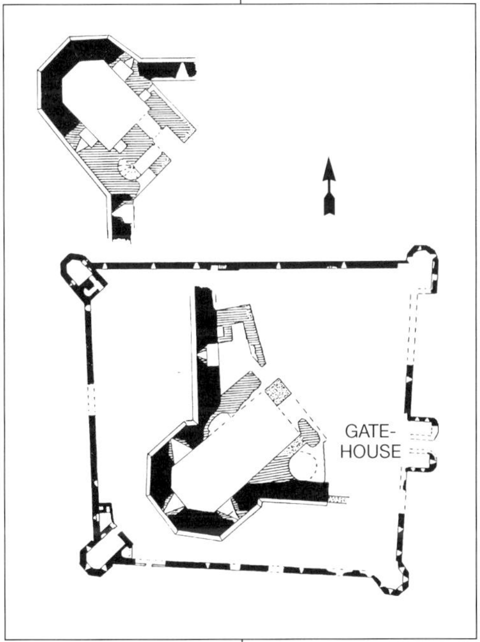

Abb. 63: Ballintober: Grundriß

Die Burg besteht heute nur noch aus den Außenmauern, den vier Ecktürmen und einem recht bescheidenen doppeltürmigen Torbau. Innenbauten sind in dem weiträumigen Areal mit bloßem Auge nicht zu erkennen. Eine archäologische Untersuchung der Burg steht noch aus. Der Torbau ist sehr ruinös, nur noch zu Teilen in den Mauern des Untergeschosses erhalten und kann mit einiger Vorsicht mit den doppeltürmigen Torbauten von Ballylahan (Kat. Nr. 6, Abb. 64), Ballinamantain (Kat. Nr. 4, Abb. 62), Ballymote (Kat. Nr. 9, Abb. 67) und Lea (Kat. Nr. 36, Abb. 99) verglichen werden. Von diesen sind die ersten drei Burgen allesamt Anlagen der de Burghs, in Connacht gelegen und nicht allzuweit von Ballintober entfernt. Die ursprüngliche Höhe könnte, nimmt man die mächtigen Außenmauern als Maßstab, ohne weiteres von zwei weiteren Obergeschossen über dem Untergeschoß mit der Durchfahrt bestimmt gewesen sein. Dies hätte dem Torbau, gerade durch seine geringe Grundfläche im Verband der hohen Mauern, ein schlankes und sehr elegantes Erscheinungsbild verliehen, bei allerdings bescheidenem Wohnwert der Innenräume.

Die Wohnappartements lagen in den Ecktürmen, die überwiegend einen U-förmigen Grundriß mit polygonal gebrochenen Mauern vorweisen. Vor allem die gut erhaltenen Ecktürme der Westseite geben noch immer einen Eindruck von der ursprünglichen Gestalt der Wohnräume wieder, auch wenn Umbauten und Veränderungen, durch das Datum 1627 an einem Kamin im NW-Turm auch zeitlich gesichert, nicht zu übersehen sind. Über die Datierung des jeweiligen Zustandes der Wohnräume in diesen Türmen besteht Uneinigkeit, nicht jedoch in der Feststellung, daß hier die Wohnung des Burgherren, seiner Familie und seines engsten Gefolges zu suchen sind. Ballintober schließt mit dieser Plazierung der Appartements, aber auch mit deren polygonaler Form direkt an die großen Vorbilder der de Burghs im Burgenbau, die Königsburgen Eduards I. in Wales an. War diese Tendenz schon im Torbau von Greencastle, Co. Donegal (Kat. Nr. 31, Abb. 12), und im Grundriß von Ballymote (Kat. Nr. 9) spürbar, so folgt in Ballintober die Anordnung der komfortablen Wohnräume in den Türmen dem Vorbild von Caernarfon in Wales. Auch dort, wenngleich in der ambitioniertesten Burg König Eduards I. in dem eben erst eroberten Land auf einem wesentlich höheren Niveau, liegen die Wohnappartements ausschließlich in den Türmen, die den unregelmäßig geschnittenen Hof umgeben. Deren polygonale Form und ihr Erscheinungsbild waren direkt von der Landmauer von Konstantinopel abgeleitet, einem Vorbild, das dem "Red Earl", dem machtvollsten Feudalherren seiner Zeit in Irland, sicher nicht ohne Hintersinn vor Augen stand. Die königlichen Dimensionen Caernarfons konnte und durfte er in Ballintober nicht wiederholen, ein Zeichen setzte er damit dennoch.

Das half ihm, seine Ansprüche aller Welt vor Augen zu halten, es half ihm aber nicht, die Burg Ballintober seiner Familie auch zu bewahren. Ab 1315 war die Burg in Besitz seiner ärgsten irischen Widersacher, einem Zweig der O'Connors von Connacht, die die Anlage bis ins 17. Jahrhundert hielten. Auch nach den Cromwellschen Zerstörungskriegen und Enteignungen hielt die Familie an der Burg fest. Die beiden westlichen Ecktürme sollen noch bis ins 19. Jahrhundert bewohnt gewesen sein.

Lit.: Harbison 1992, S. 282; Fry 1997, S. 196; Salter 1993, S. 28; Barry 1988, S. 8; Breffny 1977, S. 14, 15, 42–43; McNeill 1997, S. 99, 101–103, 238; Leask 1936, S. 187–188; Leask 1986, S. 69; O'Conor, JRSAI 19, 1889, S. 24–30.

6. Ballylahan, Co. Mayo

Die Burg Ballylahan (Abb. 44) liegt zwischen Castlebar und Ballina im ehemaligen Königreich Connacht. Über die Burg ist fast nichts bekannt, Grabungen und detaillierte Untersuchungen haben bislang nicht stattgefunden. Die Anlage liegt auf einer felsigen und trockenen Anhöhe südlich des River Moy in einer feuchten Niederung. Nahe bei der Burg mündet ein kleiner Bach in den Fluß, so daß die Burg, außer durch die felsige Kuppe, auf zwei Seiten, im Westen und im Norden, durch Wasserläufe zusätzlich geschützt ist. Heute mündet bei der Burg eine kleine Landstraße in die alte Straße von Bellavary nach Foxford ein. Es ist nicht sicher, ob die Verbindung mehrerer Straßen mit einem zu vermutenden Flußübergang Einfluß auf die Wahl des Platzes beim Bau der Burg gehabt hat. Von einer Furt, welche die Burg zu sichern hatte, wird man im 13. Jahrhundert aber ausgehen können.

Die Burg ist nicht exakt datiert. Die in der Literatur gemachten Angaben gehen alle auf ein und dieselbe Quelle zurück, die dürren Bemerkungen Harold Leasks in seinen Publikationen von 1937 und 1941. Leask selbst nennt eine Entstehungszeit um 1260, Harbison den Anfang des 13. Jahrhunderts und 1260 und Salter beschränkt sich darauf, die Burg in die Mitte des 13. Jahrhunderts zu datieren. Als Bauherren bezeichnet Leask Jordan de Exeter, nähere Angaben werden nicht gemacht. Ballylahan ist ein gutes Beispiel dafür, wie eine einmal behauptete Datierung sich in der Literatur verfestigt und immer wieder abgeschrieben wird.

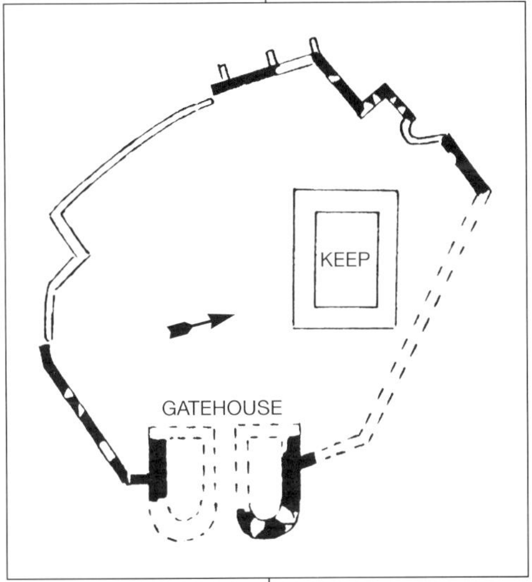

Abb. 64: Ballylahan: Grundriß

Vorgängerbauten der heutigen Burg, ein Ringfort, ein Ringwork oder eine Motte, sind in der Nähe nicht festzustellen. Der Grundriß der Burg selbst ist unregelmäßig und ganz offensichtlich den Felsformationen des Hügels angepaßt. Ob man ihn allein deshalb in das frühe 13. Jahrhundert setzen darf, ist mehr als zweifelhaft. Die Form der Ringmauer weist eher auf eine schnelle und mit vergleichsweise geringen Mitteln zu erzielende Lösung hin. Entlang der auf lange Strecken kaum noch zu erkennenden Umwallung sind Reste von Innenbauten zu erkennen, ohne daß ihnen eine eindeutige Funktion zuzuweisen wäre. Gebäudereste im rückwärtigen Teil der Burg, zum Fluß hin gelegen, lassen durch die aufwendigen und starken Strebepfeiler und einen flachen Spitzbogen die Vermutung zu, hier habe ein mehrgeschossiges Bauwerk, vielleicht sogar eine Halle gestanden. Sicherheit ist jedoch allenfalls durch Grabungen zu gewinnen.

Der interessanteste Bau der Burg ist der doppeltürmige Torbau. Man kann davon ausgehen, daß von ihm die Datierung der Burg in die Mitte des 13. Jahrhunderts oder um 1260 abgeleitet wird. Torbauten dieser Art sind jedoch im 13. Jahrhundert eine viel zu verbreitete Form, als daß sie aufgrund ihrer Erscheinungsform aufs Jahrzehnt genau datierbar wären. Hilfreicher sind da schon die von McNeill aufgezeigten Analogien zu anderen irischen Torbauten, etwa in Ballinamantain (Kat. Nr. 4, Abb. 62) oder Lea (Kat. Nr. 36, Abb. 99). Aber auch sie führen zu keinem gesicherten Datum. Sicher ist, daß dem Torbau in der sonst eher bescheiden anmutenden Burg als repräsentatives Bauwerk eine besondere Bedeutung im Erscheinungsbild der Burg zukam. Er könnte auch, in Ermangelung anderer geeigneter Gebäude, der Hauptwohnbau des Burgherren gewesen sein.

In den Plänen ist im Innenhof auf halbem Weg zwischen dem Torbau und dem rückwärtig gelegenen Gebäudekomplex ein "Keep" eingezeichnet. Im Gelände selbst ist dieser heute durch kaum mehr als eine Vertiefung im Burghof zu identifizieren. Wie in manchen anderen Burgen besteht, ohne vorherige Untersuchungen, bei diesem Bauwerk die Gefahr, es als einen Vorgängerbau zu bezeichnen. Sowenig man eine erste Burganlage aus der Zeit der frühen Vorstöße nach Connacht am Anfang des 13. Jahrhunderts ausschließen kann, so sehr sollte man der Versuchung widerstehen, den "Keep" für eine frühe Baugeschichte zu strapazieren. Es bleibt bei der Betrachtung von Ballylahan festzuhalten, daß wir es hier mit einer der am weitesten nach Nordwesten ins Königreich Connacht hinein vorgeschobenen Burgen der Eroberer aus dem 13. Jahrhundert zu tun haben, bei der dem Torbau in jedem Fall neben der Verteidigungsfähigkeit eine in die umgebende Landschaft ausstrahlende repräsentative Wirkung zukam. Alles weitere muß zukünftigen Forschungen überlassen bleiben.

Lit.: Harbison 1992, S. 243; Salter 1993, S. 28; McNeill 1997, S. 99, 123, 238; Leask 1936, S. 190; Leask 1986, S. 72; Knox et al., JGAHS 1920/21, S. 23.

7. Ballyloughan, Co. Carlow

Ballyloughan (Abb. 37) liegt abseits jeder größeren Ortschaft drei Meilen östlich von Bagenalstown, nicht weit von einem alten Weg, der von Ferns, dem Zentrum des Königreiches Leinster, in westlicher Richtung nach Kilkenny führte. Ebenfalls nur zwei Meilen entfernt liegt die Burg Ballymoon (Kat. Nr. 8). Das Dreieck Ferns–Carlow–Kilkenny ist das fruchtbare Herzstück von Leinster, mit reichlich gutem Ackerland, das lediglich auf den Höhenzügen an Qualität nachläßt. Leinster gehörte zu den Landschaften in Irland, die sehr früh und sehr intensiv von der anglonormannischen Landnahme betroffen waren. Dennoch ist nicht einmal sicher, ob die Burg von den Eroberern oder von irischen Adeligen erbaut wurde.

Wer die Burg errichtete und wann dies geschah, liegt trotz einer Grabung im Jahr 1955 noch immer im tiefsten Dunkel. Das 13. und das 14. Jahrhundert werden gleichermaßen genannt, wobei einem Ursprung kurz vor 1300 offensichtlich der Vorzug gegeben wird. Außer einem Fenster, das Leask in das 13. Jahrhundert datiert, spricht nichts für diese Annahme. Auch die Grabungsfunde von 1955 ergaben keine näheren Anhaltspunkte, zumal sich das Fundmaterial von der Wende des 13. zum 14. Jahrhundert nicht mit Sicherheit dem einen oder dem anderen Säkulum zuweisen läßt. Mit Sicherheit wurde die Burg im 14. Jahrhundert von den Kavanagh MacMurroughs gehalten, Nachkommen König Dermot MacMurroughs, dem Schwiegervater Strongbows. Es war dieser Familie also gelungen, sich trotz der intensiven Besiedlung durch die Eroberer in ihren Stammlanden als Feudalherren zu halten und auch, so sie die Burg errichteten, im Erscheinungsbild ihrer Bauten mit den Neuankömmlingen zu konkurrieren.

Dies gilt es bei der Betrachtung der Burg zu beachten. Das große, fast quadratische Areal, auf dem außer dem Torbau und zwei rechteckigen Türmen von unterschiedlichem Erhaltungszustand nichts mehr zu erkennen ist, scheint eher schwach befestigt gewesen zu sein. Auch der die Burg umgebende Graben war durch seine geringen Abmessungen nur ein schwaches Hindernis. Dagegen kommt, nimmt man die einzig zu beurteilenden Räume im Obergeschoß des Torbaues und im SW-Turm als Maßstab, dem Wohnkomfort erhöhte Bedeutung zu. Vergleiche mit Ballymoon (Kat. Nr. 8, Abb. 66) und Swords (Kat. Nr. 48, Abb. 113) drängen sich auf, auch die Burgen von Etal und Ford in Northumberland, im 14. Jahrhundert entstanden, wurden in die Betrachtung von Ballyloughan mit einbezogen. Doch führen all diese Vergleiche nicht weiter, solange der Ablauf der historischen Ereignisse, in deren Kontext die Burg entstanden ist, nicht näher erläutert werden kann.

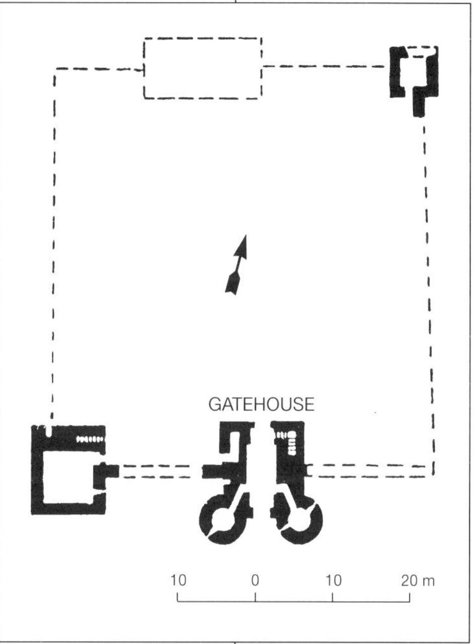

Abb. 65: Ballyloughan: Grundriß

Die Fakten sprechen einstweilen gegen eine Burganlage, die in den Zusammenhang der anglonormannischen Eroberung gehört, sondern eher für eine irische Burg des 14. Jahrhunderts, deren Erbauer, die Kavanagh MacMurroughs, die Vorbilder ihrer Gegner, bis hin zum gesteigerten Wohnkomfort, nachahmten. Besonders der doppeltürmige Torbau, der eher zierlich als trutzig oder abschreckend wirkt, dürfte neben der Bereitstellung von komfortablen Wohnräumen in den Obergeschossen vor allem eine repräsentative Funktion im Erscheinungsbild der Burg auf ihrer Eingangsseite, der Schauseite, gehabt haben. Harry Avery's Castle, Co. Tyrone (Kat. Nr. 33, Abb. 42), im Norden Irlands, wo die englische Macht bis zum 16. Jahrhundert kaum Fuß fassen konnte, hat einen ähnlichen Torbau, allerdings in Verbindung mit einer unregelmäßigen und sehr einfachen Umwallung. Während dort der rein repräsentative Charakter des Torbaues schon durch die Tatsache, daß er als Zugang zum Burginnern gar nicht nutzbar war, belegt ist, diente das Bauwerk in Ballyloughan sicher als Hauptzugang zum Burghof.

Von den beiden auf den Ecken der Außenmauer sitzenden und über diese vorspringenden rechteckigen Türmen erlaubt nur der südwestliche eine Beurteilung. Über einem einfachen Untergeschoß mit direktem Zugang vom Hof lag ein komfortabler Raum im ersten Obergeschoß, der durch eine eigene Treppe in der Mauerstärke ebenfalls vom Hof her erschlossen wurde. Er öffnete sich nach außen sowohl über elegante gotische Lanzettfenster wie auch durch Schießscharten. Wie sein Gegenstück im Torbau verfügt auch dieser Raum über einen eigenen Abtritt in der Mauerstärke, im Irland des 14. Jahrhunderts durchaus ein gewisser Luxus.

Ballyloughan ist eine ländliche feudale Wohnanlage mit den Abzeichen und dem Charakter eines Wehrbaus. Eine Burg von harten Eroberern zur Durchsetzung ihrer Ansprüche ist sie nicht. Ihre Erbauer haben sich jedoch die Burgen der Eroberer angesehen, sie als Zeichen und Sitz der Herrschaft verstanden und in diesem Geist ihren eigenen Herrensitz erbaut. Die Kavanagh MacMurroughs residierten hier noch bis ca. 1660 und bauten, im 15. oder 16. Jahrhundert, den Torbau nach der Art der Zeit in ein Tower-House um.

Lit.: Harbison 1992, S. 49; Fry 1997, S. 197; Salter 1993, S. 12, 48; Barry 1988, S. 68; McNeill 1997, S. 114–116, 238; Leask 1936, S. 190; Leask 1986, S. 72; de Paor, JRSAI 1962, S. 1–14.

8. Ballymoon, Co. Carlow

Ballymoon (Abb. 36) zählt zu den rätselhaftesten Burganlagen Irlands. Zwei Meilen östlich von Bagenalstown und ebensoweit nördlich von Ballyloughan (Kat. Nr, 7), liegt die Burg in einem sanft gewellten Hügelland, umgeben von guten Acker- und Weideböden. Außer einzelnen Gehöften und Häusern findet sich in der unmittelbaren Umgebung der Burg keine geschlossene Ansiedlung. In früheren Jahrhunderten lag vor dem Westtor der Burg eine größere Siedlung von dörflichem oder gar kleinstädtischem Charakter. Die Gründung und die Auflassung dieses Gemeinwesens liegen im Dunkeln. Möglicherweise handelte es sich um einen der vielen im 13. Jahrhundert gegründeten "boroughs", die wegen ihrer zu großen Zahl und ihrer zu geringen Größe nach der Pest von 1348 und im späteren Mittelalter wieder aufgegeben wurden.

Wer Ballymoon gegründet hat, ist bislang keiner Quelle zu entnehmen. Das hatte in der Vergangenheit z.T. abenteuerliche Vermutungen und Hypothesen zur Folge. Heute darf es zumindest als sicher gelten, daß die Burg weder vom Templerorden noch vom englischen König errichtet wurde. Es bleibt der Name von Roger Bigod, Earl of Norfolk († 1306), einer der vielen Feudalherren, denen in Leinster etwas vom Erbe des mächtigen William Marshal zufiel; ebenfalls entfernte Nutznießer dieses Erbes waren Nicholas und Leonard Carew, wie Roger Bigod englische Feudalherren und Marcher Lords in Wales, die bis längstens 1369 südöstlich von Carlow Besitz behaupteten, darunter vielleicht auch Ballymoon. Es sind gewiß die Namen dieser beiden Familien, welche die Ursache für die allgemeine Datierung von Ballymoon in die Zeit zwischen 1290 und 1310 sind. Diese Zeitstellung versucht ein wenig mühsam, an die Lebensdaten von Roger Bigod oder Nicholas Carew anzuknüpfen, führt aber dazu, daß man die Datierung durch einen nur vermuteten Bau-

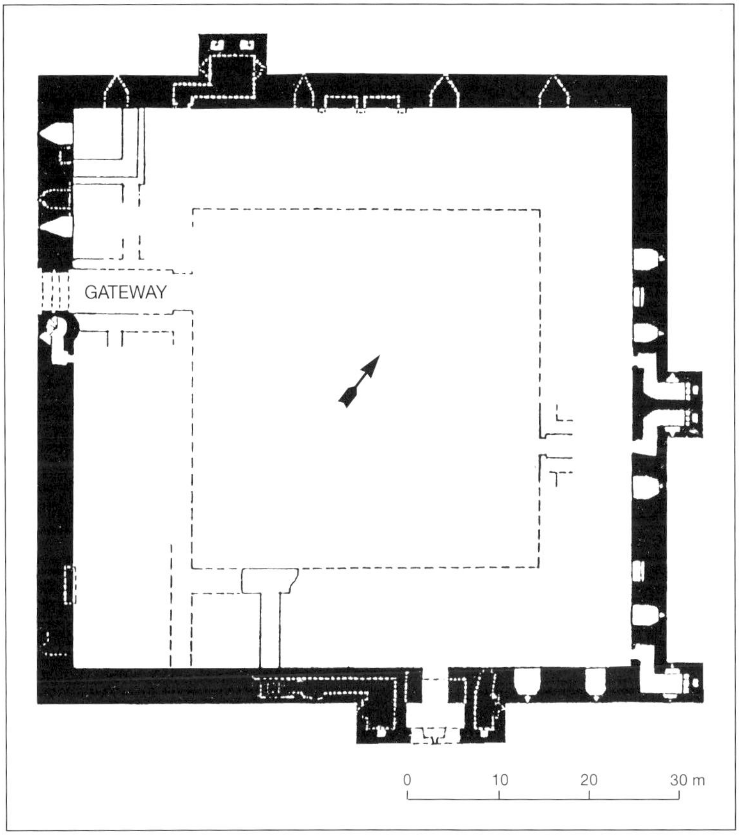

Abb. 66: Ballymoon: Grundriß

herren zu beweisen sucht, oder umgekehrt, den Bauherren durch eine ungesicherte Datierung. Beides ist nicht zu belegen.

Die einzige zuverlässige Quelle, das Bauwerk selbst, spricht nur wenig. Archäologische Untersuchungen und eine präzise Bauaufnahme stehen noch aus. Die Betrachtung der Ruine und ihrer architektonischen Details vermittelt aber immerhin einige, wenn auch keineswegs ausreichende, Erkenntnisse. Der regelmäßige Grundriß der fast quadratischen Anlage, der sog. „Kastelltyp", mit fluchtenden Innenbauten entlang der Mauer, gilt als moderne Form im mittelalterlichen Burgenbau, doch ist diese „Modernität" in Teilen Westeuropas schon ab ca. 1200 festzustellen. Die kreuzförmigen Schießscharten mit ihren gerundeten Enden können nicht vor dem Ende des 13. Jahrhunderts entstanden sein, wie sicher datierte Beispiele aus England und Wales belegen. Bleibt noch der "Caernarfon-Arch", eine Türöffnung mit eingezogener Schräge unter dem Türsturz, der seinen Namen von der 1283 begonnenen Königsburg Eduards I. in Wales hat. Diese war um 1300 in vollem Ausbau begriffen und man wird ab diesem Zeitpunkt mit der Übertragung der Form nach Irland rechnen dürfen. Allerdings ist dieses Detail nicht auf Irland beschränkt. Als typische Architekturform des 14. Jahrhunderts ist er auch in Frankreich verbreitet und kommt u.a. in der nach 1392 begonnenen Burg Pierrfonds im Wald von Compiègne vor. Auch der hohe Wohnkomfort von Ballymoon, in auffallendem Gegensatz zu seinem schwachen Verteidigungsapparat, ist geeignet, Hinweise auf die zeitliche Einordnung der Anlage zu geben. Hier aber liegt das eigentliche Dilemma in der Datierung der Burg. Gegen eine Entstehung noch im 13. Jahrhundert sprechen die sehr fortgeschrittenen Bauformen, gegen eine Gründung im fortgeschrittenen 14. Jahrhundert, wie es der Wohnkomfort nahelegt, die Vertreibung der Engländer aus diesem Gebiet durch die einheimischen Kavanagh MacMurroughs und die permanente Kriegssituation im östlichen Co. Carlow, die die Entstehung eines Wohnschlosses von der Art Ballymoons sehr unwahrscheinlich machen.

Es ist in der Tat mehr ein Wohnschloß als eine Wehranlage, die uns in Ballymoon vor Augen steht. Die Tore der Burg sind schwach, die Verteilung der Schießscharten ist unregelmäßig und für Abwehrmaßnahmen nach allen Seiten untauglich. Türme besitzt die Burg nicht, nur turmartige Überhöhungen von drei Abortanlagen und des Südtores. Dafür ziehen sich, legt man die plausible Rekonstruktion der Innenbauten durch McNeill zugrunde, entlang der Innenmauern regelmäßige Wohnappartements mit einer großen Halle an der Nordseite. Was wir heute von den Innenmauern der Burg ablesen, sind die Reste des 1. Obergeschosses. Die Räume des Untergeschosses liegen zur Hälfte unter dem Schutt verborgen, der den Hof in einer dicken Schicht bedeckt. Dort dürften Stallungen und Funktionsräume gelegen haben. Die Wohnräume lagen in der *belle étage* im Obergeschoß, das zumindest teilweise noch ein zweites Stockwerk trug.

Ballymoon wurde als Typ mit der englischen Burg Bodiam in Sussex, erbaut 1385, verglichen. Auch Bolton-in-Wensleydale in North Yorkshire von 1379 wäre in eine vergleichende Betrachtung mit einzubeziehen. Aber auch diese Vergleiche führen in die Datierungsproblematik zurück. Eine Errichtung von Ballymoon im späteren 14. Jahrhundert, als die Engländer in diesem Teil Irlands nichts mehr zu sagen hatten, steht gegen eine absolute Frühform um 1300. Allerdings hat der irische Burgenbau auch an anderen Orten Pionierleistungen vorzuweisen. Nur Grabungen helfen hier weiter.

Lit.: Harbison 1992, S. 49–50; Fry 1997, S. 197; Salter 1993, S. 48; McNeill 1997, S. 110–113, 238; Leask 1936, S. 195; Leask 1986, S. 73–74; Leask, JRSAI 74, 1944, S. 183–190.

9. Ballymote, Co. Sligo

Ballymote (Abb. 39) ist ein Brennspiegel des irischen Burgenbaus im Hochmittelalter. Eine monumentale Anlage modernsten Zuschnitts, mit einfachem Vorgänger, kurzer Blüte und einem langen, von ununterbrochenen Kriegen und Kämpfen begleiteten Niedergang. Heute eine kaum beachtete Ruine am Rande einer abgelegenen Kleinstadt, morgen vielleicht ein herausragendes Denkmal des irischen Hochmittelalters.

Die Burg liegt südlich von Sligo auf der Südseite der gleichnamigen Stadt. Ballymote beherrscht heute keine Hauptstraße mehr, dominiert keinen Flußübergang. Die unterhalb eines sanft abfallenden Hanges in flachem Gelände gelegene Burg scheint am falschen Ort gegründet und viel zu groß dimensioniert. Im 13. Jahrhundert waren die Verhältnisse anders. Der Vorort der Grafschaft, Sligo, im Norden von Ballymote, kontrollierte damals den einzig gangbaren Weg entlang der Westküste von Ulster im Norden nach Connacht im Südwesten und Meath im Südosten. Wer Sligo besaß, beherrschte diesen Teil Irlands. Das Gebiet war nicht nur zwischen den Eroberern und den Iren umkämpft. Ebenso heftig stritten die neuen Herren des Landes untereinander um die Beute. Nach den ersten Eroberungen in Leinster, Munster und Ulster war Connacht das Ziel der Landnahme. Abgesehen von den weitverzweigten O'Connors, die den Eindringlingen einen nie erlahmenden Widerstand entgegensetzten, sich hierzu aber auch gern mit einigen von ihnen verbündeten, waren es die Eroberer selbst, die sich gegenseitig die noch verbliebenen Stücke des nach der Mitte des 13. Jahrhunderts allmählich knapp werdenden Landes abzujagen versuchten. So kam es ab 1264 zu einem langandauernden Konflikt zwischen den de Burghs, den Earls of Ulster, und Maurice fitzGerald um den Einfluß in Connacht, den Richard de Burgh, der "Red Earl", um 1290 weitestgehend zugunsten seiner Familie entschied. In diesem Zusammenhang entfaltete er eine ausgedehnte Tätigkeit im Burgenbau, bei der er der Region um Sligo, dem Bindeglied zwischen seinen Besitzungen in Ulster und in Connacht, besondere Aufmerksamkeit widmete.

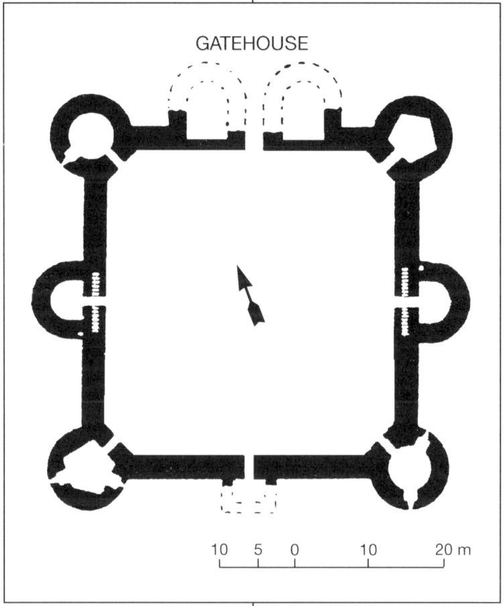

Abb. 67: Ballymote: Grundriß

Ballymote wurde als Burg konzipiert, die das umliegende Land beherrschen und beeindrucken sollte: eine Burg des "Red Earl" auf dem Höhepunkt seiner Macht. In der Nähe der Burg hatte vor deren Bau eine einfache Motte existiert, deren Funktion in der Sicherung des eben gewonnenen Gebietes während der noch andauernden Kämpfe bestand. Nun, nach scheinbar erfolgreicher Landnahme, auch gegen die Rivalen aus den eigenen Reihen, sollte ein dauerhaftes Herrschaftszentrum errichtet werden, zugleich ein Abzeichen der Macht des zu seiner Zeit mächtigsten Fürsten in Irland, der sich im Rang seinem Feudalherren, dem englischen König, zwar untergeordnet, aber doch nahezu ebenbürtig glaubte. Die irischen Annalen berichten im Jahr 1300 von dem Bauwerk Richards de Burgh. Wann und in welchem Ausmaß die großdimensionierte Burg fertiggestellt oder annähernd gebrauchsfähig war, wissen wir nicht. Die Bauzeit kann jedoch nicht allzu lange gedauert haben, da bei einem Angriff von 1317, bei dem die Burg durch eine Bresche genommen wurde, die Arbeiten an den Türmen und Außenmauern schon weitgehend vollendet gewesen sein müssen. Von da an bis ins 17. Jahrhundert war die Burg andauernd der Mittelpunkt lokaler Auseinandersetzungen, so daß Reparaturen zwar fortwährend anzunehmen, Ausbaumaßnahmen aber auszuschließen sind.

Richard de Burgh, der Erbauer, war bei den von ihm in Irland neu errichteten Burgen auf der Höhe der Zeit. Kaum eine seiner Burgen zeigt dies besser als Ballymote. Über regelmäßigem quadratischem Grundriß verfügt sie auf den vier Ecken über runde Flankentürme, die im Innern teils polygonalen, teils runden Zuschnitt haben. Auf der Mitte der Ost- und der Westseite sitzen halbrunde Flankentürme, die, wie die Ecktürme, nicht über die Innenfluchten der Mauern vorspringen. In der Mitte der Nordseite, dem rückwärtigen Teil der Burg, gibt es eine Poterne, die durch einen kleinen rechteckigen Vorbau geschützt wurde. Im Gegensatz zu den in der Mitte sitzenden Flankentürmen waren die Ecktürme zum Hof hin nicht durch massives Mauerwerk abgeschlossen. Wände, vermutlich aus Holz oder Fachwerk, müssen jedoch vorhanden gewesen sein, da auch diese Türme eindeutig für Wohnzwecke genutzt wurden. Das nach innen wie außen dominierende Bauwerk der Burganlage war der doppeltürmige Torbau. Mit vier Geschossen erhob er sich noch über die Außenmauern und überragte vermutlich auch die übrigen Türme an Höhe. Er war das eigentliche Zentrum der Burg, als Wohnbau und in seinem repräsentativen Erscheinungsbild. Im Erdgeschoß beiderseits der Durchfahrt gab es gewölbte Räume, in den Obergeschossen weitere Räume von unterschiedlicher Größe für den privaten und offiziellen Gebrauch, alle mit kleinen Nebenkammern, meist Aborten oder Garderoben, ausgestattet. Obwohl um die Burg herum ein Graben nachgewiesen ist, gab es einen solchen vor der Südseite nicht. Eine in den Fels gehauene Rinne von ca. 0,30 m Tiefe und 9 m Breite scheint aber zeitweise mit Wasser gefüllt gewesen zu sein, kein ernstzunehmendes Hindernis, aber ein Zeichen, mit den großen Vorbildern dieser Burg im äußeren Erscheinungsbild wetteifern zu wollen.

Diese Vorbilder heißen zuerst Caerphilly und Beaumaris, beide in Wales. Zu diesen hatte der "Red Earl" starke persönliche Verbindungen. Mit der Familie de Clare, den Erbauern der ab 1268 errichteten gewaltigen Burg von Caerphilly, waren die de Burghs gleich mehrfach verwandt. Richard de Burgh selbst war am Hof des englischen Königs Eduard I. großgeworden und pflegte enge Beziehungen dorthin. So war es ihm ein leichtes, genaue Kenntnis von der Burg Beaumaris, der letzten und ausgefeiltesten Burg Eduards I. in Wales, zu erlangen und diese zum Vorbild seiner Planungen in Ballymote zu machen. Es muß allerdings gesagt werden, daß die Konzeption von Ballymote, Caerphilly und Beaumaris schon im ersten Viertel des 13. Jahrhunderts in Frankreich frühe und zugleich entwickelte Vorläufer in Montaiguillon und Passy-en-Valois und um 1250 in

Thiers-sur-Thève hatten, die mit anderen ähnlichen Wehranlagen in Frankreich als die Vorbilder für die Burgen in Wales und Irland am Ende des 13. Jahrhunderts angesehen werden müssen. Selbst der Grundriß des Castello Ursino im sizilischen Catania weist, obgleich die doppeltürmigen Torbauten den staufischen Burgen Unteritaliens fremd sind, Parallelen zu Ballymote auf.

Dennoch ist Ballymote am engsten mit Beaumaris verbunden. Absolute Symmetrie im großen, ein abschreckendes und imposantes Erscheinungsbild an der Hauptfront, wie im walisischen Harlech und im aquitanischen Villandraut, aber auch Details wie die Wehrgangserschließung durch Treppen in der Mauerstärke lassen, in geringfügig kleineren Dimensionen, das Vorbild durchschimmern. Die Absicht ist klar: Hier baute der mächtigste Mann Irlands eines seiner hervorgehobenen Machtzentren, eine Burg, die mit denen des Königs ohne weiteres wetteifern konnte. Dieser ungehemmte Machtanspruch und Repräsentationswille, umgesetzt im Torbau, in Mauern und Türmen, ist es, der Ballymote für den Forscher so interessant macht. Das Schicksal der Burg selbst, die schon bald nach dem Tod des "Red Earl" zum Stützpunkt einheimischer irischer Geschlechter wurde, spiegelt ihre wahre Bedeutung kaum wider.

Lit.: Harbison 1992, S. 288; Fry 1997, S. 197–198; Salter 1993, S. 30; Barry 1988, S. 66–67; McNeill 1997, S. 99–101, 238; Leask 1936, S. 188–189; Leask 1986, S. 69–70; FitzPatrick, JRSAI 57, 1927, S. 81–99.

10. Cahir, Co. Tipperary

Cahir (Abb. 43) gehört zu den größten und für den Besucher am besten erschlossenen Burgen in Irland. Die ausgedehnte Wehranlage liegt auf einer Felseninsel im River Suir, mitten in der gleichnamigen Stadt. Ein Stich von 1599 gibt Auskunft über die ursprüngliche Lage der Burg, die durch die moderne Veränderung und Ausdehnung der Stadt ihre alte Lage zu der Straße von Dublin nach Cork, deren Flußübergang unmittelbar unterhalb der Burg sie sicherte, stark verändert hat. Der in zwei Läufen die Felsinsel einschließende Fluß war ehemals wesentlich breiter. Die Straßenbrücke, die noch heute bei der Burg den Verkehr über den Fluß führt, war dreigeteilt und nutzte zwei kleine Inseln, deren eine auch die Burg trägt, um den Fluß zu überqueren. Auf der Burginsel wurde die alte Straße durch die Barbakane der äußeren Befestigungen geführt, so daß eine wirkungsvolle Kontrolle dieses wichtigen Verkehrsweges durch die Burgbesatzung jederzeit gewährleistet war.

Die Burg ist schwer zu datieren. Zwar war die Herrschaft von Cahir schon 1192 in der Hand von Philip de Worcester aus der Familie, die allgemein als Erbauer der Burg angesehen wird. Es sprechen aber einige Gründe dafür, daß die erste Wehranlage in dieser Gegend, die Motte von Knockgraffon (Kat. Nr. 35), drei Meilen nördlich von Cahir gelegen, der ursprüngliche Herrensitz in der frühen Zeit der Eroberung war. 1202 wurde Philip de Worcester durch König Johann seines Besitzes in Cahir enthoben und erhielt ihn erst nach den Verhandlungen zwischen König und Baronen, die auch zur

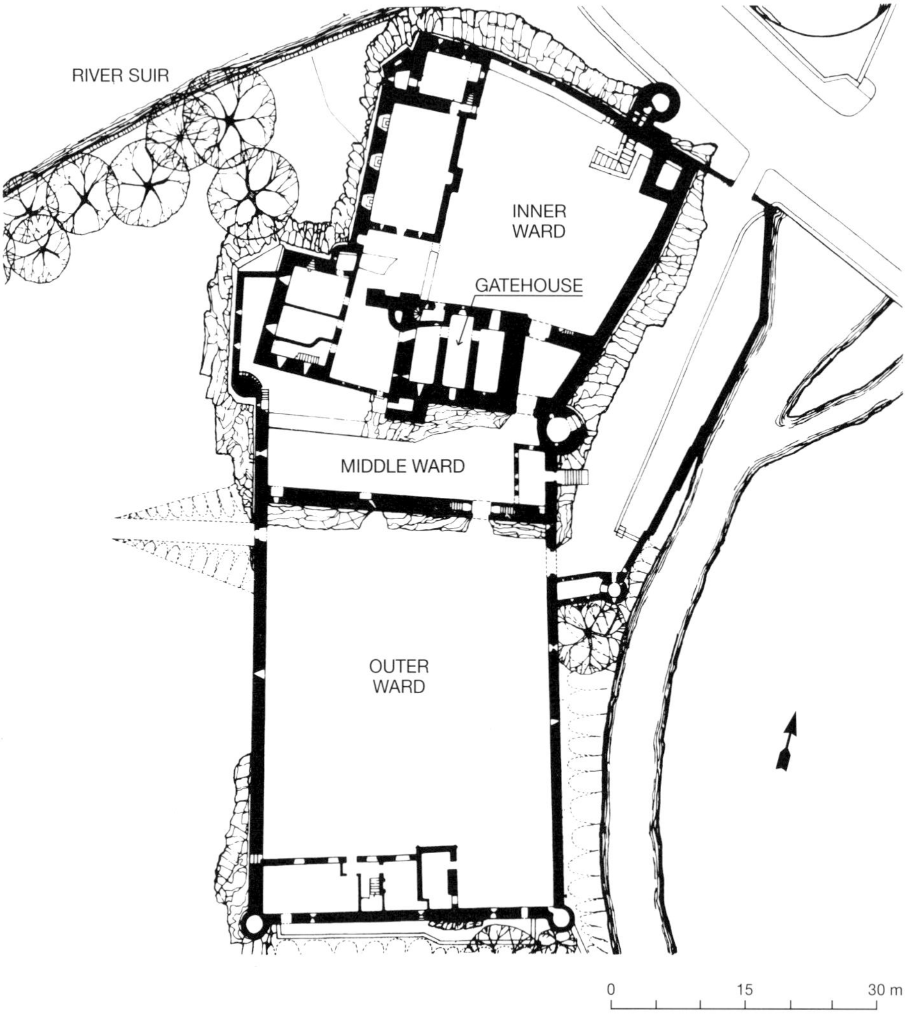

Abb. 68: Cahir: Grundriß

Magna Charta von 1215 führten, zurück. Vermutlich ist nach diesem Datum mit dem Beginn der ersten Bauarbeiten an der Burg zu rechnen. Die bisherige Literatur spricht sehr allgemein von einer Entstehung im 13. Jahrhundert, eine Differenzierung erscheint jedoch möglich.

Zwar mußte sich die erste Burg den Gegebenheiten der Felseninsel anpassen, man bemühte sich jedoch um einen regelmäßigen, annähernd quadratischen Grundriß. In den Ecken der Außenmauern saßen im Norden rechteckige Türme, die nicht über die Mauern vorsprangen. Im Südwesten bog die Mauer in rechteckigem Zuschnitt aus, ob sich hier ein Turm oder eine bastionsartige Befestigung befand, muß offenbleiben. Auf der südöstlichen Ecke saß ein runder Flankenturm. Trotz umfassender Umbauten im Spätmittelalter und erheblicher Restaurierungen im 19. Jahrhundert ist diese Gestalt der Burg des 13. Jahrhunderts auch heute noch in den Außenmauern zu erkennen. An der Stelle des Keep stand in der ersten Bauphase offensichtlich noch kein Gebäude. Auch die heutige Halle im inneren Burghof geht auf das 19. Jahrhundert zurück. Im mittleren Burghof wurde aber ein von Ost nach West verlaufender Mauerzug freigelegt, der die Südmauer der ersten Burg gewesen sein dürfte. Dieser Mauerzug schließt einen Vorläufer des heutigen Keep in den ersten Jahren der Burg aus. Es ist offen, ob diese Südmauer je in voller Höhe fertiggestellt war.

Der heutige Keep ist in dieser Form ein Tower-House des Spätmittelalters. Er geht jedoch in seiner Grundsubstanz ebenfalls auf das 13. Jahrhundert zurück. Es war allerdings kein Keep, was damals an der Stelle oder hinter der ersten Südmauer errichtet wurde. Die originale Dreiteilung des Erdgeschosses erweist dieses Bauwerk als ein Torhaus mit einer zwischen zwei Räumen im Erdgeschoß gelegenen Durchfahrt. Die Vermauerungen der ursprünglichen Torbögen sind in der Mauersubstanz noch sehr gut zu erkennen, die Tordurchfahrt als mittlerer Innenraum ist gut erhalten. Erst im 15. Jahrhundert wurde das Tor zum inneren Burghof zwischen die Ostseite des Keep und den runden Flankenturm des ersten Mauerringes verlegt.

Diese Form des Torhauses wurde zu Recht mit der gleichartigen ersten Toranlage in Roscrea (Kat. Nr. 46, Abb. 30) verglichen, die, wie in mehreren anderen Burgen auch, ebenfalls im Spätmittelalter zum Tower-House umgebaut wurde. Wenn die für Roscrea vorgeschlagene Datierung um 1280 stimmt, so ist es nicht abwegig, für das blockartige Torhaus eine ähnliche Zeitstellung vorzuschlagen. Die vage erkennbare relative Chronologie der Burg Cahir im 13. Jahrhundert steht dem nicht entgegen. Viel mehr ist über die Burg des 13. Jahrhunderts in Cahir nicht zu sagen, da die heutige Burg überwiegend ein Ergebnis des Ausbaus im Spätmittelalter und der Wiederherstellungsarbeiten vom 19. Jahrhundert bis in die jüngste Zeit ist. Ungeachtet dieser Veränderungen hat Cahir durch die Insellage einiges vom Charakter der Burg des hohen Mittelalters bewahrt.

Lit.: Harbison 1992, S. 297–298; Fry 1997, S. 200–201; Salter 1993, S. 100; Breffny 1977, S. 62–64; McNeill 1997, S. 138–139, 186–187, 239; Leask 1986, S. 123; Burke, JRSAI 1909, S. 272–274; Wheeler, OPW-Guide o. J.

11. Carlingford, Co. Louth

Die Burg von Carlingford (Abb. 17) liegt auf einem felsigen Bergvorsprung über Lough Carlingford, einer fjordartigen, sich tief ins Land ziehenden Meeresbucht, die den von Newry kommenden River Bann, den Abfluß des großen, im östlichen Ulster gelegenen Lough Neagh, aufnimmt. Carlingford auf der Südseite der Bucht ist das Pendant zu dem in Sichtweite auf der anderen Seite liegenden Greencastle, Co. Down (Kat. Nr. 32), und sicherte mit diesem zusammen sowohl einen vorzüglichen Naturhafen wie auch einen wich-

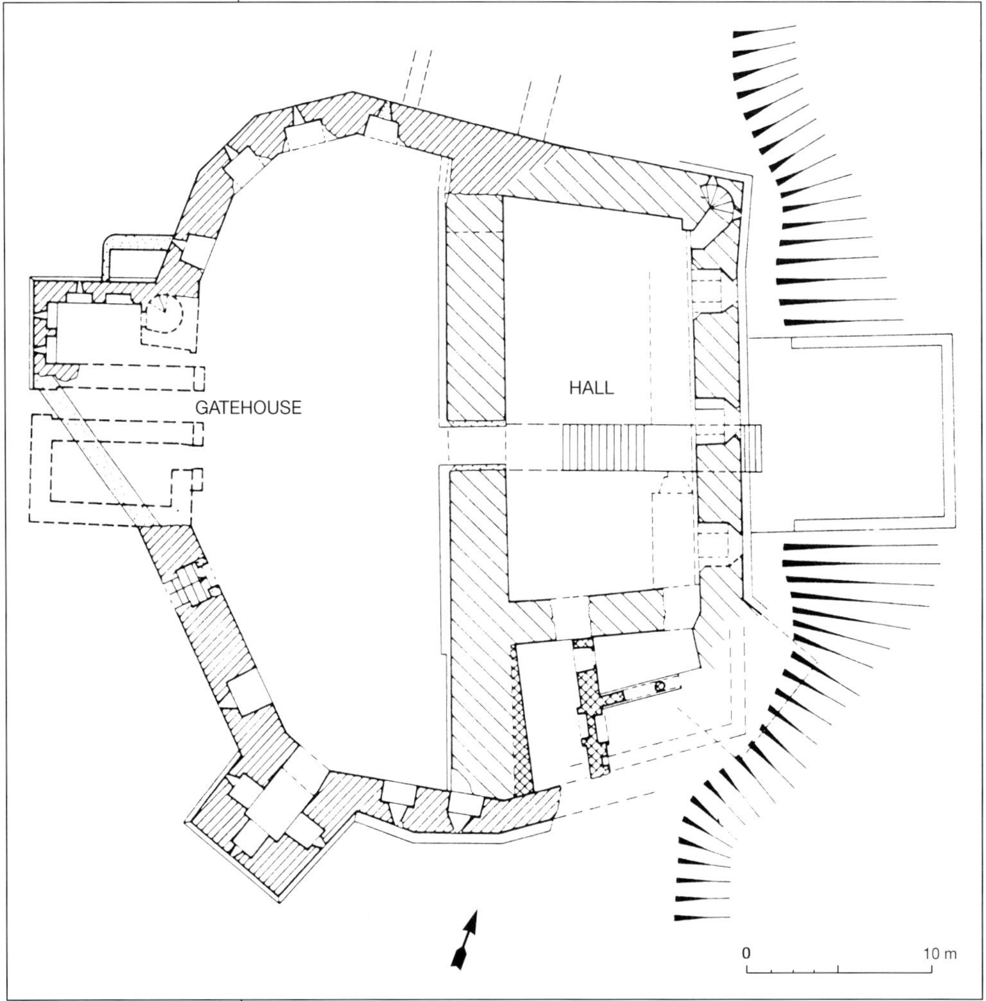

Abb. 69: Carlingford: Grundriß

tigen und ohne Mühe nutzbaren Wasserweg in das Innere von Ulster.

Die Inbesitznahme von Carlingford durch den jüngeren Hugh de Lacy in den letzten Jahren des 12. Jahrhunderts ist gesichert, nicht jedoch die Datierung der ältesten Teile der Burganlage in diese Zeit. Vermutet wird auch eine archäologisch nicht nachgewiesene, einfache Holz-Erde-Befestigung ab ca. 1180. König Johann hielt sich 1210 einige Tage hier auf, aus dieser Zeit werden Baumaßnahmen berichtet, die sich mit einiger Wahrscheinlichkeit mit der westlichen Ringmauer und dem Torbau in Verbindung bringen lassen. Im späteren 13. Jahrhundert, vielleicht um 1260/61 wurde auf dem östlichen, meerseitig gelegenen Teil des Felsvorsprungs eine große Halle mit angeschlossenen Wohnräumen errichtet, die der Burg einen erheblichen Zuwachs an Wohnkomfort und repräsentativem Raum bescherte. Ob es auch in der ersten Phase der Burg an dieser sicher und unangreifbar hoch über dem Meer gelegenen Stelle Wohnbauten kleineren Zuschnitts gegeben hat, ist nicht erwiesen, weitere Wohnräume außerhalb des Torhauses dürften jedoch im Burgareal gelegen haben.

Die westliche, ältere Außenmauer der Burg beschreibt einen unregelmäßigen, den vorhandenen Felsformationen folgenden Halbkreis, der von den beiden den Torweg flankierenden rechteckigen Türmen durchbrochen wird. Ein weiterer rechteckiger Flankenturm sitzt im Südwesten vor dem Halbkreis der Ringmauer. Der Torbau ist heute durch eine moderne, über dessen Südturm hinweggezogene Mauer oberhalb der Fundamente kaum zu identifizieren, um so klarer geht seine Gestalt aus dem gesicherten Grundriß hervor. Der Torbau und der Flankenturm sind mit der westlichen Außenmauer ein Hinweis auf einen durchaus möglichen Baubeginn der Burg noch im ausgehenden 12. Jahrhundert. Ein weiterer rechteckiger Flankenturm könnte auf der Südostseite der Burg, im Süden der späteren Halle gestanden haben. Der Vergleich mit den Flankentürmen der von Roger Bigod II. zwischen 1190 und 1200 erbauten Ringmauer von Framlingham in Suffolk, mehr aber noch des Tores mit den Torbauten des inneren, ca. 1185 noch unter König Heinrich II. begonnenen Mauerringes der Burg Dover in Kent ist sehr aufschlußreich. Hier wurde erstmals die Sicherung einer reichlich mit Schießscharten besetzten Ringmauer mit – noch rechteckigen – Flankentürmen konsequent durchgeführt, und auch der im späteren 13. Jahrhundert fast zur Regel werdende doppeltürmige Torbau mit Mitteldurchfahrt hat hier eine seiner Wurzeln. Eine frühe Übernahme dieser modernen Konzeption in einer der ersten großen Steinburgen in Irland durch Hugh de Lacy ist nicht ausgeschlossen. Spätestens aber die bei König Johanns Irlandaufenthalt 1210 eingeleiteten Baumaßnahmen dürften dem westlichen Teil der Burg zu seinem heute noch erkennbaren Erscheinungsbild verholfen haben.

Carlingford war im 13. Jahrhundert eine königliche Burg. Dieser Rang kommt in den Ausbaumaßnahmen der Jahrhundertmitte, vermutlich in die Regierungszeit König Heinrichs III. um 1260/61 zu datieren, zum Ausdruck. Über einem tonnengewölbten, heute weitgehend verschütteten, Untergeschoß und einem zum Hof hin ebenerdigen Zwischengeschoß lag im Obergeschoß eine große repräsentative Halle mit herrlichem Ausblick über die Bucht. Zur sicheren Lage mag hier ein früher Genuß der landschaftlichen Situation getreten sein. Die Halle war vom Hof her durch eine Tür an ihrer Südseite, wo nun Reste von Wohnräumen aus spätmittelalterlicher Zeit liegen, zu betreten. Mit diesen zusätzlichen Bauten bot die Burg an Wehrhaftigkeit und Wohnkomfort, in ihrem repräsentativen und imposanten äußeren Erscheinungsbild, alles, was man von einer königlichen Burg mit zeitweiliger Residenzfunktion erwarten konnte. Der Endausbau im 13. Jahrhundert ging in jedem Fall weit über die

Lit.: Harbison 1992, S. 231–232; Fry 1997, S. 201–202; Salter 1993, S. 50–51; Barry 1988,

S. 58; Breffny 1977, S. 126; McNeill 1997, S. 40–44, 239; Leask 1936, S. 191–192; Leask 1986, S. 61–63; N. N., JRSAI 38, 1908, S. 310–312; Buckley/Sweetman 1991, S. 320–323.

Erfordernisse der Sicherung von Lough Carlingford und des wichtigen Seezugangs in das Landesinnere hinaus.

Carlingford war, trotz einiger Angriffe und Belagerungen im Spätmittelalter, trotz Beschießungen im 17. Jahrhundert bis in die Neuzeit einer der wichtigsten Stützpunkte der englischen Krone in Irland. Erst im 18. und 19. Jahrhundert setzte der Verfall ein, der heute durch vorbildliche Restaurierungsmaßnahmen gestoppt ist.

12. Carlow, Co. Carlow

"Some of the most picturesque and beautiful views in Ireland are in the county of Carlow, on the Barrow", heißt es in einer Reisebeschreibung aus dem 19. Jahrhundert über die Lage der Burg Carlow (Abb. 56). Die Lage der Burg, heute inmitten der Stadt Carlow gelegen, hat sich seither nicht unbedingt zu deren Vorteil verändert, aber durch denkmalpflegerische und städtebauliche Maßnahmen in den letzten Jahren wesentlich verbessert. Ein Stich aus der Zeit zwischen 1810 und 1812 zeigt die damals noch vollständig erhaltene Kernburg in ihrer ursprünglichen strategischen Funktion. Sie sicherte an der Straße Dublin – Kilkenny den wichtigen Flußübergang und die schon frühzeitig erbaute Brücke über den River Barrow. Durch Carlow verlief noch eine weitere, von Ferns, dem alten Zentrum der Könige von Leinster, nach Westen ins Landesinnere führende Straße. Im Zentrum dieser Verkehrsverbindungen war Carlow für die Behauptung der Herrschaft in Leinster ein Ort von erstrangiger strategischer Bedeutung.

Die Burg von Carlow wird im Jahr 1231 zum erstenmal erwähnt. Es gibt aber gute Gründe, ein früheres Datum für die Errichtung der steinernen Burg, deren Reste heute am Ort zu sehen sind, anzunehmen. Als Erbauer wird in der Regel der ältere William Marshal genannt, der Erbe von Strongbows Besitzungen in Leinster und der dominierende Mann in der englischen Politik während der Minderjährigkeit König Heinrichs III. Eventuell kommt auch sein gleichnamiger Sohn in Frage. William Marshal d. Ä. hatte Veranlassung, sich zwischen 1207 und 1213 vor der unberechenbaren Politk und den Nachstellungen König Johanns nach Irland zurückzuziehen. Er nutzte diese Zeit zu einem tatkräftigen Ausbau seiner Herrschaft in Leinster, das ihm durch die Heirat mit der Tochter Strongbows, des Earl of Clare, als Erbe zugefallen war. 1208 erteilte er seiner Stadt Carlow ein Privileg. Die Errichtung der Burg könnte in diesen Zeitraum fallen. Zweifel an dieser Datierung sind nur bei der Betrachtung der kreuzförmigen Schießscharten angebracht. Diese kommen in Chepstow, ebenfalls eine Burg der Marshals, erst in der zwischen 1219 und 1245 zu datierenden Bauphase vor. Zwar wäre es sehr leichtfertig, die Architekturform der Schießscharte zur einzigen Grundlage einer absoluten Datierung zu machen, der Typus in Carlow könnte aber darauf hinweisen, daß der jüngere William Marshal eher als sein Vater erst nach 1220 den Bau der Burg in Carlow begonnen hat.

Carlow wird mit Ferns (Kat. Nr. 29, Abb. 20), Lea (Kat. Nr. 36, Abb. 99) und Terryglass (Kat. Nr. 49, Abb. 114) zu den Burganlagen, die als ein lokal entwickelter, moderner und den Verhältnissen im Land angepaßter Typ im mittelalterlichen Burgenbau Irlands gelten, gerechnet. Der gesellschaftliche Rang, der Reichtum und die Machtfülle eines William Marshal ließen es nicht zu, schnell eine nur um eines strategischen oder taktischen Vorteils willen errichtete Burg zu erbauen. Andererseits gestatteten es die Ressourcen im Irland des frühen 13. Jahrhunderts nicht immer, Burganlagen wie Pembroke, die Hauptburg William Marshals in Wales, mit ihrer differenzierten Architektur – Keep, Halle, Wohnbauten u. a. – zu erstellen. Der Hall-Keep der Burg Carlow erfüllte, wie an den anderen genannten Orten, die Anforderungen an gebaute Herrschaftsarchitektur, aber in kleinerem Maßstab, ohne den Wohnkomfort und die Verteidigungsfähigkeit der Burg zu vernachlässigen. Die Burg Carlow ist ein rechteckiger Hall-Keep zu drei Geschossen, der über regelmäßigem Grundriß auf den Ecken mit stark ausspringenden Flankentürmen besetzt war. Nur die Westwand mit den zugehörigen Flankentürmen ist noch erhalten. Auch der ehemals um den Hall-Keep herum anzunehmende Mauerring, Torbau und Wirtschaftsgebäude sind spurlos verschwunden.

Alles unter einem Dach: diese Devise kennzeichnet treffend Burgen vom Typ Carlows. Über einem massiven, hinter der Sockelschräge liegenden Untergeschoß lagen eine repräsentative Halle für den offiziellen Gebrauch und die Ausübung von Herrschaftsfunktionen sowie Wohnräume für den Burgherren und seine Familie. Der Eingang führte in der Südwand in das 1. Obergeschoß, wo sich nach Ausweis der Aborte zwei Räume befanden. Die Halle könnte auch im nächsthöheren Geschoß gelegen haben. Die Stockwerke wurden durch Treppen in der Mauerstärke, vielleicht zusätzlich in einem der Ecktürme, erschlossen. Das Bauwerk vereint das Erscheinungsbild des

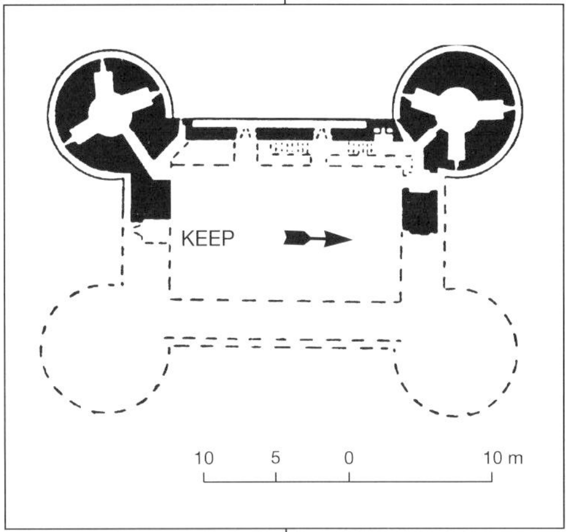

Abb. 70: Carlow: Grundriß

Abb. 71: Carlow: Ansicht um 1810–1812

in der Tradition des 12. Jahrhunderts stehenden rechteckigen Keep, dem als Zeichen der Herrschaft herausragende Bedeutung zukam, mit der modernen, erst im 13. Jahrhundert aufkommenden Bewehrung durch runde Flankentürme und mit der Hereinnahme der Halle in den Keep, wodurch zusätzliche Bauwerke im gefährdeten Außenbereich zwischen Keep und Ringmauer vermieden werden konnten.

Die Anwendung des Begriffes Hall-Keep auf Carlow und verwandte Burgen ist nicht unumstritten, manche Autoren verwenden ihn nur für kleinere Burgen, bei denen der architektonische Aufwand wesentlich bescheidener ist. Mit der Versammlung der wichtigsten Funktionen der Burg in einem Bauwerk entspricht jedoch Carlow ganz der räumlichen Disposition, die wir in den meisten Hall-Keeps vorfinden.

Mit der Familie der Marshals als Erbauer der Burg öffnet sich auch der Blick für die französischen Vorbilder dieses Burgentyps. Gerade der ältere William Marshal verbrachte sein halbes Leben in Frankreich, im Dienst König Heinrichs II. und als Lehnsmann des französischen Königs Philippe-Auguste. Auch seine Söhne waren mit den neuesten Entwicklungen der kontinentalen Burgenarchitektur vertraut. Burgen in der Île de France, eventuell auch Nemours (Abb. 57), waren ihnen bekannt und konnten bei der Konzeption der Burg Carlow als Vorbild herangezogen werden. Zugleich verbindet Carlow traditionelle Elemente der Burgenarchitektur mit Bauideen, die gerade in Irland im späten Mittelalter zu voller Blüte gelangen sollten. In das vorige Jahrhundert zurück verweist der rechteckige Keep, das Herrschaftssymbol in der Burgenarchitektur des 12. Jahrhunderts, nach französischem Vorbild durch Eckflankentürme modernisiert. In die Zukunft des 15. bis 17. Jahrhunderts führt der Gedanke des Tower-House, das in Burgen wie Carlow schon im 13. Jahrhundert präfiguriert ist.

Lit.: Harbison 1992, S. 50–51; Fry 1997, S. 202; Salter 1993, S. 52; Barry 1988, S. 68, 86; McNeill 1997, S. 119–123, 239; Leask 1936, S. 168–170; Leask 1986, S. 47–49; Malcomson, JRSAI 10, 1868, S. 162–163.

13. Carrickfergus, Co. Antrim

Die Burg Carrickfergus (Abb. 2, 25) hat aus mehreren Gründen den Anspruch – zusammen mit Trim (Kat. Nr. 50) –, die bedeutendste Wehranlage des hohen Mittelalters in Irland genannt zu werden. Ihr Alter, ihre historische Rolle, ihr hervorragender Erhaltungszustand, die einzelnen Bauteile und, nicht zuletzt, die Tatsache, daß ihr als einziger Burg in Irland eine ausführliche monografische Bearbeitung zuteil wurde, lassen es nicht zu, den mittelalterlichen Burgenbau Irlands zu behandeln, ohne ausführlich auf diese Burg einzugehen.

Carrickfergus liegt an der Nordseite von Belfast Lough, der langgezogenen Bucht, die sich von der Irischen See nach Belfast hineinzieht. Am Ort selbst bietet eine kleine felsige Halbinsel der Burg einen nach drei Seiten durch das Meer gesicherten Platz und der bei

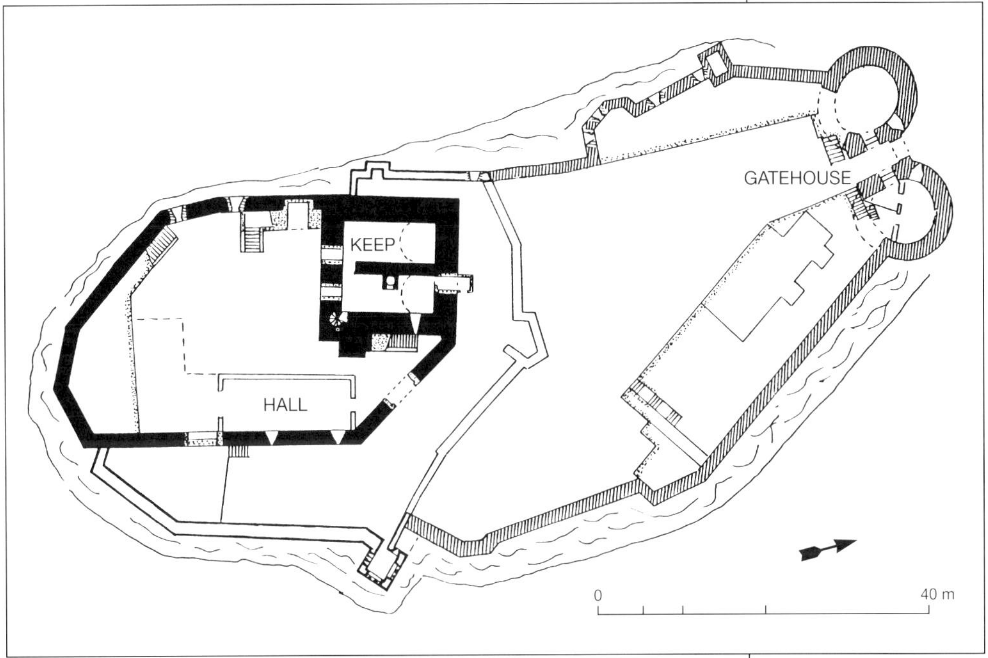

Abb. 72: Carrickfergus: Grundriß

der Burg liegenden kleinen Stadt einen geschützten Hafen. Ähnlich wie in Carlingford (Kat. Nr. 11, Abb. 17) und bei einigen königlichen Burgen in Wales verbindet Carrickfergus den Vorteil der Beherrschung des Landes und der Bucht mit der Möglichkeit, jederzeit von See her versorgt zu werden.

Dieser Platz konnte einem geübten Auge nicht verborgen bleiben. Es ist mit großer Sicherheit davon auszugehen, daß John de Courcy bei seinem erfolgreichen Vorstoß nach Ulster 1177/78 hier schon frühzeitig mit dem Bau einer Wehranlage begann. McNeill hat wahrscheinlich gemacht, daß die Burg, auf die sich John de Courcy nach seiner schweren Niederlage bei Fir Lí 1178 zurückzog, Carrickfergus gewesen sein könnte. Da eine Holz-Erde-Befestigung auf dem Felsvorsprung wenig Vorteile gebracht hätte, wird man wohl schon in dieser Zeit mit dem Baubeginn der Steinburg zu rechnen haben. Carrickfergus wäre dann zusammen mit Trim die früheste steinerne Burganlage der Anglonormannen in Irland.

In der ersten Bauperiode wurde am Ende der Halbinsel eine unregelmäßig polygonale Umfassungsmauer errichtet. Flankentürme oder aufwendige Toranlagen gab es nicht. Man verließ sich auf den Schutz, den das auf drei Seiten die Burg umspülende Meer bot. Zur Landseite hin wurde innerhalb der Ringmauer der fünfundzwanzig Meter hohe Keep begonnen und bis 1190/95 weitgehend fertiggestellt. Er war als Bollwerk zur Angriffsseite hin, als Hauptwohnbau und Symbol der Herrschaft das wichtigste und am stärksten befestigte Bauwerk der Burg. Der Keep hat im Innern vier Geschosse, von denen die beiden mittleren vermutlich allgemeinen Wohnzwecken, das oberste als bemerkenswert geräumige Great Chamber für den Burgherren diente. Die repräsentative Halle lag an der Ostseite des Hofes und entstand ebenfalls in der ersten Bauphase. Der Eingang war im 1. Obergeschoß und wurde über einen nicht mehr vorhandenen hölzernen Vorbau erschlossen. Das Untergeschoß weist die charakteristische Zweiteilung vieler Keeps des 12. Jahrhunderts, von Rochester (ca. 1127) bis Dover (1180–1189), auf. Vor der Ostseite der Trennmauer im Untergeschoß liegt ein Brunnen, dessen gemauerter Schacht bis zum 1. Obergeschoß hochgeführt ist, der sich aber zum Untergeschoß in einer Nische öffnet. Der Keep von Carrickfergus gehört zu den modernsten seiner Zeit und steht in nichts seinen zeitgenössischen Vorbildern in England und Frankreich nach.

Zur Landseite lag, von dem Keep und der Ringmauer durch einen Abstand von sechs bis acht Metern getrennt, ein einfacher in den Fels geschlagener Halsgraben, ohne weitere Sicherung durch eine Mauer. In diesem Zustand blieb die Burg auch nach der Vertreibung von John de Courcy durch Hugh de Lacy 1204 und während der ganzen Regierungszeit König Johanns, der sich 1210 längere Zeit in der Burg aufhielt und bei dieser Gelegenheit Carrickfergus für die Krone in Besitz nahm. Carrickfergus war zu dieser Zeit und während des ganzen Mittelalters der wichtigste Hafen in Ulster. Zwischen 1216 und 1223 wurde die Burg auf der Landseite und nach Osten, auf der schmalen Felsplattform zum Meer hin, durch eine weitere Mauer und zwei rechteckige Türme verstärkt. Die nicht an die Stärke der inneren Ringmauer heranreichende Befestigung schloß zur Angriffsseite unmittelbar an den Halsgraben an und bildete nach Osten, zum Meer hin, eine Barbakane vor dem Durchlaß im inneren Mauerring. Dieser äußere Vorhof war mehr ein zusätzliches Annäherungshindernis als eine unüberwindliche Befestigung und wurde schon wenige Jahre später durch eine moderne Vorburg, welche die Grundfläche der Anlage fast verdoppelte und nun die ganze Halbinsel einnahm, nach Norden erweitert.

Die Arbeiten begannen ca. 1225/26, als der jüngere Hugh de Lacy seine Besitzungen in Ulster wieder zurückerhielt, und zogen sich bis in die vierziger Jahre hin. Um 1250 dürfte die Burg auf dem bis heute nicht mehr erweiterten Areal vollendet gewesen sein. Die Außenmauern paßten sich weitestgehend den vorhandenen Felsformationen an, wodurch die Burg im Grundriß einem langgestreckten, sehr unregelmäßigen Oval gleicht. Entlang der neuen Außenmauern konnte man auf große Flankentürme verzichten, der schwer zugängliche Felsen im Meer bot genügend natürlichen Schutz. Innen zogen sich entlang der Mauern im Osten und Westen langgestreckte Gebäude, von denen eine neue große Halle auf der Westseite des Hofes das wichtigste Bauwerk war. Mit diesem Bau kommt der Charakter von Carrickfergus als Hauptresidenz der Earls of Ulster augenfällig zum Ausdruck. Schon der König, wenn er auch nach

1210 in Irland für fast zwei Jahrhunderte nur noch durch seinen Vertreter, den Justitiar, in Erscheinung trat, konnte in seiner wichtigsten Burg im Norden des Landes, solange er sie in Besitz hatte, nicht auf einen repräsentativen Raum, in dem sich die Staatsmacht selbst darstellte und der für Gerichtssitzungen und feierliche Proklamationen der Verwaltung unerläßlich war, verzichten. Für die Earls gilt, auf ihrer Verwaltungsebene, das gleiche. Das Nordende der Burg, den Zugang zum Festland, besetzte in voller Breite der doppeltürmige Torbau. Er bestand aus zwei kreisrunden Türmen, die in der Mitte durch zwei Geschosse über der Tordurchfahrt verbunden waren. In der ersten Phase des Torbaus gab es die überwölbte Torfahrt noch nicht. Es ist durchaus möglich, daß zwischen den runden Türmen anfangs eine hölzerne Torkonstruktion bestand. Die Torburg in ihrem später ausgebauten Zustand, mit zwei Fallgattern und festen Torflügeln, war wehrtechnisch ganz auf der Höhe ihrer Zeit, wenn auch nicht die erste ihrer Art. Die heute stark veränderten Räume im Innern der Türme waren z.T. bewohnbar, es fehlen aber noch die großen komfortablen Appartements, wie sie in der zweiten Jahrhunderthälfte, besonders in der Regierungszeit König Eduards I., so häufig anzutreffen sind. Im 2. Obergeschoß des westlichen Turmes gab es eine Kapelle, deren rundbogiges Doppelfenster mit Säulen und Schaftringen ganz der ersten Phase der englischen Gotik, dem Early English, entspricht. Der Torbau von Carrickfergus sitzt wie ein Riegel vor der langgestreckten Burganlage. Er ist ein imposantes und abschreckendes Bauwerk, düster und wenig einladend, geeignet, die drohenden Seiten der Königsmacht der unterworfenen einheimischen Bevölkerung wirkungsvoll vor Augen zu halten.

Carrickfergus wurde bis in die Neuzeit häufig belagert und umkämpft, repariert und verändert. Dennoch hat die Burg ihr Erscheinungsbild des 13. Jahrhunderts im wesentlichen bis in unsere Zeit bewahrt.

Lit.: Harbison 1992, S. 35–36; O'Brien/Harbison 1996, S. 140; Fry 1997, S. 202–203; Salter 1993, S. 138–139; Barry 1988, S. 55–56; Breffny 1977, S. 65–67; McNeill 1981; McNeill 1997, S. 29, 30, 54–55, 92, 239; Leask 1936, S. 146–149; Leask 1986, S. 27–31; Jope 1974; Jope, UJA 1950, S. 61–65; Waterman, UJA 1952, S. 103–115; Waterman/Collins, UJA 1952, S. 87–102.

14. Castle Carra, Co. Mayo

Castle Carra (Abb. 45) ist eine der am weitesten im Westen Irlands gelegenen Burgen aus der Zeit der Eroberung. Sie liegt in ausgesprochen malerischer Lage über dem nordöstlichen Ufer von Lough Carra, der nördlichen Verlängerung von Lough Mask in Connacht. Die heute sehr abgelegene und nicht leicht aufzusuchende Burg kontrollierte zur Zeit ihrer Erbauung eine Region, die nach Süden auf den Wasserwegen von Lough Mask und Lough Corrib direkten Zugang zur Bucht von Galway besaß, nach Norden über die Burgen von Ballylahan (Kat. Nr. 6), Ballymote (Kat. Nr. 9) und Collooney Verbindung nach Sligo und Ulster hatte und auch nach Westen einen leichten Zugang zum Meer bei Westport ermöglichte.

Castle Carra ist dennoch keine Burg des hohen Feudaladels. Das sie umgebende Land ist, bei aller landschaftlichen Schönheit, nicht

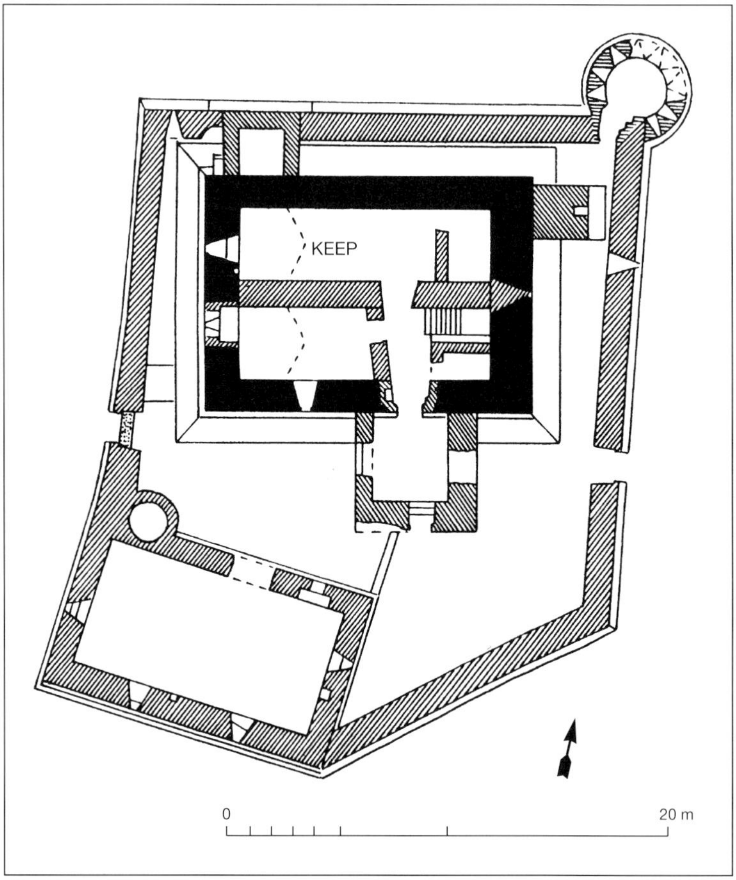

Abb. 73: Castle Carra: Grundriß

übermäßig ertragreich, die Burg selbst eher ein Außenposten von bescheidenem Zuschnitt, mehr eine Option auf noch zu eroberndes Land als ein Herrensitz in unterworfenem und erschlossenem Territorium.

Erbauer von Castle Carra waren die de Stauntons, kleinere Feudalherren im Gefolge der de Burghs. Ein Baudatum für Castle Carra gibt es nicht, die Datierungen schwanken zwischen 1238 und 1300, hilfsweise wird pauschal das späte 13. Jahrhundert vermutet. Die das 13. Jahrhundert nennenden Daten können ohnehin nur den Keep betreffen, da die äußeren Mauern und Gebäude von Castle Carra der Zeit nach dem 15. Jahrhundert entstammen, als auch der Keep zum Tower-House umgestaltet und gegenüber dem ursprünglichen Zustand erheblich verändert wurde. Auch das erste Ringwork bzw. die erste Ringmauer wurde damals überbaut.

Den de Burghs wurde zwar schon 1227 Connacht verliehen, aber erst ab 1235 waren sie in der Lage, zusammen mit Maurice fitz-Gerald und Hugh de Lacy, die Unterwerfung des Landes in Angriff zu nehmen. 1237–38 kam es dann zum Bau zahlreicher Burgen in Connacht, unter denen auch das von den de Staunton im Auftrag von de Burgh erbaute Castle Carra gewesen sein könnte. Es ist der Typus des einfachen Hall-Keep oder Hall-House innerhalb eines Ringworks oder einer einfachen Ringmauer, wie in Athenry (Kat. Nr. 2, Abb. 26) oder in Ballinamantain (Kat. Nr. 4, Abb. 9) aus der gleichen Zeit. Eine sichere Datierung um 1238 herum lassen die späteren Veränderungen in Castle Carra ohne Grabungen und Bauuntersuchungen jedoch nicht zu.

Der Keep selbst war vermutlich zweigeschossig, der – in späterer Zeit vermauerte, aber noch sichtbare – Eingang auf der Südseite führte direkt in den Hauptraum im 1. Obergeschoß. Dieser war durch einen Kamin beheizt, außerdem führte von hier eine Treppe in der Ostwand weiter nach oben, zur Entstehungszeit des Keep eher auf den Wehrgang oder die Wehrplatte als in ein weiteres Wohngeschoß.

Über das Schicksal der Burg ist nichts Näheres bekannt. Die Nachkommen der de Stauntons hielten sie noch bis 1574, als die englische Macht in Connacht ferne Vergangenheit war. Bezeichnenderweise nannten sie sich im Spätmittelalter MacEvilly; die einstigen Eroberer und ihre Burg waren, als Anglo-Iren und als irisches Tower-House, in ihre irische Umgebung eingeschmolzen worden.

Lit.: Harbison 1992, S. 245; Fry 1997, S. 204; Salter 1993, S. 31; Breffny 1977, S. 206; McNeill 1997, S. 136, 146; Knox et al., JGAHS 1920/21, S. 24.

15. Castleknock, Co. Dublin

Castleknock ist heute einer der westlichen Vororte von Dublin, zwischen Autobahnring und Phoenix Park auf der Nordseite des River Liffey gelegen. Von der beim College gelegenen Burg ist außer ein paar Grundmauern nichts mehr wahrzunehmen. Die einzige Quelle für eine Beurteilung ist eine Zeichnung der schon damals ruinösen Anlage aus dem Jahr 1698.

Castleknock wurde um 1180 von Hugh Tyrell als eine einfache Holz-Erde-Befestigung gegründet. In dieser Form war die Burg eine der typischen Anlagen der ersten Eroberungszeit, ausschließlich um strategischer oder taktischer Vorteile willen im Kriegsverlauf errichtet. Im Fall von Castleknock war es die Sicherung des Vorfeldes der königlichen Stadt Dublin und des nahen River Liffey, einer wichtigen Verbindung ins Landesinnere.

Es heißt, schon wenige Jahre nach der ersten einfachen Befestigung sei der auf der Zeichnung von 1698 wiedergegebene polygonale Keep an der Stelle der Motte von 1180 errichtet worden. Ohne daß dies irgendwo präzise ausgesprochen wird, unterstellt man dem Keep damit ein Entstehungsdatum um 1200 herum. Offensichtlich haben bei dieser Datierung die englischen Burgen von Chilham, Kent (1171–75), Tickhill, South Yorkshire (1178–80) und Odiham, Hampshire (1207–12) Pate gestanden. Fry unterstellt König Johann gar einen Hang zu polygonalen Keeps. Schließt man aber noch Orford, Suffolk (1165–67) in die Reihe der Vorbilder für Castleknock

Abb. 74: Castleknock: Ansicht der Burg im Jahre 1698

mit ein, so erkennt man schnell, daß drei von diesen vier polygonalen Keeps noch in die Zeit König Heinrichs II. gehören.

Zweifel an der Frühdatierung sind auch angesichts der gewaltigen Baumasse des Keep von Castleknock angebracht. Auch wenn die meisten Autoren stereotyp von drei Geschossen im Innern reden, erweist der Blick auf die Zeichnung von 1698, daß über dem Sockelgeschoß noch drei weitere Geschosse folgten. Auch das unterste Geschoß enthält in aller Regel nutzbare Räume. Der möglicherweise schräge untere Sockel, die zweifache gesimsartige Abschrägung unter und über dem „Erdgeschoß" und der vorspringende Wehrgang lassen ein mächtiges Bauwerk vermuten, das durchaus auch in einer späteren Zeit in diesen Formen noch möglich ist. Lassen wir beim nach 1283 errichteten Eagle Tower von Caernarfon, dem größten Turm der im Auftrag König Eduards I. in Wales angelegten Burg, die drei Aufsatztürme beiseite, so haben wir mit dem polygonalen Zuschnitt, den vier Geschossen und der gleichen Schräge über dem Sockelgeschoß fast eine Kopie des Keep von Castleknock vor uns. Sehr viel weiter, sowohl zeitlich als auch örtlich, entfernt zeigt der große Turm von Trévoux, Dept. Ain, im Lyonnais, von Mesqui ins 14. Jahrhundert datiert, daß polygonale Türme von der Art Castleknocks durchaus nicht nur an der Wende vom 12. zum 13. Jahrhundert erbaut wurden.

Über nicht mehr vorhandene Burgen und alte Zeichnungen ist köstlich spekulieren und nicht selten wird die Forschung durch solche Überlegungen bereichert. Zum Glaubenssatz darf man die aus solchen Spekulationen gewonnenen Erkenntnisse jedoch nicht erheben. Castleknock wird in seinen kläglichen Resten nur mit viel Glück oder umfangreichen Bodenuntersuchungen sicher zu datieren und als Bautyp näher zu bestimmen sein. Bis dahin dient es eher als Anleitung dafür, was man in der Burgenforschung tunlichst unterlassen sollte.

Lit.: Fry 1997, S. 205; Salter 1993, S. 52; Barry 1988, S. 61; Leask 1936, S. 166–167; Leask 1986, S. 43.

16. Clonmacnoise, Co. Offaly

Die weltberühmte Klosterstätte von Clonmacnoise wird von keinem Irlandreisenden ausgelassen, die westlich des Klosters gelegene Burg (Abb. 18) dagegen zieht keine Besucher an. Zumeist wissen sie gar nichts von ihrer Existenz. Kloster und Burg aber bedingen einan-

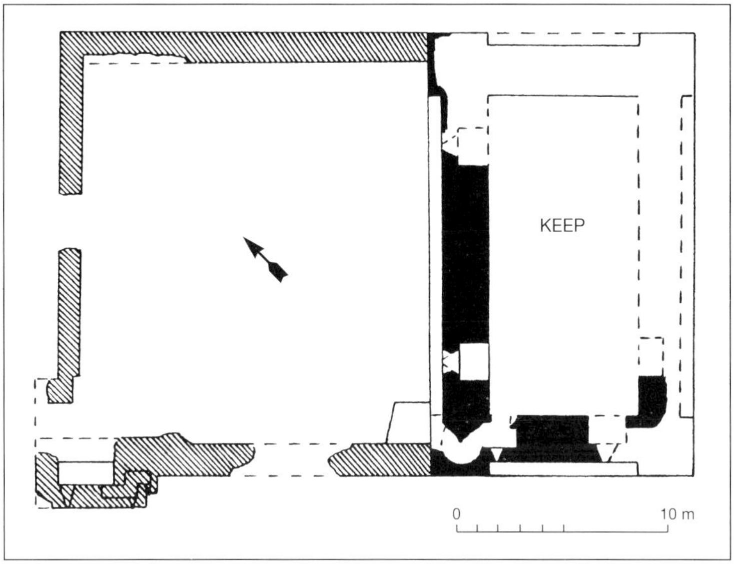

Abb. 75: Clonmacnoise: Grundriß

der. Natürlich ist das in der Mitte des 6. Jahrhunderts, am Beginn der monastischen Epoche Irlands, gegründete Kloster viel älter als die Burg. Das monastische Zentrum aber zog die Gründung der Burg nach sich, sie suchte das Kloster zu beherrschen und kontrollierte eine der wichtigsten Ost-West-Verbindungen im mittleren Irland.

Clonmacnoise nimmt in Irland auch geografisch eine ganz zentrale Position ein. Fast gleichweit zwischen Norden und Süden liegt der Ort in der weiten und moorigen Niederung des Shannon, der wahren Scheidelinie zwischen Osten und Westen, zwischen den alten Königreichen Leinster, Meath und Connacht. Hier führte ein seit alters her begangener Weg auf einem trockenen Höhenrücken von den fruchtbaren Regionen von Meath durch die schwer passierbare Shannon-Region zur Bucht von Galway. Der einzige Übergang über den Fluß lag, wollte man nicht das weiter nördlich gelegene Athlone mit seiner Brücke nutzen, südwestlich von Clonmacnoise in Shannonbridge. Hier kreuzten sich zwei der wichtigsten Verkehrswege des alten Irland.

Wann hier eine erste Befestigung der Anglonormannen entstand, ist durchaus strittig. Fry plädiert für eine Datierung in den ersten Jahren nach der Invasion von 1169 und geht dabei unausgesprochen von der nicht unbegründeten Vorstellung aus, daß die Eroberer das kirchen- wie machtpolitisch wichtige Zentrum sowie das Wegekreuz kontrollieren wollten. Er steht mit dieser Auffassung derzeit allein. Die herrschende Meinung ist, die Burg von Clonmacnoise sei ca. 1212/1214 als ein anglonormannisches Ringwork gegründet und bald darauf, in der Regierungszeit König Heinrichs III., mit dem steinernen Keep versehen worden. Wie nicht selten bei anglonormannischen Anlagen wurde die Burg auf dem Grund und

Boden des Klosters erbaut, am alten Platz des Abtshauses, wofür diesem Entschädigung geleistet wurde. Die annähernd quadratische Ringmauer ist ein Bawn aus dem 16. Jahrhundert, der Zeit, in der der Keep längst seine Rolle als Tower-House angenommen hatte. Über die Gründer oder frühen Eigentümer der Burg ist wenig bekannt. Es heißt, das Ringwork sei auf Veranlassung König Johanns von dem Justitiar John de Gray errichtet worden. Jedenfalls war die Burg bis ca. 1230 in königlichem Besitz. Das würde ein frühes Interesse der Krone an der Shannon-Linie, wie es fast gleichzeitig in Athlone (Abb. 19) und nur wenige Jahre später in Rinndown der Fall war, bezeugen. Gesichert ist diese Annahme, auch wenn einige Fakten dafür sprechen, jedoch nicht.

Clonmacnoise ist eine historisch kaum erforschte Burg. Grabungen haben hier nicht stattgefunden. Deshalb ist über die Gestalt der Burg nur wenig mehr zu sagen, als vor Ort zu sehen ist. Einigen Aufschluß vermittelt die Gestalt des Ringworks. Es kann als einigermaßen sicher gelten, daß es sich hier um eine anglonormannische Anlage nach dem Penmaen-Typ und nicht um ein älteres irische Ringfort handelt. Der innere Wall ist fast rechteckig und weist nur eine Einbuchtung für den Zugang auf. Der äußere Wall ist D-förmig. Der Graben zwischen diesen Wällen dürfte ursprünglich mit Wasser gefüllt gewesen sein, wie dies in den feuchten Wintermonaten noch heute bisweilen der Fall ist. Fry beschreibt die Anlage als ein Motte & Bailey-Castle, dessen Mottenhügel, auf dem später der Keep errichtet wurde, noch heute klar vom Bailey zu unterscheiden sei. McNeill vermutet eine teilweise abgetragene Motte. Mangels Bodenuntersuchungen läßt sich aber zur Zeit nicht entscheiden, ob der Keep überhaupt auf einer Motte steht oder ob er in die innere Umwallung hineingesetzt bzw. durch diese „eingemottet" wurde. Einstweilen spricht sehr viel mehr für ein anglonormannisches Ringwork mit später hinzugefügtem Keep als für ein Motte & Bailey-Castle.

Der Keep hatte insgesamt drei Geschosse. Über einem Untergeschoß lagen zwei Obergeschosse, der Eingang auf der Ebene des 1. Obergeschosses. Ob das obere der beiden Geschosse von Anfang an vorhanden war, ist noch zu klären. In der äußeren Erscheinung verfügte der Keep auf den Ecken über lisenenartige Verstärkungen, die rechteckigen Ecktürmen geglichen haben mögen. In der Südwestecke sitzt eine Wendeltreppe, die Zugang zu den anderen Geschossen ermöglichte. Der Keep von Clonmacnoise entspricht dem Typ des einfachen Hall-Keep wie Athenry (Kat. Nr. 2, Abb. 26), Moylough (Kat. Nr. 40, Abb. 27, 31) und Dunmore, Co. Galway (Kat. Nr. 26, Abb. 49). Im Vergleich zu diesen ist lediglich die Zahl von drei Geschossen von Anfang an fragwürdig, aber durch eine Bauaufnahme zu klären. Auch landschaftlich paßt der Typus ins Bild. Im Grenzgebiet zu Connacht war die Herrschaftsbildung für die Anglonormannen gerade im frühen 13. Jahrhundert mit großen Schwierigkeiten und Rückschlägen verbunden. Clonmacnoise war kein Zentrum der Macht, eher ein Außenposten, von dem aus die Krone den Überblick über die Entwicklung im unruhigen Grenzgebiet zu Connacht behalten wollte. Die spätere Entwicklung der Burg ist nur lückenhaft bekannt. Die rechteckige Mauer entstammt sicher nicht, wie der von McNeill abgebildete Plan suggeriert, dem 13. oder frühen 14. Jahrhundert, sondern ist ein spätmittelalterlicher Bawn. Das Ende der Burg Clonmacnoise kam um 1650, als der Keep auf englische Anordnung gesprengt wurde.

Lit.: Harbison 1992, S. 278; Fry 1997, S. 206; Salter 1993, S. 55; McNeill 1997, S. 129, 133, 139, 146, 240; Leask 1986, S. 72; Manning 1994, OPW-Guidebook; Wheeler 1994, OPW-Leaflet.

17. Clonmore, Co. Carlow

Die Burg von Clonmore (Abb. 28) liegt östlich von Carlow am südwestlichen Rand der Wicklow Mountains in einem Gebiet, in dem die Macht der Eroberer und später der englischen Feudalherren bis ins 16. Jahrhundert immer durch die in den Wicklows heimischen Iren bestritten und ihre Durchsetzung über lange Perioden unmöglich gemacht wurde. Es überrascht daher, gerade im östlichen Co. Carlow schwach befestigte, eher wohnliche Anlagen wie Ballyloughan (Kat. Nr. 7, Abb. 65), Ballymoon (Kat. Nr. 8, Abb. 66) und eben Clonmore vorzufinden. Leider trägt ihre Häufung gerade in diesem Gebiet nichts zur Deutung ihrer baulichen Anlagen bei.

Wer den Bau von Clonmore veranlaßt hat, ist völlig unbekannt. Es muß aber darauf hingewiesen werden, daß einige hundert Meter östlich der Burg eine Motte des ausgehenden 12. oder frühen 13. Jahrhunderts anzutreffen ist. Sie liegt oberhalb des frühmittelalterlichen Klosters am Fuß der Berghänge, die hier den Übergang des flachen Hügellandes im östlichen Co. Carlow in das Bergland der südlichen Wicklow Mountains markieren. Die Existenz der Motte besagt zweierlei. Erstens zeigt sie an, daß die Burg von Clonmore nicht voraussetzungslos entstanden ist, sondern, wie an vielen anderen Orten, eine einfachere Burganlage zum Vorläufer hatte. Zweitens ist die Nachbarschaft von Motte und Kloster ein weiterer Beleg für die häufig anzutreffende Tatsache, daß die Burgen der Eroberer sehr oft auf kirchlichem Grund errichtet wurden.

Die Lage von Clonmore läßt sowohl den Bau der Motte wie auch der späteren Burg sinnvoll erscheinen. Sicherte die erstere das flache und fruchtbare Hügelland um Carlow gegen die Überfälle der im hohen Mittelalter nie zu kontrollierenden irischen Clans aus den Wicklows und kontrollierte zugleich das monastische Zentrum, so machte sich die Steinburg – wie Jahrhunderte zuvor das Kloster – die Annehmlichkeiten des Ortes zunutze. Die Ausrichtung auf die Sonneneinstrahlung von Süden und Westen, die klimatisch günstige Lage am Fuß der Berghänge mitten im ertragreichen Hügelland, mochten den Herren am Ort in vermeintlich ruhigeren Zeiten die Idee eingeben, die veraltete Motte zu verlassen und eine komfortable Residenz zu erbauen. Wer zu welchem Zeitpunkt diese Entscheidung traf, ist völlig offen. Nur McNeill bringt die Butlers, die im

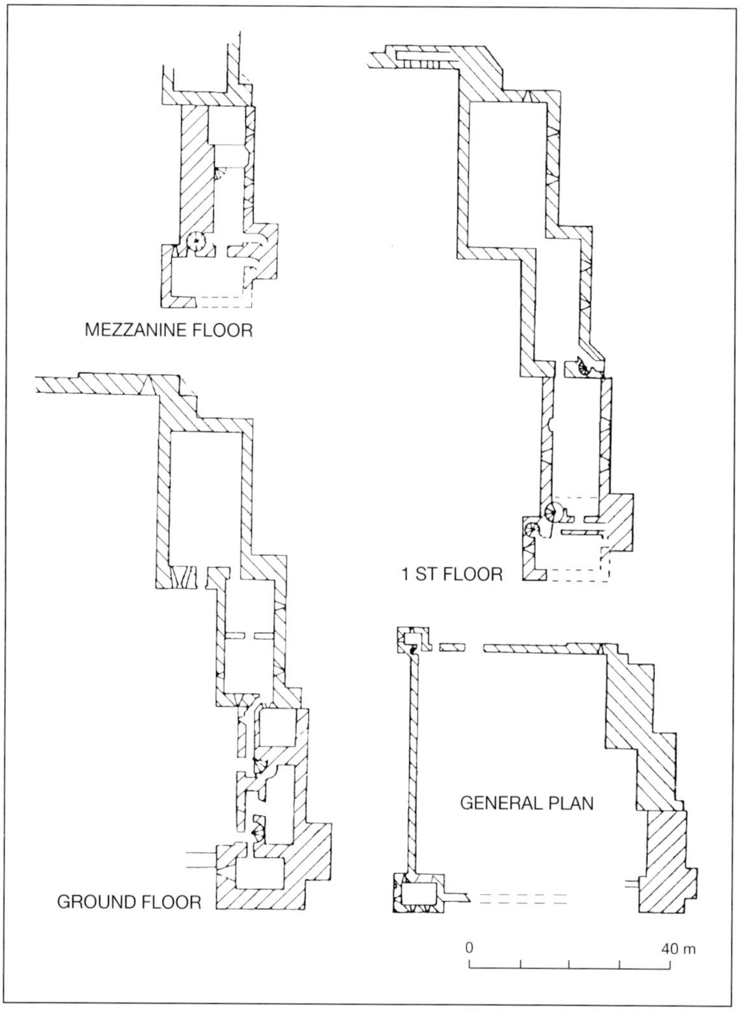

Abb. 76: Clonmore: Grundriß

13. Jahrhundert hier Streubesitz hatten, ins Gespräch, versucht aber nicht, daraus weiterreichende Schlüsse zu ziehen. Sowenig wie einen Erbauer kennt man auch ein Datum der Gründung oder gar der Errichtung einzelner Bauten der Burg. Die erkennbaren, offensichtlich noch hochmittelalterlichen Architekturformen führen zu der scheinbar allgemein akzeptierten Auffassung, die Burg sei am Ende des 13. Jahrhunderts entstanden und im 14. Jahrhundert ausgebaut worden. Konkrete Argumente dafür oder dagegen gibt es nicht.

Clonmore ist im Grundriß eine annähernd quadratische Anlage auf einer Fläche von ca. 50 × 50 m. Nur die Gebäude an der Ostseite springen von Norden nach Süden in drei Stufen aus, was aber das regelmäßige Erscheinungsbild der Burg im Grundriß kaum beeinträchtigt. Die gerade südliche Außenmauer ist fast vollständig verschwunden. Hier dürfte der Hauptzugang zur Burg gelegen haben; ob Torbau oder einfacher Durchlaß, ist völlig offen.

Die Nordmauer hat einen Durchlaß bei dem sie im Westen flankierenden Turm. Die bescheidene Pforte könnte auch eine Poterne gewesen sein. Die Westmauer ist an ihrem Nord- und Südende von zwei rechteckigen über die Mauern vorspringenden Flankentürmen besetzt, die auch zu Wohnzwecken genutzt wurden. Sie erinnern, zusammen mit dem quadratischen Grundriß, ein wenig an die gleichartigen Rechtecktürme im etwa zwanzig Meilen südwestlich gelegenen Ballyloughan (Kat. Nr. 7, Abb. 65).

Von besonderem Interesse in Clonmore sind die Gebäude an der Ostseite des Hofes, die weniger an Ballyloughan als an das nördlich von Dublin gelegene Swords (Kat. Nr. 48, Abb. 16) erinnern. Mit einiger Sicherheit sind die drei leicht versetzt von Norden nach Süden angeordneten Bauten nicht in einer Baumaßnahme entstanden. Manches spricht dafür , daß der nördliche, als Halle anzusprechende Bau mit dem mittleren vor der Errichtung des aufwendigeren südlichen Bauwerks vorhanden war. Auch wenn die Gebäude heute stark mit Efeu überwachsen sind, wird deutlich, daß der Südbau in der Differenzierung seiner Innenräume und im Bauschmuck gehobeneren Ansprüchen folgt als seine Vorgänger in der Mitte und im Norden. Letztere haben über einem einfachen großen Raum im Untergeschoß einen gleich großen Raum im Obergeschoß. Das Untergeschoß des Mittelbaus ist durch einen Bogen unterteilt. Im Obergeschoß des Nordbaus dürfte die erste Halle der Burg zu suchen sein, die einen direkten Zugang zur Great Chamber im Mittelbau hatte. Diese verfügte im Winkel zum südlichen Anbau über einen eigenen Abort.

Soweit haben wir in Clonmore, bei Verzicht auf einen Keep und einen mächtigen Wohnbau als Symbol der Feudalherrschaft, eine einfache Reihung von zwei Gebäudeflügeln für repräsentative Zwecke und für die Wohnung des Burgherren, kein Ensemble, das einer besonderen Hervorhebung wert wäre. Diese Bauten aber wurden im Süden zu einem unbekannten Zeitpunkt, eher im 14. als im 13. Jahrhundert, durch ein dreigeschossiges Gebäude ergänzt, das in seinem Komfort eine ganz andere Qualität aufweist. Schon das Untergeschoß ist stark gegliedert. Zwei separate Eingänge erschließen hinter kleinen Vorräumen zwei Treppen und drei kleine Räume für die unterschiedlichen Funktionen eines aufwendiger werdenden Haushaltes. Im Zwischengeschoß gibt es einen Raum mit Kamin, der direkten Zugang zu dem Raum im südlich anschließenden Turm hat. Beide Räumlichkeiten verfügen über eigene Aborte in einem gemeinsamen östlichen Anbau. Im Hauptgeschoß, auf einer Ebene mit der im Mittelbau anschließenden älteren Great Chamber, liegt ein großer Raum, eine weitere Great Chamber, der ebenfalls über einen Vorraum Zugang zu zwei weiteren, im Südturm übereinanderliegenden Zimmern hat. Die zu dem oberen Zimmer führende Treppe erschließt auch eine Empore an der Schmalseite der Great Chamber.

Es handelt sich hier um ein sehr aufwendiges und komfortables Ensemble von Wohnräumen, die sowohl privat als auch für offizielle Zwecke genutzt werden konnten. Die alte Halle der Burg war davon weniger berührt, aber im Vergleich der beiden Great Chambers ging die südliche wesentlich über ihren nördlich anschließenden Vorgänger hinaus. Die auch für das 14. Jahrhundert erstaunliche Differenzierung in der inneren Disposition der Räume läßt schon das Wohnappartement in der Schloßarchitektur der Renaissance vorausahnen.

Lit.: Harbison 1992, S. 51; Fry 1997, S. 206; Salter 1993, S. 55; McNeill 1997, S. 106–110, 240; Leask 1936, S. 195; Leask 1986, S. 72; PRIA 91C, 1991, S. 177.

18. Clough, Co. Down

Die Motte von Clough (Abb. 29) liegt auf einer beherrschenden Anhöhe eine Meile oberhalb der Stelle, wo der Blackstaff River in den inneren Teil der Bucht von Dundrum einmündet. Unmittelbar bei der Burg kreuzen sich heute die wichtigen Straßen Belfast–Newry und Castlewellan–Downpatrick. Nach Dundrum, direkt an der Bucht gelegen, sind es wenig mehr als fünf Meilen, zum Rundturm der dortigen Burg (Kat. Nr. 24) besteht Sichkontakt.

Clough gehört zu den frühen gründlich erforschten Motten. Die Ausgrabungen von 1950 ermöglichen eine zuverlässige Datierung in die Regierungszeit von König Johann, abgesichert durch Münzfunde. Nachdem schon zu Beginn des 20. Jahrhunderts Orpen auf die Bedeutung der Motten für die Geschichte der anglonormannischen Eroberung im 12. und 13. Jahrhundert aufmerksam gemacht hatte, bereiteten Grabungen wie in Clough der Forschung allmählich das Feld. Auch wenn man bei den Grabungen von 1950 fast vollständig auf die Erforschung des Bailey, des äußeren Bereichs dieser frühen Burganlage verzichten mußte, konnten für den Burghügel, die eigentliche Motte, wichtige Erkenntnisse über den Aufbau und die Chronologie der Bauten gewonnen werden.

Die Motte dürfte um 1200 entstanden sein. Der Aufbau geschah vermutlich nach der "ring and fill"-Methode. Zuerst wurde rund um den Platz, auf dem die Motte stehen sollte, ein runder Wall gezogen. Um ihn herum lag ein Graben, der die Motte nach außen, aber auch gegen den Bailey, einen Vorhof an der Südseite der Motte von Clough, sicherte. Der innere Wall wurde anschließend schräg nach innen erhöht, bis die angestrebte Höhe der Motte – in Clough ca. 8 m – erreicht war. Anschließend wurde die Senke, die im Innern des runden Walls noch bestand, aufgefüllt, so daß auf der Höhe der Motte eine Plattform gewonnen wurde. Der äußere Rand auf der Höhe der Motte wurde durch einen Erdwall mit einer Palisade gesichert. Abgesehen von der Palisade war eine erste Bebauung der Plattform nicht mehr zu erkennen. Eine Senke in der Mitte der Motte, wo bei solchen Burganlagen häufig ein hölzerner Turm seinen Platz hatte, weist auf eine Nutzung durch Bebauung hin. Pfo-

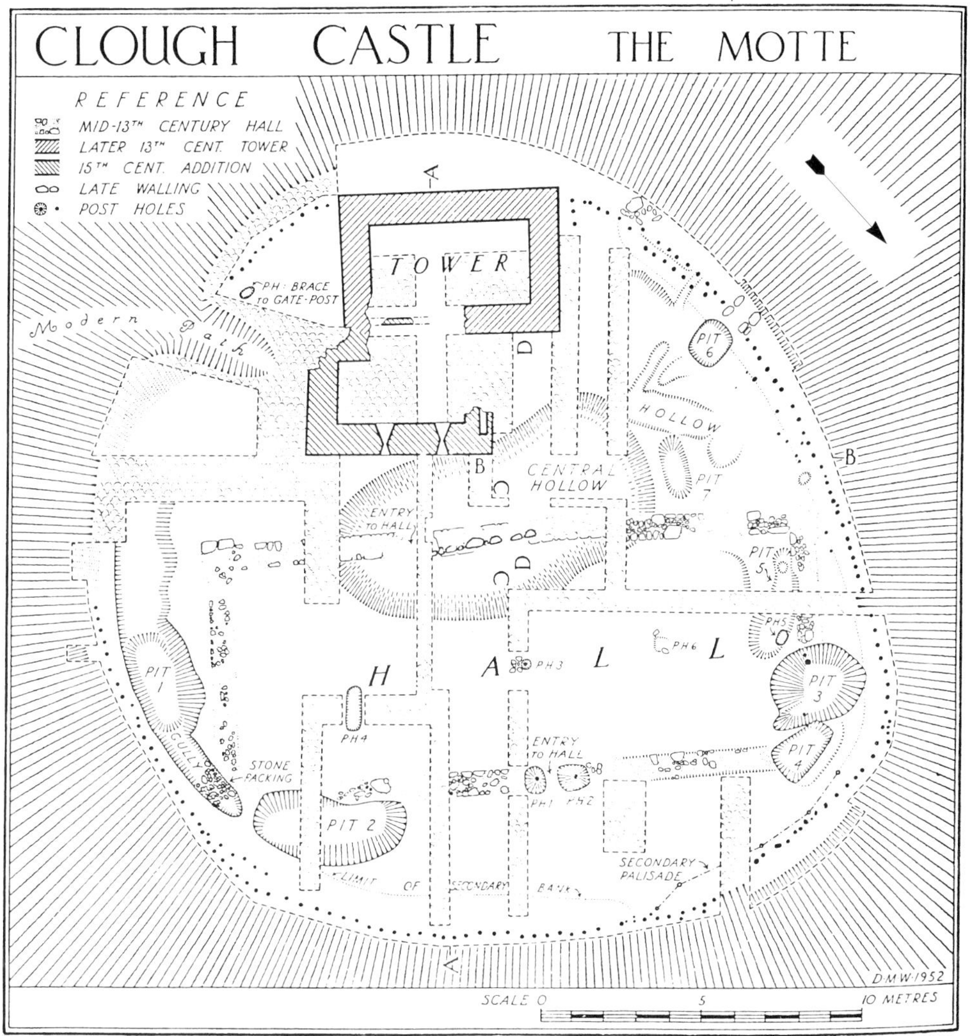

stenlöcher oder sonstige Spuren eines Turmes oder zentralen Gebäudes waren aber nicht mehr festzustellen.

Abb. 77: Clough: Grundriß und Grabungsplan

Etwa in der Mitte des 13. Jahrhunderts wurde dann auf der Plattform der Motte, aber noch mit Rücksicht auf Wall und Palisade, eine große Halle aus Stein von 19 m Länge und 8 m Breite erbaut. Zumindest die unteren Teile der Mauern waren in gemörteltem Mauerwerk errichtet. Die Eindeckung der Halle bestand aus einem offenen Dachstuhl mit Strohdach, der Grund, weshalb sie bald nach ihrer Fertigstellung abbrannte und zerstört wurde. Die Halle war zu ihrer Zeit zweifellos das beherrschende Gebäude der Burg, Wohnbau und Ort öffentlicher Handlungen des Feudalherren zugleich.

Gegen Ende des 13. Jahrhunderts wurde am Rand der Plattform, auf dem Teil der Motte, der nicht von der Halle eingenommen war, ein kleiner Keep errichtet, dessen Innenräume gerade Abmessungen von 5 × 2 m aufwiesen. Sicher fungierte der Keep als Wohnbau des Burgherren und enthielt dessen Chamber. Die Motte von Clough dürfte aber zu diesem Zeitpunkt, als der Ausbau der nahen Burg Dundrum zu einer mächtigen Wehranlage schon weit fortgeschritten war, schon viel von ihrer ursprünglichen Bedeutung eingebüßt haben. Man geht davon aus, daß die hochmittelalterliche Motte von Clough bis ins frühe 14. Jahrhundert hinein besiedelt war und dann zeitweise verlassen wurde. Der Keep aus dem Ende des 13. Jahrhunderts wurde im 15. Jahrhundert noch einmal genutzt, als man ihn durch Anfügung eines Vorbaus an der Nordseite zu einem Tower-House ausbaute. Die Motte von Clough ist ein gutes Beispiel für eine schnell errichtete Burg aus der ersten Phase der Eroberung. Zugleich zeigt sie, gerade durch das Fehlen einiger charakteristischer Bauten, wie sie den Motten nach den Abbildungen auf dem Teppich von Bayeux gerne als „Standard" zugeschrieben werden, daß die Motte & Bailey-Castles zwar einen Burgentypus darstellen, sich untereinander in ihrer Ausstattung aber erheblich unterscheiden können. Was gebaut wurde, entschieden noch allemal die Bedingungen am Ort und die Ziele und Ressourcen des Bauherren.

Lit.: Harbison 1992, S. 107; Fry 1997, S. 207; Salter 1993, S. 142; Barry 1988, S. 2, 44–45, 48, 71; McNeill 1997, S. 64, 150, 240; Waterman, UJA 17, 1954, S. 103–163.

19. Cloughoughter, Co. Cavan

Die Burg Cloughoughter (Abb. 33) liegt in dem Labyrinth der vielen Inseln und Halbinseln im River Erne, der sich im Co. Cavan, nordwestlich der gleichnamigen Stadt, zum Lough Oughter verbreitert. Die Burg ist auch heute nicht leicht zu finden. Die Landschaft besteht aus Wasser und Weiden, sumpfigem Dickicht und zahllosen Hügeln, von denen kein freier Blick möglich ist, die aber jede Sicht versperren. Straßen, die zu überwachen oder zu sichern wären, gab es hier nicht und die verwirrende Vielfalt der Flußarme und Seen läßt eher an ein Versteck als an eine Burg mit strategischer Zielsetzung und administrativen Funktionen für die Region denken. Nach Kirker und Salter soll der Burg ein *crannóg*, eine künstliche, im Wasser oder auf flachen Inseln gelegene Befestigung der einheimischen Iren, vorausgegangen sein. Falls dies zutrifft und die Burg tatsächlich eine anglonormannische Gründung ist, wäre dies ein weiterer Beleg dafür, daß die Eroberer bei sich bietender Gelegenheit gerne auf die Wehranlagen der Iren zurückgriffen und diese für ihre Zwecke ausbauten.

Es ist jedoch nicht sicher, wer wann für den Bau dieser abgelegenen und unzugänglichen Burg verantwortlich war. Die Legendenbildung führt entsprechend bis ins 6. Jahrhundert hinab, allerdings ohne jeden gesicherten Beleg. Harbison nennt William Gorm de Lacy, den Sohn des älteren Hugh de Lacy, um 1220 den Erbauer. 1224 soll sie in die Hände der O'Reillys gefallen sein. Salter dagegen spricht die Gründung der Burg ganz den einheimischen O'Reillys zu, angesichts der von dem *crannóg* herrührenden Kontinuität an die-

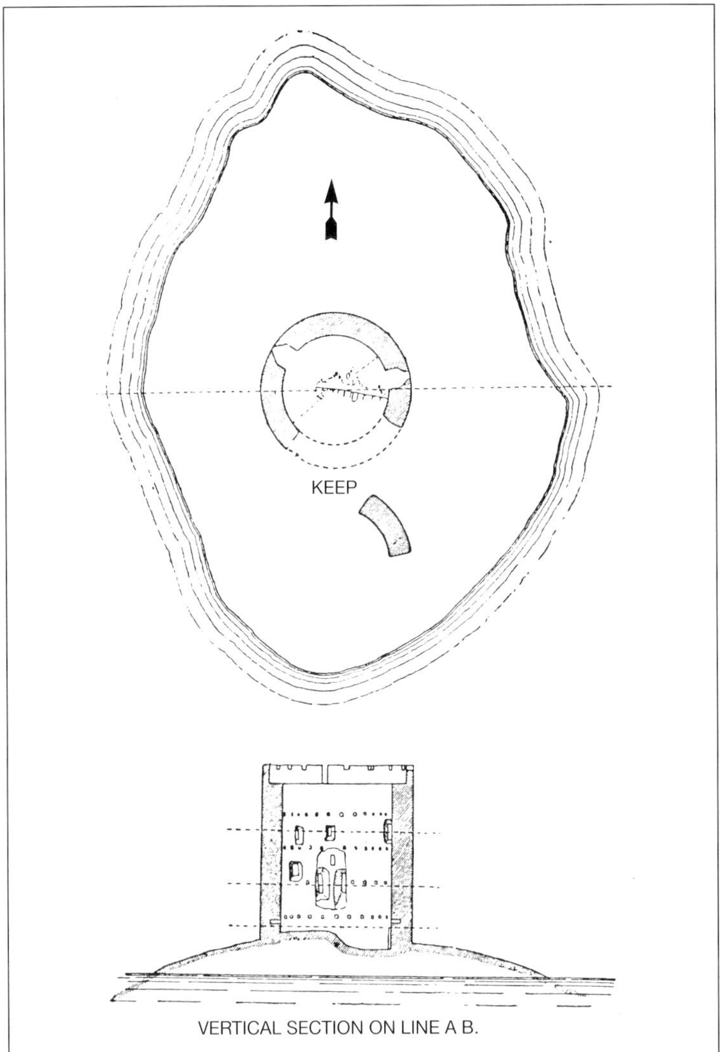

Abb. 78: Cloughoughter: Grundriß

sem Platz nicht ohne Grund. Bei Kirker findet sich der Hinweis: "The Castle of Loch Uachtair was erected by the Red Earl", womit Richard de Burgh und eine Gründung im ausgehenden 13. Jahrhundert gemeint sein könnten. Das Problem ist ohne weitere sorgfältige Untersuchungen am Platz der Burg nicht zu lösen. Mit einer Burg der irischen Herren dieser Gegend aus dem 13. Jahrhundert muß angesichts der versteckten Lage und der Tradition des Ortes aber weiterhin gerechnet werden.

Die Zuschreibungs- und Datierungsversuche sind nicht ohne einen Blick auf die Gestalt der Burg Cloughoughter zu erklären. Der massige Rundturm des Keep, abgesehen von wenigen anderen Mauerresten das einzige, was von der Burg übrig blieb, entstammt zumindest in seinen Untergeschossen dem 13. Jahrhundert. Der eindrucksvolle Bau hat einen Durchmesser von 10,55 m und erreicht eine Höhe von 18,35 m. Im späteren Mittelalter wurde er nach Beschädigungen repariert, umgebaut und modernisiert. Runde Keeps lösten in ganz Westeuropa, im anglofranzösischen Kulturkreis zwischen Schottland und den Pyrenäen, vielfach nach 1200 die alten rechteckigen, gegen Unterminierung anfälligen Keeps bzw. Donjons ab. Diese häufig festzustellende Tatsache ist jedoch keine Regel, wie gerade der irische Burgenbau zeigt. Hier bestanden alle Typen des Turmes oder Keep in unterschiedlicher Größenordnung bis zum Ende des 13. Jahrhunderts nebeneinander.

Auch der Vergleich so vieler runder Keeps mit einem der größten Exemplare dieser Art, dem mächtigen Keep von William Marshal d. Ä. in seiner Burg Pembroke (Abb. 51) in Wales von ca. 1207, führt leicht, so auch in Cloughoughter, zu vorschnellen Datierungen. Nicht jeder runde Keep ist ein direkter Nachfolger von Pembroke, auch wenn der Marshal während seines langen Aufenthaltes in Irland dem Burgenbau einige Impulse vermittelte, oder der verwandten walisischen Burgen Skenfrith, Tretower (beide ca. 1220) oder Dinefwr (nach 1220). McNeill hat nach der Anordnung der Balkenlagen für die Stockwerkunterteilung Cloughoughter zu Recht mit der Burg Inchiquin, Co. Cork, verglichen, für beide aber eine Datierung vermieden. Das Fazit aus diesen Ableitungen und Vergleichen ist einfach, für die Burg Cloughoughter aber enttäuschend. Der runde Keep und damit der Baubeginn der steinernen Burg sind im 13. Jahrhundert nicht genau zu datieren.

Die Burg Cloughoughter bleibt damit weiterhin das Objekt von Vermutungen und Spekulationen, deren Überprüfung vielleicht noch manche wertvolle Erkenntnis zutage fördert. Einstweilen muß als wahrscheinlich gelten, daß die Burg im 13. Jahrhundert von den O'Reillys oder einem anderen irischen Geschlecht an einem schon zuvor als Befestigung und Herrensitz genutzten Platz errichtet wurde. Die Burg war im 14. Jahrhundert stets zwischen den O'Reillys und den O'Rourkes umkämpft, was dafür spricht, daß sie nicht so sehr gegen die anglonormannischen Eroberer gerichtet war, sondern als Befestigung und Faustpfand in den ständigen dynastischen und territorialen Streitigkeiten der irischen Clans untereinander um die Herrschaft im südlichen Ulster diente. Das Ende dieser Kämpfe und der Burg kamen erst in der Cromwellschen Unterwerfung Irlands im 17. Jahrhundert, als die Burg durch Sprengung unbrauchbar gemacht wurde.

Lit.: Harbison 1992, S. 53; Fry 1997, S. 207; Salter 1993, S. 142; McNeill 1997, S. 53–54; Leask 1936, S. 195; Leask 1986, S. 73; Kirker, JRSAI 21, 1890, S. 294–297. Internet: http://www.cavan.local.ie/history/historical_sites/sites/clough_oughter.shtml 19. 2. 1998.

20. Delvin, Co. Westmeath

Delvin (Abb. 58) liegt westlich von Trim im Grenzgebiet des alten Königreiches Meath, wo das flache Land allmählich in nur unwesentlich höhere Lagen mit verminderter Bodenqualität übergeht.

Hier begann im 12. Jahrhundert schon der Einflußbereich der Könige von Connacht, die zum Zeitpunkt der Invasion im 12. Jahrhundert mit Rory O'Connor auch den Hochkönig von Irland stellten. Nicht allzuweit westlich der Burg liegt in einer Senke Lough Analla, von dem aus der River Dee sich dem River Boyne, dem Wasserweg nach Trim und Drogheda, zubewegt. Der Bau selbst liegt heute in der gleichnamigen Ortschaft auf der höchsten Erhebung an der Hauptstraße, ursprünglich einem Mottenhügel, der Teil einer ersten Wehranlage aus dem Jahr 1181 gewesen sein soll. Damals habe Hugh de Lacy hier für seinen Schwager Gilbert de Nugent, dessen Nachkommen die ebenfalls hier später ansässigen Nangles waren, eine Burg errichtet, was durchaus einen Sinn ergibt, da in dieser Region das Einfallstor von Connacht und selbst Ulster nach Meath zu lokalisieren ist. Wenn sie zu diesem Zeitpunkt gegründet wurde, war die Burg dennoch nur eine in einer Kette von Burgen, die Meath mit seinem Zentrum Trim nach Nordwesten abzuschirmen versuchten.

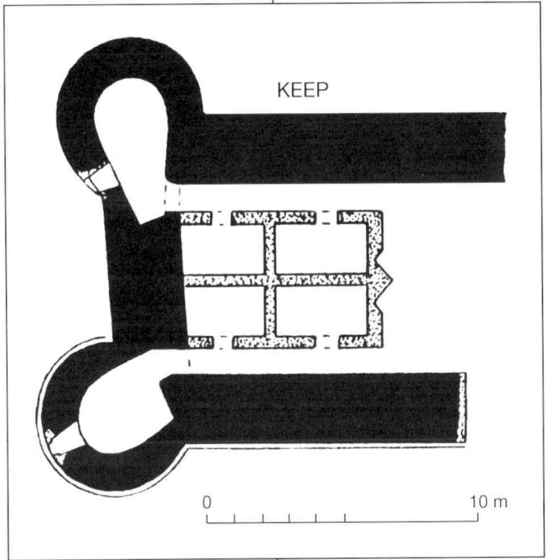

Abb. 79: Delvin: Grundriß

Ungeachtet des vermuteten frühen Gründungsdatums ist das wenig bekannte und selten besprochene Delvin eine Burg, über deren Gestalt und Einordnung sich trefflich streiten läßt. Obwohl nur eine Hälfte des Bauwerks die Zeiten überdauert hat, ist sie in die Kontroverse über eines der beliebtesten Themen der irischen Burgenforschung einbezogen: den Charakter und die Datierung der mit vier Ecktürmen besetzten Hall-Keeps vom Typ Carlow (Kat. Nr. 12, Abb. 71) und Lea Castle (Kat. Nr. 36, Abb. 99). Es sei gleich angemerkt, daß der Burg bislang keinerlei bauarchäologische Untersuchung oder Bauaufnahme zuteil wurde. McNeill hält die Burg im wesentlichen für ein Tower-House des 15. Jahrhunderts, versieht sein Urteil allerdings mit einem Fragezeichen. Salter hingegen plädiert für eine Datierung ins frühe 13. Jahrhundert, während sich Harbison bezüglich des Keep nicht festlegt und es bei der Mitteilung des vermutlichen Gründungsdatums von 1181 beläßt. Die drei Meinungsäußerungen zu einer Burg, über deren Zeitstellung ein gültiges Urteil derzeit nicht zu gewinnen ist, zeigt das Dilemma bei diesem Bautyp auf. Es handelt sich eben nicht um einen Burgentyp, den man in allzu enger Anlehnung an die gar nicht so sicheren Datierungen von Carlow und Lea, von den anderen unsicheren Kandidaten dieses „Bautyps" ganz zu schweigen, noch in der ersten Hälfte des 13. Jahrhunderts unterbringen kann, sondern um eine Architekturform, die in der irischen Burgenlandschaft, ausgehend von Impulsen aus Frankreich, vom frühen 13. bis ins 16. Jahrhundert hinein immer wieder angewendet wurde. Die wenigen Mauerreste lassen in der Tat eine Datierung in beide Richtungen zu, ohne daß den zugrunde liegenden Auffassungen damit irgendeine Beweiskraft zukommt.

Delvin ist, weniger durch die willkürliche Datierung in die eine oder andere Richtung, die durch eine gründliche Bearbeitung und Erforschung der noch vorhandenen Substanz durchaus zu präzisieren wäre, sondern durch seine in Irland über fast drei Jahrhunderte gebräuchliche Erscheinungsform, ein charakteristisches Beispiel für die entwicklungsgeschichtliche Nähe dieses im 13. Jahrhundert in Irland eingeführten Bautyps zum Tower-House. Dessen gegenüber der hochmittelalterlichen Burg so reduzierte Form ist dem mit vier Ecktürmen besetzten Hall-Keep in vielen Belangen verpflichtet. Beide Parteien, die Vertreter der hoch- und die der spätmittelalterlichen Datierung, können Delvin nur deshalb für ihre Auffassung in Anspruch nehmen, weil der Typus durch mehr als drei Jahrhunderte so zeitlos war, nicht nur in Irland.

Lit.: Harbison 1992, S. 329; Salter 1993, S. 57; McNeill 1997, S. 118, 150–151.

21. Drogheda, Co. Louth

Drogheda (Abb. 55) an der Mündung des River Boyne in die Irische See war schon vor der Invasion der Anglonormannen ein wichtiger Hafen und Handelsort. Die Stadt erstreckte sich schon im Hochmittelalter zu beiden Seiten des Flusses; die Siedlung der Kaufleute war überwiegend im Norden, die kleinere Burgsiedlung im Süden des Wasserweges gelegen. Hugh de Lacy entwickelte ab ca. 1180 die Stadt zu einem wichtigen Handelszentrum mit weitreichenden Verbindungen nach allen Küsten Europas, von der Ostsee bis nach Portugal und Island.

Auf der Südseite des Boyne nutzte er einen prähistorischen Grabhügel als Standort für ein Motte & Bailey-Castle, von dessen beherrschender Lage Stadt und Fluß leicht zu kontrollieren waren. Durch die späteren Überbauungen sind die mittelalterlichen Reste der Burg vollständig verschwunden, eine archäologische Untersuchung des Platzes steht noch aus. Der mächtige Hügel der Motte – seit 1810 von einem Martello Tower bekrönt – und der westlich anschließende Bailey aber sind auch in der heutigen Bebauung noch gut zu erkennen. Die in der Stadt als Millmount bekannte Anlage ist ein sehr gutes Beispiel für eine der frühen Burganlagen, welche die Anglonormannen zur Sicherung und Kontrolle der alten Wikingerstädte entlang der irischen Küste errichteten.

Neben der Burg weist Drogheda noch einen Wehrbau des 13. Jahrhunderts auf, der als Stadttor zwar keine eigenständige Burg darstellt, hier aber im Zusammenhang mit den vielen doppeltürmigen Torbauten in den Burgen als „Torburg" kurz angesprochen werden soll. Es handelt sich um das St. Laurence's Gate im Nordteil der Stadt, das monumentalste und am besten erhaltene mittelalterliche Stadttor Irlands.

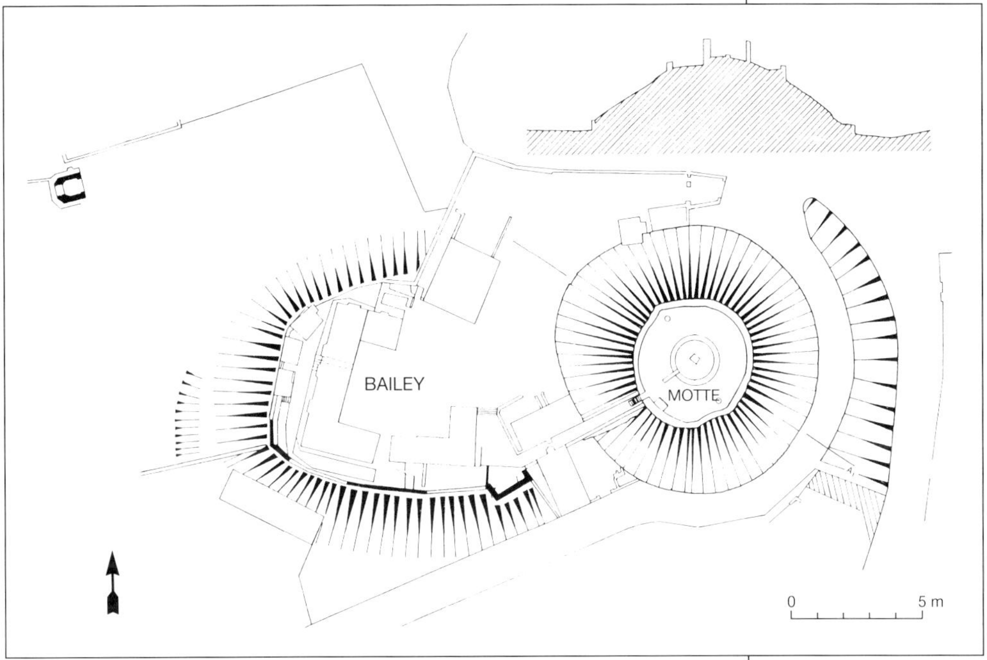

Abb. 80: Drogheda: Grundriß der Burg

Während in vielen Burgen die doppeltürmigen Torbauten stark ruinös oder in späterer Zeit verändert worden sind, steht St. Laurence's Gate unversehrt aufrecht. Die unteren drei Geschosse datieren in das 13. Jahrhundert, die beiden obersten Geschosse mit dem abschließenden Zinnenkranz wurden im 15. Jahrhundert hinzugefügt. Zwei annähernd runde Türme flankieren die Tordurchfahrt. Sie waren in der ersten Phase nur durch eine einfache, leicht zur Feldseite hin verschobene Mauer verbunden, hinter der ursprünglich hölzerne Laufstege zwischen den Türmen den Zugang zu den in der Mitte liegenden Schießscharten und älteren Zinnen ermöglichten. Die darunterliegende Tordurchfahrt war nach außen durch Torflügel und nach innen durch ein Fallgatter geschlossen. Nutz- und bewohnbare Räume, vor der Aufstockung im 15. Jahrhundert insgesamt sechs an der Zahl, gab es in den beiden Türmen. Auf der Höhe des 1. Obergeschosses gab es in beiden Türmen Aborte.

Näher datierbare Architekturformen gibt es nur in den Schießscharten. Deren einfacher kreuzförmiger Zuschnitt legt in Anlehnung an walisische Beispiele eine Entstehung des Stadttores kurz vor der Mitte des 13. Jahrhunderts nahe, ein recht frühes Datum für einen so aufwendigen Torbau, aber angesichts der Prosperität und der weiten Verbindungen Droghedas in dieser Zeit durchaus nicht erstaunlich. Auch die einfache Zusammenfügung zweier runder Türme zu einem Torbau mit Durchfahrt in der Mitte entspricht eher den Baugewohnheiten in der ersten Hälfte des 13. Jahrhunderts. Ver-

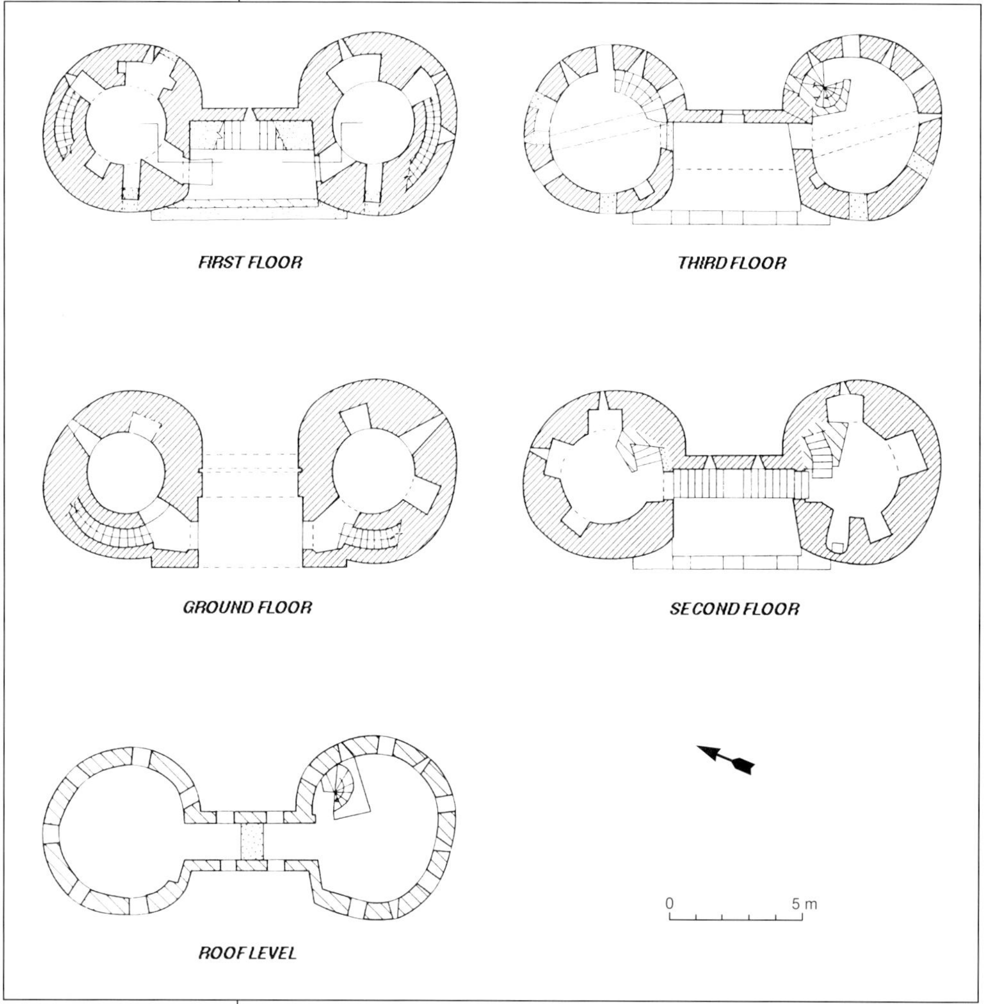

Abb. 81: Drogheda: Grundrisse der Geschosse von St. Laurence's Gate

Lit.: Harbison 1992, S. 234–235; O'Brien/Harbison 1996, S. 147; Fry 1997, S. 210; Salter 1993, S. 58; Barry 1988, S. 128, 134, 136; Buckley/Sweetman 1991, S. 289–291, 294–295, 356–359; Arch. Journ. 88, 1931, S. 358.

gleicht man St. Laurence's Gate mit den doppeltürmigen Torbauten einiger irischer Burgen, so stellt man fest, daß diese allesamt vor der Jahrhundertmitte im Bau waren. Das gilt für den Torbau in Limerick (Kat. Nr. 37, Abb. 100) ebenso wie für Carrickfergus (Kat. Nr. 13, Abb. 72) und die erste Bauperiode des Torbaus von Nenagh (Kat. Nr. 41, Abb. 104). Was in Drogheda selbstverständlich, weil nicht notwendig war, die Überbauung der Durchfahrt mit weiteren nutzbaren Räumen oder gar mit einer Great Chamber, ist in diesen Burgen ebenfalls noch gar nicht oder nur in einem rudimentären Stadium vorhanden. Erst in der zweiten Jahrhunderthälfte sollten aus diesen Anfängen die mächtigen Torburgen entstehen, die, voll ausgestattet, als Burg in der Burg anzusprechen sind. St. Laurence's Gate markiert einen Zeitpunkt, zu dem die großen Burg- und Stadttore noch nach einem Plan errichtet wurden.

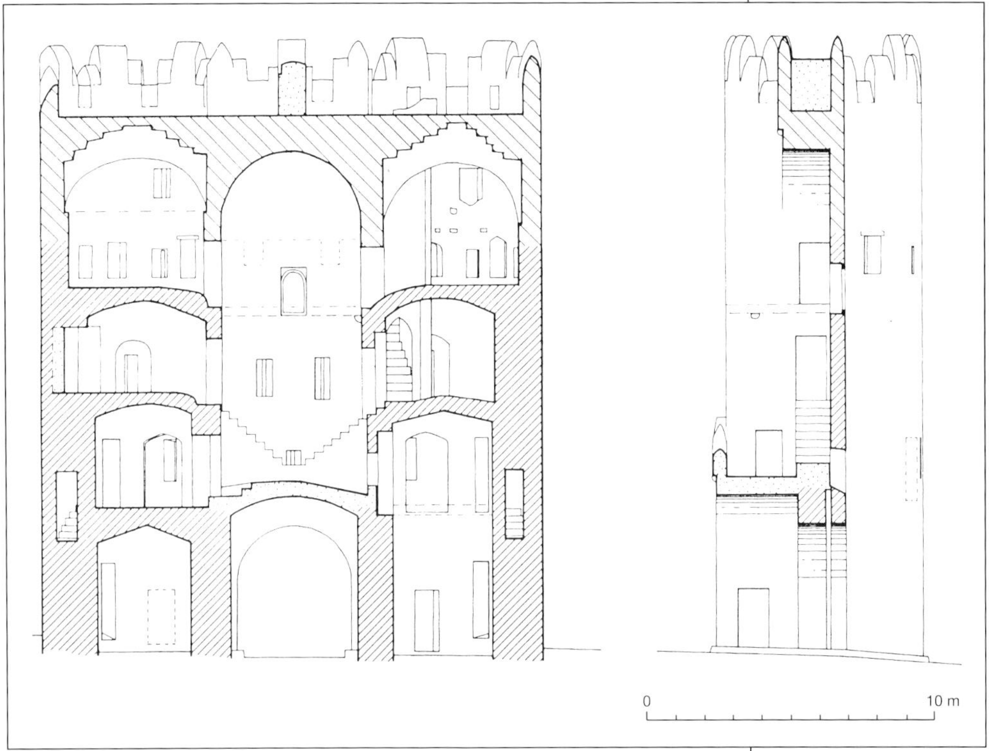

Abb. 82: Drogheda: Schnitte von St. Laurence's Gate

22. Dublin, Co. Dublin

Von der mittelalterlichen Burg Dublin (Abb. 54) steht fast kein Stein mehr aufrecht, ganz im Gegensatz zu der politischen Kontinuität am Platz der alten Wehranlage. Dublin Castle ist als Amtssitz des Uachtarán, des irischen Staatspräsidenten, des Rechtsnachfolgers der englischen Könige, bis zum heutigen Tag das politische Zentrum des Landes. Seit der Inbesitznahme der Stadt für die englische Krone durch König Heinrich II. im Jahr 1171 und der ersten Ernennung eines Justitiars war hier für viele Jahrhunderte der Sitz der königlichen Regierung für Irland, auch wenn diese nach der Mitte des 14. Jahrhunderts für lange Zeit nur das Gebiet des Pale kontrollierte.

Die Burg lag auf einer Anhöhe in der Südostecke der mittelalterlichen Stadt. Im Osten und Süden begrenzte der kleine River Poddle, der später zum Burggraben wurde, die Burg. Von hier war die alte Wikingersiedlung und Handelsstadt gut zu überblicken. Die Randlage zur Stadt ermöglichte aber auch einen ungehinderten Rückzug der Besatzung bei einem eventuellen Aufruhr innerhalb der Mauern, ohne daß sie dabei das Stadtgebiet zu durchqueren hatte.

Das Gründungsdatum der Burg ist sehr gut überliefert. Vom 30. August 1204 datiert ein Mandat König Johanns, in dem es heißt:

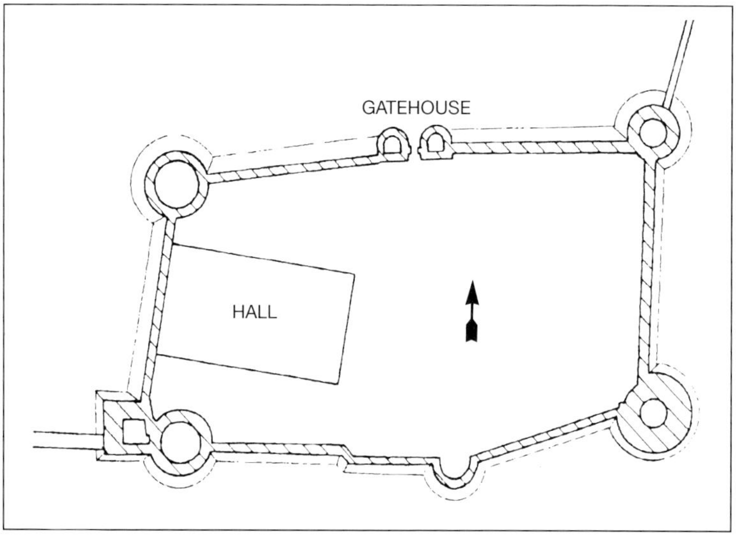

Abb. 83: Dublin: Grundriß

"... we are in need of a strong fortress in Dublin, we command you to erect a castle there in such a place as you may consider to be suitable for the administration of justice and if need be for the defence of the city, making it as strong as you can with good ditches and strong walls. But you are first to build a tower, to which a castle and bailey and other requirements may be conveniently added: for all these You have our authority." Gleichzeitig wurde für die Baumaßnahmen eine erste Summe von 300 Mark bereitgestellt. Es muß davon ausgegangen werden, daß eine erste befestigte Residenz für den Vertreter des Königs in Dublin schon unmittelbar nach 1171 eingerichtet wurde. Über deren Standort und Aussehen ist jedoch nichts bekannt. Bezeichnend ist in der Urkunde König Johanns die Anweisung, wie der Bau zu beginnen sei: zuerst ein starker Turm als Hoheitszeichen und zur Sicherung des Platzes während der Bauarbeiten, dann erst waren die übrigen Mauern, Türme und Gebäude zu errichten. Auch die funktionale Beschreibung der Burg in der Urkunde ist charakteristisch und trifft ebenso für viele andere Feudalburgen zu. Die Verwaltung und die Rechtsprechung stehen als königliche Verpflichtungen im Vordergrund. Dafür vor allem, um der Regierung den ihr gemäßen Rahmen zu geben, wird die Burg erbaut. Erst dann, wenn es notwendig sein sollte, ist die Burg auch eine Verteidigungsanlage, für diesen Fall allerdings von vornherein mit Gräben und starken Mauern ausgestattet.

Den Anspruch, der Sitz des Rechtes und der königlichen Verwaltung in Irland zu sein, mußte die Burg in Dublin auch in ihrem Erscheinungsbild, in ihrer repräsentativen Architektur, zum Ausdruck bringen. In der Tat war die Burg zum Zeitpunkt ihrer Entstehung auf der Höhe der Zeit.

Man wird im Jahr 1204 sicher sehr bald mit der Errichtung des

Turmes, einem der vier Ecktürme der späteren Anlage, begonnen haben. Die Hauptbauzeit der Burg dürfte aber nach dem Jahr 1213 liegen. Damals wurde Henry de Loundres, Erzbischof von Dublin, zum Justitiar ernannt. Er scheint die Bauarbeiten kräftig vorangetrieben zu haben. Nach einer Aufzählung der damals vorhandenen Bauten und der Erwähnung eines Kaplans scheint die Burg 1224/25 weitgehend vollendet gewesen zu sein. Nennenswerte Baudaten oder Reparaturen sind für das weitere 13. Jahrhundert nicht mehr überliefert.

Die Burg beschreibt im Grundriß ein etwas verzogenes Rechteck, auf dessen vier Ecken dicke Rundtürme sitzen. Der Haupteingang lag in der Mitte der Nordmauer zur Stadt hin und war von zwei halb- oder vollrunden Türmen flankiert (Abb. 54). Ein imponierender Torbau war dies nach seinen Abmessungen nicht, dennoch eine moderne, im westeuropäischen Burgenbau soeben erst aufgekommene Form, die dem königlichen Anspruch auf Repräsentation und eine führende Rolle auch in dieser Form vollauf genügte. Die vier Rundtürme auf den Ecken der Burganlage hatten wesentlich größere Dimensionen. Hier sind die großen Wohnappartements, darunter die 1224 erwähnten "chambers" und die "chambers beyond the Sheriff's chamber" zu suchen. Der im ganzen 12. Jahrhundert so wichtige Keep als Zeichen der Herrschaft war in der modernen Burganlage von Dublin schon entbehrlich geworden; soweit Türme als herausgehobene und repräsentative Bauten benötigt wurden, waren sie in den Ecktürmen gleich vierfach vorhanden.

Dominierendes Element der Innenbebauung der Burg war die ab April 1243 nach genauer Anweisung König Heinrichs III. errichtete große Halle. Sie nahm fast die Hälfte der Grundfläche in der Westseite des Burghofes ein und bestand noch bis in das 17. Jahrhundert. Sie war das Herzstück der Burg und das administrative Zentrum der englischen Herrschaft in Irland. Hier fanden Gerichtssitzungen statt und tagten Parlamente, hier wurde verhandelt, gestritten, repräsentiert und regiert. Allerdings haben diejenigen, für die sie eigentlich gebaut wurde, die englischen Könige, sie kaum je betreten. König Heinrich III. legte zwar die Dimensionen und die Gestalt der Halle genau fest und brachte in seiner Anweisung die Erwartung zum Ausdruck, das Bauwerk bald persönlich nutzen zu können, aber er kam nie und nach ihm ließ sich für Jahrhunderte fast kein englischer König mehr in Irland blicken. Die Halle sollte 120 Fuß lang und 80 Fuß breit sein, "in the style of the Hall of Canterbury", mit verglasten Fenstern und und einem großen Rosenfenster von 30 Fuß Durchmesser. Weiteren Bauschmuck sollte die Halle durch ein großes Eingangsportal und Wandgemälde im Innern, welche das Königspaar mit Baronen des Hofstaates darstellten, erhalten. Ob die Halle mit dieser reichen Ausstattung je Wirklichkeit wurde, ist sehr unsicher, an ihrer Existenz aber ist kein Zweifel möglich. Die Halle war die Domäne der Verwaltung und des Justitiars, auch das wichtige Parlament von 1297 versammelte sich in seinen Mauern.

Die Burg von Dublin war eine Residenz- und Verwaltungsburg. Als solche hat sie Vorbilder auch über Irland hinaus und in Limerick (Kat. Nr. 37, Abb. 100) zumindest ein zeitgenössisches Gegenstück im Land selbst. Mit Limerick gemeinsam hat sie den unregelmäßig rechteckigen Grundriß, die Ecktürme und den doppeltürmigen Torbau, wobei letzterer in Dublin sicher kleiner war. In Limerick, weit im Westen, hatte allerdings die Wehrhaftigkeit der Burg einen erheblich höheren Stellenwert als im vergleichsweise sicheren Dublin. Über Irland hinaus weist die Burg in Dublin vor allem Parallelen mit den modernen Burganlagen im Frankreich des Königs Philippe-Auguste auf. Den regelmäßigen Grundriß, die Flankentürme auf den Ecken und den doppeltürmigen Torbau hat sie mit dem bald nach 1200 errichteten Louvre in Paris und der Burg Dourdan gemeinsam, allerdings verzichten diese noch nicht auf den Donjon bzw. Keep, in Paris im Zentrum der Burg, in Dourdan auf einer Ecke. Zeitlich und in ihrer Grundrißgestaltung nahe an Dublin liegen die am Anfang des 13. Jahrhunderts im Machtbereich Philippe-Augustes entstandenen Burgen Montaiguillon (ca. 1220), Passy-en-Valois (1200–1225) und das kurz nach der Mitte des 13. Jahrhunderts zu datierende Thiers-sur-Thève. All diese Anlagen zeigen ein rationales Verständnis des Burgenbaus und sind in einem Klima, in dem die Ansätze moderner staatlicher Verwaltung feudale Herrschaftspraxis zurückzudrängen begann, entstanden. Das gilt vor allem auch für die Burg in Dublin, den Verwaltungssitz Irlands seit der anglonormannischen Eroberung.

Lit.: Harbison/O'Brien 1996, S. 142; Fry 1997, S. 210; Salter 1993, S. 58; Barry 1988, S. 64; Breffny 1977, S. 99–102; McNeill 1997, S. 47, 145, 240; Leask 1936, S. 176–178; Leask 1986, S. 53–55; McNeill, JRSAI 1940, S. 194–199; Maguire, OPW-Guide o. J.

23. Dunamase, Co. Laois

Östlich von Portlaoise liegt an der Straße nach Carlow unübersehbar der Rock of Dunamase (Abb. 13, 40). Ein von allen Seiten her steiler und unzugänglicher Felskegel, ist der Felsen eine natürliche Festung par excellence. Was von unten beeindruckend aussieht, ist oben offenkundig. Dieser Felsen mußte zu allen Zeiten die Menschen anziehen, wenn sie die Absicht hatten, zu herrschen oder sich gegen äußere Feinde zu schützen. Der Rock of Dunamase genügt beiden Ansprüchen. Er dominiert seine Umgebung und schützt seine Bewohner vor einem überraschenden Angriff.

Schon lange vor der Ankunft der Anglonormannen trug der Felsen Befestigungsanlagen. In frühchristlicher Zeit bestand auf dem Berg bereits ein Ringfort. Reste dieser ersten Bewehrung wurden in die Burg des 13. Jahrhunderts übernommen und sind heute noch zu sehen. Ob die Vertiefung auf der höchsten Erhebung des Felsens, als Brunnen oder Zisterne anzusehen, in die früheste Zeit der Befestigung zurückreicht, ist nicht geklärt. In der Mitte des 12. Jahrhunderts war Dermot MacMurrough Herr über diesen Platz und durch

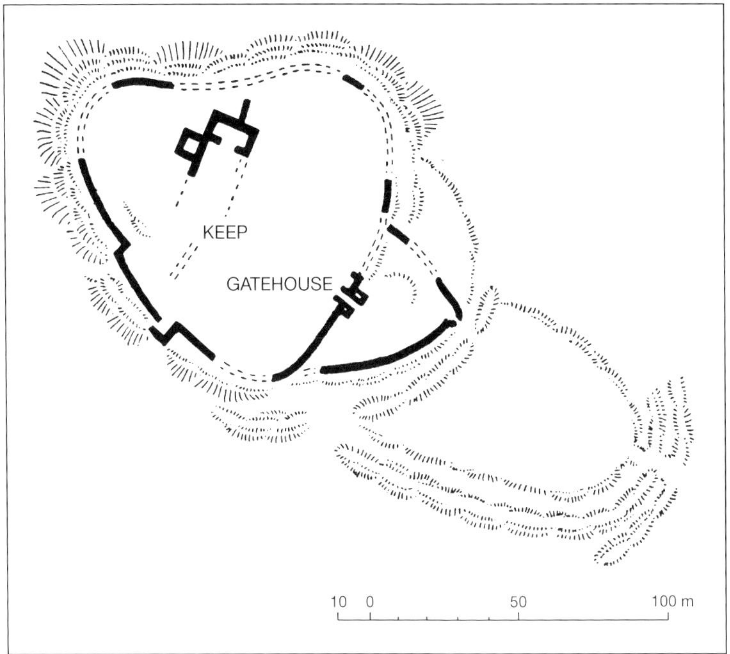

Abb. 84: Dunamase: Grundriß

die Heirat mit dessen Tochter Aoife wurde Richard de Clare, gen. Strongbow der Eigentümer des Ortes. Von der Gründung einer Burg in Dunamase kann man daher eigentlich nicht sprechen, nur von dem Zeitpunkt, an dem aus einem irischen Hillfort eine Burg der Anglonormannen wurde. Die ersten Steinbauten sind denn auch nicht unmittelbar nach der Übernahme der Burg durch Strongbow errichtet worden. 1210 und 1211/12 wird die Burg Dunamase erwähnt, die ersten Steinbauten dürften zu diesem Zeitpunkt gestanden haben. Klarheit über die Datierung der einzelnen Bauten der Burganlage herrscht zur Zeit aber bei weitem nicht, die Ansichten gehen z.T. weit auseinander. Grabungen und Bauuntersuchungen, die sichere Aufschlüsse versprechen, sind im Gange.

Zu den frühesten Baumaßnahmen der Eroberer dürfte ein erster, in gemörteltem Mauerwerk dem alten Ringwall eingefügter einfacher Torbau gehört haben. Er verstärkte die Sicherung auf dem einzigen Zugang zu dem Burgfelsen, einem im Westen an den Felskegel stoßenden Bergsattel. Gleichzeitig oder wenige Jahre später wurde auf der Höhe des Burgberges der Keep errichtet. Schon seine Grundfläche von ca. 20 × 30 m ist beträchtlich, in der Fernsicht muß er jedoch gewaltig gewirkt haben. Selbst seine Reste sind heute noch von weitem zu sehen. Der Keep enthielt eher eine Halle als nur eine Great Chamber für die Bedürfnisse des Burgherren, Reste einer separaten Halle sind im Burggelände, obwohl reichlich Platz vorhanden ist, nicht auszumachen. Zu einem derzeit nicht näher bestimmbaren Zeitpunkt wurde der Keep in seiner unteren Zone erheblich verstärkt. Den auf dem gewachsenen Felsen stehenden Grundmauern wurde ein massiver schräger Sockel vorgeblendet, der Keep also in einer Höhe von ca. 2 m regelrecht „eingemottet". Ob dies eine Maßnahme schon bald nach der Erbauung oder des Spätmittelalters war, als der Keep in ein Tower-House verwandelt wurde, muß einstweilen offenbleiben. McNeill vermutet Meiler fitzHenry vor 1207 als Bauherren des Keep und des ersten Torhauses. Kurze Zeit später erhielt Dunamase mit William Marshal einen Herren, der auch hier seine Spuren hinterließ.

Die Burg, in der Keep und Torhaus bis dahin eher isoliert innerhalb der alten Ringwallanlage gestanden hatten, wurde nun fast vollständig durch eine Mauer eingeschlossen. Notwendig war das nicht unbedingt, da der Felsen teilweise so steil abfällt, daß auch eine Mauer nur unwesentlich mehr Schutz gegen Angriffe von außen versprach. Es war wohl eher eine Begrenzung nach innen, nach außen vielleicht ein Statussymbol für den neuen Herrn, der als Regent des Angevinischen Reiches vor dem Höhepunkt seiner erstaunlichen Karriere stand. Dabei wurde die alte Ringwallanlage in einen oberen und einen unteren Bereich unterteilt und beide durch eine Zwischenmauer getrennt. Auf der Spitze des Burgfelsens standen im innersten Mauerring nun der Keep und südlich davon vielleicht noch immer einige in den Fels eingetiefte Grubenhäuser, deren Ursprung wahrscheinlich in die Zeit vor der Errichtung der Steinbauten zurückreicht. Brandspuren zeigen, daß sie zu einem unbekannten Zeitpunkt durch Feuer vernichtet, aber mit steinernen Außenmauern am gleichen Platz wieder aufgebaut wurden.

Unterhalb der Zwischenmauer sind mit bloßem Auge derzeit keine Gebäude oder Fundamente mit Sicherheit zu identifizieren. Ganz unbebaut dürfte das Areal von immerhin ca. 80 × 40 m jedoch nicht gewesen sein. Auch hier können erst Bodenuntersuchungen nähere Aufschlüsse bringen. Von Interesse aber ist die Abschlußmauer nach Osten, zu dem Bergsattel und zur Angriffsseite hin, die vermutlich auf Veranlassung von William Marshal nach 1208 über dem alten Ringwall errichtet wurde. Mit ca. zwei Metern übertrifft sie die anderen Ringmauern deutlich an Stärke. Sie hat einen schrägen Sockel, vielleicht ein Hinweis auf die Veränderungen am Keep. Beiderseits des Tores sind in regelmäßiger Folge mindestens zwölf Schießscharten mit kleinen rückwärtigen Kammern angeordnet, die zusammen mit der Hanglage und dem bollwerkartigen Torbau diese Mauer zu einem nur schwer zu überwindenden Hindernis machten.

Der Torbau entspricht auf den ersten Blick einem bekannten Typ, wirft aber bei näherer Betrachtung doch einige Probleme auf. Ganz sicher flankierten zwei langgestreckte Türme mit gewölbtem Untergeschoß auf beiden Seiten die schmale Tordurchfahrt. Es ist aber nicht zu entscheiden, ob diese nach außen halbrund oder gerade geschlossen waren, ob der mit Sicherheit mehrgeschossige Torbau einen kubischen Block über dem Zugang bildete, wie im nicht allzuweit entfernten Roscrea (Kat. Nr. 46, Abb. 30), oder aber einen der typischen doppeltürmigen Torbauten des 13. Jahrhunderts mit halbrund ausgreifenden Türmen darstellte. Leask und McNeill geben in ihren Plänen die erstere Version wieder, Salter und Fry die zweite. Auch der Augenschein vor Ort hilft derzeit nicht, dieses Problem zu lösen. In jedem Fall kam dem Torbau der Zeit William Marshals als Verteidigungsbollwerk wie als repräsentativem Entrée eine besondere Bedeutung zu. Anders ist es nicht zu erklären, daß wenige Jahre nach dem ersten Torbau sein aufwendiger Nachfolger begonnen wurde. Dem weithin sichtbaren Machtsymbol des Keep auf der Höhe wurde mit dem Torbau ein weiteres, nun direkt auf dem Zugang zur Burg, an die Seite gestellt.

In der Mitte des 13. Jahrhunderts wurde die Angriffsseite von Dunamase noch einmal verstärkt. Eine großflächige, annähernd dreieckige Barbakane wurde unterhalb des Torhauses angelegt, von einer Mauer mit zahlreichen Schießscharten umschlossen. Damit hatte Dunamase den Endzustand seines Ausbaues erreicht. Uneinnehmbar war die Burg dennoch nicht. Im Spätmittelalter wechselte sie mehrfach unter gewaltsamen Begleitumständen den Besitzer, wurde in den Cromwellschen Kriegen stark zerstört und nach zaghaften Wiederherstellungsversuchen aufgegeben.

Lit.: Harbison 1992, S. 207–208; Harbison/O'Brien 1996, S. 142–143; Fry 1997, S. 210–212; Salter 1993, S. 59; Breffny 1977, S. 102–103; McNeill 1997, S. 33–36, 240; Leask 1936, S. 192–194; Leask 1986, S. 64–65.

24. Dundrum, Co. Down

Die Burg von Dundrum (Abb. 6, 41) liegt westlich oberhalb des kleinen Städtchens auf einem Felshügel. Die Burg überblickt die Siedlung und die ganze innere Dundrum Bay, einen hervorragend geschützten Naturhafen. Wie andere Küstenburgen in Irland war sie geeignet, bei gesichertem Nachschub von See her, als Stützpunkt und Vorposten beim Vorstoß in das noch nicht unterworfene Land zu dienen. Gerade die Ostküste von Co. Down gehört zu den Landschaften Irlands, welche die größte Dichte an Burgen des Hochmittelalters überhaupt aufweisen, darunter frühe und wichtige Anlagen wie Clough (Kat. Nr. 18, Abb. 29) und Downpatrick. Hier lag das Einfallstor für die Eroberung von Ulster.

Es war mit einiger Sicherheit John de Courcy, der bei seinem Einfall nach Ulster ca. 1177 den Felsen von Dundrum als Platz einer Burg bestimmte. Er konnte auch hier mit einiger Wahrscheinlichkeit auf ältere Befestigungen aus der Zeit vor 1169 zurückgreifen, wie die Ausgrabungen von 1950 ergaben. Die erste Burg wird diese Wall- und Grabenanlage verstärkt, aber nicht wesentlich modifiziert haben. Dies geschah erst mit dem Mauerring der inneren Burg, der vermutlich in die letzten Jahre des 12. Jahrhunderts datiert und sich weitgehend dem Verlauf der älteren Befestigung und der Form des Hügels anpaßte. Die geringe Mauerstärke von ca. 1,2 m zeigt an daß man sich bei der Verteidigung auf die Vorzüge der Felskuppe, ver-

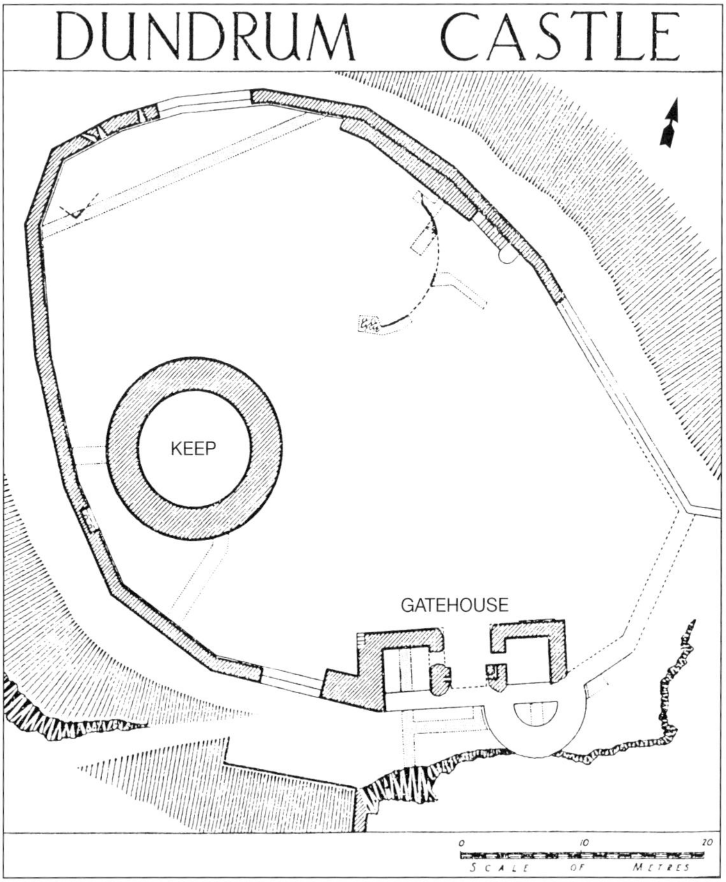

Abb. 85: Dundrum: Grundriß

stärkt durch einen in den Felsen geschlagenen Graben, verließ. Den Keep gab es in der ersten Steinbauphase noch nicht.

Dieser wurde bis zum Jahr 1211 weitgehend fertiggestellt. Es handelt sich um einen mächtigen runden Turm von mehr als 14 m im Durchmesser bei einer Mauerstärke von 2,1 m. Die Problematik der Datierung runder Keeps gilt auch hier, dennoch kann man im Fall von Dundrum angesichts der bekannten Daten mit guten Gründen davon ausgehen, daß der Keep eng mit dem berühmtesten Beispiel seiner Art, dem Turm von Pembroke (Abb. 51) in Wales verwandt ist, der von dem älteren William Marshal vor 1207 fertiggestellt wurde. Pembrokeshire war das Herkunftsgebiet der ersten Eroberer und noch längere Zeit deren Basis bei den Kämpfen in Irland. Was hier an modernen Bauten errichtet wurde, mußte in dem umkämpften Land auf der anderen Seite des Meeres eine Vorbildwirkung entfalten. Wahrscheinlich begann Hugh de Lacy nach der Vertreibung John de Courcys 1203 mit dem Bau des Keep, vielleicht auch erst nach dessen Rückeroberungsversuch von 1205. Auf jeden Fall wurde die Burg von Dundrum durch den Keep erheblich verstärkt. Der Turm hatte vier Geschosse. Der Zugang lag im 1. Obergeschoß und führte direkt in die gewölbte Halle, die sich über zwei Stockwerke erstreckte und durch eine Wölbung geschlossen war. Im Keep waren somit, außer den Wohnräumen, mit der Halle auch die repräsentativen Funktionen angesiedelt, im unsicheren Grenzland und im Konflikt der Kontrahenten John de Courcy, Hugh de Lacy und König John um die Burg Dundrum eine nachvollziehbare Entscheidung. Eine Halle im Burghof gibt es nicht.

Dort ist von weiteren Bauten heute nichts mehr zu sehen. Im westlichen Teil der Ringmauer aber, dort, wo der Keep bis auf einen Abstand von ca. 2 m an diese heranrückt, gibt es einen bemerkenswerten Hinweis auf die hygienischen Standards, die in Dundrum beachtet wurden. Etwas mehr als 1 m über dem Niveau des Hofes sitzt dort in der Mauer eine breite Nische, eine Abortanlage, in der zwei in reichlichem Abstand gemauerte Sitze mit eigenem Abflußkanal durch die Mauer in den Graben nebeneinanderliegen. Diese Aborte waren nur durch eine Treppe vor der Mauer zu erreichen, und wenn man nicht ein ganzes Gebäude zwischen Keep und Mauer annehmen will, so muß es zumindest einen hölzernen Vorbau vor den Aborten gegeben haben.

In der Mitte des 13. Jahrhunderts – meist wird ca. 1260 als Datum genannt – erhielt Dundrum ein weiteres Gebäude von ungewöhnlichem Aussehen, den Torbau in der inneren Ringmauer. Er ersetzte den älteren einfachen Durchlaß in der Mauer, erhöhte die Verteidigungsbereitschaft der Burg, muß aber auch als Herrschaftszeichen von besonderer Symbolkraft verstanden werden. Es handelt sich um einen doppeltürmigen Torbau mit mittlerer Durchfahrt, dessen östlicher Turm zur Angriffsseite, wie bei vielen anderen Beispielen, halbrund abschließt, dessen westlicher Turm jedoch rechteckig in der Flucht der Ringmauer sitzt. Die ungewöhnliche Form ist zuerst einmal geländebedingt. Der Torbau sitzt fast unmittelbar auf einer natürlichen Felskante, der Weg zu ihm hin konnte nur entlang der Ringmauer über die Berme geführt werden. Ein halbrund vorspringender westlicher Turm wäre da im Weg gewesen. Dennoch wollte man auf die symbolträchtige Form des Tores mit flankierenden Türmen, von denen wenigstens einer halbrund war, nicht verzichten, trat man doch auf diese Weise entfernt in die Tradition des Triumphtores in der seit römischer Zeit entwickelten Form ein. Dafür verzichtete man sogar auf einen kleinen Vorteil, nämlich dem Angreifer bei der Annäherung zu gestatten, den gedeckten Schildarm gegen die Mauer zu richten. Die imposante Lage des Torbaues auf der Felskante und seine Symbolformen waren wichtiger. Viel scheint das nicht gebracht zu haben. Zwei Generationen später war Dundrum Ruine.

Lit.: Harbison 1992, S. 207–208; Harbison/O'Brien 1996, S. 142–143; Fry 1997, S. 210–212; Salter 1993, S. 59; Breffny 1977, S. 102–103; McNeill 1997, S. 33–36, 240; Leask 1936, S. 192–194; Leask 1986, S. 64–65.

25. Dungarvan, Co. Waterford

In kaum einer Publikation zum irischen Burgenbau findet sich eine Aussage über Dungarvan (Abb. 8). Es gibt Burgen, von deren Resten fast nichts mehr zu sehen ist, zu denen weniger Anhaltspunkte über Gründung und Gestalt vorliegen, die dennoch in allen einschlägigen Publikationen mit einigen Zeilen Erwähnung finden. Dungarvan gehört nicht dazu. Eine Rolle bei der Verdrängung der Burg aus dem historischen Bewußtsein hat sicher die Tatsache gespielt, daß sie lange Zeit als Kaserne der englischen „Besatzungsmacht" diente und deshalb 1922 von der IRA niedergebrannt wurde. Sie ist seither ein verwahrlostes Anwesen, eine Sanierung steht bevor.

Die Burg liegt auf dem Westufer der Mündung des Colligan River in Dungarvan an der Südküste Irlands. Am Rand der Stadt überblickt sie Dungarvan Harbour, eine große geschützte Bucht, die gegenüber der Flußmündung durch eine Landzunge in einen inneren und einen äußeren Bereich geschieden wird, so daß unterhalb der Burg ein vorzüglicher Naturhafen besteht. Seit dem Vertrag von Windsor 1175 markierte Dungarvan den Südwestzipfel des Gebietes, das König Heinrich II. für die Krone beanspruchte. Der Bau einer Burg zur Sicherung des Territoriums nach Westen und zur Kontrolle des wichtigen Hafens war eine notwendige Maßnahme.

Gründungs- oder Baudaten sind nicht bekannt. Vor das Jahr 1175 kann man auf keinen Fall zurückgehen. Die Jahre nach 1185 werden ebenso genannt wie ganz allgemein die Regierungszeit der Könige Heinrich II. und Johann Ohneland. Die Beurteilung des Befundes ist durch die lange Nutzung als Kaserne und die damit ver-

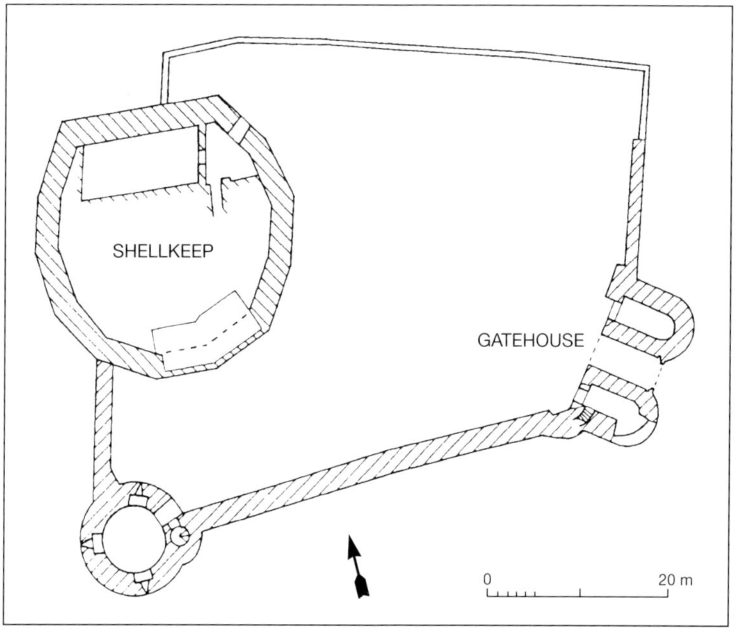

Abb. 86: Dungarvan: Grundriß

Abb. 87: Dungarvan: Der Shell-Keep

bundenen baulichen Änderungen schwierig. Grabungen und Bauuntersuchungen haben bislang nicht stattgefunden. Einige Anhaltspunkte, auch wenn es nur Hinweise für künftige Arbeiten sein können, sind dennoch zu gewinnen.

Der zweifellos älteste Teil ist ein unregelmäßig polygonaler innerer Mauerring von 21,6 m Durchmesser und einer Mauerstärke von 2,4 m. Für einen geschlossenen Keep ist die von den Mauern gedeckte Grundfläche zu groß, für eine Ringmauer, wie sie die Plattformen mancher Motten einschließen, ist die Mauer zu mächtig. Man muß von dem Typ der Shell-Keeps ausgehen, die im ausgehenden 12. und frühen 13. Jahrhundert im angevinischen Machtbereich entstanden; Launceston, Restormel, Totnes und Trematon sind einige der aufschlußreichsten Beispiele in Cornwall. Auch das stets umkämpfte Gisors im Vexin, an der Grenze der französischen Krondomäne zur englischen Normandie, wäre, nicht zuletzt wegen seiner polygonalen Struktur, in die Betrachtung des inneren Mauerringes von Dungarvan mit einzubeziehen. Sie alle sind in der Zeit entstanden, die auch für Dungarvan vermutet wird. Genaueres wird aber erst zu erfahren sein, wenn der innere Mauerring von Dungarvan von Verfüllung und Einbauten befreit ist. Vielleicht bestätigt sich dann die Vermutung von McNeill, hier eine frühe irische Steinburg aus der Zeit zwischen 1175 und 1215 identifizieren zu können.

Der trapezförmige äußere Mauerring ist durch seinen großen südwestlichen Flankenturm und den Torbau sicher einige Jahrzehnte nach der ersten Steinburg zu datieren. Der runde Flankenturm von fast 12 m Durchmesser hat Schießscharten nach außen und zum Hof hin, war durch eine zusätzlich auf den Wehrgang führende Wendeltreppe im Innern erschlossen und diente mit Sicherheit auch

Wohnzwecken. Der Torbau hat zwei halbrunde Türme beiderseits der Durchfahrt und ist mit einer Breite von fast 18 m von respektabler Größe. Er wurde in späteren Zeiten stark verändert, seine ursprüngliche Form ist aber an den Mauern noch ablesbar, die gewölbte Tordurchfahrt noch weitgehend erhalten. Eine genaue Datierung ist schwer. McNeill reiht ihn unter die doppeltürmigen Torbauten des frühen 13. Jahrhunderts ein, nach seinem Erscheinungsbild kann er aber auch noch in der Zeit Eduards I. am Ende des Säkulums entstanden sein. Wie die ganze Burg bedarf auch der Torbau einer gründlichen Bearbeitung.

Lit.: McNeill 1997, S. 45–46, 92; Dungarvan Town Trail, Stop 4.

26. Dunmore, Co. Galway

Dunmore (Abb. 49) ist ein weiteres Beispiel für einen einfachen Hall-Keep in den Gebieten westlich des Shannon. Die Burg liegt in Connacht, mitten im Interessengebiet der de Burghs und ihrer wichtigsten Vasallen, der de Berminghams. Die Lage der Burg am Ort ist durch die charakteristische Nähe zu einem kleinen Fluß, dem Sinking River, gekennzeichnet. Zusätzlichen Schutz boten dem natürlichen Felsenhügel, auf dem sich der Keep erhebt, die ihn ehemals auf den drei flußabgewandten Seiten umgebenden sumpfigen Niederungen. Für den Ackerbau hat die Region nur Böden minderer Qualität vorzuweisen, aber für die Viehzucht war das mäßig gewellte Hügelland geeignet, das nur an wenigen Stellen über 100 m Meereshöhe ansteigt.

Dunmore findet sich schon in der Liste von „Burgen", die in dem Jahrhundert vor der Eroberung von 1169 bestanden und auch die Kerne von Siedlungsverdichtungen darstellten. Mit Sicherheit bestand hier eines der Machtzentren der O'Connors von Connacht. Turlough O'Connor nutzte bis zu seinem Tod 1156 in Dunmore sein hier bestehendes Dún als Residenz und Befestigung. Für seine Feinde war Dunmore mehrfach das Ziel ihrer Angriffe. Leider wird diese frühe „Burg" Dunmore von einigen Autoren als Motte & Bailey-Castle bezeichnet, was ganz offensichtlich falsch ist. Fragen zur frühesten Datierung und Gestalt von Dunmore bleiben also offen.

Eine Burg der de Berminghams, erbaut im Auftrag der de Burghs, wird in Dunmore um 1225 genannt. Die Jahreszahl markiert die allerersten Versuche der de Burghs, das ihnen schon 1192 zur Eroberung angebotene Connacht gewaltsam in Besitz zu nehmen. 1227 wurde das Angebot erneuert, was bedeuten würde, daß Dunmore ganz am Anfang des steinernen Burgenbaus der Anglonormannen in Connacht steht. Bedingt durch eine Zeit königlicher Ungnade nach 1227 konnte die eigentliche Eroberung Connachts erst ab 1232 angegangen werden. Die de Berminghams leisteten als Vasallen und Mitstreiter der de Burghs mit anderen Familien, die alle auch in den östlichen Landesteilen schon Territorien an sich gebracht hatten, die Pionierarbeit. Dunmore scheint, vielleicht wegen des zu frühen Vorstoßes ohne ausreichende Unterstützung durch die de Burghs bis 1232, nicht den Erwartungen entsprochen zu haben. Jedenfalls war die Burg zeitweise im Besitz eines sich sehr unabhängig gebärdenden walisischen Untervasallen der de Berminghams namens Hosty, McCosty oder Mac Oiseana, ohne daß die de Berminghams ihre Ansprüche aufgaben oder gar verloren. Jedenfalls war der Hauptsitz der de Berminghams in der ab 1235 erbauten Burg von Athenry (Kat. Nr. 2). Dunmore wurde durch ein Privileg von 1280 mit Stadtmauern umgeben und entwickelte sich zu einem florierenden Borough und einem vorgeschobenen anglonormannischen Zentrum in Connacht. In der 2. Hälfte des 13. Jahrhunderts ist einige Male von der "Army of Dunmore", dem feudalen Aufgebot gegen die Iren von Connacht, das seine Basis in Dunmore hatte, die Rede. Die Ansiedlung und die Burg hatten als militärischer Stützpunkt zu dieser Zeit eine hervorgehobene Bedeutung. Der Platz selbst blieb bis ins 17. Jahrhundert Besitz der de Berminghams und die Burg war bis ins 19. Jahrhundert bewohnt.

Abb. 88: Dunmore, Co. Galway: Grundriß

Das Gründungsdatum der Burg nach 1225 läßt sich nicht ohne weiteres auf die heute anzutreffenden Mauern des Keep übertragen. Es existiert weder eine moderne Bauaufnahme der Mauern, noch hat je eine archäologische Untersuchung des Platzes stattgefunden. Abgesehen von der übereinstimmenden Auffassung aller Autoren, daß die Burg im Hochmittelalter, noch vor dem Niedergang des Burgenbaus ab dem zweiten Viertel des 14. Jahrhunderts entstanden sei, ist die Burg bislang undatierbar. 1249 und 1315 wurde die Burg von den O'Connors, 1284 von den O'Flynns niedergebrannt, zweifellos als Reaktion auf die von hier ausgehenden militärischen Aktionen der Anglonormannen. Es ist derzeit nicht zu entscheiden, ob davon schon Teile des heutigen Keep betroffen waren. Spuren von Ausbesserungen und Ausbau sind an dem Bauwerk reichlich vorhanden. Harbison und Fry neigen zu einer Datierung nach der Zerstörung von 1315, Salter zu einem Baudatum nach 1249 und McNeill setzt die Burg ganz allgemein ins spätere 13. Jahrhundert.

Der Keep gleicht in auffallendem Maße dem von Athenry (Kat. Nr. 2, Abb. 36, 30). Er bestand ursprünglich nur aus einem Sockelgeschoß und einem Obergeschoß, beide ohne Wölbung. Der Eingang in den Hauptraum lag im Obergeschoß, das Untergeschoß war von dort nur über eine Leiter oder Falltreppe zu erreichen. Wie in Athenry gibt es im Hauptgeschoß in der dem Eingang diagonal gegenüberliegenden Ecke eine Latrine, außerdem einen Kamin in der Nordwand. Der Raum im Obergeschoß war ursprünglich der einzige Wohnraum der Burg, Halle und Chamber zugleich. Der Raum war, vermutlich ohne Zwischendecke, von einem steilen Satteldach überdeckt. Die Dachschräge über dem alten Hauptgeschoß zeichnet sich an den Mauern des Innern noch heute ab. In dieser Form ist der Keep von Dunmore als einfacher Hall-Keep zu bezeichnen, wie er gerade westlich des Shannon häufiger vorkommt. Im 16. Jahrhundert wurde, wie die Fenster des heutigen obersten Stockwerks bezeugen, der Keep um zwei Geschosse erhöht und wandelte sich zum Tower-House, ein Schicksal, das ihn mit vielen anderen hochmittelalterlichen Burgen Irlands verbindet. Vom äußeren Bering sind nur noch sehr wenige Teile wahrzunehmen, in den überwachsenen und zusammengestürzten Mauerteilen an der Ostseite vermutet McNeill die Überreste eines doppeltürmigen Torbaus.

Lit.: Harbison 1992, S. 153; Fry 1997, S. 214; Salter 1993, S. 35; McNeill 1997, S. 10, 136–137, 146, 240; Neary, JGAHS 1913/14, S. 94–100; Greaney 1984, S. 10–19.

27. Dunmore, Co. Meath

Nicht weit von Navan entfernt liegt auf einer den River Boyne überblickenden Anhöhe die Burg Dunmore (Abb. 47), auch unter dem Namen Dunmoe bekannt. Die Ruine gehört zu den wenig erforschten Burgen Irlands, mit umstrittener Datierung der heute noch vorhandenen Mauern. Dennoch wird die Burg wegen ihres in Irland häufiger vorkommenden Bautyps von mehreren Autoren behandelt und abgebildet, wenn auch immer nur in wenigen Zeilen. Eine archäologische Untersuchung hat in neuerer Zeit nicht stattgefunden.

Die Datierung der Mauerreste von Dunmore bereitet allen Autoren die größten Schwierigkeiten. Die zeitliche Einordnung der Burg zeigt in typischer Weise die Grenzen auf, die dem Forscher gesetzt sind, will er ohne bauarchäologische Untersuchung das Entstehungsdatum einer Burg nur nach typologischen und stilistischen Kriterien bestimmen. Von einem Typ des 13. Jahrhunderts wird gesprochen, der wohl doch erst im 15. Jahrhundert entstanden sei. Andere datieren ins 14./15. oder 15. Jahrhundert, als die d'Arcys die Burg besaßen, und lassen offen, ob sie von einem Hall-Keep oder einem Tower-House sprechen. Von einem Typ, nicht von einem Datum ist die Rede.

Es handelt sich um einen viergeschossigen Rechteckbau auf einem schrägen Sockel, der in leicht unregelmäßiger Weise auf den vier Ecken von Flankentürmen besetzt ist. Ein östlich anschließender Flügel ist wesentlich später entstanden. Der Innenraum mißt in der Grundfläche 14,6 × 6,4 m. Zumindest in einem der Ecktürme führte eine Wendeltreppe nach oben, in einem weiteren Eckturm ist ein Nebenraum nachzuweisen. Hinter der Sockelschräge sind noch heute kleine gewölbte Räume zu erkennen, auch das Geschoß darüber war eingewölbt. McNeill führt Dunmore unter den Hall-Houses auf, im Vergleich mit anderen, ähnlich gestalteten Burgen ist auch die Bezeichnung Hall-Keep nicht abwegig.

Bei der Burg von Dunmore stellt sich die Frage, wie nahe man sie zeitlich und typologisch an Burgen wie Carlow (Kat. Nr. 12,

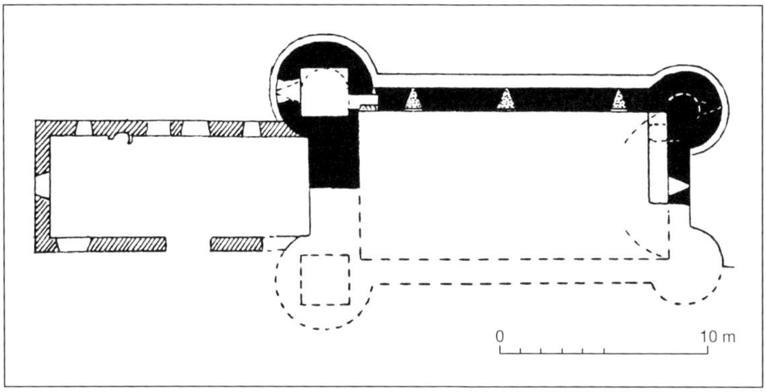

Abb. 89: Dunmore, Co. Meath: Grundriß

Abb. 71), Lea (Kat. Nr. 36, Abb. 99) oder Terryglass (Kat. Nr. 49, Abb. 114), weniger an Ferns (Kat. Nr. 29, Abb. 92), heranrückt. Ist Dunmore ein später Nachfolger dieser Hall-Keeps aus dem 13. Jahrhundert oder ein Prototyp des Tower-House, wie es sich ab dem 15. Jahrhundert zu seiner vollen Blüte entwickelt, oder gar ein Bindeglied zwischen beiden Epochen des irischen Burgenbaus? Der Versuch einer Antwort wird noch zusätzlich erschwert durch die unterschiedlichen – runde und polygonale Ecktürme – und zum Teil sehr rohen Formen am Bau, von dem nur die Südwand mit den beiden Ecktürmen noch aufrecht steht. Auch die Betrachtung eines alten Stiches, auf dem der Bau noch nahezu vollständig erhalten ist, führt nicht weiter, da durch die Tatsache, daß Dunmore bis ins 19. Jahrhundert bewohnt war, durch die Jahrhunderte mit vielen Modernisierungen und Umbauten zu rechnen ist, was auch an der Ruine deutlich abgelesen werden kann. Die Backsteinausmauerungen der großen Fenster im Obergeschoß sprechen eine beredte Sprache. Allerdings ist neben dem Ostfenster eine ältere vermauerte Fensterrahmung, die durchaus noch dem 13. Jahrhundert angehören könnte, deutlich zu erkennen.

Da Dunmore in seinen heute sichtbaren Resten kaum vor das 14. Jahrhundert zu datieren ist, muß die Überlegung, hier den Übergang vom Hall-Keep des 13. Jahrhunderts zum Tower-House des 15. Jahrhunderts vor Augen zu haben, ernsthaft diskutiert werden. Allerdings müßte neben den Untersuchungen vor Ort auch das Areal um die Burg herum auf Spuren von Mauern und weiteren Gebäuden hin untersucht werden.

Lit.: Harbison 1992, S. 259; Fry 1997, S. 213–214; Salter 1993, S. 60; McNeill 1997, S. 150.

28. Enniscorthy, Co. Wexford

Die Burg von Enniscorthy liegt hoch über dem Ufer des River Slaney inmitten der gleichnamigen Kleinstadt. Der Ort nimmt im Südwesten von Leinster eine strategische Schlüsselstellung ein. Der Weg von Wexford nach Ferns (Kat. Nr. 29), der Residenz Dermot MacMurroughs vor der Invasion der Anglonormannen, führt durch Enniscorthy, das in seiner beherrschenden Lage eine ähnliche strategische Bedeutung hatte wie die weiter südlich gelegene Burg von Ferrycarrick (Kat. Nr. 30), die erste Wehranlage der Eroberer in Irland.

Es gibt keinerlei Hinweis darauf, ob der Burghügel schon vor 1169 oder unmittelbar nach der Invasion befestigt war. Aus dem 12. Jahrhundert liegen keinerlei Nachrichten vor. 1226 war Enniscorthy ein "manor" des Bischofs von Ferns, vielleicht ein Hinweis auf die Sicherung des alten Hauptortes von Leinster nach Süden gegen Wexford hin. Im gleichen Jahr residierte Bischof St. John in der soeben fertiggestellten Burg von Ferns und tauschte Enniscorthy an Philip de Prendergast, aus der walisischen Familie von Marcher-Lords, die 1169 zu den ersten Invasoren in Irland gehört hatten. Der neue Eigentümer starb 1229, sein Sohn und Erbe Gerald de Prendergast gilt allgemein als Erbauer der ersten Steinburg an diesem Platz.

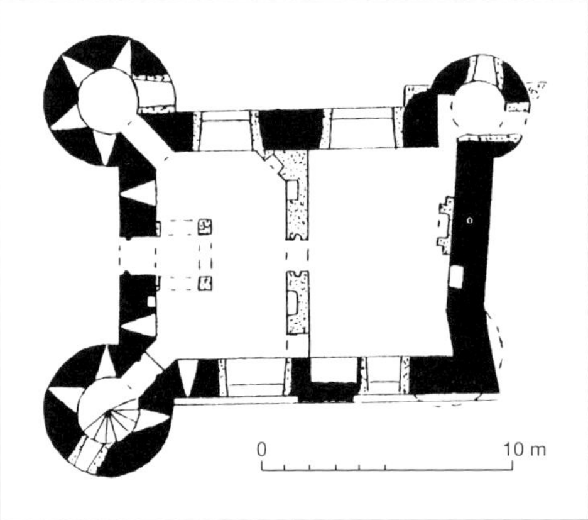

Abb. 90: Enniscorthy: Grundriß

Über die Gründer der Burg ist somit einiges, über die Gestalt der Wehranlage im frühen 13. Jahrhundert aber ist nichts bekannt. Das muß mit aller Deutlichkeit betont werden, da die meisten Autoren mit Hilfe von Scheindatierungen und spekulativen Analogieschlüssen die Burg des 13. Jahrhunderts aus dem heutigen Bauwerk ableiten wollen. Dafür gibt es nicht die geringste Veranlassung, denn das heute als Enniscorthy Castle bezeichnete Gebäude steht zwar gewiß auf dem Platz der alten Burg, stammt aber in seiner jetzigen Gestalt aus den Jahren 1903/04.

Man behilft sich schlecht und recht damit, daß man der heutigen Baugestalt einfach den Plan des 13. Jahrhunderts unterlegt und dieses Vorgehen mit fragwürdigen Analogien zu Carlow (Kat. Nr. 12, Abb. 71), Ferns (Kat. Nr. 29, Abb. 92) und Lea (Kat. Nr. 36, Abb. 99) zu untermauern versucht. In Carlow, Ferns und Lea sieht man die Marshals am Werk, ohne daß gerade bei den beiden letztgenannten Burgen deren Urheberschaft für den Bau und die Gestalt sicher ist. Auf diese Weise entsteht eine Art „Marshal-Stil" im Burgenbau, der sich zwar in den Burgen in Wales, deren Ausbau in dieser Zeit sicher den Marshals zugewiesen werden kann, nicht wiederfindet, der aber unbekümmert auf das benachbarte Enniscorthy der Prendergasts übertragen wird. Ob von der mittelalterlichen Burg Enniscorthy überhaupt noch ein Stein aufrecht steht, ist aber völlig offen.

In einer Kontroverse aus dem Jahr 1905 bemerkte Hore, die Burg Enniscorthy "was in such utter ruin in 1537 that for all practical reason it ceased to exist". Dagegen machte Flood geltend, daß die Burg zwar ruinös, aber in irgendeiner Form genutzt war. In jedem Fall erfolgte zwischen 1586 und 1595 ein umfassender Neu-

Abb. 91: Enniscorthy: Die Burg des 16.–19. Jahrhunderts

bau, bei dem völlig unklar ist, inwieweit ältere Bauteile wiederbenutzt wurden. 1798 dient die Burg als Gefängnis, genau einhundert Jahre später wird sie wieder als ruinös bezeichnet, was zum Ausbau von 1903/04 führt.

Auf diesem brüchigen Fundament stehen alle Argumentationen, die die Burg von Enniscorthy zu einer Art mittelalterlichem Hall-Keep machen, der zwischen 1232 und 1240, angeblich gleichzeitig mit dem benachbarten, aber durchaus nicht zuverlässig datierten Ferns, von Gerald de Prendergast erbaut sein soll. Über die Gestalt von dessen Burg wissen wir aber nichts. Ohne gründliche bauarchäologische Untersuchung wird auch kaum etwas in Erfahrung zu bringen sein. So lange sollte Enniscorthy außerhalb der Betrachtung des hochmittelalterlichen Burgenbaus in Irland bleiben, schon gar nicht in einem Zusammenhang mit den so häufig damit verglichenen Burgen. Enniscorthy ist ein Beispiel dafür, daß man in der Burgenforschung da Zurückhaltung üben sollte, wo der Befund für ein sicheres Urteil nicht ausreicht. Legendenbildung durch Spekulationen vermag solche Lücken nicht zu schließen.

Lit.: Harbison 1992, S. 235; Fry 1997, S. 214; Salter 1993, S. 61; Barry 1988, S. 63; McNeill 1997, S. 118; Leask 1936, S. 176; Leask 1986, S. 27, 51; Flood, JRSAI 34, 1904, S. 380–383; Hore, JRSAI 35, 1905, S. 74–76; Flood, JRSAI 35, 1905, S. 177–178.

29. Ferns, Co. Wexford

Ferns (Abb. 20, 53) war zu Zeiten Dermot Mac Murroughs vor 1169 der Hauptort des Königreiches Leinster, verlor danach aber rasch an Bedeutung. Die Burg liegt im hochgelegenen Teil des Ortes dort, wo heute die Straße von Carlow auf die von Enniscorthy nach Gorey und Arklow führende Straße trifft. Nach Osten überblickt sie eine weite Tallandschaft, die unterhalb von Ferns vom River Bann durchflossen wird.

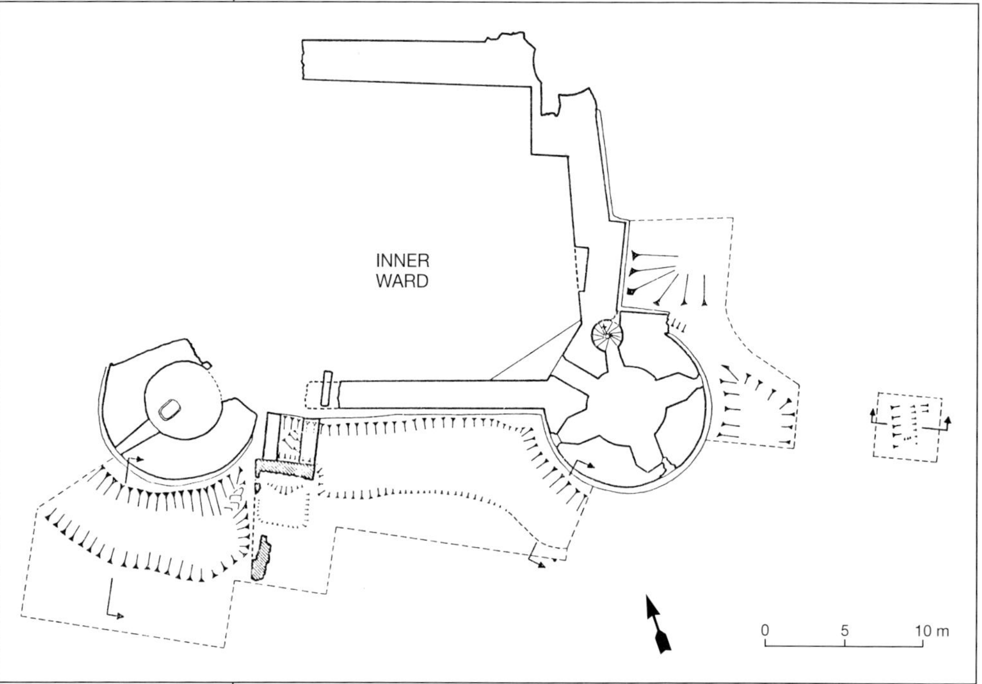

Abb. 92: Ferns: Grundriß

Ferns gehört zu den Orten, die schon vor der anglonormannischen Eroberung befestigt waren. Spuren davon sind nicht mehr zu erkennen. Giraldus Cambrensis berichtet, daß die Söhne von Maurice fitzGerald in Ferns "built a castle, although they were surrounded on all sides by their enemies", ein Hinweis darauf, daß es sich hier um die Errichtung einer Burg als Instrument der Kriegsführung und nicht in ihrer Funktion als Residenz oder Verwaltungsmittelpunkt handelte. Es wird sich vermutlich um ein Ringwork in Holz-Erde-Bauweise gehandelt haben.

Ferns gehörte zu dem Erbe Strongbows, das 1189 über dessen Tochter Isabella Willam Marshal d. Ä. zufiel. Ihm wird allgemein der Bau der steinernen Burg zugeschrieben. Unbestritten ist diese Datierung, wonach beim Tod des Marshal 1219 die Burg vollendet gewesen sein sollte, jedoch nicht. Einige Autoren halten seinen Sohn, den jüngeren William Marshal, nach 1220 für den Erbauer, andere sehen die Burg erst nach 1230 begonnen. Die Grabungen Sweetmans 1972–75 ergaben keine vor 1280 zu datierenden Funde und auch die am Bau vorhandenen Architekturformen verweisen eher auf die Mitte des 13. Jahrhunderts als in dessen erstes Quartal. Die kreuzförmigen Schießscharten mit den gerundeten Enden entsprechen sogar denen des Ausbaus in Chepstow zwischen 1270 und 1300. Damit steht der Forschung ein volles Jahrhundert für die Datierung von Ferns zur Verfügung.

Während die Datierung durchaus kontrovers, wenn auch mit

einer deutlichen Sympathie für die Urheberschaft der Marshals behandelt wird, scheint über die Beurteilung des Bautyps Einmütigkeit zu herrschen. Aber auch hier sind Fragen angebracht. Im Vergleich mit Carlow (Kat. Nr. 12, Abb. 71, 56), Lea (Kat. Nr. 36) und Terryglass (Kat. Nr. 49, Abb. 114), vereinzelt auch mit Enniscorthy (Kat. Nr. 28, Abb. 90) oder Dunmore, Co. Meath (Kat. Nr. 27, Abb. 89), wird Ferns das gleiche bauliche Konzept unterstellt. Ein mächtiger rechteckiger Kernbau über einer Grundfläche von 27,4 × 23,2 m mit ca. 2,4 m dicken Mauern ist auf seinen vier Ecken von runden Flankentürmen besetzt. Diese enthielten in vier Geschossen Nebenräume und im Obergeschoß des weitgehend erhaltenen Südostturmes eine Kapelle mit elegant profiliertem Rippengewölbe. In den Obergeschossen weisen doppelte Lanzett- und bescheidene Maßwerkfenster auf einigen Luxus in der baulichen Ausstattung der Räume hin. Die oberen Geschosse wurden im Südostturm durch eine kleine Wendeltreppe im Winkel zwischen Flankenturm und Mauer erschlossen, eine größere Wendeltreppe in einem der anderen Türme oder Treppen in der Mauerstärke sind nicht auszuschließen. Das eigentliche Rätsel, das die Burg von Ferns aufgibt, wird von kaum einem Autor angesprochen: die innere Aufteilung des mächtigen Baublocks. McNeill hat zu Recht darauf hingewiesen, daß zu einer Überdeckung der großen Grundfläche Pfostenreihen unter den Deckenbalken notwendig gewesen wären. Aber auch er scheint von einem vollständig überdachten Innenraum auszugehen. Immerhin nimmt er den von Sweetman gegebenen Hinweis auf das um 2,22 m höhere Fundament der Südmauer gegenüber der Nordmauer auf, ohne daraus weitere Schlüsse zu ziehen.

Die einseitige Festlegung auf einen vollständig überdeckten Innenraum in Ferns ist der Diskussion nicht zuträglich. Auch der schnelle Vergleich mit Carlow, Lea u. a. bei ungeklärter Datierung hilft nicht weiter. Eine eingehende Betrachtung der in Ferns erhaltenen Strukturen aber gibt Hinweise darauf, daß man im Innern des Baus mit einem kleinen Innenhof rechnen muß, der auf mindestens zwei Seiten von Gebäudeflügeln mit einzelnen Räumen gesäumt war. Die Keeps haben in der Regel einen kleinen Eingang im Obergeschoß, der über einen hölzernen Vorbau und eine Treppe zu erreichen war. In Ferns gibt es statt dessen im Untergeschoß der Südwand ein kleines Tor, das durch eine Zugbrücke Einlaß gewährte, die über den in den Felsen um das Bauwerk geschlagenen Graben führte. Solche Tore führen normalerweise nicht in Innenräume, sondern in Höfe. Auch das unterschiedliche Niveau der Fundamente wird durch eine Innenbebauung um einen Hof leichter deutbar.

Eine Burg, die mit dieser Gestalt von Ferns vergleichbar wäre, fehlt ebenfalls nicht. Die innere Burg von Conwy in Wales, der ab 1283 erbauten Zwing- und Residenzburg König Eduards I., zeigt bei ähnlichen Abmessungen genau die in Ferns vermutete innere Raumaufteilung. Vier runde Flankentürme besetzen die Ecken der

Anlage, im Innern liegen zwei Flügel mit anspruchsvollen Räumen im Winkel entlang der Mauern. Ein eigener Eingang mit Zugbrücke führt von der äußeren in die innere Burg. Selbst die Kapelle im Nordostturm und die kleinen Wendeltreppen im Winkel zwischen Flankentürmen und gerader Mauer sind in Conwy ebenso wie in Ferns vorhanden. Gemessen am archäologischen Fundmaterial und an dem Formengut der Architekturdetails ist Ferns, gibt man dessen später Datierung den Vorzug, etwa zeitgleich mit Conwy. Eine einzelne Burg wie Conwy zur Begründung des Baus von Ferns im ausgehenden 13. Jahrhundert heranzuziehen mag manchem als eine zu dünne Argumentationsbasis erscheinen. Der Vergleich zeigt zumindest aber, daß die Parallelen zwischen Ferns und Conwy ungleich stärker hervortreten als bei einem Vergleich der Burg mit Carlow, Lea, Terryglass oder gar dem völlig untauglichen Enniscorthy. In Ferns mußten sich die Grabungen auf den inneren Bezirk der Burg beschränken. Eine größere äußere Umwallung wird allgemein vermutet. Vielleicht können Grabungen in diesem Bereich eines Tages neue Anhaltspunkte bringen.

Lit.: Harbison 1992, S. 236–237; Fry 1997, S. 215–216; Salter 1993, S. 62; Barry 1988, S. 49, 54, 61–62; McNeill 1997, S. 118–125, 241; Leask 1936, S. 170–173; Leask 1986, S. 49–50; Hore, JRSAI 40, 1910, S. 297–315; Ffrench, JRSAI 40, 1910, S. 360–361; Sweetman, PRIA 79C, 1979, S. 217–245.

30. Ferrycarrick, Co. Wexford

Ferrycarrick (Abb. 7), auch unter der Bezeichnung Ferrycarrig oder Carrick-on-Slaney zu finden, gilt als die älteste anglonormannische Burg in Irland. Sie liegt drei Kilometer westlich von Wexford, der Stadt, die das Ziel des ersten Vorstoßes der Invasoren nach ihrer Landung in der Bannow Bay im Mai 1169 war. Die strategische Lage ist hervorragend. Die Burg nimmt einen Bergsporn auf dem steilen südlichen Hochufer über dem River Slaney ein, genau an der Stelle, wo sich die innere Bucht von Wexford Harbour zum Lauf des Flusses verengt, der hier von Norden kommend ins Meer mündet. Die Burg, nicht zu verwechseln mit dem Turm des 15. Jahrhunderts auf dem gegenüberliegenden Ufer, ist heute das einzige original mittelalterliche Element im National Heritage Park in Ferrycarrick und erfreut sich guter Pflege. Von der Substanz des 12. Jahrhunderts ist allerdings kaum noch etwas zu sehen. Der Bau des Rundturms irischen Typs – ein Denkmal für die Gefallenen des Krim-Krieges – im Jahr 1857/58 und später die Fundamentierung eines Mastes für eine Stromleitung haben die lange Zeit verwilderte Stelle der Burg arg in Mitleidenschaft gezogen. Erst die Grabungen des Jahres 1984 und die anschließende Einbeziehung in den historischen Park haben die Burg wieder zugänglich gemacht. Wesentliche Teile von Wall und Graben sind vom überwuchernden Gestrüpp befreit, von der Bebauung des Innern ist fast nichts zu erkennen.

Es waren die Vorteile dieses Platzes, die Robert fitzStephen nach seiner Landung im Mai Ende des Jahres 1169 veranlaßten, hier eine Burg zu errichten. Der Bau der Burg, die in überlegener Position Stadt und Hafen von Wexford sowie den Wasserweg des Slaney

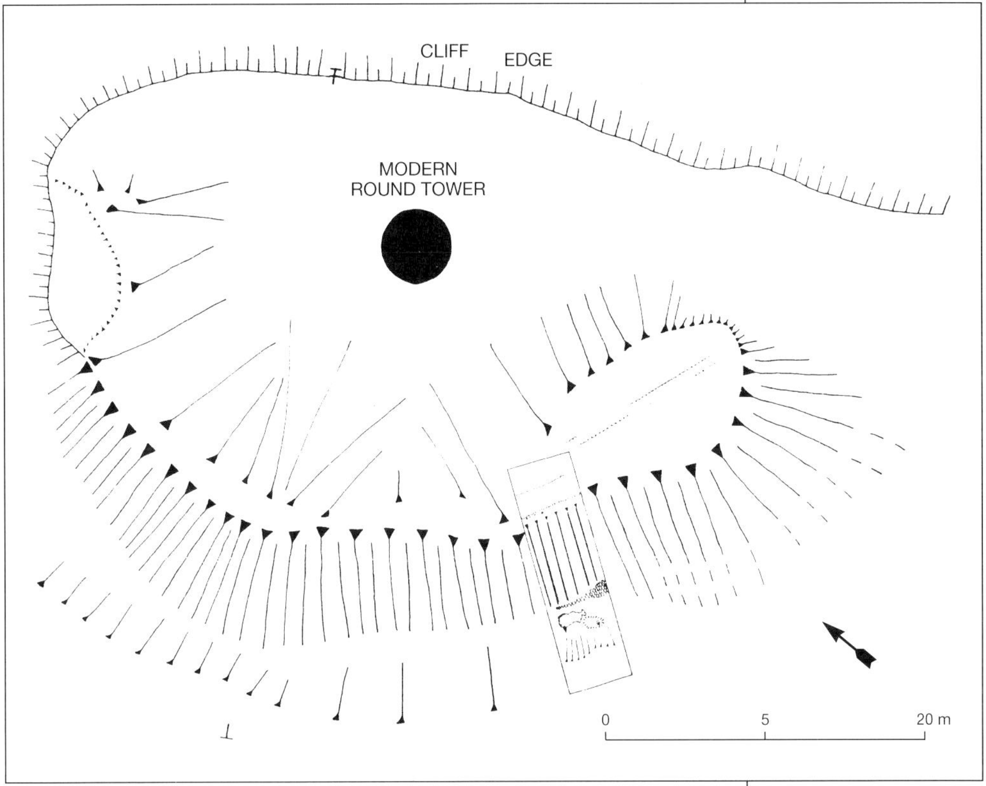

Abb. 93: Ferrycarrick: Grundriß

kontrollierte, gab den Anglonormannen eine feste Basis außerhalb der Stadt, die zwar schnell genommen, aber, wie die folgenden Ereignisse zeigen, durchaus nicht sicher in der Hand der Eroberer war. Ferrycarrick war eine sowohl offensiv gegen Wexford gerichtete Burg wie auch ein defensiver Stützpunkt für die Truppe von Maurice fitzGerald. Die Wehranlage darf nach ihrer Gestalt und ihrer Funktion als typisch für die ersten Befestigungen der Anglonormannen in Irland gelten.

Giraldus Cambrensis beschreibt den Bauplatz und die Verteidigungsanlagen der Burg, allerdings nicht ohne Widersprüche. So heißt es unmittelbar nach dessen Landung, daß "fitzStephen built a fortress on a steep crag, about two miles from Wexford, called Carrick in the vernacular and improved by artificial means a place naturally well protected". Als Robert fitzStephen zwei Jahre später, im August 1171, von den Bürgern von Wexford in dieser Burg belagert wurde, spricht er davon, er sei "trapped in a most ill-fortified castle, which was enclosed by a flimsy wall of branches and sods". Die wahre Stärke der Burg geht aus der letzteren Bemerkung nicht unbedingt hervor, da es Giraldus bei diesen Worten darum geht, die aussichtslose Lage von Robert fitzStephen angesichts der Attacke der "Ostmen" von Wexford besonders drastisch zu schildern.

Dennoch lassen sich aus der Beschreibung des Chronisten der Eroberung die Charakteristika der Burg von Ferrycarrick und damit der ersten Wehranlagen der Anglonormannen in Irland erkennen. Sie haben den Vorteil, mit dem Befund am Ort und den Ergebnissen einer Grabung von 1984 übereinzustimmen. Die Burg war kein Motte & Bailey-Castle, sondern ein Ringwork, das die natürliche Höhenlage auf dem Felsen ausnutzte, wie Orpen schon 1907 feststellte. Das wichtigste Hindernis für einen Angreifer war der Graben, teilweise in den Felsen geschlagen, hinter dem sich ein Wall aus angeschütteter Erde und Grassoden mit einem Verhau aus Felsbrocken und Baumstämmen befand. Man nutzte als Baumaterial alles, was gerade greifbar war, denn die Burg war eine jener Befestigungen, die in großer Eile, mitten in einer feindlichen Umgebung, fertiggestellt werden mußten. Ob die Bewehrung der inneren Grabenseite mit Trockenmauerwerk, die bei den Grabungen festgestellt wurde, zu den allerersten Baumaßnahmen gehörte, ist offen, aber nicht unwahrscheinlich. Steine fielen bei der Vertiefung des Grabens im Fels genügend an und die Trockenmauertechnik war den mitgekommenen Walisern ebenso wie den Iren geläufig. Die steinernen irischen Ringforts bestehen alle aus Trockenmauerwerk und in Wales findet sich diese Mauertechnik in einigen Burgen des Penmaen-Typs, vor allem der einheimischen walisischen Fürsten.

Ferrycarrick ist eine einfache, fast zeitlose Wehranlage. Befestigungen wie diese wurden zu allen Zeiten im Verlauf von Kriegszügen errichtet, oft aber schnell wieder aufgegeben. In Ferrycarrick ergaben die Keramikfunde immerhin eine Nutzung bis ins 14. Jahrhundert. Auch gab es eine Innenbebauung, die einer dauerhaften Nutzung angemessen war. 1323/24 ist die Rede von einer Halle und einer Kapelle – beide zu diesem Zeitpunkt schon ruinös, die Halle ohne Dach –; weitere Wohn- und Nutzbauten waren mit Sicherheit vorhanden, sind aber durch die späteren Störungen nicht mehr nachweisbar. Die Vorbilder der Burg finden sich in ganz Nordwesteuropa. Ausgangspunkt für die Gestalt von Ferrycarrick waren aber sicher die einfachen anglonormannischen Ringworks in Wales. Dort waren sie während der harten Auseinandersetzungen mit den Walisern im 12. Jahrhundert vielfach erbaut worden, von dort kamen die Eroberer. Die gut ergrabene Burg von Penmaen in Gower an der Südküste von Wales, ein Ringwork unter Verwendung von Trockenmauerwerk, hat diesem Burgentyp ihren Namen gegeben. Burgen vom Penmaen-Typ sind von den Eroberern der ersten Generation in Irland sicher zahlreich errichtet und längst nicht alle als solche identifiziert worden. Ferrycarrick ist nicht nur als erste anglonormannische Burg in Irland interessant, ihre Gestalt entzieht auch dem weit verbreiteten Irrglauben den Boden, alle frühen Burgen im Land seien Motte & Bailey-Castles gewesen.

Lit.: Orpen, JRSAI 37, 1907, S. 150; Scott/Martin 1978, S. 53, 79–81, 298, 306–307; Barry 1988, S. 46; Roche 1995, S. 141, 177–178; Bennet 1984/85, S. 25–43.

31. Greencastle, Co. Donegal

Greencastle (Abb. 12) liegt am Ostufer der Halbinsel Inishowen, an der engsten Stelle der Einfahrt vom offenen Meer in das Lough Foyle, der großen Bucht im nordwestlichen Ulster, die sich von der Mündung des River Foyle bei Londonderry bis in die offene See hinzieht. Von hier aus konnte der gesamte Schiffsverkehr, der von der Nordküste Ulsters seinen Weg in Richtung Londonderry und das Landesinnere nehmen wollte, kontrolliert werden. Auch war die Versorgung der Burg über das Meer kein Problem.

Greencastle, im Mittelalter Northburg genannt, ist gut datiert, sein Bauherr ist namentlich bekannt. Zwar wird eine „arx viridis" von 1260 von einem Autor mit Greencastle in einen Zusammenhang gebracht, es darf aber nach Auskunft der Annalen von Ulster als sicher gelten, daß Richard de Burgh, der berühmte "Red Earl", im Jahr 1305 die Burg errichten ließ. Ein Vorgängerbau an dieser exponierten Stelle ist durchaus vorstellbar, aber in dem vorhandenen Mauerwerk nicht sicher zu identifizieren. Waterman stellt mit einiger Vorsicht zur Diskussion, ob die unteren Teile der Südmauer und des nördlichen Torturmes ins 13. Jahrhundert datiert werden können. Einziger Streitpunkt in der relativen Chronologie der Anlage ist der rechteckige, als "Keep" bezeichnete Turm vor der Nordmauer. Von McNeill ins Spätmittelalter, von Salter gar ins 17. Jahrhundert datiert, gilt er Fry und anderen Autoren als möglicher Vorgänger der heutigen Burg. Waterman, der die Burg bislang am gründlichsten untersucht hat, datiert den Turm ins 15. Jahrhundert. Es dürfte sich bei ihm um ein Tower-House handeln, wie es in so vielen großen Burgen des 13. Jahrhunderts, als diese in ihrer Größe nicht mehr zu unterhalten waren, errichtet wurde.

Greencastle paßt sich in seinem annähernd ovalen Grundriß ganz dem direkt über der Meeresbucht liegenden Felsen an. Dominierender Teil der Anlage ist das im Westen liegende Torhaus mit dem kleinen, unmittelbar anschließenden unteren Hof. Getrennt durch eine Felsbarriere und eine Mauer folgt dann der obere Hof, in dem wegen des hochliegenden Trümmerschutts heute keinerlei Fundamente mehr zu erkennen sind. Am südlichen Ende der Ostmauer sitzt ein kleiner rechteckiger Turm, der im Untergeschoß, wie zwei weitere Türme dieser Art entlang der Außenmauer, Latrinen enthielt. Im Nordosten schloß ein polygonaler Turm die Burganlage ab. Heute steht im Nordosten ein Martello-Tower des 19. Jahrhunderts. Er zeigt an, daß die strategische Position der Burg bis in die jüngste Zeit zum Schutz der Einfahrt in das Lough Foyle genutzt wurde. McNeill vermutet eine Halle entlang der Nordmauer, wofür es einige wenige Hinweise gibt.

Der Torbau, eigentlich eine separate Torburg, ist die wichtigste Bautengruppe der Burg. Obwohl vom Typus des doppeltürmigen Torbaus mit Mitteldurchfahrt und beiderseits zur Außenseite halbrund bzw. polygonal schließenden Türmen, hat dieses Torhaus in

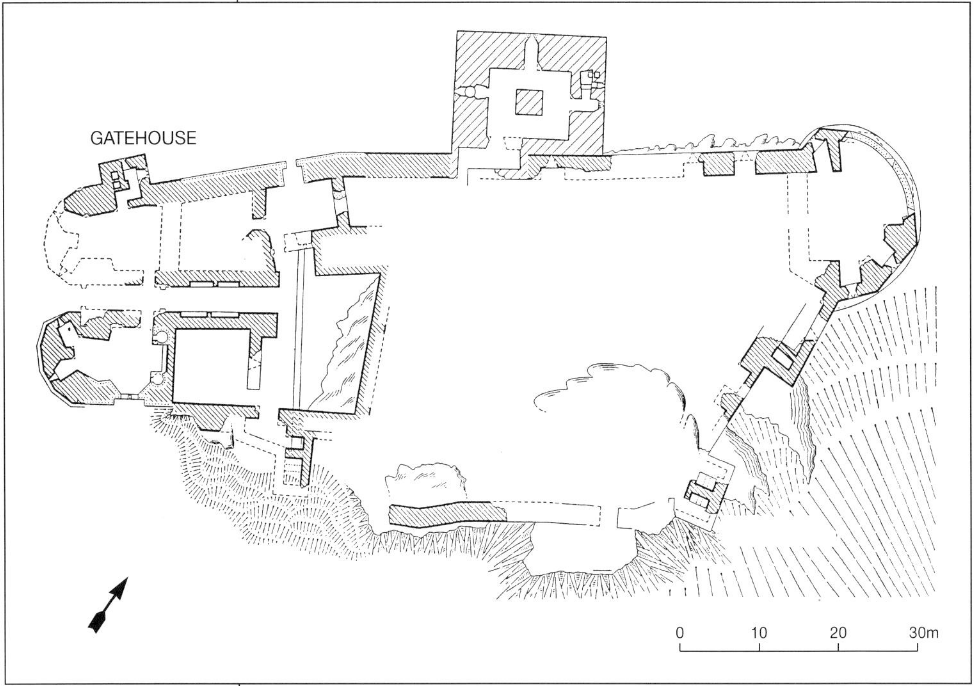

Abb. 94: Greencastle, Co. Donegal: Grundriß

Irland nach Größe und Ausstattung kein adäquates Gegenstück. Im Untergeschoß gab es je zwei Kammern auf beiden Seiten des Torweges, in den Obergeschossen je ein Appartement, bestehend aus Vorraum, Great Chamber und zwei weiteren Räumen. Diese Raumaufteilung findet sich in den großen Königsburgen König Eduards I. in Wales, in Harlech, Beaumaris und Caernarfon, aber auch in den Burgen der de Clares in Caerphilly in Wales und in Tonbridge in Kent. Greencastle ist eine Burg mit hohem repräsentativem Anspruch.

Richard de Burgh hat sich nicht nur in Greencastle die herausragenden Burgen der Wende vom 13. zum 14. Jahrhundert zum Vorbild genommen. Schon in Ballymote (Kat. Nr. 9) hatte Beaumaris, die jüngste von Eduard I. in Wales erbaute Burg, das Vorbild abgegeben. Wenn Ballintober (Kat. Nr. 5, Abb. 24, 63), wie zu vermuten, ebenfalls eine Burg der de Burghs ist, scheint auch hier die Gestalt von Caernarfon durch. Nicht anders ist es in Greencastle. Gerade mit dem weithin sichtbar über der Bucht thronenden Torbau knüpfte der "Red Earl" erkennbar an die königlichen Burgen in Wales an. Das zeigen auch die polygonalen Mauern der Türme, die denen von Caernarfon ähneln, und die hell abgesetzte Eckquaderung, die den hochaufragenden Bauten zusätzliche Zierde verlieh.

Das alles war nicht Selbstzweck oder pure Freude an prunkvoller Architektur. Mit dem Anschluß an die königlichen Burgen in Wales, die, wie die Burgen der de Burghs in Ulster und Connacht, dazu da waren, ein soeben erobertes Land unter Kontrolle zu halten und die unterworfene Bevölkerung mit einer einschüchternden Architektur zu beeindrucken, kopierte Richard de Burgh das Erfolgsrezept Eduards I. in Wales und beanspruchte für sich in dem eroberten Land eine gleichsam königliche Macht. Der mächtigste Mann war er um 1300 in Irland ohnehin. Allerdings war Irland nicht Wales und Richard de Burgh fehlten, bei aller Machtfülle, letztlich die Ressourcen, die König Eduard I. zu Gebote standen. Schon dieser hatte bei seiner Eroberungspolitik die Kräfte des englischen Staates überspannt, jener war auf Dauer nicht erfolgreicher. Nach 1333 war die Rolle der de Burgh im westlichen Ulster schon ausgespielt, Greencastle wurde von irischen Clanführern okkupiert.

Lit.: Harbison 1992, S. 100–101; Fry 1997, S. 218; Salter 1993, S. 151; McNeill 1997, 99, 103–106, 241; Leask 1936, S. 161; Leask 1986, S. 26; Orpen, JRSAI 43, 1913, S. 30–46; N. N., JRSAI 45, 1915, S. 201–203; Waterman, UJA 21, 1958, S. 74–88.

32. Greencastle, Co. Down

Greencastle (Abb. 46) ist seiner Lage nach das Gegenstück zur Burg von Carlingford. Die Burg liegt, allerdings etwas weiter landeinwärts als Carlingford, auf einer leichten Anhöhe an der Nordseite von Lough Carlingford, nahe der Einfahrt in die Bucht. Zur Burg von Carlingford besteht Sichtverbindung. Im Gegensatz zu Carlingford ist Greencastle nicht eng an die hohen Berge herangebaut. Die nähere Umgebung der Burg gleicht einer flachen Landzunge mit nur wenigen Erhebungen. Von der Burg hat man deshalb nach allen Seiten, nicht nur zum Meer hin, eine freie Sicht.

Greencastle war nicht die erste Burganlage in dem flachen Ufergelände. Etwa 400 m westlich der Burg steht fast am Ufer von Lough Carlingford eine Motte, die anzeigt, daß der wichtige Wasserweg landeinwärts Richtung Newry, aber auch der Verbindungsweg über Lough Carlingford, von Dublin nach Norden in das englische Restgebiet des östlichen Ulster nach der weitgehenden Rückgewinnung des gebirgigen Landesinnern durch die einheimischen Iren, auch schon vor der Erbauung der steinernen Wehranlage durch eine Befestigung gesichert war. Zu vermuten ist, daß die Motte gleichzeitig mit dem Baubeginn im gegenüberliegenden Carlingford errichtet wurde.

Greencastle ist eine königliche Burg, auch hierin in einem engen Zusammenhang mit ihrem Gegenstück am Südufer. Die Baudaten sind unsicher. Allgemein werden die Mitte des 13. Jahrhunderts bzw. die lange Regierungszeit König Heinrichs III. angegeben, vereinzelt auch die Zeit zwischen 1220 und 1240. McNeill nennt mit guten Gründen den jüngeren Hugh de Lacy zwischen 1226 und 1242 den Erbauer der Burg, allerdings im Auftrag des Königs. Später hielten die de Burghs von Ulster Greencastle für den englischen König.

Der Grundriß der Burg besteht aus einem trapezförmigen Mauerring, dessen vier Ecken mit mächtigen Flankentürmen unterschiedlichen Zuschnitts besetzt waren. Vor der Ost- und Südseite der

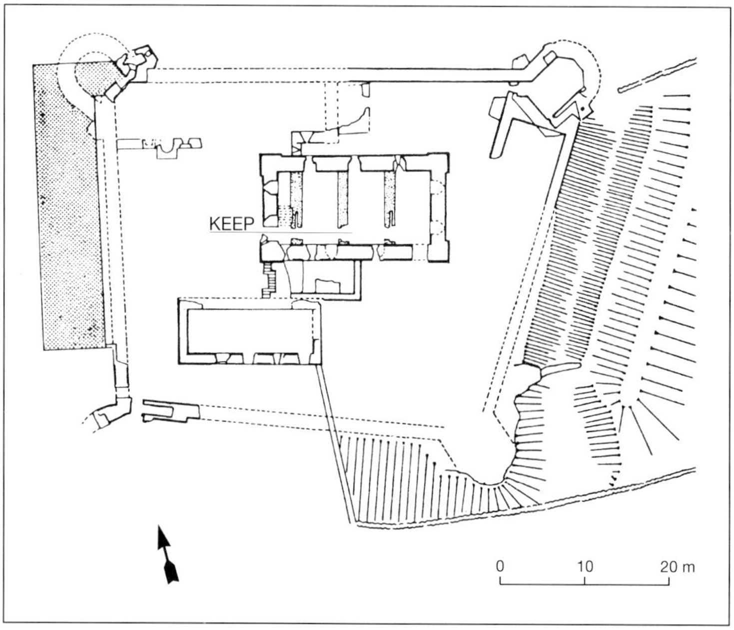

Abb. 95: Greencastle, Co. Down: Grundriß

Burg ist ein aufwendig in den Felsen geschlagener Graben aufgedeckt worden. Im Innern steht etwa in der Mitte des Hofes der rechteckige Keep. Weitere mittelalterliche Gebäude im Hof und entlang der Mauern sind nachgewiesen. Der südwestliche Flankenturm, von dem kaum Reste zu erkennen sind, dürfte nahezu vollrund vor der Mauerecke gestanden und den danebenliegenden Eingang gedeckt haben. Die drei anderen Flankentürme hatten einen hufeisenförmigen Grundriß. Alle enthielten bewohnbare Räume mit eigenen Aborten. Diese waren im Nordostturm größer und aufwendiger als in den anderen Türmen ausgestaltet. Da diesem Eckturm entlang der von hier nach Süden verlaufenden Ringmauer ein großer Raum, der als Great Chamber anzusprechen ist, angeschlossen war, kann man davon ausgehen, daß hier der Hauptwohnbau des Burgherren oder Constable gelegen war.

Im Keep lag über einem nutzbaren Untergeschoß die große Halle. Das zweigeschossige Bauwerk wurde erst in späterer Zeit auf seine heutige Höhe gebracht. Die Parallelen zur Burg Athenry (Kat. Nr. 2, Abb. 26) sind offenkundig und passen auch zeitlich, sofern man für Greencastle die vorgeschlagene Bauzeit in den dreißiger Jahren des 13. Jahrhunderts akzeptiert. Allerdings ist das königliche Greencastle im Vergleich zum ersten Bau in Athenry, wo ein Vasall der de Burghs eine bescheidene Burg erbaute, wesentlich aufwendiger und komfortabler ausgestattet.

Man kann den Keep in Greencastle als eine Hall-Keep bezeichnen. In seinem äußeren Erscheinungsbild fallen die turmartigen Eckverstärkungen auf, die wie Lisenen vor die Mauerfläche treten.

Sie enthalten im Innern keine Räume oder Treppen, wirken aber nach außen wie Flankentürme. Man ist versucht, sie ihrer Gestalt – nicht ihrer Funktion – nach mit den runden Flankentürmen auf den Mauerecken der Keeps von Carlow (Kat. Nr. 12, Abb. 70), Lea (Kat. Nr. 36, Abb. 99), Terryglass (Kat. Nr. 49, Abb. 114) u. a. zu vergleichen. Trifft dieser Vergleich zu, so sind die Eckverstärkungen von Greencastle unter die Bauformen zu rechnen, welche mit anderen den „Carlow-Typ" vorbereiteten. Allerdings dürfte der Keep von Greencastle in seiner ursprünglichen Form keine Wohnappartements im Innern besessen haben.

Greencastle war eine umkämpfte Burg. Schon um 1260 wurde sie von den Iren erstürmt, kaum daß sie einigermaßen vollendet war, weitere Male von Robert Bruce 1316 und 1375 von den Magennis. Sie blieb aber in königlichem Besitz und wurde immer wieder ausgebaut und verstärkt. Erst im 17. Jahrhundert wurde die Burg als militärische Anlage aufgegeben.

Lit.: Harbison 1992, S. 111; Fry 1997, S. 210; Salter 1993, S. 150; Barry 1988, S. 57–58; Breffny 1977, S. 126; McNeill 1997, S. 89–94, 241; Leask 1936, S. 160–161; Leask 1986, S. 39–40; Lynn, Guide-card 1984; Waterman/Collins, UJA 15, 1952, S. 87–102; Gaskell-Brown, UJA 42, 1979, S. 51–65.

33. Harry Avery's Castle, Co. Tyrone

Harry Avery's Castle (Abb. 42) liegt südwestlich von Newtownstewart auf einer Anhöhe, welche die Stadt und die nördlich der Burg gelegene Tallandschaft des River Mourn überblickt. Die Ausläufer von Newtownstewart haben die Burg schon fast erreicht, aber noch kann man einen guten Eindruck von der beherrschenden Lage der Burg in ihrer Umgebung gewinnen. Der Mourn River nimmt östlich unterhalb der Burg den kleinen Strule River, nur wenig weiter westlich den River Derg auf und vereinigt sich bei Strabane mit dem River Finn zum River Foyle, der bei Londonderry Lough Foyle und damit das Meer erreicht. Die scheinbar ein wenig abgelegene Burg wurde also an der Stelle errichtet, wo mehrere Täler mit direkter Verbindung zur Küste zusammenkommen, eine strategisch gut gewählte und verkehrsgünstige Lage.

Schon der Name der Burg weist auf eine Ausnahme im irischen Burgenbau hin. Es handelt sich um die verballhornte anglisierte Version des Namens Henry Aimbreidh O'Neill, eines Angehörigen der weit verbreiteten und bis ins 17. Jahrhundert Ulster dominierenden Familie der Northern O'Neill. Die Anlage ist keine Burg der Eroberer, keine englische Burg zur Beherrschung des Landes, sondern eine rein irische Burg, als solche aber ein gutes Beispiel für die Übernahme wichtiger Formen des englischen Burgenbaus durch irische Geschlechter noch am Ende des hohen Mittelalters.

Die Burg wurde erst spät errichtet. Wenn Henry Aimbreidh O'Neill, der 1392 starb, tatsächlich ihr Erbauer war, wofür es zwar keinen Beleg, aber auch keinen Gegenbeweis gibt, dann sind wir mitten in der Periode, in der die Neuanlage von Burgen eigentlich völlig zum Erliegen gekommen war. Der englische Einfluß außerhalb des Pale war zu dieser Zeit rapide im Schwinden, die ab dem

15. Jahrhundert so zahlreich errichteten Tower-Houses existierten allenfalls in einigen wenigen, noch in der Tradition des 13. Jahrhunderts geprägten Vorformen. Dies gilt es bei der Betrachtung der Burganlage zu berücksichtigen.

Die Burg besetzt einen ovalen Hügel, der den langen Bergrücken leicht überragt. Außer dem „Torbau" sind steinerne Reste der Burg nicht mehr zu identifizieren. Grabungen konnten jedoch die um den Hügel herumlaufende Ringmauer und mindestens einen rechteckigen Mauerturm identifizieren. Ein weiterer kleiner Maueransatz an der Nordseite des Burgareals wurde als Abortvorbau oder Turm, der eine Latrine enthielt, gedeutet. Über die Innenbebauung gibt es fast keinerlei Erkenntnisse. Vergängliche Baumaterialien und intensive landwirtschaftliche Nutzung in den letzten Jahrhunderten haben hier alle Spuren der Besiedlung beseitigt.

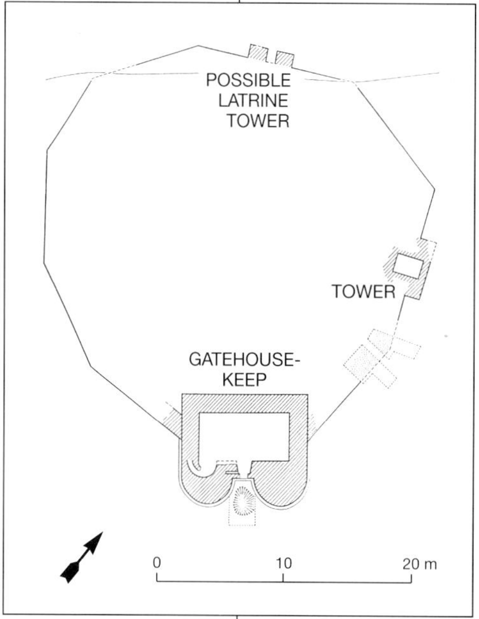

Abb. 96: Harry Avery's Castle: Grundriß

Um so aussagekräftiger ist der „Torbau". Auch wenn er von außen zu betreten war, so handelte es sich bei ihm nicht um den Hauptzugang zur Burg. Es gibt keinen durchgehenden Torweg mit Torflügeln und Fallgatter, es gibt durch das Untergeschoß überhaupt keinen Zugang zum Innenhof, wie die Rückwand des Bauwerks, an die das Hofniveau in der Höhe des 1. Obergeschosses anschließt, ausweist. Der „Torbau" ist ein Turmhaus mit je einem Raum im Unter- und im Obergeschoß in seinem rechteckigen Kern, mit massivem Untergeschoß in den beiden halbrund nach außen vorspringenden Türmen und mit kleinen Nebenräumen in deren Obergeschoß. Ob der obere Raum als Halle, oder besser als Main Chamber oder Great Chamber zu bezeichnen ist, mag dahingestellt bleiben, auf jeden Fall bot er von seiner Größe her, mit den Seitenkammern und eigenen Aborten einigen Komfort. In Ermangelung anderer identifizierbarer Bauten und aufgrund seiner repräsentativen Erscheinung haben wir hier den Hauptwohnbau der Burg zu suchen.

Die repräsentative Erscheinung nach außen hat in der Tat die Gestalt des Bauwerks bestimmt.. Die Ähnlichkeit mit einem doppeltürmigen Torbau, wie er an den walisischen Burgen König Eduards I. in Vollendung vorkommt und auch in Irland kopiert wurde, ist offenkundig. Das zeigt an, daß der doppeltürmige Torbau über seine Funktionen als Eingangsbollwerk und Hauptwohnbau der Burg längst zu einem hoheitlichen Symbol geworden war, das seinem Bewohner einen zusätzlichen Prestigegewinn verschaffen konnte. Das gilt gerade auch dann, wenn, wie in Harry Avery's Castle, die ursprüngliche Funktion als Zugangsbauwerk unterdrückt wird und nur noch eine kleine Tür ins Untergeschoß des Gebäudes führt. Torbauten als Zeichen der Herrschaft und des sozialen Standes wurden im späteren Mittelalter nicht nur in Irland, sondern im ganzen westeuropäischen Burgen- und Schloßbau in großer Anzahl errichtet. Noch im 16. Jahrhundert konnte im französischen Chambord, dem glanzvollen Renaissanceschloß an der Loire, ein „Torbau" errichtet werden, der zwar Türen sowohl nach außen wie nach innen zum Hof hin hat, dessen Bezeichnung als „Donjon" aber mit dem Ineinanderfließen zweier Bautypen der Herrschaftsarchitektur die Tradition des Torbaues sinnfällig vor Augen führt. Harry Avery's Castle, am Rande Europas in einer abgelegenen Provinz von lokalen Machthabern erbaut, vertritt nichtsdestoweniger den gleichen Anspruch. Zwei halbrund vorspringende Türme an einem bescheidenen Wohnturm genügten, dem Besucher zu verdeutlichen, daß hier der Herr dieses Landstrichs seine Wohnung und Residenz hatte.

Lit.: Harbison 1992, S. 320; Fry 1997, S. 219; Salter 1993, S. 152; McNeill 1997, S. 159–164, 241; Jope/Jope/Johnson, UJA 13, 1951, S. 81–92; Rees-Jones/Waterman, UJA 30, 1967, S. 76–82.

34. Kilkenny, Co. Kilkenny

Kilkenny (Abb. 31) ist ein Schloß des 18. und frühen 19. Jahrhunderts, in dem sich einige Reste der bedeutenden mittelalterlichen Burg erhalten haben. Der Versuch, die Gestalt der alten Burg aus dem heutigen Bestand herauszuschälen, ist dennoch lohnend, da es die originalen Mauerreste aus dem 13. Jahrhundert gestatten, wenigstens eine Vorstellung von einer der wichtigsten Burgen des irischen Mittelalters zu gewinnen.

Die Burg von Kilkenny wurde auf einem steilen Felsen über dem River Nore an einem Flußübergang erbaut, an dessen Stelle bald eine Brücke den Fluß überquerte. Die Burg liegt heute mitten in der Stadt Kilkenny, die ihrerseits ihre Entstehung der Burg verdankt. Von Kilkenny kam man über den River Nore zum River Barrow bei New Ross und von dort zum Waterford Harbour, einem wichtigen Hafen für den Verkehr nach England und die Küsten Westeuropas. Gleichzeitig liegt Kilkenny mitten im westlichen Leinster, dem ersten der alten irischen Königreiche, das von der anglonormannischen Eroberung betroffen war.

Es war Strongbow selbst, der prominenteste der ersten Eroberer, der hier 1171/72 eine Motte errichtete. Über das Aussehen dieser Burg ist nichts bekannt. Es war in jedem Fall eine Anlage aus Erdwällen mit Holzpalisaden. Die erste Steinburg, die schon die Abmessungen des heutigen Schlosses bestimmte, erbaute dann eine Generation später sein Schwiegersohn und Erbe im Königreich Leinster, William Marshal d. Ä. Die Baumaßnahmen fallen in die Zeit zwischen 1204 und 1212, begannen also vor der Ankunft des Marshal in Irland 1207. Es sollte eine Burg werden, die dem Reichtum des späteren Regenten von England und seiner Machtposition in Irland entsprach.

Der Grundriß der Burg ist ein Trapez, dessen vier Ecken von mächtigen Flankentürmen besetzt sind. Parallelen zur gleichzeitig errichteten Burg von Dublin (Kat. Nr. 22) sind nicht zu übersehen. Von diesen übertrafen die nach Südosten gerichteten ihre Pendants auf der Nordwestseite im Durchmesser noch einmal erheblich. Zwischen ihnen lag das Tor, ebenfalls von zwei runden Türmen beiderseits der Durchfahrt gesäumt. Eine Beschreibung von 1307 zählt in der Burg von Kilkenny "a hall, four towers, a chapel, a mote, and divers other houses" auf, aber es ist nicht gesichert, ob diese Bauten schon von dem Marshal in der ersten Bauperiode errichtet wurden. Immerhin können wir der Beschreibung entnehmen, daß die Motte Strongbows im Bereich der Burg noch im 14. Jahrhundert sichtbar war und daß im Verlauf des 13. Jahrhunderts Kilkenny mit allem ausgestattet wurde, was für eine repräsentative Residenzburg notwendig war.

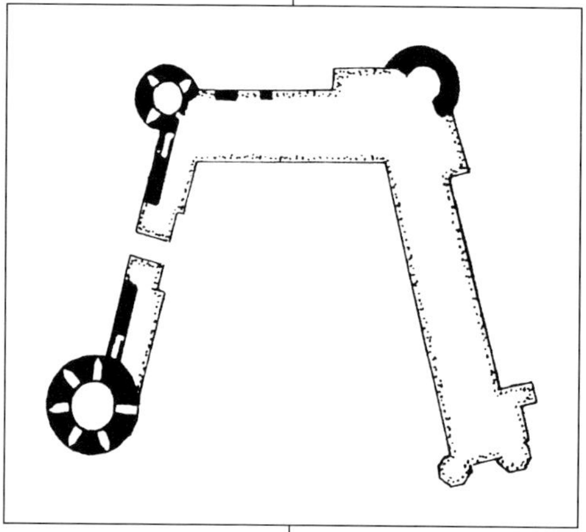

Abb. 97: Kilkenny: Grundriß

Angesichts der Durchmesser der Eckflankentürme, die zwischen 7 m und 11,3 m liegen, kann man davon ausgehen, daß in diesen die wichtigsten Wohnräume für den Burgherren, den Constable und hochrangige Gäste lagen. Vielleicht war auch die 1307 erwähnte Kapelle als Oratorium in einem der Türme eingerichtet. Die im 17. Jahrhundert entlang der Nordwestmauer entstandenen palastartigen Wohnbauten kann man sich an der Stelle der Halle des 13. Jahrhunderts vorstellen, genaue Bauuntersuchungen stehen aber noch aus und sind in der vielbesuchten und gepflegten Schloßanlage nicht so bald zu erwarten.

Kilkenny besaß, wenn die Pläne und Rekonstruktionsversuche stimmen, einen der frühesten doppeltürmigen Torbauten nicht nur in Irland, sondern in Westeuropa. Bei einer Gesamtkonzeption der Burganlage schon 1204 läge der Torbau von Kilkenny nur ca. 4 bis 5 Jahre nach dem des alten Louvre in Paris, der als einer der ersten mittelalterlichen Torbauten dieser Art gilt. Das ist jedoch gerade angesichts der Person William Marshals, der als Lehnsmann König Philippe Augustes, des Erbauers des Louvre, den französischen Burgenbau wie wenige andere aus eigener Anschauung kannte, nicht erstaunlich. Es spricht allerdings für das Selbstbewußtsein dieses aus relativ bescheidenen Verhältnissen in die Spitze der englischen Aristokratie aufgestiegenen Ritters, wenn er den königlichen Bau Philippe Augustes zumVorbild seiner Residenz in Leinster machte.

Der Torbau mag in den Türmen Wachstuben und bescheidene Unterkunftsmöglichkeiten gehabt haben, der Hauptwohnbau der Burg war er nicht. Das sollte er erst in der zweiten Hälfte des 13. Jahrhunderts werden, als aus einem eindrucksvollen Zweckbau ein Herrschaftssymbol und das eigentliche Zentrum der Burg geworden war, wie dies die Burgen der de Clares in Tonbridge und im walisischen Caerphilly, die des englischen Königs in Rhuddlan, Aberystwyth und Harlech, alle in Wales, und auch Ballymote (Kat. Nr. 9, Abb. 67) zeigen. Mit den in dieser Hinsicht verwandten Burgen von Dublin (Kat. Nr. 22, Abb. 83) und Limerick (Kat. Nr. 37, Abb. 100) aber entwickelte Kilkenny schon am Anfang des 13. Jahrhunderts auf der Zugangs- und Angriffsseite die zugleich repräsentative und abschreckende Schaufront bestehend aus dem in der Mitte sitzenden doppeltürmigen Torbau mit Flankentürmen auf den Seiten, alles in einigermaßen regelmäßiger und zur Monumentalität tendierender Anordnung. In weiterentwickelter und im repräsentativen Ausdruck gesteigerter Form finden wir diese Schaufronten in Irland in Roscommon (Kat. Nr. 45, Abb. 11) und Ballymote, in Wales wiederum in Caerphilly und Harlech, in zahlreichen Burgen in England bis ins 15. Jahrhundert und auch in Frankreich in beeindruckenden Anlagen, z. B. Villandraut in der Gascogne, La Ferté-Milon in der Île-de-France und Ratilly in Burgund. Noch in der französischen Schloßbaukunst der Renaissance haben diese Fassadenlösungen einen späten Nachhall.

Kilkenny zeigt sich, obwohl von der mittelalterlichen Burg nur noch spärliche Reste übriggeblieben sind, ganz auf der Höhe seiner Zeit, führt soeben erst entwickelte Bauformen in Irland ein. Das hat gewiß seinen Grund in der Person William Marshals d. Ä., der dem irischen Burgenbau einige wichtige Impulse vermittelte, zeigt aber auch, daß der irische Burgenbau im 13. Jahrhundert alles andere als provinziell oder gegenüber Westeuropa rückständig war.

Lit.: Harbison 1992, S. 201; O'Brien/Harbison 1996, S. 144; Fry 1997, S. 221; Salter 1993, S. 66; Barry 1988, S. 38, 83; McNeill 1997, S. 184, 231, 242; Leask 1936, S. 180; Leask 1986, S. 57; Arch. Journ. 88, 1931, S. 391; Friel, OPW-Guide o. J.

35. Knockgraffon, Co. Tipperary

Knockgraffon (Abb. 14) wird als das Paradebeispiel einer irischen Motte der Eroberungszeit zitiert, wenn es gilt , diesen Burgentyp in seinem Erscheinungsbild zu veranschaulichen. Zwar ist inzwischen eine Vielzahl dieser einfachen Burgen, durchaus nicht nur aus den Anfängen der Invasion, in vielen Teilen Irlands nachgewiesen und, wie in Clough (Kat. Nr. 18, Abb. 29), auch archäologisch erforscht, aber die Beliebtheit Knockgraffons im Abbildungsteil der einschlägigen Literatur ist ungebrochen. Tatsächlich ist die Motte von Knockgraffon ein hervorragendes Beispiel.

Die Motte liegt nördlich von Cahir auf dem östlichen Ufer des River Suir an hochgelegener und hochwassersicherer Stelle. Von hier hat man einen guten Überblick über die hügelige Umgebung. Knockgraffon liegt schon in Munster, eigentlich aber in der frühzeitig umkämpften Grenzregion zwischen Leinster und Munster, in die die Eroberer mit Zielrichtung Limerick schon bald eindrangen.

Orpen erwägt eine Art Ringfort als Vorgänger der Motte von Knockgraffon, weist aber darauf hin, daß es dafür außer einem Namenshinweis in dem irischen "Book of Rights" keinerlei konkrete Hinweise gibt. Fry scheint diese These aufzunehmen, wenn er von einem Sitz der Könige von Munster spricht, bevor diese den Rock of Cashel als ihren Hauptsitz nutzten. Aber auch hierfür fehlen genauere Belege. Vorstellbar wäre dies immerhin, haben doch die Anglonormannen bei der Anlage von Burgen häufiger ältere befestigte Plätze weitergenutzt.

Die heutige Motte wurde vermutlich ca. 1192 als Stützpunkt der Anglonormannen bei einem Vorstoß gegen den irischen König Donal Mór O'Brien von Thomond errichtet. Der englische König vertraute die exponierte Anlage zuerst William de Braose, dann Philip de Worcester, beide kampferprobte walisische Marcher Lords, an. Sie hatte zu Anfang vor allem eine strategische Funktion bei der Unterwerfung des Landes und seiner Bewohner. Aufwendige Baumaßnahmen gab es in der ersten Phase nicht.

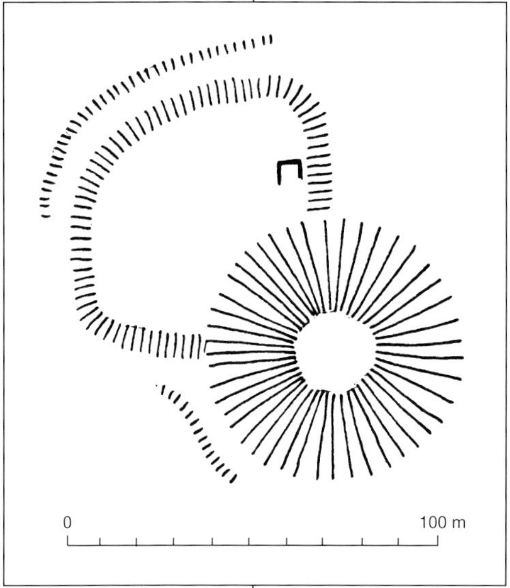

Abb. 98: Knockgraffon: Grundriß

Die Motte ist knapp 17 m hoch und hat auf der Plattform einen Durchmesser von ca. 20 m. Der etwa nierenförmige Bailey hat eine Grundfläche von ca. 40 × 70 m und damit beträchtliche Ausmaße. Auf der Höhe stand der hölzerne Turm, umgeben von Palisaden, die auch den *bailey*, den unteren Hofbereich, eingefaßt haben dürften. So primitiv uns solche Befestigungen erscheinen mögen, so waren sie in der Eroberungszeit gegen einen Gegner, der den zermürbenden Kampf um feste Wehranlagen nicht gewohnt war, ein wirksames Mittel in der kriegerischen Auseinandersetzung. Auch eine kleine Besatzung konnte, besonders wenn sie Langbogenschützen mit ihren weittragenden und zielgenauen Pfeilen in ihren Reihen hatte, eine größerer Zahl von Angreifern auf Distanz halten.

Die Motte von Knockgraffon wurde in späterer Zeit noch mit Steinbauten verstärkt, büßte aber nach der Gründung der Burg von Cahir schnell ihre ursprüngliche strategische Bedeutung ein. Auch deshalb blieb sie als eindrucksvolles Beispiel einer Motte & Bailey-Anlage erhalten.

Lit.: Harbison 1992, S. 307; Fry 1997, S. 222; Salter 1993, S. 117; Breffny 1977, S. 62; McNeill 1997, S. 242; Orpen, JRSAI 37, 1907, S. 123–152; Orpen, JRSAI 39, 1909/3, S. 275–277.

36. Lea Castle, Co. Laois

Lea (Abb. 10) liegt zwei Meilen östlich von Portarlington, unmittelbar am Oberlauf des dort noch recht kleinen River Barrow. In dem flachen und feuchten, die Burg umgebenden Weideland macht die Anlage keinen sonderlich imposanten Eindruck, eine besondere strategische Absicht im Hinblick auf die nähere Umgebung ist nicht

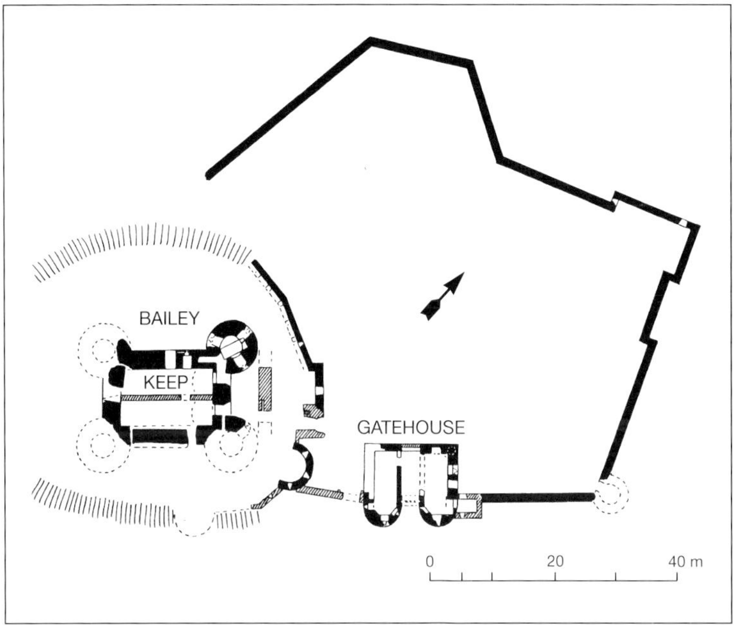

Abb. 99: Lea Castle: Grundriß

zu erkennen. Das efeuumrankte Gemäuer, dessen Bewohner heute Kühe und Schafe sind, fällt in der Landschaft, obwohl der Keep seine ursprüngliche Höhe z.T. bewahrt hat, kaum auf. Erst der Blick auf die Karte Irlands zeigt, daß Lea fast genau in der Mitte des alten Königreiches Leinster liegt, außerdem in dem breiten Streifen fruchtbaren Landes, der sich von Dublin nach Südwesten entlang der Straße nach Roscrea (Kat. Nr. 46) bis fast nach Limerick (Kat. Nr. 37) hinzieht. Seiner Lage nach war Lea weniger ein Stützpunkt in den laufenden kriegerischen Auseinandersetzungen als eine Residenz, sorgfältig in dem Territorium plaziert, das es zu regieren und zu verwalten galt.

Dem entsprach die bauliche Konzeption. Die Entwicklung in Irland ab dem 14. Jahrhundert allerdings ließ weder die Entfaltung der Burg als glanzvolle Residenz noch das Aufblühen der bei ihr angelegten Siedlung städtischen Charakters zu. Im 15. Jahrhundert war die Ansiedlung verschwunden, die Burg in irischer Hand und teilweise aufgegeben.

Die Anfänge von Lea gleichen allerdings den vielen anderen Burgen der Eroberungszeit. Eine Motte bestand schon im Jahr 1203 an dieser Stelle und dürfte dem älteren William Marshal, dem Erben Strongbows in Leinster, gehört haben. Ein gotisches Doppelfenster im obersten Geschoß des Keep datiert diesen in die Zeit nach der Jahrhundertmitte zwischen 1250 und 1260, als Maurice fitzGerald, der 2. Baron von Offaly, Lea Castle besaß. Noch später, an das Ende des 13. Jahrhunderts, wird allgemein die Errichtung des doppeltürmigen Torbaus gesetzt.

Das dominierende und auch am meisten besprochene Bauwerk ist der auf einem flachen Hügel am Platz der früheren Motte gelegene Keep. Er gleicht im Grundriß den entsprechenden Bauten in Carlow (Kat. Nr. 12, Abb. 70) und Terryglass (Kat. Nr. 49, Abb. 114) und dürfte diesen auch im Aufriß sehr ähnlich gewesen sein. Der Streit um die genaue typologische Bezeichnung des Hauptbaus von Lea – Keeps, Towered Keeps, Tower-Block oder gar Donjon – ist müßig, denn er zwängt solche Bauwerke in allzu enge Schubfächer. Es ist gewiß reizvoll und von Fall zu Fall durchaus ergiebig, solche Bauten untereinander zu vergleichen, zu starren Typenbildungen darf das nicht führen. Burgen müssen zuerst individuell in ihrer Entwicklung betrachtet werden, die Vielfalt und die Kombinationsmöglichkeiten im Burgenbau sind einfach zu groß. Lea ist dafür ein gutes Beispiel.

Vergleicht man den Keep allein mit Carlow und Terryglass, scheint alles zu stimmen. Lea besaß über einem gewölbten Untergeschoß drei weitere Stockwerke, Treppen in der Mauerstärke und kleine Nebenräume in den Ecktürmen. Einer der Flankentürme enthielt vielleicht eine Wendeltreppe und der Hauptraum des Keep im 1. oder 2. Obergeschoß dürfte eine Art Halle gewesen sein, was es erlaubt, der Liste der oben aufgezählten Begriffe noch den des Hall-Keep hinzuzufügen. Aber die durch den Vergleich gewonnene Sicherheit ist trügerisch. Der Keep von Terryglass ist nie über die Mauern des Untergeschosses hinausgekommen und von den übrigen Bauten der Burg in Carlow, die gewiß nicht nur aus dem Keep bestanden hat, weiß man nichts. Nur Lea hat mit dem Keep und dem doppeltürmigen Torbau ein Ensemble von repräsentativen Bauwerken, ohne daß wir genau wissen, was es an weiteren Bauten innerhalb der Mauern noch gab.

Nur so viel scheint gewiß, die Gestalt des Keep von Lea geht auf eine eigenständige Entwicklung zurück, die, von französischen Vorbildern des späten 12. Jahrhunderts ausgehend, vor allem in Irland stattfand. Das am nächsten an Lea und Carlow liegende Beispiel einer solchen Turmburg ist Nunney in Somerset, England, das aber mehr als ein Jahrhundert jünger ist. Vorstufen, verwandte Bauformen und Parallelen zum Keep von Lea gibt es in Frankreich in recht großer Zahl seit dem 12. Jahrhundert, außer Nunney auch einige wenige in England. Sosehr man glaubt, hier einen eigenständigen irischen Burgentyp identifizieren zu können, darf doch nicht übersehen werden, daß auch der Keep von Lea fest in die Entwicklung des westeuropäischen Burgenbaus zwischen dem 12. und dem 14. Jahrhundert eingebunden ist.

Gegen Ende des 13. Jahrhunderts wurde in die Ringmauer um den großen, bis zum River Barrow reichenden Outer Bailey ein großes Torhaus mit hufeisenförmigen Türmen beiderseits der Durchfahrt eingefügt. Bei äußeren Abmessungen von ca. 15 m Breite und 13 m Tiefe reicht es in der Größenordnung zwar nicht an Greencastle, Co. Donegal (Kat. Nr. 31, Abb. 12), oder Roscommon (Kat.

Nr. 45, Abb. 11) heran, kann aber als ein respektables Bauwerk des edwardianischen Typs des Keep-Gatehouse gelten. Formal besteht eine gewisse Nähe zu den Torbauten von Ballylahan (Kat. Nr. 6, Abb. 64) und Ballinamantain (Kat. Nr. 4, Abb. 62) dadurch, daß die Mauern entlang der Durchfahrt dünner sind als die Außenmauern. Doch müssen hier baupraktische Argumente eher erwogen werden als direkte Beziehungen zwischen diesen Burgen, die im Kopf des Betrachters leichter entstehen als beim verantwortlichen Baumeister. In der Tordurchfahrt gab es ein Tor und ein rückwärtiges Fallgatter, dessen Führungsschlitze in der Mauer noch vorhanden sind. Im Innern befanden sich auf allen Ebenen komfortable und von Anfang an durch Kamin beheizbare Wohnräume. Das gilt für das gewölbte Untergeschoß, mehr noch für das Obergeschoß. Dort gab es ein Appartement mit einer großen, vielleicht durch den ganzen Bau gehenden Chamber und kleinen Nebenräumen im Halbrund der beiden Tortürme. Der Torbau von Lea ist, auch durch seine Lage im Outer Bailey, eine eigenständige Torburg innerhalb der großen Wehranlage, aber in jedem Fall, zusammen mit dem Keep, auch ein Zeichen des Burgherren für die Umgebung, daß sich hier der Sitz der Herrschaft, der Verwaltung und des Rechts für das von der Burg aus kontrollierte Territorium befindet. Als nach den Zerstörungen des 14. Jahrhunderts der Wohnbereich der Burg im 15. Jahrhundert stark reduziert wurde, war es der Torbau, der, zum Tower-House umgebaut, als repräsentativer Sitz des Burgherren fortdauerte.

Lit.: Harbison 1992, S. 209–210; Fry 1997, S. 222–223; Salter 1993, S. 68; Barry 1988, S. 62–63; Breffny 1977, S. 15; McNeill 1997, S. 99, 118, 144, 165, 242; Leask 1936, S. 173–175; Leask 1986, S. 50–51.

37. Limerick, Co. Limerick

King John's Castle (Abb. 21) liegt im nordwestlichen Teil der Großstadt Limerick in der alten English town, unmittelbar am Shannon. Obwohl die Stadt eine Gründung der Wikinger im 9. Jahrhundert war, diente die Burg weniger der Kontrolle der Handelsstadt, die auch in englischer Zeit weiterhin prosperierte, sondern vor allem der Überwachung des Flußübergangs ins nordwestlich von Limerick liegende, überwiegend von den O'Brien beherrschte Desmond, von wo die Stadt immer der Gefahr eines Überfalls ausgesetzt war. Zusätzlich hatte die königliche Burg die Aufgabe, die ungehinderte Machtentfaltung der anglonormannischen Eroberer nicht auf Kosten der Krone ausufern zu lassen.

An der Stelle der Burg bestand schon in der allerersten Phase der Eroberung ein anglonormannisches Ringwork, das allerdings nicht auf Dauer gehalten werden konnte. Auch Siedlungsspuren der Wikingerzeit und der einheimischen Iren aus der Zeit vor der Erbauung der steinernen Burg sind freigelegt worden und heute dem Besucher der Burg zugänglich. Die heutige Burganlage stammt aus der Zeit König Johanns und wurde ab ca. 1200 erbaut. 1211/12 wird in der "Irish Pipe Roll" der enorme Betrag von mehr als £ 733 für Reparaturen an der Burg von Limerick genannt, eine der höchsten Summen überhaupt, die in dieser Zeit von der englischen Krone für einzelne Burgenbauten in einem Jahr bereitgestellt wurden. Der Geldbetrag ist vergleichbar mit den Aufwendungen König Heinrichs II. für die Burg von Dover, von Richard Löwenherz für Château Gaillard und für Arbeiten am Tower in London. Limerick zählt aus dieser Sicht zu den ambitioniertesten Burgenbauten König Johanns, der bei seinem Irlandaufenthalt sein besonderes Interesse auch für Limerick unterstrich.

Die Burg hat einen unregelmäßig rechteckigen, leicht zum Trapez verschobenen Grundriß, auf deren Ecken vier Flankentürme sitzen sollten. Das doppeltürmige Tor sitzt in der Mitte der Nordmauer, zur Straße und zum Flußübergang hin orientiert. Sie gleicht damit nicht nur der fast gleichzeitigen königlichen Burg in Dublin (Kat. Nr. 22, Abb. 83), sondern auch der ebenfalls in dieser Zeit durch William Marshal d. Ä. errichteten Burg in Kilkenny (Kat. Nr. 34, Abb. 4). Wer da sich an wem orientierte, bleibt offen, aber es ist charakteristisch, daß der mächtige Marshal, der als Nachfolger Dermot MacMurroughs und Strongbows in Leinster ein gleichsam königliches Erbe angetreten hatte, mit den beiden Königsburgen im Aufwand wie im Anspruch mitzuhalten gedachte.

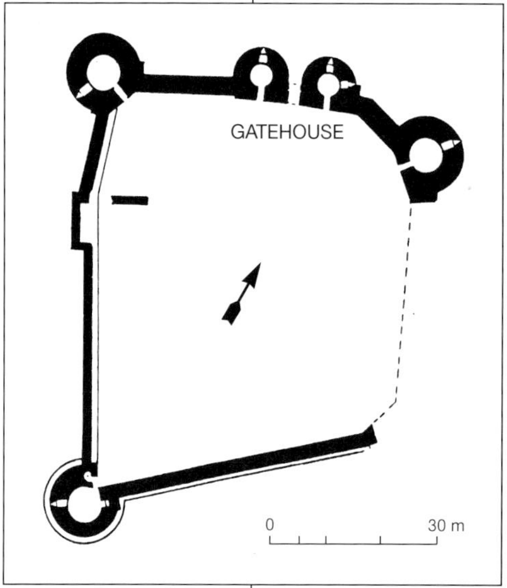

Abb. 100: Limerick: Grundriß

Die Front zur Straße hin war als eindrucksvolle Schaufront konzipiert. Wo man heute als Betrachter viel zu nahe vor den mächtigen Mauern und dem hochaufragenden Torbau steht, entwickelte sich damals die aus größerem Abstand gut wahrnehmbare Nordfront mit Flankentürmen von mehr als 12 m Durchmesser an den Seiten und dem doppeltürmigen Torbau in der Mitte. Zusammen mit den verschwundenen Torbauten von Dublin und Kilkenny ist der von Limerick der älteste seiner Art in Irland, unmittelbar nach seinen Vorgängern in der Île-de-France entstanden. Noch ist der Torbau von Limerick kein Torhaus oder gar eine separate Torburg, das ist am Anfang des 13. Jahrhunderts auch nicht zu erwarten. Er war aber in der ohne Keep errichteten Burg nicht nur als Zugangsbauwerk, sondern auch als Wohnbau ein hervorgehobenes Architekturelement. Fry teilt mit, daß der Torbau in Limerick zeitweise als Wohnung des Constable diente, des wichtigsten Mannes in der Burg bei Abwesenheit des Burgherren, des Königs oder des Justitiars. Diese Nachricht stimmt mit den Verhältnissen in vielen anderen Burgen mit doppeltürmigen Torbauten überein. In Dover wohnte der Constable ebenfalls im Torbau. Es war, bis ins 20. Jahrhundert, kein Geringerer als der englische Premierminister.

Eigenartigerweise scheint die Burg von Limerick trotz der hohen Summe von 1211/12 und weiterer Arbeiten im Jahr 1226 nie vollständig fertiggestellt gewesen zu sein. Der südöstliche Flankenturm, wo nun die Bastion des 17. Jahrhunderts steht, und die nach Norden und Westen anschließenden Teile der Ringmauer zur Stadt hin waren offensichtlich nie fertig. Den in vielen älteren Grundrissen unter der späteren Artilleriebastion eingezeichneten Eckturm gab es nicht. Man fühlte sich in der Burg auch durch die Stadtmauern gedeckt und erwartete von der Siedlung her keine Gefährdung. Auch als gegen Ende des 13. Jahrhunderts die Baumaßnahmen wiederaufgenommen wurden, hat man diesen Teil der Burg vernachlässigt.

Die ab 1990 in der Burg von Limerick durchgeführten Grabungen haben neben den Vorgängerbauten der Wikinger vor allem die Reste einer großen Halle entlang der zum Shannon gerichteten Ringmauer freigelegt. Sie hatte zwei Geschosse, von denen das untere um 1280 erbaut wurde, das obere aber ins 14. Jahrhundert datiert. Das Untergeschoß lag ursprünglich ebenerdig zum Hof, erst als dieser im 14. Jahrhundert auf das heutige Niveau gehoben wurde, verschwanden diese Räume als Keller unter der Erde. Die 1280 entstandene Halle war in der Mitte durch eine Konstruktion, die das Obergeschoß nach der Aufstockung abstützte, unterteilt. Vier große Fensternischen, die jedoch nach außen nur durch Schlitzscharten geöffnet sind, belichteten den Raum von der Flußseite her. Mit 19 m Länge und 8 m Breite hatte sie großzügige Dimensionen und bot sicher einen prächtigen Rahmen für offizielle Anlässe.

Mit der Halle, dem Torbau, den mächtigen Ringmauern und den schon durch ihr Erscheinungsbild einschüchternd wirkenden Flankentürmen mit den darin vorhandenen Unterkünften verfügte Limerick über alles, was eine Residenzburg benötigte. Dennoch ging die allgemeine Entwicklung in Irland nach dem 14. Jahrhundert an Limerick nicht vorüber. Die Burg blieb zwar Eigentum der Krone, fiel aber sowohl 1316 in die Hände der Schotten wie auch wenige Jahrzehnte später in die Gewalt der O'Briens. Im 15. und 16. Jahrhundert war sie als Wehranlage bedeutungslos, um erst später wieder als Kaserne mit militärischem Leben erfüllt zu werden. Heute steht sie allen interessierten Besuchern offen.

Lit.: Harbison 1992, S. 222; O'Brien/Harbison 1996, S. 142; Fry 1997, S. 223–224; Salter 1993, S. 118; Barry 1988, S. 64–66; Breffny 1977, S. 166–167; McNeill 1997, S. 46–57, 242; Leask 1936, S. 178–180; Leask 1986, S. 55–57; PRIA 26, 1906, S. 75; Sweetman, PRIA 80 C, 1980, S. 207–228.

38. Liscarroll, Co. Cork

Die Burg Liscarroll (Abb. 35) liegt in der gleichnamigen kleinen Ortschaft etwa dreißig Meilen südlich von Limerick. Dieser Teil des einstigen Königreiches Munster bietet reichlich fruchtbares Land, weshalb die Region frühzeitig das Ziel von Eroberern und Siedlern war. Die Landnahme in diesem Gebiet verlief allerdings nicht ohne schwere Rückschläge. Wer hier ausharren wollte, mußte Sicherheit hinter dicken Mauern suchen.

Ein genaues Baudatum für die Burg ist nicht bekannt. Bauherren waren Mitglieder der Familie de Barry, vielleicht David Oge de Barry am Ende des 13. Jahrhunderts. Die de Barrys gehörten zu den allerersten Anglonormannen, die 1169 den Fuß auf irischen Boden setzten, und waren mit fast all ihren adeligen Mitstreitern der ersten Eroberergeneration verwandt. Auch der Chronist der Eroberung, Giraldus Cambrensis, gehörte zu dieser Familie. Ihre Mitglieder standen bei den Auseinandersetzungen mit den einheimischen Iren, aber auch der Eroberer untereinander selten ganz vorn im Rampenlicht, verstanden es aber, bei der Landnahme ihren Vorteil zu wahren. Die Burg von Liscarroll zeigt, daß sie sowohl vom Anspruch der Architektur wie auch von den eingesetzten Mitteln her in der Lage waren, als Burgenbauer mit den anderen Adelsgeschlechtern mitzuhalten. Liscarroll ist, gemessen an der Grundfläche, die drittgrößte Burg des 13. Jahrhunderts in Irland.

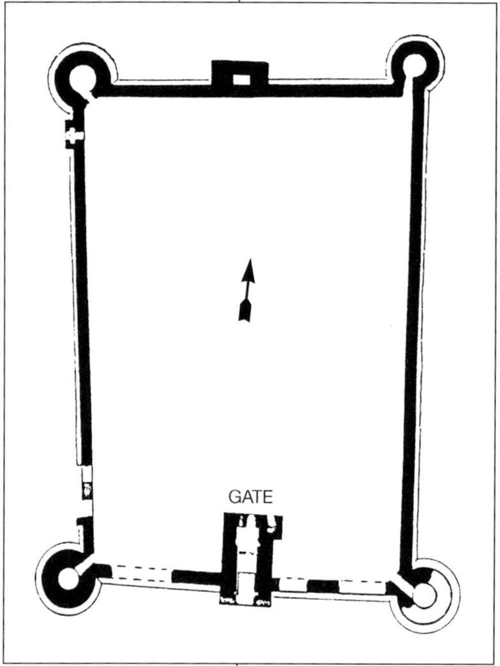

Abb. 101: Liscarroll: Grundriß

Es handelt sich um die reine Form des sog. Kastelltyps. Ein ummauertes Rechteck von ca. 62 × 44 m ist an den Ecken von 8,2 m dicken Flankentürmen besetzt. In der Mitte der südlichen Schmalseite sitzt ein rechteckiger Torturm mit langer überwölbter Durchfahrt. Er wurde im späteren Mittelalter erhöht und zum Tower-House umgebaut. Auf der gegenüberliegenden nördlichen Schmalseite sitzt ein nur nach außen vorspringender rechteckiger Flankenturm. Eine dort zu erwartende Poterne fehlt. Merkwürdigerweise haben die langen Mauern der Ost- und Westseite in der Mitte keine zusätzlichen Flankentürme, was eine Sicherung durch Bogenschützen von den Flankentürmen her bei einer Attacke sehr erschwerte.

Der Innenraum der Burg ist heute völlig leer. Es ist jedoch gesichert, daß Wohn- und Nutzbauten von innen an die Mauer angelehnt waren, was vor allem beim nordwestlichen Flankenturm an Nischen in der Mauer, vielleicht Abortanlagen, noch gut abzulesen ist. Es werden hauptsächlich Holz- und Fachwerkbauten gewesen sein.

In dieser reduzierten Form wie in Liscarroll, ohne zusätzliche Flankentürme, ohne doppeltürmigen Torbau, ohne Keep und steinerne Halle sind in Westeuropa nur wenige Kastellburgen entstanden. Von diesen gehört Druyes-Les-Belles-Fontaines, Dept. Yonne, aus der zweiten Hälfte des 12. Jahrhunderts zu den frühesten Burgen dieser Art, nicht nur in Frankreich. Brie Comte Robert, Dept.

Seine-et-Marne, folgt zwischen 1200 und 1219. Die letztere Anlage verfügt aber wenigstens über einen zusätzlichen Flankenturm zwischen den Ecktürmen. Wenn Liscarroll noch im 13. Jahrhundert entstanden ist, dann liegt seine Konzeption in jedem Fall noch vor der Burg von Budos, Dept. Gironde, die Raymond Guilhelm, der Neffe von Papst Clemens V., ab 1308 erbaute. Vor seiner Wahl zum Papst gehörte er unter dem Namen Bertrand de Got zu den Gefolgsleuten und Mitarbeitern König Eduards I. in der englischen Gascogne. Ohne voreilige Schlüsse zu ziehen ist es interessant, die beiden so weit voneinander entfernten und doch so ähnlichen Anlagen miteinander zu vergleichen. Der Kastelltyp blieb auch im 14. Jahrhundert im englischen Machtbereich weiterhin aktuell. Die bekannte Burg Bodiam in Sussex von ca. 1385 folgt noch, ohne daß die Bauidee direkt von dem irischen Liscarroll abzuleiten wäre, diesem Typ. Liscarroll gehört in dieser Form zu den irischen Burgen kleineren Zuschnitts – was sich hier nicht auf die Grundfläche bezieht –, aber mit den wichtigen Statussymbolen der mit Flankentürmen besetzten Ringmauer über regelmäßigem Grundriß und einem einfachen Torturm. Es handelt sich um eine provinzielle Burg besonderer Art, eingebettet in die Tradition des westeuropäischen Burgenbaus.

Lit.: Harbison 1992, S. 82; Fry 1997, S. 242; Salter 1993, S. 118; McNeill 1997, S. 139, 192, 242.

39. Maynooth, Co. Kildare

Maynooth (Abb. 50) liegt etwa fünfzehn Meilen westlich von Dublin in flachem Gelände. Der Platz der Burg wurde vom Zusammenfluß zweier Bäche bestimmt, die nicht weit von dem Ort entfernt in den River Rye einmündeten. Dieser wiederum ist ein Zufluß des River Liffey, der bei Dublin das Meer erreicht.

Maurice fitzGerald, einer der Führer der ersten Invasoren von 1169, erhielt mit anderen Ländereien die Herrschaft von Maynooth von Strongbow zugewiesen. Ob er schon die Burg in Maynooth begonnen hat, ist zweifelhaft, das Gründungsdatum läge dann in jedem Fall vor seinem Tod im Jahr 1176. Es scheint, daß sein Sohn Gerald der eigentliche Bauherr in Maynooth war. Das meistgenannte Datum 1203 für den Bau des Keep sollte so verstanden werden, daß er um das Jahr 1200 herum begonnen wurde und gegen 1210 in seiner ersten Phase vollendet war.

Die 2,8 m dicken Mauern des Keep bedecken eine rechteckige Grundfläche von 21,8 × 18,7 m. Sie erreichen eine Höhe von 21,3 m, doch wurde diese erst mit dem Ausbau zum Tower-House im 15. Jahrhundert erreicht. Aus dieser Zeit stammen auch die unterteilenden Quermauern im Innern des Bauwerks. McNeill gibt allerdings zu bedenken, daß diese Quermauern Vorläufer in Form von hölzernen Unterteilungen oder Pfostenreihen zur Unterstützung der Decke gehabt haben könnten, angesichts der Spannweiten kein abwegiger Gedanke. In seiner ersten Zeit bestand der Keep aus einem Untergeschoß und einer Halle im Obergeschoß. Das Untergeschoß war, wie Reste von Feuerstellen belegen, bewohnbar, sein Bodenniveau ist heute durch Aufschüttung erhöht. Im darüberliegenden Obergeschoß lag eine Halle, die über einen großen, an der Ostseite des Keep liegenden Vorbau zu betreten war. Der alte Eingang ist noch vorhanden. Auch die Balkenlöcher für die Decke und die Ansätze für das erste Dach sind im Innern an den Mauern noch ablesbar. Das Hauptgeschoß besaß in den Mauern der Nord-, Süd- und Westseite, hinter den außen sichtbaren Lisenen, kleine Kammern, die vielleicht als Abtritte genutzt wurden. In der Nordwand gab es eine Öffnung, die auf den Plänen als Poterne bezeichnet wird, in ihrer Funktion aber nicht zu deuten ist.

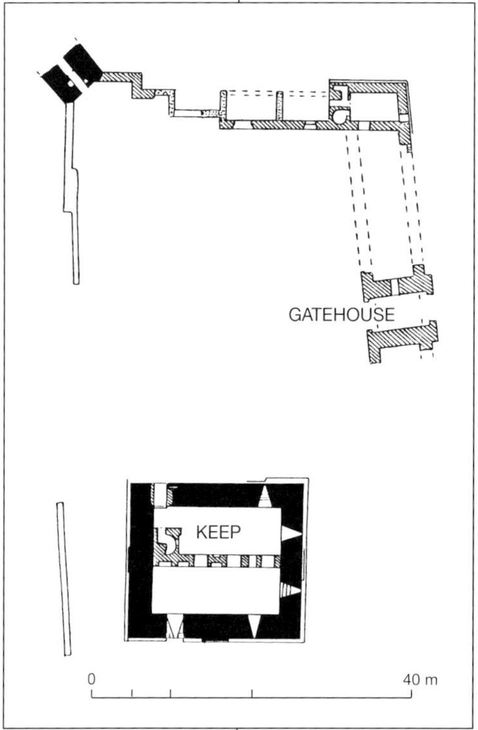

Abb. 102: Maynooth: Grundriß

Maynooth in seiner ersten Bauphase vom Beginn des 13. Jahrhunderts ist ein Hall-Keep, allerdings, gerade was die Mauerstärke angeht, von beträchtlichen Ausmaßen. Der Vergleich mit den Hall-Keeps von Adare (Kat. Nr. 1, Abb. 1, 59), Athenry (Kat. Nr. 2, Abb. 26, 60) und Greencastle, Co. Down (Kat. Nr. 32, Abb. 46, 96), ist gerechtfertigt. Auch der Keep von Dunamase (Kat. Nr. 23, Abb. 84) ist nach ähnlicher Konzeption errichtet. Ihnen geht Maynooth zeitlich um zehn bis dreißig Jahre voraus, so daß man diesen Keep, der nichts, wie vereinzelt noch angegeben, mit den Keeps von Trim (Kat. Nr. 50, Abb. 23) oder Carrickfergus (Kat. Nr. 13, Abb. 2) zu tun hat, zu den ersten in Irland entstandenen Hall-Keeps zu zählen hat. Solche Keeps wurden entweder von den großen Baronen als Unterzentren im peripheren Bereich ihrer Besitzungen oder von kleineren Feudalherren als Hauptburg errichtet. Wichtig war dabei in jedem Fall, daß die alte feudale Bauform des Keep signalisierte, daß hier der Sitz der Herrschaft in dem Gebiet war, aber auch, daß unter den Räumen im Innern eine Halle war, in der offizielle Handlungen in Verbindung mit der Ausübung der feudalen Herrschaftsrechte stattfinden konnten. Der Keep der fitzGeralds in Maynooth war einer ihrer sekundären Herrensitze, allerdings in seinem Erscheinungsbild so auffallend, daß niemand auf den Gedanken gekommen wäre, in diesem Bauwerk die Burg eines kleinen Vasallen zu vermuten.

Um den Keep herum kann man noch die Reste einer Ringmauer, einer Halle und zweier Torbauten erkennen, von denen der nördliche vielleicht noch zur Bauzeit des Keep gehört. Alle anderen Mauern sind in späterer Zeit entstanden. Die Burg wurde von den Grafen von Kildare noch bis ins 16. Jahrhundert bewohnt und erst in der ersten Hälfte des 17. Jahrhunderts verlassen.

Lit.: Harbison 1992, S. 190; Fry 1997, S. 227; Salter 1993, S. 70; Barry 1988, S. 57, 61; Breffny 1977, S. 175; McNeill 1997, S. 34–37, 243; Leask 1936, S. 155–156; Leask 1986, S. 36; N. N., JRSAI 44, 1914, S. 281–294.

40. Moylough, Co. Galway

Die Burg Moylough (Abb. 27, 31) liegt etwa auf halbem Weg zwischen Athenry im Süden und Ballintober im Norden im flachen Hügelland zwischen Lough Corrib im Westen und dem Shannon im Osten. Große Ansiedlungen findet man in der näheren Umgebung der Burg nicht, die gleichnamige Ortschaft südöstlich der Burg besteht aus wenigen Häusern. Zwar führt heute die Straße von Galway nach Roscommon nahe an der Burg vorbei, diese ist aber sicher keine aus strategischen Gründen angelegte Befestigung, von der aus Straßen, dominierende Plätze oder Flußübergänge kontrolliert werden sollten. Wasser ist in der Gegend genügend vorhanden, einen Fluß oder als Verkehrsweg tauglichen Wasserlauf gibt es in der Nähe der Burg nicht.

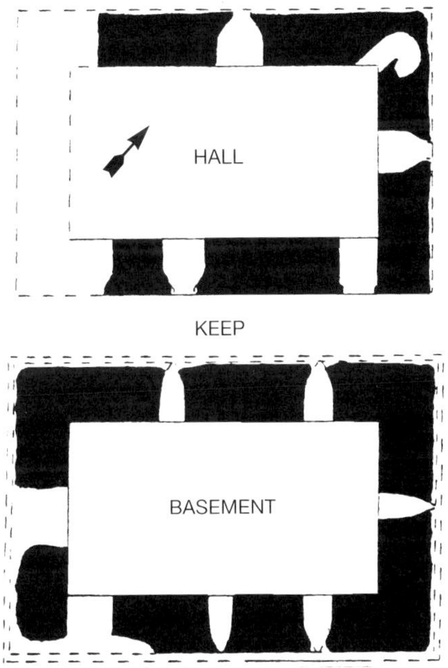

Abb. 103: Moylough: Grundriß

Moylough ist als historisches Bauwerk, als Wehrbau des hohen Mittelalters, auf den ersten Blick für den Besucher ohne jedes Interesse. Auch die Forschung hat, bis auf ganz wenige Ausnahmen, um die Burg einen Bogen gemacht. Entsprechend dünn ist der Kenntnisstand nach Daten und Fakten. Wer die Burg überhaupt erwähnt, setzt ihre Entstehung ins 13. oder 14. Jahrhundert, ein Bauherr ist namentlich nicht mit Sicherheit zu bestimmen. McNeill zitiert eine Landvergabe an Robert de Coterel, was bei Richtigkeit der Angabe die Burg immerhin einem der Untervasallen der Magnaten des 13. Jahrhunderts, die die Landnahme vorantrieben, um ihre gefährdeten Gebiete zu sichern, zuweisen würde. Betrachtet man sich diesen Teil des alten Königreiches Connacht etwas genauer, so stellt man fest, daß hier ein Interessengebiet der de Burghs lag, die in Loughrea, Athenry (Kat. Nr. 2) und Ballintober (Kat. Nr. 5) selbst oder durch ihre Vasallen als Burgenbauer tätig waren. Die Gegend zwischen Galway und dem Shannon ist, gemessen an der Bodenqualität des übrigen Connacht und abgesehen von einigen moorigen Feuchtgebieten, relativ fruchtbar, so daß auch dies ein Grund war, hier Siedler anzusetzen. Diese aber bedurften angesichts der ununterbrochenen Kämpfe mit den einheimischen O'Connors auf ihren Besitzungen eines Mindestmaßes an Sicherheit, einer der Gründe für Bau und Gestalt von Burgen wie Moylough.

Die Burg steht auf einer natürlichen Erhebung am Platz einer – gleichfalls undatierten – Motte. Der Burghügel wurde durch einen künstlichen Graben von der natürlichen Bodenwelle abgetrennt. Außer dem Graben sind äußere Mauern oder Erdwälle nicht festzustellen. Wenn es weitere Gebäude um die Burg gegeben hat, so waren sie aus vergänglichem Material und allenfalls durch einen Zaun oder eine Palisade eingegrenzt.

Der Hauptbau ist ein steinernes Rechteck über einer Grundfläche von 17,6 × 11,7 m mit bis zu 2,5 m starken Mauern. Die Sockelmauern haben eine leichte Schräge und sind durch eine Anschüttung von Erdreich eingemottet. Das Untergeschoß ist durch schmale Schlitzscharten belichtet und diente vermutlich nicht als Wohnraum. Dieser lag im Obergeschoß, das nach dem heutigen Befund aus einem einzigen Raum bestand. Allenfalls könnte eine Raumaufteilung durch hölzerne Zwischenwände existiert haben. Von hier führte in der Nordecke des Bauwerks eine teilweise gewendelte Treppe nach oben. Dort könnte noch ein niedriger Dachraum, vielleicht ein Fruchtspeicher knapp unterhalb des Wehrganges gelegen haben. Der Eingang war im 1. Obergeschoß, dessen Innenraum durch hohe rundbogige Fenster in großen überwölbten Nischen gut belichtet war. Sie sind der einzige Schmuck des Keep und verleihen diesem durch ihre gelungene Proportionierung und ihre Position in den Wänden, ungeachtet der einfachen Form des Baublocks, Würde und Eleganz. Balkenlöcher am Eingang des Keep zeigen, daß er über eine Leiter oder hölzerne Außentreppe zu erreichen war. Ins Untergeschoß gelangte man nur durch eine Falltür und hölzerne Innentreppe vom Obergeschoß her.

Moylough ist die Kleinresidenz eines Vasallen und zugleich eine typische Siedlerburg im umkämpften Grenzland. Wenn die materielle Basis nur für wenige starke Mauern ausreichte, so mußte hinter diesen alles, was von Wert war, untergebracht werden. Gleichzeitig nahm auch der Untervasall an Verwaltung und Rechtsprechung gegenüber der unterworfenen einheimischen Bevölkerung und den ins Land gekommenen Siedlern teil und war bestrebt, seinem sozialen Status in der Architektur seines Herrensitzes Ausdruck zu verleihen. Dies geschah in Moylough mit einfachen Mitteln auf überzeugende Weise. Es ist deshalb nicht falsch, Burgen wie Moylough als Hall-Houses, in Annäherung an den Begriff des größeren Hall-Keep, zu bezeichnen. Ob man den Raum im 1. Obergeschoß als repräsentative "Chamber" oder als Halle bezeichnen muß, steht dahin. Die Übergänge zwischen dem Hall-Keep und dem Hall-House sind fließend, wie das Beispiel von Dunmore, Co. Galway (Kat. Nr. 26, Abb. 49, 88), zeigt. In jedem Fall sind in den massiven, gemessen an den Hütten der einheimischen Iren, turmartig aufragenden Bauten vom Typ Moyloughs die als Herrschaftssymbole gängigen Motive des Keep und der Halle verarbeitet worden. Die länglich-rechteckige Form mag die Bezeichnung Hall-House rechtfertigen. Es dürfte jedoch sicher sein, daß von diesen Bauten, genauso wie von den Hall-Keeps, eine direkte Entwicklung zu den Tower-Houses ab dem 15. Jahrhundert führte.

Lit.: Fry 1997, S. 228; Salter 1993, S. 38–39; McNeill 1997, S. 150–154.

41. Nenagh, Co. Tipperary

Nenagh (Abb. 22, 38) liegt fünfundzwanzig Meilen nordöstlich von Limerick, sechs Meilen östlich von Lough Derg, der Verbreiterung des Shannon zwischen Portumna und Killaloe. Namensgebend für die Burg und die Stadt war der kleine River Nenagh, ein Zufluß des Lough Derg, der in der feuchten Niederung nördlich der Burg mit dem River Ballintotty noch einen weiteren Wasserlauf aufnahm. Burg und Stadt selbst stehen auf einer natürlichen und überschwemmungssicheren Erhebung, die Burg an der höchsten Stelle. Entscheidend für die Auswahl des Ortes dürften die Nähe zum Shannon und die Lage an dem wichtigen Verkehrsweg von Limerick nach Dublin gewesen sein. Ob auch die südlich von Nenagh sich hinziehenden Silvermine Mountains eine Rolle gespielt haben, muß offenbleiben.

Eine unsichere Quelle des 18. Jahrhunderts gibt an, der Justitiar Geoffrey de Marisco habe die Burg Nenagh im Jahr 1217 gegründet, nachdem er im Jahr zuvor schon in Killaloe eine Burg errichtet habe. Die Forschung neigt aber einhellig zu der Ansicht, daß Theobald Walter, der Neffe des hl. Thomas Becket und Begründer der Dynastie der Butlers of Ormonde, um 1200 mit dem Bau des mächtigen runden Keep in Nenagh begann. Schon 1185 waren große Gebiete im nördlichen Co. Tipperary von König Johann an Theobald Walter verliehen worden. Nenagh war vom Zeitpunkt seiner Gründung an bis zur Verdrängung der Butlers durch die O'Briens im ausgehenden 15. Jahrhundert der Hauptsitz der Butlers in Irland. Entsprechend ambitioniert fiel der Bau der Burg aus.

Das dominierende Bauwerk ist der große Rundturm, der als der eindrucksvollste seiner Art in Irland gilt. Er hat heute bei einer Höhe von 30 m fünf Geschosse, von denen das oberste eine zwar malerische, aber willkürliche Ergänzung von 1860 darstellt, die im hohen Mittelalter keinen Vorläufer hatte. Der von Theobald Walter bis ca. 1206 vollendete Keep hatte zwei Geschosse weniger und muß gedrungener, wenngleich in seiner Umgebung kaum weniger eindrucksvoll gewirkt haben. Das 4. Obergeschoß wurde ebenfalls im 13. Jahrhundert aufgesetzt, womit der Turm seine mittelalterliche Höhe von 22 m erreicht hatte. Für diese Aufstockung zeichnete wahrscheinlich der gleichnamige Sohn Theobald Walters nach seiner Übernahme der Herrschaft 1221 verantwortlich.

Der Keep ist in die nördliche Ringmauer eingebunden, aus der er nach außen wie ein übermächtiger Flankenturm vorspringt. Die im Grundriß einem teilweise gerundeten Fünfeck gleichende Ringmauer besaß an der Ost- und an der Westseite zwei weitere Flankentürme, die Südseite war durch einen doppeltürmigen Torbau geschlossen. Keep, Ringmauer, Flanken- und Tortürme gehen gewiß auf eine einheitliche Konzeption zurück. Die Vollendung der Burg dürfte aber in die Zeit des jüngeren Theobald Walter zwischen 1221 und 1230 fallen. Eventuell hat Salter recht, wenn er die Wohnbauten an der Rückseite des Tores erst um 1300 datiert.

Das Untergeschoß des Keep hat eine Mauerstärke von 4,9 m, die bis zum obersten Geschoß auf 3,6 m abnimmt. Es besitzt keinerlei eigene Belichtung, der heutige Eingang entstammt einer sehr viel späteren Zeit. Wie bei so vielen anderen Burgen ist auch in Nenagh der Eingang auf der Höhe des 1. Obergeschosses, das über einen Vorbau zu erreichen war. Dem Innenraum geben auf dieser Ebene nur zwei nach außen gerichtete, in tiefen Nischen sitzende Schießscharten Licht. Der Hauptraum des Keep in dessen erster Bauphase war das 2. Obergeschoß. Hier gab es einen großen, in Resten noch sichtbaren Kamin und feines Zacken- und Rautenornament in der Art der irischen Romanik über dem Eingangsbogen. Es ist strittig, ob man diesen einzigen repräsentativen Raum der Burg in deren erster Bauperiode als Great Chamber oder als Halle ansprechen soll. Die alsbaldige Aufstockung um ein weiteres Geschoß mit einer komfortablen Chamber könnte in Ermangelung einer Halle im Burghof um diese Zeit die Lokalisierung der Halle im 2. Obergeschoß des Keep zulassen.

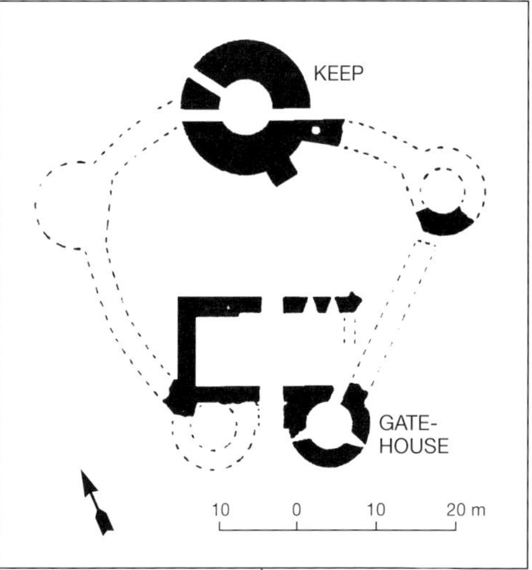

Abb. 104: Nenagh: Grundriß

Das Problem der Halle in dem runden Innenraum des Keep wurde aber noch im 13. Jahrhundert durch einen großzügigen Anbau an den Torbau gelöst. Der Torbau bestand ursprünglich nur aus zwei innen kreisrunden, rückwärtig mit gerader Front in die Mauern einbindenden Türmen. Es waren eher paarweise beiderseits der Durchfahrt angeordnete Flankentürme als ein echtes Torhaus, aber sie stellten, wie in Dublin (Kat. Nr. 22, Abb. 54), Kilkenny (Kat. Nr. 34) Limerick (Kat. Nr. 37, Abb. 100) und Carrickfergus (Kat. Nr. 13, Abb. 72) einen ambitionierten neuen Typ des Entrées dar, der die Burg in ihrer architektonischen Ausstattung und in ihrem Erscheinungsbild auf der Höhe der Zeit sieht. Dieses repräsentative Tor wurde dann im weiteren 13. Jahrhundert, frühestens unter dem jüngeren Theobald Walter, spätestens kurz vor 1300, zu einer richtigen Torburg mit Halle im 1. Obergeschoß und komfortablen Wohnräumen erweitert. Das jüngere Datum ist wahrscheinlicher, weil der Baublock mit der Halle die Torbauten der de Clares in Tonbridge und Caerphilly, bzw. die Königsburgen König Eduards I. in Wales, allen voran Harlech, aus der zweiten Hälfte des 13. Jahrhunderts als Vorbilder voraussetzt.

Die Burg Nenagh versammelt auf relativ kleiner Grundfläche alle architektonischen Statussymbole, die zur Zeit ihrer Errichtung aktuell waren. Der mächtige runde Keep, französischen Ursprungs und im englischen Machtbereich eigentlich nicht sonderlich verbreitet, hat seine Entsprechungen in Dundrum (Kat. Nr. 24, Abb. 85) und in den walisischen Burgen von Pembroke (Abb. 51) und Skenfrith. Insbesondere der von dem älteren William Marshal in Pembroke erbaute Keep könnte den Anstoß für sein Gegenstück in Nenagh gegeben haben. Aber auch die in regelmäßigen Abständen mit halbrunden Flankentürmen besetzte Ringmauer und der doppeltürmige Torbau spiegeln die modernsten Entwicklungen im westeuropäischen Burgenbau in der Zeit nach 1200 wider. Mit dem Ausbau des Tores zum Torhaus blieben die Butlers in Nenagh mit an der Spitze der Entwicklung. Damit verfügte die Burg über fast zwei Jahrhunderte hinweg über alle Attribute einer Residenzburg, die dennoch in den gefährdeten Gebieten im Westen Irlands auch in ihrem wehrtechnischen Repertoire einen beachtlich hohen Standard zeigte. Nenagh steht so auch in der Hierarchie des irischen Burgenbaus im 13. Jahrhundert ganz oben, auf einer Stufe, die mit den Burgen von Carrickfergus bis Limerick, von Roscommon bis Dublin, und anderen mehr, durchaus vergleichbar ist.

Lit.: Harbison 1992, S. 311–312; Fry 1997, S. 228–229; Salter 1993, S. 123; Barry 1988, S. 59; McNeill 1997, S. 28–33, 92–95, 243; Leask 1936, S. 163–166; Leask 1986, S. 43–46; Gleeson / Leask, JRSAI 66, 1936, S. 247–269; Murphy 1993, Guidebook.

42. Newcastle McKynegan, Co. Wicklow

Die Burg von Newcastle McKynegan (Abb. 34) liegt ca. 23 Meilen südlich von Dublin in dem fruchtbaren Küstenstreifen zwischen den Wicklow Mountains und der Irischen See. Am Ort besetzt die Burg das westliche Ende eines niedrigen Hügelkamms, von dem sie durch einen künstlichen Graben getrennt wurde. Auf diese Art bildet das Burgareal eine fast kreisrunde Plattform von ca. 40 m Durchmesser, die durch die Aufschüttung des bei der Anlage des Grabens gewonnenen Aushubs auf der Anhöhe etwa 3 m über den Kamm des Hügelkammes hinausragt. Diese künstliche Erhöhung des Burghügels ließ Orpen 1907 von einer Motte sprechen, sein genauerer Bericht über die Burg aus dem folgenden Jahr wiederholt diesen Begriff, ohne die Anlage als das zu bezeichnen, was sie in Wirklichkeit ist: ein Ringwork in Holz-Erde-Bauweise.

Die Anfänge der Burg liegen am Beginn des 13. Jahrhunderts, als in Newcastle McKynegan eine königliche Burg und ein Manor errichtet wurden. Orpen setzt die früheste Erwähnung der Burg in einer Urkunde von Glendalough in die Zeit von 1210 bis 1213. Diese Maßnahme erfolgte im Rahmen der intensiven Besiedlung der Region um Dublin nach der ersten Phase der anglonormannischen Eroberung. Die Burg sicherte die Küstenstraße, die *via regia*, von Dublin über Bray zu den Burgen von Wicklow und Arklow, und lag in einem Landstrich, den sich die Krone unmittelbar nach dem Irlandzug König Heinrichs II. und der Bestimmung von Dublin als Verwaltungssitz für Irland gesichert hatte. Obwohl in königlichem Besitz, war die Burg in den ersten zwei Dritteln des 13. Jahrhunderts, gemessen an den anderen Königsburgen, von sehr geringer Bedeutung. Es war ein kleiner Verwaltungsmittelpunkt, an dem Recht gesprochen und Einnahmen für den König eingezogen und gelagert

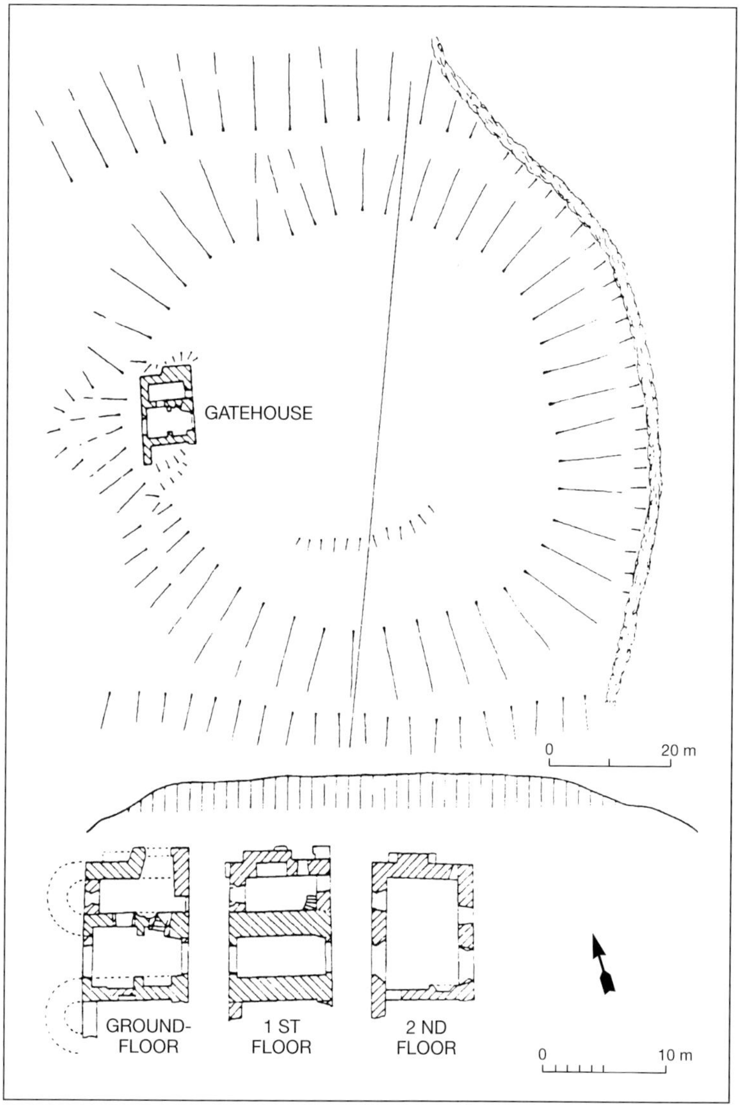

Abb. 105: Newcastle McKynegan: Grundriß

wurden. Bei der Burg und dem Manor ist eine Mühle erwähnt, wurde intensiv Landwirtschaft betrieben.

Die halbwegs friedliche Situation änderte sich grundlegend am Anfang der Regierung König Eduards I., als besonders die in den Wicklows beheimateten Clans der O'Tooles und O'Byrnes der Region rund um Dublin militärisch sehr zusetzten. Es handelte sich nicht um systematische Rückeroberung verlorenen Territoriums, sondern um Raubzüge, die aber mit großer Regelmäßigkeit die englischen Siedlungen heimsuchten und schwere wirtschaftliche Schäden zur Folge hatten. Da die englische Krone längst zu schwach war, um in einigen großangelegten Aktionen die irischen Clans in ihren

Schlupfwinkeln in den unwegsamen Wicklow Mountains aufzuspüren und endgültig zu besiegen, beschränkte man sich darauf, in überfallartigen kurzen Militäraktionen die Iren zurückzudrängen und ihnen ebenfalls Beute, vor allem Vieh, abzunehmen.

Für diese "raids" benötigten die Anführer der königlichen Truppen Stützpunkte, von denen aus die Vorstöße geführt wurden und auf die man sich bei dem prompt zu erwartenden Gegenschlag zurückziehen konnte. Newcastle McKynegan wurde als einer dieser Stützpunkte ausgebaut und mit wenigstens einem starken Bollwerk aus Stein versehen.

1275 und 1276 war die Burg Ausgangspunkt eines größeren Feldzuges unter dem Kommando des Justitiars Geoffrey de Geneville unter Beteiligung von Kontingenten unter Maurice fitzGerald und Thomas de Clare. Zur gleichen Zeit wurde der immer noch von Erdwällen und Palisaden umschlossenen Burg ein Torbau zugefügt, der offensichtlich neben seiner Verteidigungsfunktion den Zweck hatte, dem königlichen Constable und vor allem, bei dessen Anwesenheit, dem Justitiar als angemessene Wohnung und Zeichen der Herrschaft in dem umkämpften Gebiet zu dienen. Der königliche Eigentümer der Burg zeigte Flagge.

Von dem Bau des 13. Jahrhunderts sind heute nur noch wenige Reste zu identifizieren, da der Torbau im 16. Jahrhundert, unter der Regierung König Heinrichs VIII., wie so viele andere in ein Tower-House umgebaut wurde. McNeill hat mit guten Argumenten als Ursprungsbau ein doppeltürmiges Torhaus mit nach der Feldseite halbrund vorspringenden Türmen beiderseits der Durchfahrt identifiziert. In den Obergeschossen, deren Anzahl für das 13. Jahrhundert nicht gesichert ist, könnten eine kleine Halle und eine Great Chamber mit Nebenräumen Platz gehabt haben. Ein Torhaus dieser Art, allerdings ohne die halbrund vorspringenden Türme, erhielt um diese Zeit auch die königliche Burg von Roscrea (Kat. Nr. 46, Abb. 30, 111). Dennoch war der Torbau von Newcastle McKynegan kein Bauwerk, in dem sich der König in exponierter Form darstellte. Er war notwendig, um dem Justitiar oder anderen Beauftragten des Königs am Ort den notwendigen Rahmen, der für die Darstellung der Königsmacht als Minimum erachtet wurde, zu sichern. Die Burg selbst blieb eine Wehranlage dritter Klasse.

Lit.: Fry 1997, S. 229; Salter 1993, S. 72; McNeill 1997, S. 99, 127–128, 130–131, 243; Orpen, JRSAI 38, 1908, S. 126–140.

43. Rinndown, Co. Roscommon

Rinndown Castle (Abb. 5) liegt auf einer Halbinsel mitten im Lough Ree, einem der Seen, zu denen sich der Shannon auf seinem Weg durch das mittlere Irland verbreitert. Somit liegt die Burg im zentralen Irland auf der Westseite des wichtigsten inländischen Wasserweges, der bei Rinndown auch die Grenze zwischen Connacht und dem alten Königreich Meath, das schon vor der Invasion im Niedergang war, bezeichnet. Betrachtet man sich die Entwicklung der an-

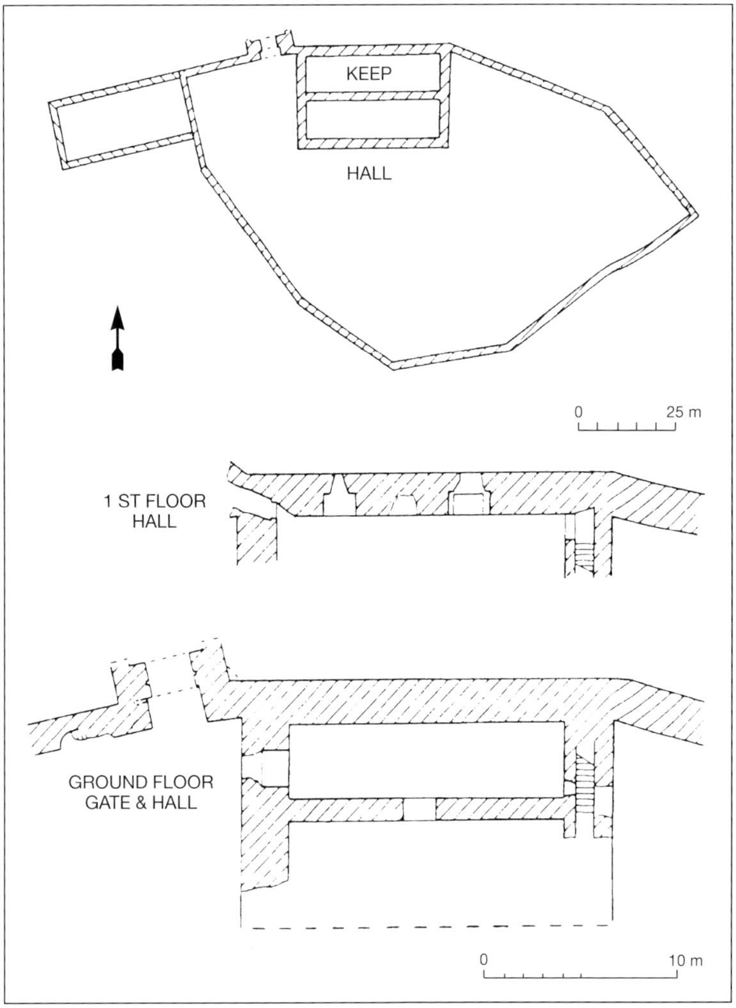

Abb. 106: Rinndown: Grundriß

glonormannischen Eroberung im Verlauf des 13. Jahrhunderts unter geografischen Gesichtspunkten, so stellt man fest, daß hier, im Grenzgebiet zwischen Leinster, Munster und Connacht, ein Machtvakuum entlang des Shannon entstanden war. Ausgehend vom Südosten waren die Vorstöße der Eroberer über Dublin hinaus nach Ulster im Norden gerichtet, im Süden waren Desmond und die Gebiete um Limerick das Ziel und längst war Connacht, das Königreich des letzten irischen Hochkönigs Rory O'Connor, ins Blickfeld der so erfolgreichen Angreifer gerückt. In der Mitte Irlands, entlang des Shannon vom nördlichen Tipperary bis hinauf nach Roscommon gab es Territorien, in denen sich weder die Eroberer noch die einheimischen Iren richtig durchsetzen konnten. Hier versuchte die Krone im Verlauf des 13. Jahrhunderts, durch Burgenbauten von Limerick im Süden bis Roscommon im Norden Fuß zu fassen, teils aus strategischen Gründen, um den wichtigen Flußlauf des Shannon und die Entwicklung in Connacht zu kontrollieren, teils, weil es hier aus englischer Sicht noch „herrenloses“ Land gab.

Rinndown oder Rinnduin ist eine königliche Gründung. 1227 kam der Justitiar Geoffrey de Marisco mit einer Streitmacht hierher und begann mit dem Bau der Burg an einer Stelle, die schon seit 1201, zeitweilig als Stützpunkt der Anglonormannen in den Auseinandersetzungen mit den O'Connors von Connacht genutzt worden war. Es ist gewiß kein Zufall, wenn der Baubeginn mit der Vergabe des noch uneroberten Connacht durch König Heinrich III. an Richard de Burgh im gleichen Jahr zusammenfällt. Die Belehnung Richards mit Connacht war dem König, der diese militärische Anstrengung weder leisten konnte noch wollte, ein leichtes, stand die Mühe der Unterwerfung Connachts doch noch aus. Die Errichtung von Kontrollposten wie Rinndown, um den eventuell zu mächtig werdenden Vasallen aus der Nähe im Auge behalten zu können, war eine andere Sache und ein Signal für die macht- und landhungrigen Eroberer, ihren König und obersten Lehnsherren in ihre Kalkulationen miteinzubeziehen.

Die Halbinsel von Rinndown bot der Burg den ersten Schutz. Sie wurde zur Landseite durch Wall und Graben gesichert, die vermutlich bei Arbeiten, die aus dem Jahr 1251 bezeugt sind, durch eine Mauer mit rechteckig vorspringenden Türmen und einem befestigten Tor ersetzt wurden. Hinter dieser Mauer lag eine kleine Ansiedlung, sicher eines jener zahlreichen Boroughs, die zusammen mit den anglonormannischen Burgen begründet wurden und die, wie auch in Rinndown, das Mittelalter nicht überdauerten. Erst danach folgte ein früher mit Wasser gefüllter Graben, der von Nordosten nach Südwesten die Halbinsel teilte. Ein Arm dieses Grabens umschließt auch die eigentliche Burg auf einem Felssporn unmittelbar über einem natürlichen Hafen in einer kleinen Bucht an der Nordostseite. Erdwälle im Westen der steinernen Burg könnten Reste der ersten Anlage von 1201 sein.

Die Burg von Rinndown ist eine einfache Anlage. Die eine ovale Grundfläche umschreibende Ringmauer hat keinerlei Flankentürme und nur einen sehr einfachen Torturm an der Westseite des Keep, von dessen Obergeschoß eine Verbindung in den Torturm bestand. Im einfachen, aber durch die sorgfältige Steinmetzarbeit der Gewände und des Rundbogens sehr elegant wirkenden Tordurchgang sind die Schlitze und der obere Durchlaß für das Fallgatter noch gut erhalten. Der Keep selbst, von dem nur noch die Nordwand ca. 10 m aufrecht steht, war ein Hall-Keep und besaß drei, eventuell sogar vier Geschosse. Die Datierung ist in Ermangelung von sicher einzuordnenden Architekturformen wie Bauzier oder Schießscharten nahezu aussichtslos. Möglicherweise schon mit der Gründung der Burg 1227 begonnen, dürfte er nach dem Überfall Felim O'Connors 1236 repariert und ausgebaut worden sein. Fry setzt seine Errichtung erst um 1270 an, ein ziemlich spätes Datum für einen so einfachen Bautyp in einer

Abb. 107: Rinndown: Blendarkaden der Halle in der Südmauer

königlichen Burg. 1273–79 wird allgemein von einer Wiederherstellung der Befestigungen, der hölzernen Türme, der Gräben und der Zugbrücke in Rinndown berichtet, vom Keep ist dabei nicht die Rede. Sicherer scheint die Datierung von Resten einer großen, westlich an die Ringmauer anschließenden Halle in die Jahre 1299 bis 1302 zu sein. Es war dies die letzte größere Baumaßnahme in der Burg.

Bislang nirgendwo kommentiert sind fünf große Blendarkaden in der südwestlichen Ringmauer, etwa auf der Höhe des ersten Obergeschosses. Sie enthalten weder Fensteröffnungen noch Schießscharten, scheinen aber zu einem hallenartigen Raum gehört zu haben. Vergleichbare Blendgliederungen gibt es in den repräsentativen Räumen von Keeps und Hallen, so z. B. im allerdings wesentlich früheren Keep von Chepstow. Die Gestalt des zu diesen Blendbogen gehörenden Bauwerks ist derzeit durch bloßen Augenschein nicht zu ermitteln, eine Datierung mit vielen Unsicherheiten belastet. Man kann aber davon ausgehen, daß die Blendbogen zusammen mit der Ringmauer vor der 1299 begonnenen westlichen Halle entstanden, was einen Zeitraum zwischen ca. 1250 und 1279 nahelegt. Genaueres wird man erst nach Grabungen und einer genauen Bauaufnahme wissen. 1315, während der schottischen Invasion von Robert Bruce, wurde die Siedlung in Schutt und Asche gelegt, die Burg schwer beschädigt. Bis zur Mitte des 14. Jahrhunderts wurden beide aufgegeben und seither nicht mehr besiedelt.

Lit.: Harbison 1992, S. 284–285; Fry 1997, S. 232; Salter 1993, S. 42; Barry, S. 67; McNeill 1997, S. 125–128, 146, 243; Leask 1936, S. 159; Leask 1986, S. 22, 26, 31; FitzPatrick, JRSAI 65, 1935, S. 177–180.

44. Roche Castle, Co. Louth

Roche Castle war zur Zeit seiner Errichtung ebenso eine etwas abgelegene Grenzburg wie in unserer Zeit. Die Burg liegt wenige Meilen nordwestlich von Dundalk nahe der Grenze zu Nordirland in einem Gebiet mit steilen felsigen Hügeln, die aber kaum 70 m über Meereshöhe erreichen. Das Gebiet von Roche Castle war auch im 13. Jahrhundert Grenzland zwischen Meath und Ulster, wo die anglonormannischen Eroberer auf Dauer nur an den Küsten von Down und Antrim Fuß fassen konnten. Roche Castle beherrschte einen kleinen Paß, der von der Ebene um Dundalk hinauf nach Armagh führte, die eigentliche Funktion der Burg aber war, im täglichen Kleinkrieg dem zähen Beharrungsvermögen von landhungrigen Feudalherren und Siedlern einen sicheren Stützpunkt zu bilden. Die Anlage liegt am Rande eines Felsens, der nach drei Seiten steil abfällt und sich nur nach Osten zu einer kleinen Hochfläche öffnet. Viele umherliegende Patronenhülsen zeugen von Schießübungen der IRA und zeigen, daß die abseits liegende Burg bis zum heutigen Tag eine sehr fragwürdige militärische Nutzung erfährt.

Als eine der wenigen Burgen in Irland hat Roche Castle eine Gründungslegende. 1236 soll Lady Rohesia de Verdon auf ihrem eigenen Land eine Burg errichtet haben, "which none of her predecessors had been able to do". Dem Architekten soll sie versprochen haben, ihn zu ehelichen, wenn ihr die Burg zusage. Als er nach der Vollendung der Anlage seinen Preis einforderte, habe sie ihn kurzerhand aus dem Fenster geworfen, dem noch heute so benannten "murder window". Die Sage umschreibt in ihrem wahren Kern die schwierige Situation im Grenzland und mit der rohen Tatkraft der edlen Frau eine der Eigenschaften, die hier zum Überleben gefragt waren.

Das Datum 1236 könnte durchaus einen realen Hintergrund haben, so wie auch Rohesia de Verdon eine historische Gestalt ist. Damit ist einer der wichtigsten Streitpunkte in der zeitlichen Bestimmung der alten Mauern angesprochen, der sog. Keep im Innern des Burghofes. Es handelt sich um die Mauern eines quadratischen Bauwerks von ca. 8 m Kantenlänge. Salter und Fry vertreten die Ansicht, es handele sich hier um die Reste des bescheidenen Gründungsbaus von 1236, während das Inventar von Co. Louth es in eine der Burganlage nachfolgenden Zeit datiert. McNeill hält es für ein Brunnenhaus, gleichzeitig mit dem größten Teil der Burg entstanden. Dem armseligen Mauerwerk nach zu urteilen gehört das Gebäude eher in eine spätere Zeit, eine frühe Gründung der Burg um 1236 herum ist aber damit nicht ausgeschlossen.

Einhelligkeit besteht darüber, daß die noch weitgehend aufrecht stehenden Ringmauern, die Halle und das Torhaus in den Jahren vor 1274 entstanden sind. Sie gehen möglicherweise auf Rohesias Sohn John de Verdon zurück, der in diesem Jahr starb. Die Ringmauern haben, der felsigen Hügelkante folgend, den Grundriß eines

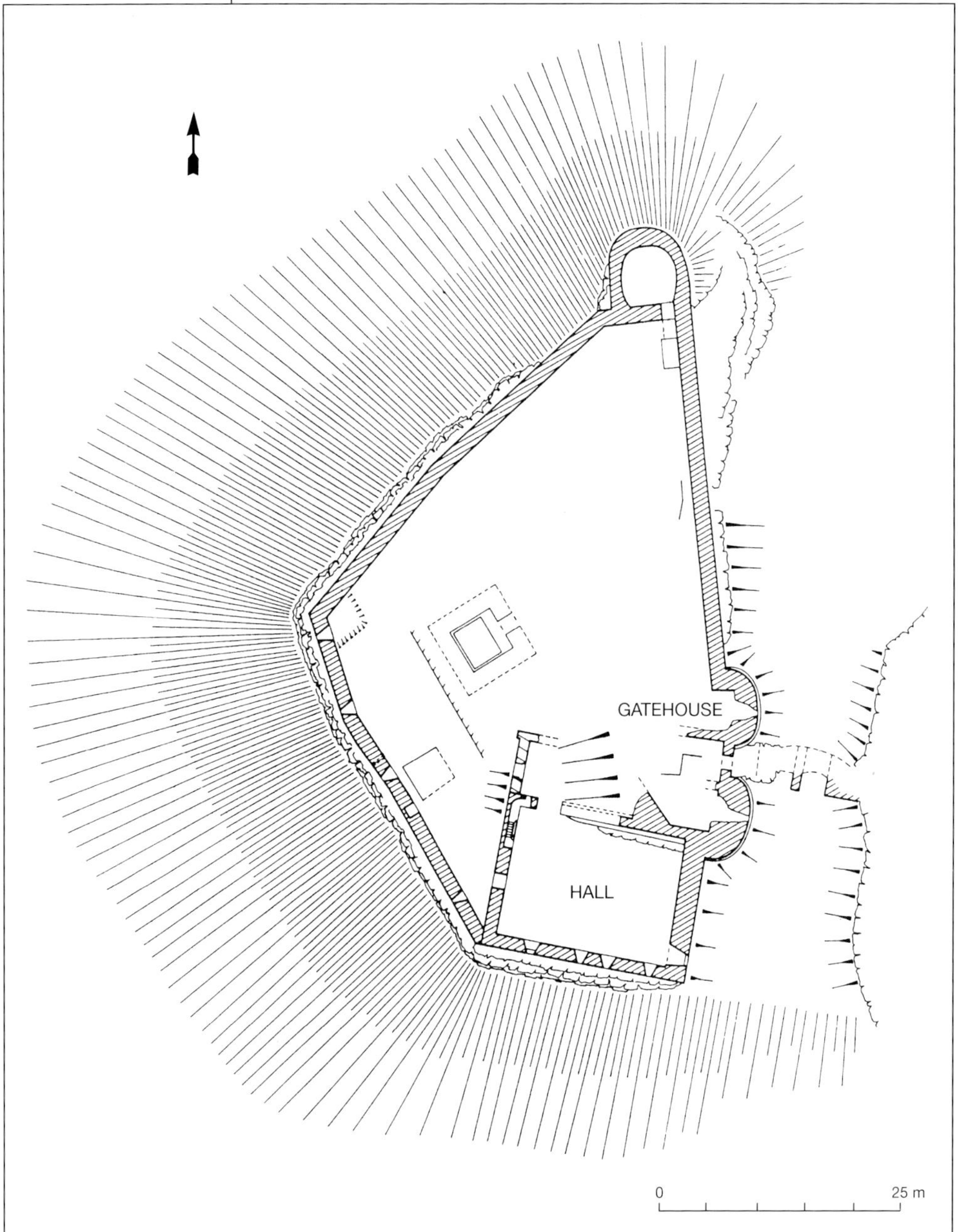

Abb. 108: Roche Castle: Grundriß

unregelmäßigen Dreiecks, an dessen Nordende ein großer annähernd hufeisenförmiger Turm sitzt, während die breitere Südseite von der großen Halle eingenommen wird. Nach Norden an die Halle anschließend und mit ihr im 1. Obergeschoß durch einen Zugang verbunden, sitzt etwas außerhalb der Mitte der zur Angriffsseite

Abb. 109: Roche Castle: Ansicht von Südwesten

nach Osten gerichteten Ringmauer ein großes Torhaus. Vor dieser Mauer liegt ein in den Fels eingetiefter Halsgraben, in dem Unterbauten für eine Zugbrücke zu erkennen sind.

Der Torbau und die südlich anschließende Halle sind, wie die Ringmauer, das Ergebnis einer einheitlichen Baumaßnahme. Die Halle hatte im Untergeschoß mehrere Räume, die durch Wände zwischen den Stützen für den Boden der im 1. Obergeschoß liegenden Halle unterteilt waren. Diese hat die bemerkenswert große Grundfläche von 17,7 × 14,5 m und ist nach Süden, wo der steil abfallende Hang Sicherheit gewährt, durch große Fenster mit Sitznischen belichtet. Das Untergeschoß öffnet sich in drei Schlitzscharten nach Osten und vier weiteren nach Süden. Weitere Schießscharten sitzen in der südwestlichen Ringmauer, nicht jedoch in deren nördlichen nach Westen und Osten gerichteten Teilen.

Das doppeltürmige Torhaus in der Ostmauer ist in einem Zug mit der Halle konzipiert und erbaut worden. Es handelt sich um den entwickelten Typ des edwardianischen Torbaus mit halbrunden Flankentürmen beiderseits der Durchfahrt und komfortablen Chambers mit Nebenräumen und Aborten in den beiden Obergeschossen. In dieser Form, die den Torhäusern der Burgen der de Clares in Tonbridge und Caerphilly und den walisischen Burgen König Eduards I. sehr nahekommt, kann das Bauwerk, und mit ihm die ganze Burganlage, kaum vor dem letzten Drittel des 13. Jahrhunderts begonnen worden sein. Roche Castle verfügt damit, ungeachtet seiner abgelegenen Randlage, über die modernsten Formen im Burgenbau um 1270. Nur in der Größenordnung bleibt die Burg hinter den vergleichbaren Wehranlagen in England und Wales zurück. Das läßt auch den von McNeill vorgenommenen Vergleich von Roche Castle mit der Burg Beeston in Ceshire, ungeachtet der ähnlichen topografischen Situation, nicht zu, da in dieser um 1220 begonnenen Wehranlage der Torbau noch aus zwei einfach verbundenen Türmen, ohne rückwärtige Wohnappartements besteht. Roche Castle war zu seiner Entstehungszeit um 1270 eine der modernsten Burgen in ganz Irland.

Lit.: Harbison 1992, S. 233; Fry 1997, S. 205–206; Salter 1993, S. 53; Breffny 1977, S. 12; McNeill 1997, S. 85–92, 239; Leask 1936, S. 181–183; Leask 1986, S. 63–64; Buckley/ Sweetman 1991, S. 333–337.

45. Roscommon, Co. Roscommon

Die Burg Roscommon (Abb. 11) liegt etwa eine Meile nördlich des Zentrums der alten Stadt Roscommon in flachem Wiesengelände. Ein früher östlich der Burg gelegener See ist verschwunden, an seiner Stelle hat sich die Bebauung der Stadt an die Anlage herangeschoben und wird in absehbarer Zeit der Umgebung der Burg ihren ursprünglichen Charakter weitgehend genommen haben. Noch ist die Burg nahezu unberührt. Besucher kommen eher zufällig hierher, und die Archäologen haben ebenfalls ihren Spaten hier noch nicht in den Boden geführt. Das ist erstaunlich, denn Roscommon gehört zu den bemerkenswertesten Burgen des 13. Jahrhunderts in Irland.

Im Vergleich zu anderen Burgen ist sie spät entstanden. Zwar war Connacht, das Gebiet westlich des Shannon, schon 1177 das Objekt anglonormannischer Begierden, als Milo de Cogan als Verbündeter von Murrough O'Connor einen Vorstoß gegen dessen Vater, den letzten irischen Hochkönig Rory O'Connor unternahm. Eine empfindliche Niederlage vertrieb die Eroberer aber ebenso schnell, wie sie gekommen waren. Erst am Anfang des 13. Jahrhunderts gelang es ihnen, sich an einzelnen Punkten in Connacht für längere Zeit festzusetzen. Das Gebiet westlich des Shannon, im Spannungsfeld zwischen Meath, Ulster und Connacht, blieb umkämpft, aber die Krone vermochte es, hier ein eigenes Territorim zu bilden und durch einige feste Plätze zu sichern. Zu ihnen gehörten Athlone (Kat. Nr. 3, Abb. 19), Rinndown (Kat. Nr. 43, Abb. 5) und nach der Jahrhundertmitte auch Roscommon.

Das Gründungsdatum der Burg ist bekannt. 1269 begann der königliche Justitiar Robert de Ufford hier mit der Errichtung einer Burg. Es war noch nicht die großartige Anlage, die wir heute sehen. Wahrscheinlich war der Bau der ersten Burg im Jahr 1272, als sie bei Angriffen der Iren von Connacht beschädigt wurde, kaum über die ersten Arbeiten hinausgelangt. Salter weist den westlichen Torturm, die jetzige Poterne, durch den der Besucher die Burg betritt, dieser frühen Bauphase zu. 1276 und 1277 sind Zahlungen für die Versorgung und für Bauarbeiten in Rinndown und Roscommon belegt. Zur

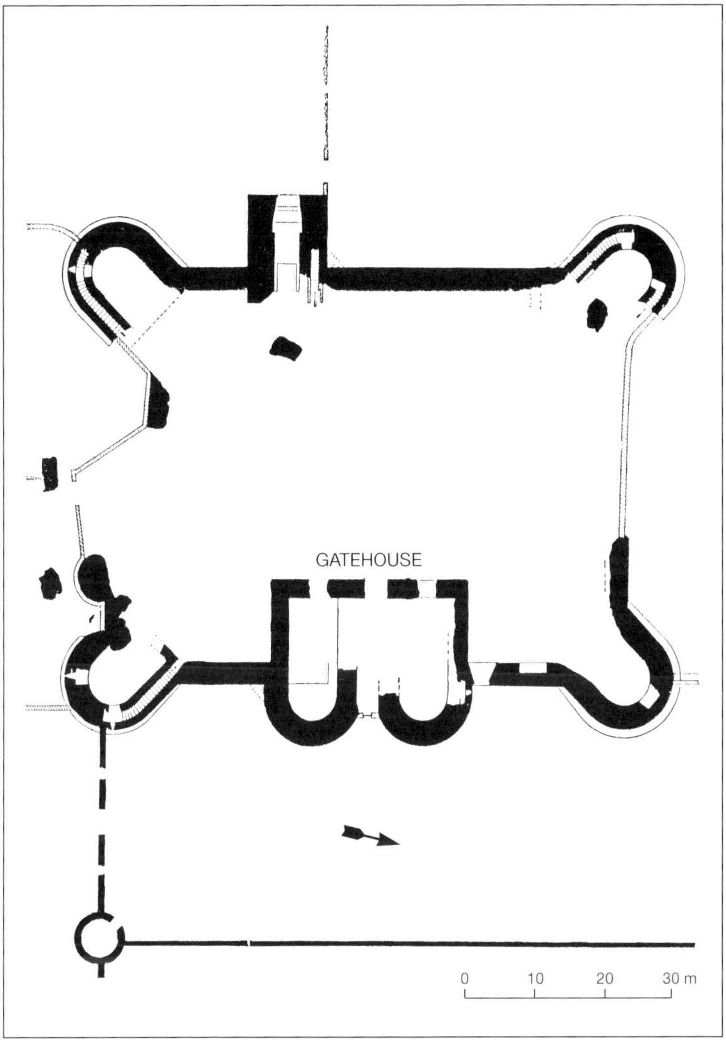

Abb. 110: Roscommon: Grundriß

gleichen Zeit wird aber die vollständige Zerstörung der Burg durch Hugh O'Connor in den "Annals of the four Masters" berichtet. Von den ersten Mauern dürfte kein Stein auf dem anderen geblieben sein.

Zwischen 1277 und 1280 wird in Roscommon dann der größte Teil der Summe von £ 3500, die in Einzelbeträgen ab 1275 bereitgestellt worden war, verbaut, ein Betrag, der sich neben den Aufwendungen des Königs für seine Burgen in England und Wales ohne weiteres sehen lassen kann. Nach 1285 ist nur noch von Reparaturen die Rede. Die Burg war weitgehend vollendet. Das jetzige Erscheinungsbild erhielt die Burg im späten 16. Jahrhundert, als sie zu einem elisabethanischen Wohnschloß umgebaut wurde. Zwischenzeitlich war die Burg vom Beginn des 14. bis ins 16. Jahrhundert in der Hand der Iren, meist der O'Connors von Connacht. Die

Grundmauern des Nordflügels und die zahlreichen Fenster in den Türmen und im Torbau stammen aus dieser Zeit. Dennoch lassen sich alle charakteristischen Merkmale der Burg des 13. Jahrhunderts im Grundriß und in den erhaltenen Mauern mühelos ablesen.

Der Grundriß der Burg ist ein regelmäßiges Rechteck, auf dessen Ecken diagonal vier hufeisenförmige Flankentürme von mächtigen Dimensionen sitzen. Genau in der Mitte der Ostseite befindet sich der Torbau, der größte seiner Art in Irland. Für ihn ist, wie für seine Pendants in Wales, England und Frankreich, die Bezeichnung Keep-Gatehouse angebracht, denn es handelt sich sowohl nach seiner Funktion wie nach seiner dominierenden Rolle in der architektonischen Konzeption der gesamten Wehranlage um das wichtigste Bauwerk der Burg. Der große Innenhof der Burg wirkt heute leer, die ehemals die Mauer säumenden Bauten, sowohl aus dem hohen Mittelalter wie aus dem 16. Jahrhundert, sind bis auf wenige Grundmauern verschwunden. Das gibt den Blick frei auf die großen Ecktürme. Sie alle hatten im 1. Obergeschoß ihrer drei Stockwerke gut ausgestattete Wohnräume, erschlossen durch eine Wendeltreppe in dem einen Winkel zur Ringmauer und ausgestattet mit einer sinnreich konstruierten Abortanlage in dem anderen.

Zentrum der Burg in jeder Hinsicht ist das Torhaus. Das tief in den Hof hineinragende Bauwerk hatte ebenfalls drei Geschosse und enthielt mit einiger Sicherheit ein Wohnappartement mit mehreren Räumen, darunter eine Great Chamber und vielleicht auch eine Halle. Eine solche ist im Hof nicht sicher nachzuweisen, könnte aber bei den älteren Bauten entlang der Südmauer, vielleicht auch an der Westmauer zwischen Poterne und Nordwestturm gelegen haben.

Roscommon gehört, nicht nur in Irland, sondern im ganzen westeuropäischen Raum zu den – nicht sehr zahlreichen – Burgen, denen der verantwortliche Baumeister in Grund- und Aufriß seine ganze Sorgfalt widmete. Aus dem hohen Mittelalter gibt es nur zwei weitere Anlagen, die Roscommon fast aufs Haar gleichen: das ab 1283 errichtete Harlech (Abb. 52) König Eduards I. in Wales und Villandraut in der Gascogne, erbaut in den ersten Jahren des 14. Jahrhunderts von Bertrand de Got, Vasall und enger Mitarbeiter König Eduards I. und ab 1305 unter dem Namen Clemens V. Papst. Von diesen Burgen ist Roscommon die älteste. Sie ist in dieser Form indessen nicht voraussetzungslos entstanden. Burgen des sog. „Kastelltyps", über regelmäßigem Grundriß, mit Eckflankentürmen und doppeltürmigem Torhaus, entstanden schon seit Anfang des 13. Jahrhunderts im Machtbereich des französischen Königs. Bestes Beispiel und vielleicht auch das früheste ist der alte Louvre in Paris, gefolgt von Diant, Passy-en-Valois, Montaiguillon, Thiers-sur-Thève u. a. In England wurde vor allem das Torhaus, als Ersatz für den älteren Keep, als Hauptbau der Burg und Herrschaftszeichen ausgeformt, namentlich in den Burgen der de Clare in Tonbridge und Caerphilly. Hier liegen die eigentlichen Wurzeln für die einheitliche

Herausbildung des eigenständigen Torhauses in der Gesamtkonzeption der Burg, schon in Caerphilly, dann in Roscommon und endlich in Harlech, das in der Regel als die perfekteste Burganlage dieser Art gilt. Es ist eine spekulative, aber nicht uninteressante Frage, ob der Planer von Harlech, der Savoyarde James de St. George, die Bauidee aus seinen eigenen in Wales vorher (ab 1277) erbauten Burgen Rhuddlan und Aberystwyth weiterentwickelt hat, oder ob ihm bei der Konzeption von Harlech die soeben vollendete Burg von Roscommon vor Augen gestanden hat.

In jedem Fall war hier eine zukunftsträchtige Lösung gefunden worden. Villandraut ist ohne Roscommon und Harlech in dieser Form kaum vorstellbar; die westlich von Auxerre gelegene, kaum bekannte Burg von Ratilly bzw. Treigny aus dem 13. Jahrhundert und auch noch das berühmte Renaissanceschloß Chambord an der Loire sind über dem gleichen Grundriß errichtet worden. In Irland selbst entspricht mit einigen Modifikationen Ballymote der Gestalt von Roscommon und mit Abstrichen – bedingt durch die wesentlich frühere Entstehung – kann man in Irland die Burgen von Dublin (Kat. Nr. 22, Abb. 84) und Limerick (Kat. Nr. 37, Abb. 101) ebenfalls unter die Vorläufer von Roscommon und Harlech zählen. Roscommon steht nicht nur wegen seiner Größe gleichwertig neben den großen zeitgenössischen Königsburgen in Wales. Seine bis ins Detail durchdachte Konzeption, seine ebenso abschreckende wie imponierende Erscheinung an seiner Hauptfront, einer repräsentativen Schauseite, zeigt, daß die englische Krone in Irland in einzelnen Fällen durchaus willens und in der Lage war, wirkliche Herrschaftsarchitektur in großem Maßstab auszuführen. Diese Bauten allerdings zu halten und auf dieser Grundlage die mittelalterliche Herrschaft zu entwickeln, dafür fehlte es an Ressourcen und auch an einem dauerhaften Interesse.

Lit.: Harbison 1992, S. 285; Fry 1997, S. 233; Salter 1993, S. 42; Barry 1988, S. 66, 68; Breffny 1977, S. 14, 15, 194, 195; McNeill 1997, S. 96–101, 243; Leask 1936, S. 185–187; Leask 1986, S. 67–69; Murphy, JRSAI 65, 1935, S. 546–556.

46. Roscrea, Co. Tipperary

Die Stadt Roscrea liegt an der Hauptstraße zwischen Dublin und Limerick, etwa auf halbem Weg zwischen dem Rock of Dunamase (Kat. Nr. 23) und der Burg von Nenagh (Kat. Nr. 41), in welligem Hügelland. Es ist das alte Grenzgebiet zwischen Leinster und dem nördlichen Munster, auch nach Connacht jenseits des Shannon ist es von hier nicht weit. Roscrea hat eine zentrale und verkehrsgünstige Lage in der südlichen Hälfte von Irland. Die Böden um die Stadt herum sind fruchtbar und der kleine River Bunow, der in einem Bogen Burg und Stadt an deren Südseite umfließt, spendete das notwendige Wasser. Dieser Ort, obwohl aus seiner Umgebung nur wenig hervorgehoben, mußte jeden anziehen, der mit einem Blick für die strategischen Vorteile des Platzes begabt war.

Schon 1213, wenige Jahre nach dem zweiten Irland-Aufenthalt König Johanns, wurde hier ein Motte & Bailey-Castle errichtet. Von

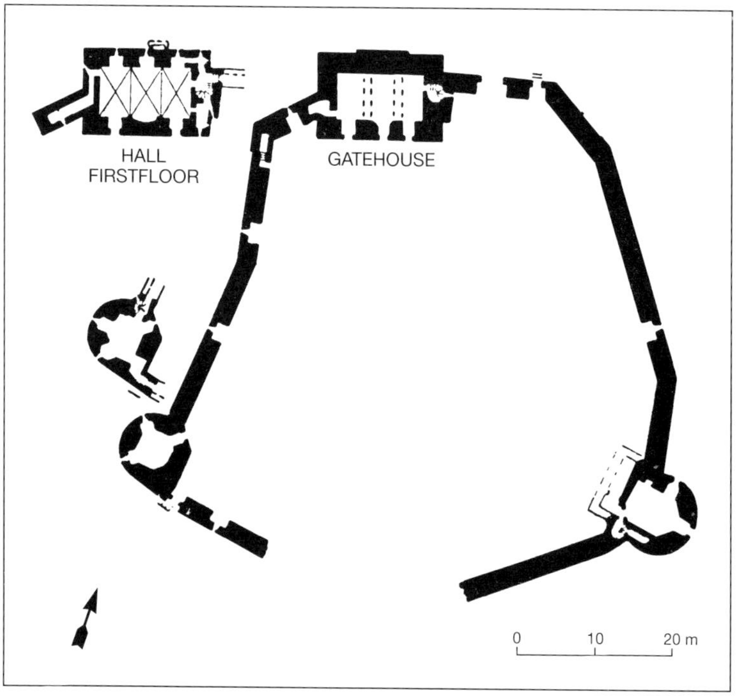

Abb. 111: Roscrea: Grundriß

dieser Anlage sind keinerlei Spuren mehr zu erkennen. Vielleicht geht der unregelmäßige Verlauf der alten Ringmauer auf die erste Befestigung zurück. Überhaupt scheint man sich, ungeachtet der wichtigen strategischen Position, in den etwas ruhigeren Jahren in der Mitte des 13. Jahrhunderts lange Zeit mit der sehr einfachen und auch militärisch nicht sehr starken Wehranlage begnügt zu haben. Auftraggeber für den Bau der Burg und weiterhin deren Eigentümer war immerhin die englische Krone. Man hielt es jedoch offensichtlich nicht für notwendig, hier auch vermittels einer eindrucksvollen Architektur ein Zeichen zu setzen. Parallelen zu Newcastle McKynegan (Kat. Nr. 42, Abb. 34, 105) sind nicht zu übersehen und entsprechen dem gleichen Konzept.

Erst in den Jahren zwischen 1278 und 1285 erhielt die Burg anstelle der alten Erdwälle eine steinerne Ringmauer, die auf drei Seiten mit Türmen besetzt war. Auf der Südwestecke sitzt ein runder Flankenturm, der zum Hof hin, abgesehen von einem stumpfen Mauerwinkel, mit der westlichen Ringmauer fluchtet. Nach außen hin springt er weit vor die Westmauer vor, nicht jedoch vor die südliche Mauer, was eine Bestreichung dieser Mauer durch Bogenschützen von dem Turm aus unmöglich macht. Man muß sich gegenüber Angriffen von dieser Seite sehr sicher gefühlt haben, es sei denn, eine weitere Bastion lag an der Stelle, wo die Ringmauer wegen der späteren Bebauung abgebrochen wurde. Im Innern des Turmes lag im 1. Obergeschoß ein Wohnraum, der vermutlich schon im 13. Jahrhundert durch einen Kamin beheizbar war. Der südöstliche Flankenturm hat hufeisenförmigen Zuschnitt und beherbergte auf allen drei Ebenen Wohnräume mit eigenem Abort. Einflüsse aus Wales, z. B. von den Burgen Ewloe oder Castell-y-Bere, wo diese U-Türme von den walisischen Fürsten als Hauptwohntürme genutzt wurden, können bei dem Turm in Roscrea eine Rolle gespielt haben.

Als Wohn- wie als Wehrbau ist das wichtigste Gebäude der Burg Roscrea das massige Torhaus (Abb. 30). Seine ursprüngliche Funktion ist erst nach den jüngsten Restaurierungsarbeiten wieder einigermaßen zu erkennen. Die Butlers of Ormond, denen König Eduard II. im Jahr 1315 die Burg übertragen hatte, gestalteten im späten Mittelalter den Torbau zu einem Tower-House um und folgten damit einem allgemeinen Trend. Nach seiner Vollendung besaß der rechteckige Baublock in seiner Mitte eine nun wieder geöffnete Durchfahrt; darüber liegt eine Halle mit einem sehr schönen Gewölbe aus dem 13. Jahrhundert. Die Nutzung des Raumes wird allerdings durch die Tatsache beeinträchtigt, daß das Fallgatter in hochgezogenem Zustand in die Halle hineinragte. Aber diese Konstruktion gibt es auch in anderen Burgen, wie das in die Torkapelle von Harlech in Wales ragende Fallgatter zeigt. In den oberen Geschossen befanden sich Wohnräume, die aber durch die spätmittelalterliche Veränderung des Bauwerks nicht mehr ihre ursprüngliche Einteilung aufweisen.

Der Torbau von Roscrea gleicht in seiner massigen Gestalt und mit der Halle im Obergeschoß durchaus einem Hall-Keep. Die Verbindung mit der Zugangsfunktion zeigt, daß man in Roscrea mit der keepartigen Symbolwirkung des Torturmes zufrieden war und sich auf die Mindestausstattung der königlichen Burg in Funktionalität und Außenwirkung beschränkte, eine weitere Parallele zu Newcastle McKynegan. Roscrea ist wie dieses eine königliche Burg minderer Bedeutung.

Lit.: Harbison 1992, S. 312–313; O'Brien/Harbison 1996, S. 147; Fry 1997, 233; Salter 1993, S. 127; Barry 1988, S. 45, 65; McNeill 1997, S. 72, 126–129, 166, 243; Leask 1936, S. 180–181; Leask 1986, S. 57–59.

47. Shanid, Co. Limerick

Shanid (Abb. 15, Titelbild) liegt im Hügelland des westlichen Teils der Grafschaft Limerick, etwa zwanzig Meilen von Limerick entfernt und ca. drei Meilen südlich des großen Mündungsarms des Shannon. Seiner strategischen Lage nach ist Shanid geschickt plaziert. Von Limerick zieht sich nach Süden bis über Croom hinaus und nach Westen bis auf die Linie Foynes–Newcastle West eine fruchtbare Ebene mit geringen Höhenunterschieden, in deren Zentrum die Burg Adare (Kat. Nr. 1) liegt. Das flache Land wird im Westen von einer Gebirgsschwelle begrenzt, deren Höhen zwischen 150 m und 300 m ansteigen. Am östlichen Rand dieser Schwelle, der auch gleichzeitig die Grenze zwischen den Gebieten mit guter und minderer Bodenqualität anzeigt, liegt auf einer steilen Anhöhe oberhalb einer Farm die Burg Shanid. Von hier aus überblickt man sowohl die ganze Ebene bis zu den Burgen Askeaton und Adare als auch die Bucht, durch die der Shannon ins Meer fließt.

Die jüngere Burgenliteratur seit Leask vermeidet eine präzise Datierung der ersten Burg an diesem Platz. Barry nennt zumindest einen der Gründe: eine genaue archäologische Untersuchung der Anlage, die mit Sicherheit gute Ergebnisse verspricht, steht noch aus. So bleibt es bei dem in der Regel genannten Datum von 1230, unter dem die Burganlage zum erstenmal erwähnt wird. Einhellige Ansicht aller Forscher ist jedoch, daß die Burg nicht erst zu diesem Zeitpunkt gegründet worden ist. Ein Motte & Bailey-Castle ging der steinernen Burg voraus.

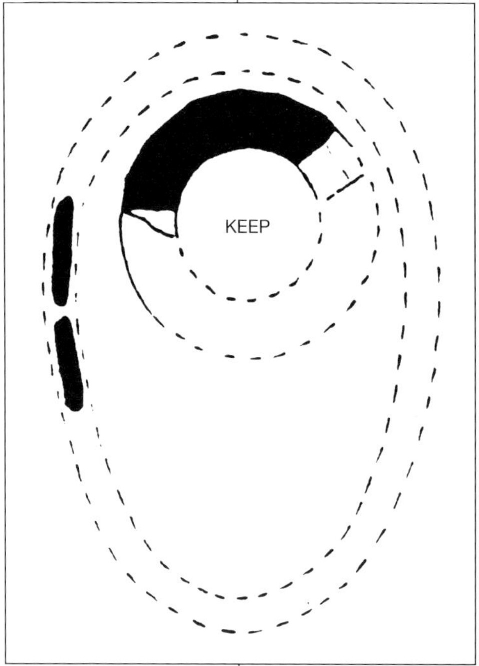

Abb. 112: Shanid: Grundriß

Orpen hat schon 1909 mit guten Gründen die Burg in die allerletzten Jahre des 12. Jahrhunderts, auf 1198/99, datiert und den Angehörigen einer der ersten anglonormannischen Familien in Irland als den Gründer von Shanid identifiziert. Es handelt sich um Thomas fitzMaurice († ca. 1213/14) aus der Sippe der Geraldines. Er ist der Ahnherr der Earls of Desmond, deren Stammburg Shanid offensichtlich gewesen ist und die den Schlachtruf "Shanid aboo" von dieser Anlage ableiteten. Die Befestigung des Burghügels von Shanid kann bis zum sicheren Beweis des Gegenteils auf die Geraldines und Thomas fitzMaurice zurückgeführt werden.

Es handelt sich um die, durch die natürliche Form des Hügels begünstigte, klassische Form des Motte & Bailey-Castle. Der Hügel wurde durch Abgrabung zwischen dem Fuß und der zentralen Erhebung in eine Motte verwandelt, eine künstliche Aufschüttung war dadurch unnötig. Die Abgrabung machte den Mottenhügel wesentlich steiler, der ursprüngliche Fuß des Hügels blieb als äußerer Wall vor dem die Motte umgebenden Graben stehen. Anfangs dürften der äußere Wall und die Fläche auf der Motte Palisaden bzw. einen hölzernen Turm getragen haben. Das wird durch genauere Untersuchungen am Ort zu belegen sein. Schon frühzeitig im 13. Jahrhundert ist dann der Turm auf der Höhe der Motte, vermutlich gleichzeitig auch die ovale Ringmauer, die der Begrenzung des Bailey folgte, errichtet worden.

Von dem zu dieser Zeit erbauten runden Keep steht noch ein Drittel bis zur Höhe des Wehrgangs aufrecht. Die Reste erlauben eine genauere Beurteilung dieses Bauwerks. Es ist mit Sicherheit kein Shell-Keep, wie Fry glauben macht, dafür reicht der innere Durchmesser von 6,7 m einfach nicht aus. Es handelte sich um einen innen runden, außen polygonalen Keep mit einem Untergeschoß und einem einzigen Raum im Obergeschoß. Der Eingang führte, wie immer, ins Hauptgeschoß und war durch Leitern oder einen hölzernen Vorbau erreichbar. Darüber lag die Wehrplatte, von deren Wehrmauer noch Zinnen und einfache geschlitzte Schießscharten zu erkennen sind. Diese Raumaufteilung im Keep entspricht der in den Hall-Keeps des frühen 13. Jahrhunderts gefundenen Lösung, nur scheinen die runden oder polygonalen Keeps den Hall-Keeps vom Typ Athenry (Kat. Nr. 2, Abb. 60) vorauszugehen und nach ihrer Anzahl ein kurzlebiger Typus geblieben zu sein.

Die Zahl der polygonalen Keeps in Irland ist klein. Als direkte Vergleichsbeispiele zu Shanid werden sehr schnell Castleknock bei Dublin (Kat. Nr. 15, Abb. 74) und Dungarvan (Kat. Nr. 25, Abb. 86, 87) in die Überlegungen einbezogen. Beide aber sind problematisch. Bei Castleknock muß mit einer Spätdatierung am Ende des 13. Jahrhunderts gerechnet werden, und Dungarvan war vermutlich ein echter Shell-Keep. Keeps, die in ihrer Konzeption Shanid nahekommen, können in Irland auch rund sein, wie z. B. Dundrum (Kat. Nr. 24, Abb. 6, 85), oder müssen in England und Wales gesucht werden. Dort gibt es runde Keeps in Pembroke, Dinefewr, Skenfrith und Tretower; als polygonale Vorbilder kommen u. a. Odiham, Hampshire und Tickhill, South Yorkshire, in England in Frage. Man muß jedoch im Burgenbau immer auch individuelle Lösungen vor Ort in die Überlegungen mit einbeziehen.

Die Diskussion der Gestalt des Keep und der Datierung der Burg insgesamt scheint einen anderen Aspekt der Burg von Shanid völlig ins Abseits zu drängen. Etwa 100 m südlich der Burg findet man in heute friedlicher Nachbarschaft eine Ringwallanlage mit drei konzentrischen Erdwällen. Dieses Hillfort ist genausowenig wie die Burg archäologisch untersucht, aber allein die Nachbarschaft der beiden unterschiedlichen Wehranlagen regt zu Überlegungen an. Die konfliktfreie Koexistenz einer Burg der Anglonormannen und der Residenz eines irischen Clanchefs ist kaum vorstellbar, eher die Übernahme einer Residenz bzw. einer beherrschenden Befestigung der einheimischen Iren durch die Eroberer. Shanid wäre damit ein weiteres Beispiel dafür, daß die Anglonormannen der ersten Generation keineswegs wählerisch im Hinblick auf die Auswahl der Bauplätze für ihre Burgen waren. Sie machten sich die Topografie und die am Ort angetroffenen Verhältnisse zunutze, was auch die Übernahme älterer Wehranlagen, wenn sie den Absichten der Eroberer entgegenkam, mit einschloß. Kontinuität war keine Prinzipienfrage, sondern ergab sich aus taktischen und strategischen Erfordernissen.

Lit.: Harbison 1992, S. 228; Fry 1997, S. 233–234; Salter 1993, S. 128; Barry 1988, S. 59; Breffny 1977, S. 14; McNeill 1997, S. 244; Leask 1936, S. 163; Leask 1986, S. 41–42; Orpen, JRSAI 39, 1909, S. 34–39.

48. Swords, Co. Dublin

Die moderne Stadt Swords (Abb. 16) liegt etwa acht Meilen nördlich von Dublin, die Burg mitten im Stadtzentrum. Im Westen fließt nahe an der Burg der kleine River Ward vorbei, der sich kurz darauf zusammen mit einem weiteren Flüßchen, dem Broad Meadow Water, in den westlichen Zipfel der Bucht von Malahide ergießt. Abgesehen von der Nähe zu dieser geschützten Meeresbucht bietet Swords keine besonderen verkehrsgünstigen oder strategischen Vorteile. Die Natur des Platzes lädt nicht unbedingt ein, ihn zu befestigen. Der einzige Grund, hier eine Burg zu bauen, war der reiche Besitz der Erzbischöfe von Dublin am Ort.

Schon seit dem 6. Jahrhundert gab es hier eine monastische Ansiedlung, die bis ins 12. Jahrhundert, als der Erzbischof von Dublin im Zuge der irischen Kirchenreform die Kontrolle über das Kloster gewann, bestand. Seither waren die Erzbischöfe die Herren am Ort, woran auch die Ablösung der irischen Kirchenfürsten durch ihre anglonormannischen Nachfolger nach dem Tod des Erzbischofs Laurence O'Toole 1181 nichts änderte. Dem neuen Erzbischof John Comyn wurde 1182 der Besitz der Kirche von Swords, der mit reichen Einkünften verbunden war, ausdrücklich bestätigt.

1192 gibt es ein Manor des Erzbischofs in Swords. Der Bau der Burg wird einhellig um 1200 herum datiert, was aus der Anwesenheit eines Constable geschlossen wird. Die um 1200 entstandenen Bauten können auf keinen Fall mit den heute in der Burg stehenden Mauern gleichgesetzt werden. Nur Fry bezeichnet den im fünfeckigen Innenhof liegenden Erdhügel als die am Anfang des 13. Jahrhunderts entstandene Motte, was bis zum Beweis des Gegenteils eine wahrscheinliche Vermutung ist. Die Datierung der heute sichtbaren Mauern und Gebäude reicht von der Mitte des 13. bis in die Mitte des 14. Jahrhunderts. Die Errichtung der ersten Mauern noch tief im 13. Jahrhundert ist durchaus möglich, die Grabungen von 1971, ein Visitationsbericht vom 14. März 1326 und nicht zuletzt der Charakter der Gebäude, die in späterer Zeit durch Umbauten stark verändert wurden, verweisen aber alle den jetzigen Baubestand eher ins 14. als ins 13. Jahrhundert.

Abgesehen von dem quadratischen Nordturm mit Wendeltreppe und Nebenräumen liegen alle Bauten an der Süd- und Südostseite des Hofes. Sie sind derzeit in einem nicht sehr aussagekräftigen Zustand. Restaurierungsarbeiten haben begonnen. Ursprünglich war auch die Innenseite der Ostmauer auf dem längeren Teil ihres Verlaufs von Bauten begleitet, doch sind diese großenteils abgegangen. Die Halle der Burg wird an dieser Stelle vermutet. Die Südseite der Burg nimmt eine längere Folge von Räumen ein, die in der Mitte durch ein einfaches rechteckiges Tor in zwei Flügel geteilt werden. Der Westflügel hat im Erdgeschoß drei, im 1. Obergeschoß zwei Räume in der Flucht, zum Hof hin gibt es einen einfachen Anbau. Ein 2. Obergeschoß scheint gesichert zu sein. Die Räume wurden vertikal durch beim Tor liegende Wendeltreppen erschlossen. Der Ostflügel besteht aus einem direkt beim Tor liegenden rechteckigen Turm, an den sich ostwärts die über zwei Geschosse reichende Kapelle anschließt. Von dieser biegt in stumpfem Winkel nach Nord-

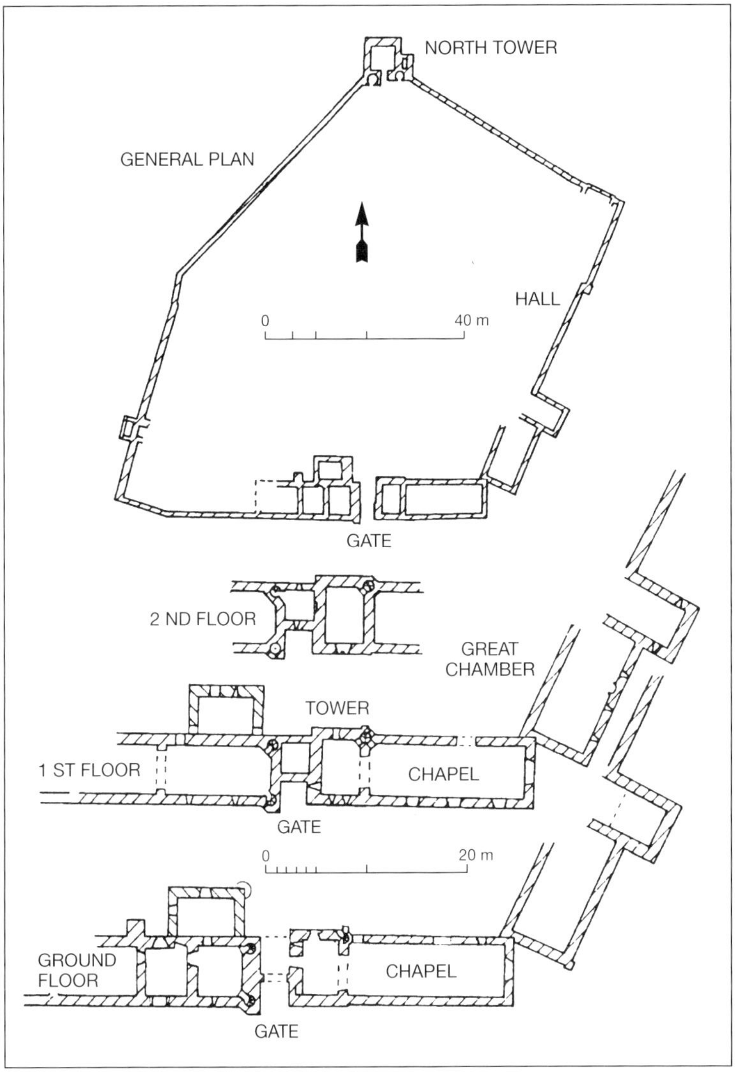

Abb. 113: Swords: Grundriß

osten ein großer Raum aus, der von den Ausgräbern als "Archbishop's Chamber", von anderen auch als eine private Kapelle bezeichnet wird. Hier wurden große Fragmente eines reichen Fliesenbodens gefunden, der mit einiger Sicherheit ins 14. Jahrhundert datiert. Auch der Visitationsbericht von 1326 nennt die an die Halle anstoßende "chamber for the archbishop", außerdem Küchen und Zweckbauten wie Backhaus und Stallungen. Durch den Bericht lassen sich die Räume westlich des Torbaus als Wohnung des Constable und insgesamt vier Räume für dienstleistende Ritter identifizieren. Nach der Kapelle wird noch ein Raum für Kleriker mit einem Kreuzgang oder kleinen Innenhof aufgeführt. Zumindest der Kreuzgang ist heute verschwunden. Wenn er, wie anzunehmen, bei der Kapelle gelegen hat, dann hat er sich sicher an deren Nordwand angeschlossen. Der Raum der Kleriker kann dann in dem Turm unmittelbar östlich des Tores gesucht werden. Ein Turmrest zwischen Archbishop's Chamber und Halle ist noch zu erwähnen, weitere Bauten hat es ganz sicher im Hof gegeben, sie sind aber bei den auf die Südostecke der Burg begrenzten Grabungen von 1971 nicht erfaßt worden.

Die Räumlichkeiten der Burg von Swords sind zu Recht mit den Bauten in Clonmore (Kat. Nr. 17, Abb. 76) und Ballymoon (Kat. Nr. 8, Abb. 66) verglichen worden. Alle drei Burgen räumen dem Wohnkomfort Priorität vor der Verteidigungsbereitschaft ein. Auch in Swords (Kat. Nr. 48) gibt es nichts, was an einen Keep, das Bollwerk eines Torbaus oder an Flankentürme erinnert. Auch die einsam vorspringenden Türme im Norden und zwischen Halle und Archbishop's Chamber sind zuerst Wohntürme und bieten dann erst geringen Flankenschutz. Ein Vorbau an der Westseite war allenfalls eine Abortanlage. Der Wohnkomfort der Räume geht nicht nur aus dem Fund des reichen Fliesenbodens hervor. Ihre bequeme Reihung und Ausstattung, der Verzicht auf Annäherungshindernisse und Einrichtungen zur Verteidigung erinnert in Swords eher an einen frühen Schloßbau als an eine Wehranlage. Auch die das Areal umgebende Mauer macht aus Swords noch keine ernstzunehmende Burg. Vielleicht sollte man bei der Charakterisierung von Swords ganz auf diesen Begriff verzichten und die Anlage als das bezeichnen, was sie 1192 schon war: ein komfortables Manor der Erzbischöfe von Dublin.

Lit.: Harbison 1992, S. 136; Fry 1997, S. 235; Salter 1993, S. 76; Barry 1988, S. 103; Breffny 1977, S. 13; McNeill 1997, S. 104–108, 244; Leask 1936, S. 194; Leask 1986, S. 72; N.N., JRSAI 44, 1914, S. 259–263; Fanning, JRSAI 105, 1975, S. 47–82.

49. Terryglass, Co. Tipperary

Terryglass (Abb. 48) liegt auf dem Südostufer im nördlichen Teil von Lough Derg, etwa zwei Meilen entfernt von der Stelle, wo am Nordufer der Shannon bei Portumna in die langgezogene Seenlandschaft, die sich von hier bis Killaloe hinab hinzieht, einmündet. Die Burg, auch unter der älteren Bezeichnung Olde Court bekannt, liegt etwas außerhalb der Ortschaft auf einem sanft abfallenden Hang so hoch über dem Ufer, daß ein Hochwasser sie nicht erreichen konnte. Der Ort Terryglass ist wesentlich älter als die Burg und hatte seit frühchristlicher Zeit eine Klosteranlage, deren Blüte im 8. und 9. Jahrhundert lag. Die Burg dürfte, wie so viele andere der Anglonormannen, auf Kirchenland begründet worden sein.

Terryglass gehörte zum Territorium der Butlers of Ormond und es liegt nahe zu vermuten, daß die Burg von ihnen oder in ihrem Auftrag von einem ihrer Vasallen begründet wurde. Leask datiert die Anlage in das erste Jahrzehnt des 13. Jahrhunderts. Harbison schreibt deren Bau Theobald Walter zu und macht es sich damit etwas einfach: Zwischen 1200 und 1299 gab es insgesamt fünf Träger dieses Namens, jeder der Sohn des vorigen. Damit ist einer zeitlichen Einordnung der Burg ein etwas zu weites Feld geöffnet, zumal alle Forscher die heute sichtbaren Mauern eher in die erste Hälfte des 13. Jahrhunderts datieren. Die unterschiedlichen Versuche, die Anfänge der Burg Terryglass festzustellen, sind bezeichnend. Erst spät, 1275/76, wird die Burg überhaupt namentlich genannt und das ist zugleich fast alles, was wir über die Geschichte der Burg im hohen Mittelalter wissen.

Wenn beweiskräftige Fakten fehlen, ist der Spekulation Tür und Tor geöffnet. In Terryglass ist das nicht anders. Das Bauwerk wird von allzu vielen Forschern zu der von Leask definierten Gruppe von Keeps gezählt, die – nach Leask – Carlow (Kat. Nr. 12, Abb. 70), Ferns (Kat. Nr. 29), Lea (Kat. Nr. 36, Abb. 101), Wexford, Enniscorthy (Kat. Nr. 28, Abb. 90, 91) und eben Terryglass umfaßte. Von diesen existiert Wexford gar nicht mehr, Enniscorthy spiegelt allenfalls einen Bau des 16. Jahrhunderts wider und Ferns scheidet aus der Reihe aus, weil es durch seinen vermutlich vorhandenen Innenhof einen ganz anderen Typ vertrat. Bleiben Carlow und Lea als Vertreter dieser Gruppe.

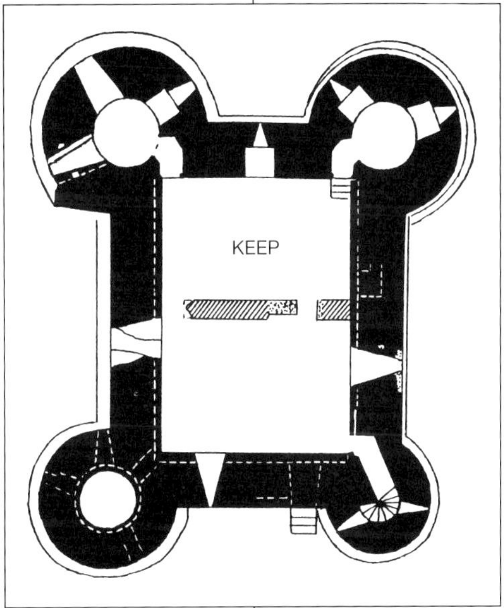

Abb. 114: Terryglass: Grundriß

Betrachtet man den Grundriß von Terryglass, so scheinen wenigstens diese Vergleiche zu stimmen. Der Bau steht über einem gedrungenen Rechteck und hat auf jeder der vier Ecken einen runden, dreiviertelrund vorspringenden Flankenturm. Die mit einem Durchmesser von 9,1 m dickeren südlichen Flankentürme besitzen zwei bzw. drei Schießscharten mit geräumigen Schießkammern im Turminnern. Von den mit 6 m Stärke dickeren nördlichen Flankentürmen hat nur der Nordwestturm, in dem eine Wendeltreppe nach oben führt, einen Lichtschlitz, der Nordostturm verfügt eigenartigerweise weder über eine Belichtung noch über einen Zugang vom Innenraum her. Er war nur über eine gerade Außentreppe entlang der Westmauer über das Obergeschoß zugänglich. Das Innere des Bauwerks ist durch eine Quermauer, die aber nicht der ersten Bauzeit entstammt, geteilt. Die ganze Anlage hat nur eine Höhe von 3,6 m und es gibt, ungeachtet einiger Bemerkungen Leasks, gute Gründe anzunehmen, daß die Burg auch im Mittelalter nie über das Untergeschoß hinauskam. 1333 wird Terryglass als "a castle with four towers, 12 feet in height" bezeichnet, was die heutige Höhe der Mauern exakt wiedergibt.

So wie die Burg heute dem Betrachter vor Augen steht, handelt es sich um einen angefangenen Hall-Keep mit Eckflankentürmen, von dem nur das Untergeschoß fertig geworden ist. Leask weist sehr richtig darauf hin, daß die Burg als Außenposten des Butler-Territoriums um Nenagh isoliert mitten im Gebiet der O'Kennedys, die dieser Kolonisierung harten Widerstand entgegensetzten, errichtet wurde. Über die Anfänge beim Bau der Burg kam man offensichtlich nie hinaus und bald nach 1333 mußten die Butlers sich für Jahrhunderte aus diesem Gebiet zurückziehen. Mit Terryglass haben wir eine Burg, die in statu nascendi stehengeblieben ist.

Das läßt durchaus eine vorsichtige Beurteilung des Bauwerks in seinem vollendeten Zustand und Rückschlüsse über seine zeitliche Einordnung zu, aber gewiß nicht im Sinn der Typologie von Leask, sondern in Würdigung der wenigen Fakten und Vergleichsbeispiele. Wir haben nur das Untergeschoß eines Hall-Keep vor uns, können aber in der Konzeption einen großen Raum im 1. Obergeschoß annehmen. Etwas befremdend ist der Eingang in das Erdgeschoß an der nördlichen Schmalseite, mehr noch die Außentreppe zum Nordostturm. Ob man sich hier allzu sicher gefühlt hat, oder ob dies Provisorien der Bauzeit sind, muß offenbleiben. Wenn man einen engeren Zusammenhang zwischen Terryglass, Carlow und Lea unterstellt, darf man über der Halle im 1. Obergeschoß von einem darüberliegenden weiteren Stockwerk ausgehen. Auch ist das französische Vorbild vom Typ Nemours noch in Terryglass wirksam; ob die tatsächlichen Vorbilder für die Burg auf dem Kontinent liegen oder in Carlow bzw. Lea zu suchen sind, steht dahin. Darüber hinausgehende Überlegungen sind Spekulation.

Fragwürdig ist sicher auch die Datierung der Burg durch Leask in das erste Jahrzehnt des 13. Jahrhunderts. Sie hat ihre Basis in der zweifelhaften Frühdatierung von Carlow als Bau des älteren William Marshal, der dort wohl eher der Gründer der Burg als der Erbauer des Keep war. Der Keep von Lea wird erst in die Zeit nach der Mitte des 13. Jahrhunderts eingeordnet, so daß man die Baumaßnahmen in Terryglass vielleicht zwischen 1220 und 1260 ansetzen kann. Das ist immer noch ein weiter Spielraum für eine nie vollendete Burg, die Datierung fällt aber mit der Periode der größten Machtentfaltung der Anglonormannen in Irland zusammen, so daß dem Versuch, hier im Grenzgebiet auf Dauer zu siedeln, in jenem Zeitraum die größte Plausibilität zukommt.

Außer dem Keep sind weitere Bauten in der Burg nicht vorhanden. Ansätze einer Ringmauer sind auf der Ost- und Westseite des Keep zu erkennen. Der rechte Winkel am Südostturm und die dorthin gerichtete dritte Schießscharte lassen vermuten, daß hier der Eingang durch die nach Süden die Burg abschließende Ringmauer führen sollte. Damit erklärt sich auch die größere Stärke der beiden südlichen Flankentürme. Sie schützten, im Gegensatz zu den nach der mehr Sicherheit versprechenden Seeseite gerichteten Nordtürmen, die Angriffsseite, was den Keep zu einem im Zentrum der Außenmauer sitzenden Bollwerk und zugleich zu einem sehr wehrhaften und eindrucksvollen Herrschaftssymbol hätte werden lassen. Dazu gibt es in Carlow und Lea keine Parallelen.

Lit.: Harbison 1992, S. 314; Fry 1997, S. 235–236; Salter 1993, S. 130; Barry 1988, S. 63; McNeill 1997, S. 118–120, 144, 146, 244; Leask 1936, S. 175–176; Leask 1986, S. 51; Leask, JRSAI 73, 1943, S. 141–144.

50. Trim, Co. Meath

Trim (Abb. 23, 32) liegt etwa dreißig Meilen nordwestlich von Dublin im alten Königreich Meath. Der Name Meath leitet sich vom irischen Mide (= Mitte) ab, und obwohl das alte Königreich Meath zur Zeit der Invasion von 1169 schon keine selbständige politische Einheit mehr war, zeigt der Name an, daß in diesem Gebiet, östlich vom geografischen Zentrum die politische Mitte Irlands im 12. Jahrhundert lag. Nicht zufällig erhebt sich wenige Meilen östlich von Trim der Hill of Tara, dessen Name sich wie kein anderer in Irland mit dem alten irischen Hochkönigtum verbindet, zu dessen geistigen Fixpunkten dieser Versammlungsort der gälischen Kelten gehörte. Die Burg selbst liegt inmitten der kleinen Stadt am Südufer des River Boyne, der hier den River Blackwater aufnimmt und über die Burgenorte Navan, Slane und Drogheda (Kat. Nr. 21) das Meer erreicht.

Trim wurde schon sehr bald nach der Invasion und der Eroberung Dublins befestigt. Einige Autoren nennen 1172 als Datum der Gründung, aber spätestens 1174 "Hugh de Lacy fortified a dwelling place at Trim and dug a ditch around it and then enclosed it with a spiked stockade". Die Umwallung ist inzwischen durch Grabungen festgestellt, über das Vorhandensein einer Motte im Innern an der Stelle des Keep gibt es bislang Meinungsverschiedenheiten. 1174 wurde die Burg angesichts eines Angriffs des letzten Hochkönigs Rory O'Connor von Hugh Tyrell aufgegeben. Die Burg wurde zerstört.

Unmittelbar nach diesem Ereignis muß in der Mitte der siebziger Jahre der Bau des steinernen Keep in Angriff genommen worden sein. Nach den Mitteilungen von Kevin O'Brien (1997) wurde das Untergeschoß ca. 1175 begonnen und bis zu einer Höhe von etwa 3 m fertiggestellt. Es ist offensichtlich im mittelalterlichen Burgenbau eine gängige Praxis, schnell eine solche Bauhöhe anzustreben, da dann bei einem frühen Angriff zur Behinderung der Bauarbeiten schon eine verteidigungsfähige Schutzwehr besteht. Auch die unvollendete Burg von Terryglass (Kat. Nr. 49, Abb. 48) hat diese Bauhöhe der Gründungsphase.

In Trim wurde allerdings sehr schnell weitergebaut. Die dendrochronologischen Daten belegen die Fertigstellung des Obergeschosses 1196. Dachschrägen an den Wänden des Innern zeigen, daß der Keep danach erst einmal provisorisch eingedeckt wurde, um die unteren Geschosse in einen nutzbaren Zustand zu bringen. Aber schon bald wurden mit dem Bau des dritten Geschosses die Arbeiten fortgesetzt. 1205 war der Keep vollendet, wesentlich früher als das bisher genannte Datum von ca. 1220. Diese Daten fügen sich gut mit den Lebensdaten der de Lacy zusammen. Der ältere Hugh de Lacy starb 1186. Der Bau muß danach einige Zeit unfertig stehengeblieben sein. 1194 endete die Minderjährigkeit seines Sohnes Walter de Lacy, und er konnte sein Erbe in Trim antreten. Nun wurde die provisorische Eindeckung des Keep vorgenommen und bald danach

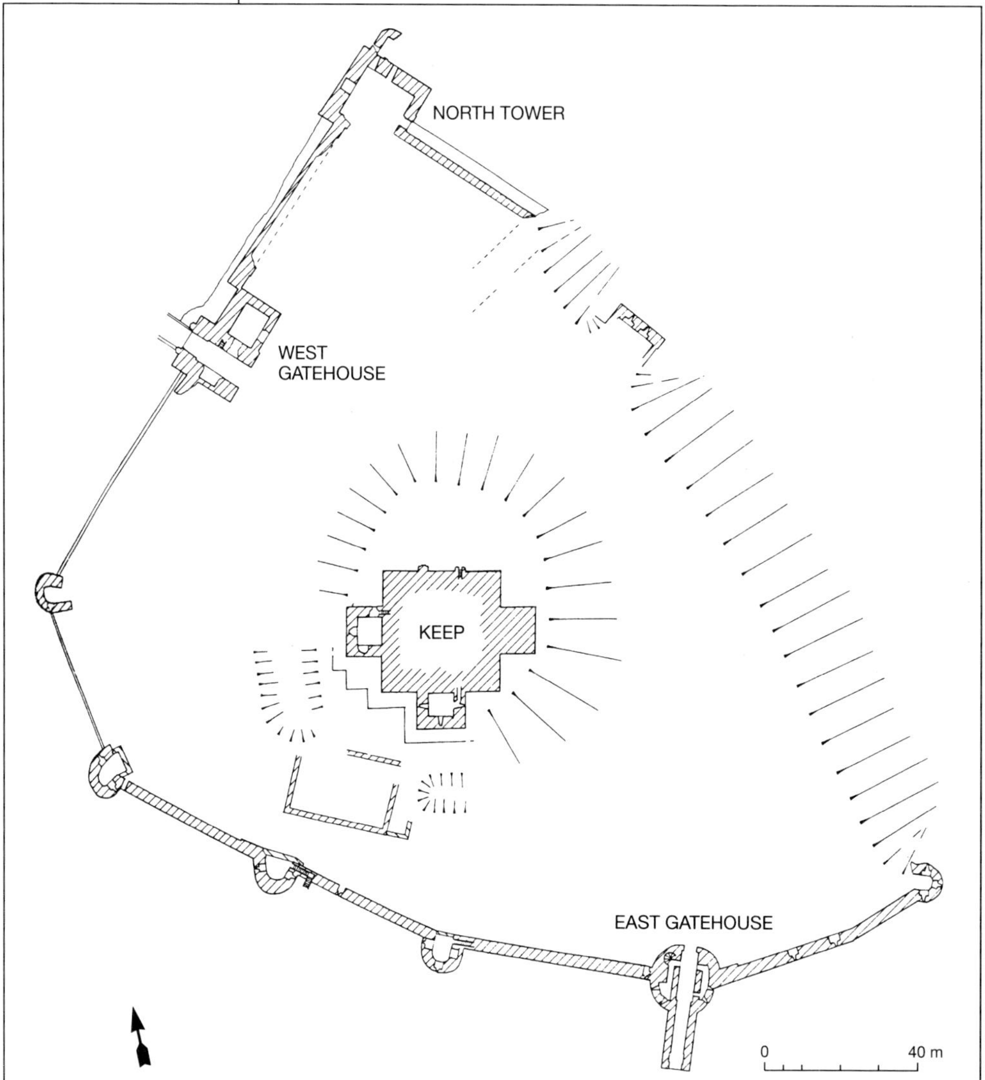

Abb. 115: Trim: Grundriß

der Keep fertiggestellt. Dies muß auch deshalb vor 1205 stattgefunden haben, weil dann der Konflikt zwischen König Johann Ohneland und den de Lacys offen ausbrach und Baumaßnahmen kaum mehr möglich waren. 1210 residierte König Johann in dem vollendeten Keep und bei der Belagerung von 1224 durch den jüngeren William Marshal und Walter de Lacy muß man ebenfalls von einer vollendeten Burg ausgehen.

Trim gehört zu den eindrucksvollsten Burgen am Ausgang des 12. Jahrhunderts in Europa. McNeill hat zu Recht darauf hingewiesen, daß bei dieser Burg trotz eines reichen Repertoires an wehrtechnischen Einzelbauten und -formen die Verteidigungsfähigkeit nicht im Vordergrund steht. Vor allem der Keep hat ungeachtet seiner imposanten Erscheinung eine geradezu ärmliche Abwehrkraft. Wo man bei den vorspringenden Mittelteilen eine besondere planerische Raffinesse zur Vermeidung von toten Winkeln zu sehen glaubt, stellt sich heraus, daß die Schießscharten so gesetzt sind, daß sie eine Seitenbestreichung keinesfalls gewährleisten. Ein vernünftiger Vorbau vor dem Eingang im 1. Obergeschoß fehlte. Man konnte die Tür regelrecht eintreten und war schon im Innern. Es hat den Anschein, als sei das Hauptbollwerk nicht der Keep, sondern die mit starken Toren und Flankentürmen besetzte Ringmauer auf der flußabgewandten West- und Südseite gewesen.

In der Tat muß man davon ausgehen, daß der ältere Hugh de Lacy schon bei Baubeginn die Burg Trim zwar auch als Bollwerk gegen die Angriffe von Norden und Westen, vor allem aber als vollausgebaute Residenz für seine Herrschaft in Meath konzipiert hatte. Seine Erben bauten Trim in diesem Sinn bis zum Beginn des 13. Jahrhunderts weiter aus. Der Keep ist in seiner vielgliedrigen und reichen Außenerscheinung ein wirkliches Symbol baronialer Herrschaft und stellt selbst Carrickfergus (Kat. Nr. 13, Abb. 2) deutlich in den Schatten. Die innere Aufteilung bestätigt den äußeren Eindruck. Über einem Sockelgeschoß mit nur wenigen Räumen in den Vorbauten gibt es drei Hauptgeschosse mit einer durchdachten Folge von Haupt- und Nebenräumen, mit sinnreicher Erschließung durch Treppen und einer komfortablen Ausstattung mit Toiletten. Die Great Chamber liegt im 3. Obergeschoß und hat als einziger zentraler Raum nicht die für die Keeps des 12. Jahrhunderts so charakteristische Mittelteilung. Diese gibt es in den beiden unteren Geschossen und man muß sich fragen, ob das mit deren früherer Bauzeit zusammenhängt oder die Herstellung eines komfortablen Appartements für den Burgherren im obersten Geschoß die Absicht des Architekten war. McNeill wendet sich mit guten Gründen gegen die Identifizierung dieses Raumes als erste Halle der Burg, da nach seiner Meinung die Ringmauer und die große Halle im Hof gleichzeitig mit dem Keep konzipiert und nur mit unwesentlicher Verzögerung gebaut worden sind. Bei der Great Chamber im obersten Geschoß fällt die sorgfältige Umgehung des Hauptraumes durch einen erhöhten Gang in der Mauerstärke auf, über den die Nebenräume ohne Störung des Geschehens im Hauptraum betreten werden konnten. Der Keep von Trim steht mit seiner Vielfalt der Architektur und seiner Symbolwirkung den mächtigen Keeps von Dover und Rochester nicht nach.

Über dem Keep wird leicht die für die Wende vom 12. zum 13. Jahrhundert überaus moderne Konzeption der Ringmauer und der Tore übersehen. Die Ringmauer ist nach der Südseite mit halbrunden, zum Innenhof hin offenen Flankentürmen besetzt und zählt damit zu den fortschrittlichsten ihrer Zeit. Die Flankentürme waren reine Verteidigungsanlagen und nicht zum Wohnen bestimmt. Dafür bot der Keep genug Raum.

Abb. 116: Trim: Der südöstliche Torbau mit der vorgelagerten Barbakane

Die Tore haben nur scheinbar die einfach Form des Torturmes über der Durchfahrt. Angesichts des Keep hatten die de Lacys die repräsentative Form des doppeltürmigen Torbaues nicht nötig. Das Westtor erinnert mit seinem rechteckigen Fundament, aus dem ein Turmaufsatz in Form eines halben Achtecks herauswächst, an den gleichartigen südwestlichen Flankenturm am älteren Teil der Ringmauer von Carlingford (Kat. Nr. 11, Abb. 69), mehr aber noch an die Türme der inneren Mauer von Ludlow, der Hauptburg der de Lacys in Wales. Das ovale Südosttor hat beiderseits der Durchfahrt kleine Kammern und in den Obergeschossen gute Wohnräume. Vorbilder für diese Art der Torgestaltung gibt es in Newcastle-on-Tyne in England und in den Burgen Coudray-Salbart und Bressuire im Poitou. Sie haben mit Trim auch die Zugbrücke vor dem Tor gemeinsam. Im südwestlichen Frankreich, im Aquitanien der Plantagenets, dürfte nach McNeill der Ursprung dieser Form des Burgtores zu suchen sein.

Die Umwallung von Trim wurde gleichzeitig und in – durch den Zwist mit dem König noch verstärkter – Konkurrenz zu den königlichen Burgen von Dublin (Kat. Nr. 22) und Limerick (Kat. Nr. 37) erbaut. Mit dieser Burg zeigten die de Lacys dem König ihre Macht. Die Feindschaft König Johanns gegen die Sippe der de Lacys war nicht nur in deren Teilnahme an der Fronde der anderen mächtigen Barone in England und Irland gegen ihn, die 1215 zur Magna Charta

Lit.: Harbison 1992, S. 271–272; O'Brien/Harbison 1996, S. 140–141; Fry 1997, S. 236–237; Salter 1993, S. 77–78; Barry 1988, führte, begründet. Er hatte die Botschaft von Trim wohl verstanden und handelte entsprechend. Schließlich war er seit 1177 der „Dominus Hiberniae". Als solcher mußte er seine Barone auch beim Bau ihrer Herrschaftszeichen in den Schranken halten, wenn auch letztlich vergeblich. Die Burg Trim überstand diese Auseinandersetzungen und andere in der Zukunft weitgehend unbeschadet und ist heute die bekannteste und eine der eindrucksvollsten Burgen des hohen Mittelalters in Irland.

S. 46–48, 56–57; Breffny 1977, S. 202–203; McNeill 1997, 20–28, 52, 230–231, 244; Leask 1936, S. 149–153; Leask 1986, S. 30–34; Sweetman, PRIA, 78 C, 1978, S. 127–198; McNeill, Arch. Journ., 147, 1990, S. 308–335.

X Glossar

Afterlehen
Unterlehen. Weiterverliehener Teil eines Lehens durch den Vasallen an einen nachrangigen Untervasallen.

Angevinisches Reich
Herrschaftsbereich der Könige von England, Herzöge der Normandie, Grafen von Anjou etc. von 1154–1204, der unter den Königen Heinrich II., Richard Löwenherz und in den ersten Jahren Johanns Ohneland England, Irland und fast ganz Nord- und Westfrankreich umfaßte.

Anglonormannen
Ein nicht unumstrittener Begriff, der in diesem Buch die z.T. mit Wilhelm dem Eroberer 1066 gekommenen Adeligen aus der Normandie und deren Nachkommen, die in normannischer Tradition lebenden englischen Adeligen bzw. den Adel des Angevinischen Reiches, der die Invasion in Irland ab 1169 trug, bezeichnet.

Bailey
Die Vor- oder Unterburg in einem Motte & Bailey-Castle (▶).

Barbakane
Hofartiges Vorwerk mit eigenem Wehrgang zum Schutz des Burgtores; bisweilen vom Torzwinger, einer durch Mauern geschützten Torzufahrt, schwer zu unterscheiden.

Bastide
Eine in der Regel über rechteckigem Grundriß nach vorheriger Planung angelegte Stadt des hohen Mittelalters im englischen Machtbereich, verbreitet in der Gascogne und in Wales.

Bawn
In der Regel rechteckig ummauerter Vorhof bei einem Tower-House (▶) zur geschützten Unterstellung von Vieh gegen Raids (▶), irisch: Badhun oder Bo-dhaingan.

Borough
Mit städtischen Rechten versehene Ansiedlung, im Irland des hohen Mittelalters vor allem mit Marktrechten versehene Siedlungen, aus denen z.T. Städte hervorgingen.

Cantred
Untergliederung der Counties (▶), vergleichbar der englischen Hundertschaft. Das Gegenstück zum ländlichen Cantred ist der städtisch orientierte Borough (▶).

Cashel
Anglisierte Form von irisch Caiseal = Ringfort (▶).

Cathair
Steinerne Befestigung oder Einfriedung, englisch: Cahir oder Caher.

Chamber Hauptraum im Wohnbereich des Burgherren, als Great Chamber auch halböffentlicher Bereich der Burg im Übergang zur repräsentativen Halle, in kleinen Burgen von der Halle nicht zu unterscheiden.

Chancellor Kanzler, zuständig für die Ausfertigung von Urkunden.

Chevaux de frise Bei Ringforts ( ) in vorgeschichtlicher Tradition Annäherungshindernis in Form aufrecht und dicht stehender kantiger Steinbalken vor den Mauern.

County Grafschaft, entspricht dem englischen Shire ( ).

Court Hof, sowohl Hofhaltung als auch Gerichtshof.

Crannóg Einfache Befestigung auf einer künstlichen Insel, bestehend aus Baumstämmen, Zweigen, Anschüttungen, Palisaden und Holzbauten.

Domesday Book Erstes Kataster von England von 1086, durch König Wilhelm den Eroberer veranlaßt.

Donjon Wohnturm, Hauptbau der Burg im 11. und 12. Jahrhundert, entspricht dem englischen Keep ( ).

D-Turm Sonderform des Keep ( ) über hufeisenförmigem Grundriß, verbreitet in Wales, vereinzelt auch in Irland, England und Frankreich.

Dún Ringfort ( ) oder Abschnittsburg prähistorischen Typs, in der Regel höherwertige irische Befestigung mit Residenzfunktionen.

Early English Englische Frühgotik, ca. 1170–1240.

Einmotten Nachträgliches Anschütten eines Erdwalles um einen Wohnturm oder eine Befestigung.

Escheator Verwalter der Immobilien des englischen Königs.

Flankenturm Vorspringender Turm in der Außenmauer einer Burg. Am Keep ( ) auch als Eckturm.

Great Chamber siehe Chamber.

Hall Halle der Burg.

Hall-House siehe Keep.

Hall-Keep siehe Keep.

Hillfort	Meist konzentrische Ringwallanlage prähistorischen Typs, auf der Kuppe eines Hügels gelegen.
Hochkönig	Oberherr der irischen Königreiche Leinster, Munster, Connacht, Ulster und Meath, eher ein kultisch und ideell bedingter Ehrentitel als eine reale Machtposition; im 12. Jahrhundert Ansätze zu einer wirklichen Oberherrschaft in Irland.
Itinerant Justice	Reise-Richter. Einrichtung der englischen Krone zur Verbesserung der Präsenz und der Rechtspflege vor Ort.
Justitiar	Stellvertreter des englischen Königs in einem der Teilreiche der englischen Krone.
Kastelltyp	Burg über rechteckigem oder quadratischem Grundriß.
Keep	Wohnturm, Hauptbau der Burg im 11. und 12. Jahrhundert; entspricht dem französischen Donjon (▸). Der Hall-Keep enthält in jedem Fall einen großen Raum, der als Halle anzusprechen ist, das Hall-House markiert die Scheidelinie zum steinernen Manor (▸), in dem zwischen Halle und Chamber (▸) nicht mehr zu unterscheiden ist.
Keep-Gatehouse	Von Gardelles (▸ Lit.-Verz.) geprägter Begriff, der einen Torbau mit allen Funktionen des Keep bezeichnet.
Liberty	Weitgehend autonomer Herrschaftsbereich eines englischen Barons in Irland, vergleichbar dem Marcher Territorium in Wales (▸ Marcher Lord). Der Baron verfügt in seinem Gebiet über königliche Rechte, der König ist nur Oberherr.
Lios	Durch Wallanlage befestigte Wohnstatt, von geringerer Bedeutung als Dún (▸) oder Rath (▸).
Manor	Mittelpunkt der Herrschaft oder des Besitztums eines Untervasallen, selten burgartig befestigt.
Marcher Lord	Weitgehend autonomer englischer Baron in Wales. Der Baron verfügt in seinem Gebiet über königliche Rechte, der englische König ist nur Oberherr.
Motte	▸ Motte & Bailey-Castle.
Motte & Bailey-Castle	Typus der Holz-Erde-Befestigung, bestehend aus einem Erdhügel (Motte), in der Regel künstlich aufgeschüttet, und einer Unter- oder Vorburg (Bailey). Motte und Bailey können auch getrennt vorkommen.

Pale
Englischer Herrschaftsbereich des späteren Mittelalters in Irland, in einem Radius von ca. 50 km um Dublin.

Poterne
Rückwärtiger oder verdeckter Notausgang der Burg.

Raid (Cattle Raid)
Seit vorgeschichtlicher Zeit übliche Art der Kriegführung in Irland; schneller Überfall mit dem Ziel, die Ressourcen des Feindes an Vieh zu schwächen, von Iren wie Anglonormannen (▸) im 12. und 13. Jahrhundert praktiziert.

Ráth
Ringfort (▸) in Form einer Wall- und Graben-Anlage, in der Wertigkeit zwischen dem residentiellen Dún (▸) und dem einfachen Lios (▸).

Ringfort
Allgemeiner Begriff für eine irische Befestigung prähistorischen Typs in runder oder ovaler Form mit Wall und Graben.

Ringwork
Vorwiegend auf die anglonormannischen Eroberer bezogener Befestigungstyp in Wales und Irland, bestehend aus Wall und Graben, ohne Mottenhügel (▸).

Scutage
Schildgeld; Ausgleichszahlung von Rittern für nicht geleistete feudale Kriegsdienste, vor allem im englischen Machtbereich.

Shell-Keep
Sonderform des Keep (▸) mit kleinem Innenhof bzw. Lichtschacht, vor allem in England.

Shire-System
Englische Einteilung des Landes in Grafschaften als Verwaltungseinheiten (▸ County).

Solar-Keep
Kleinere Form des Keep (▸) nach Thompson mit einem Durchmesser von bis zu 10 m.

Tower-House
Spätmittelalterlicher Burgentyp in Irland. Wohnturm einfachen Zuschnitts, verbreitet zwischen dem späten 13. und dem 17. Jahrhundert.

Treasurer
Verwalter der flüssigen finanziellen Mittel des englischen Königs.

Trockenmauerwerk
Bruchstein- oder Quadermauerwerk ohne Mörtel, verbreitet bei irischen Ringforts (▸) und Dúns (▸), typisch keltische Form des Mauerwerks bei Befestigungen, als Murus Gallicus schon von Caesar in „De Bello Gallico" beschrieben.

Wehrplatte
Das als verteidigungsfähige Plattform – oft ohne Überdachung – ausgebildete oberste Geschoß eines Keep (▸) oder Flankenturmes (▸).

XI Literatur

Abkürzungen

Arch. Journ.: The Archaeological Journal
Congr. Arch.: Congrès Archéologique de France
HMSO: Her Majesty's Stationery Office
JGAHS: Journal of the Galway Archaeological and Historical Society
JRSAI: Journal of the Royal Society of Antiquarians of Ireland
N. N.: Autor nicht genannt
OPW: The Office of Public Works, Dublin
PRIA: Proceedings of the Royal Irish Academy
UJA: Ulster Journal of Archaeology

A

Albrecht, U.: Der Adelssitz im Mittelalter. München/Berlin 1995
Albrecht, U.: Von der Burg zum Schloß. Worms 1986
Association des Amis de Ratilly, Ratilly. Treigny o. J.
Avent, R.: Criccieth Castle. Cardiff 1989
Avent, R.: Dolwyddelan Castle – Dolbadarn Castle. Cardiff 1994
Avent, R.: Laugharne Castle. Cardiff 1995

B

Babelon, J.-P. (ed.): Le Château en France. Paris 1988
Barry, T. B.: The Archaeology of Medieval Ireland. London/New York 1988
Bartlett, T./Jeffery, K.: A Military History of Ireland. Cambridge 1996
Beck, B.: Châteaux forts de Normandie. Luçon 1986
Beckett, J. C.: Geschichte Irlands. Stuttgart 1971
Bennett, I.: Preliminary Archaeological Excavations at Ferrycarrig Ringwork, Newtown Td., Co. Wexford. Journ. of the Wexford Hist. Soc. 10, 1984/85, S. 25–43
Biddle, M./Clayre, B.: Winchester Castle and the Great Hall. Winchester 1983
Borst, A. (ed.): Das Rittertum im Mittelalter. Darmstadt 1976
Breffny, B. de: Castles in Ireland. London 1977
Brown, R. A.: The Norman Conquest and the Genesis of English Castles. Château Gaillard III. 1966, Chichester 1968, S. 1–14
Brown, R. A.: English Castles. London 1976
Brown, R. A.: Rochester Castle – Kent. HMSO London 1977
Brown, R. A.: Orford Castle – Suffolk. HMSO London 1978
Brown, R. A.: Dover Castle – Kent. HMSO London 1983

Brown, R. A.: Die Normannen. München 1991
Brown, R. A.: Rochester Castle – Kent. HMSO London 1994
Buckley, V. M., Sweetman, P. D.: Archaeological Survey of County Louth, Dublin 1991
Burke, J.: The Castle in Medieval England. London 1978
Burke, W. P.: Cahir Castle. JRSAI 39, 1909, S. 272–274
Butler, L. A. S.: Denbigh Castle, Town Walls and Friary – Clwyd. HMSO London 1976
Butler, L. A. S.: Denbigh Castle and Town Walls. Cardiff 1990

C

Cadis, L.: Le Château de Villandraut, 1982
Catalogue Bastille. Sous les pavés, la Bastille. Paris 1990
Châtelain, A.: Châteaux Forts et Féodalité en Île de France du X^{ieme} au XIIIeme Siècle. 1983
Châtelain, A.: Evolution des Châteaux Forts dans la France au Moyen Age. 1988
Clifton-Taylor, A.: The Cathedrals of England. Norwich 1979
Cokayne, G. E.: The complete peerage of England, Scotland, Ireland, Great Britain and the United Kingdom, extant, extinct or dormant. New ed., rev. and much enl. (I–XIII, 1910–1940) Vol. 1–6, Reprint, Gloucester 1984
Colvin, H. M.: The History of the King's Works. HMSO London 1963, S. 293–408
Cosgrove, A.: A New History of Ireland – II Medieval Ireland 1169–1534. Oxford 1993
Cosgrove, A.: A New History of Ireland – VIII A chronology of Irish history to 1976. A companion to Irish history I. Oxford 1993
Coulson, C.: Structural Symbolism in Medieval Castle Architecture. Journ. of the Brit. Arch. Ass. CXXXII, 1979, S. 73–90
Craster, O. E.: Skenfrith Castle. Cardiff 1970
Crouch, D.: William Marshal – Court, Career and Chivalry in the Angevin Empire 1147–1219. London and New York 1996

D

Davis, R. H. C.: The Normans and their Myth. London 1976
Decaris, B.: Le château de Falaise. Paris o. J. (Extrait du No 159 des Monuments Historiques)
Dept. of the Environment for Northern Ireland. Historic Monuments of Northern Ireland. HMSO Belfast 1987
Dept. of the Environment, The Tower of London. HMSO London 1976
Dictionnaire des Châteaux de France: Bourgogne-Nivernais. Paris 1980
Douglas, D. C.: Wilhelm der Eroberer – Herzog der Normandie. München 1994
Duby, G.: Guillaume le Maréchal oder der beste aller Ritter. Frankfurt a. M. 1986
Duffy, S.: Ireland in the Middle Ages. New York 1997

E

Ebhardt, B.: Der Wehrbau Europas im Mittelalter. Frankfurt a. M. 1977
Elvert, J.: Geschichte Irlands. München 1993
Enaud, F.: Coucy. Caisse nationale des Monuments historiques et des Sites. Paris 1978
Eogan, G.: Knowth and the passage-tombs of Ireland. London 1986

F

Fahey, J.: Some de Burgo Castles. JGAHS IV, 1905/06, S. 1–10
Fanning, T.: An Irish medieval Tile Pavement at Swords Castle , county Dublin. JRSAI 105, 1975, S. 47–82
Finó, J.-F.: Forteresses de la France Médiévale. Paris 1977
FitzPatrick, J. E.: Ballymote Castle. JRSAI 57, 1927, S. 81–99
FitzPatrick, J. E.: Rindown Castle, Co. Roscommon; with a comparison of the systems of fortification used in Ireland in the 12th and 13th centuries. JRSAI 65, 1935, S. 177–190
Flanagan, L.: A Dictionary of Irish Archaeology. Dublin 1992
Flanagan, D. u. L.: Irish Place Names. Dublin 1994
Fleury, M.: Les fouilles de la Cour Carrée du Louvre. Monuments Historiques 1984. Sonderdruck
Fleury, M./Kruta, V.: Le Château du Louvre. Paris 1989
Flood, W. H. G.: Enniscorthy in the Thirteenth Century – Who built the Castle? JRSAI 34, 1904, S. 380–383
Forde-Johnston, J.: Great Medieval Castles of Britain. London 1979
Frame, R.: Colonial Ireland 1169–1369. Dublin 1981
Frame, R.: Ireland and Britain 1170–1450. London/Rio Grande 1998
French, N. E.: Trim – Places & Traces. Guide to the Historic Sites of Trim Town. o. J.
Friel, P.: Kilkenny Castle. OPW, Dublin o. J.
Fry, P. S.: Castles of the British Isles. London 1990
Fry, P. S.: Castles of Britain and Ireland. New York 1997

G

Ganshof, F. L.: Was ist das Lehnswesen? Darmstadt 1983
Gardelles, J.: L'Árchitecture militaire anglaise et les châteaux de Gascogne (XIIIe – XIVe siècles). Congr. Arch. 125, 1967, S. 133–156
Gardelles, J.: Les Châteaux du Moyen Age dans la France du Sud-Ouest. La Gascogne anglaise de 1216–1327. Genève/Paris 1972
Gardelles, J.: Le Château de Villandraut. Congr. Arch. 145, 1987, S. 363–373
Gardelles, J.: Le Château Féodal Dans l'Histoire Médiévale. Strasbourg 1988
Graham, B. J./Proudfoot, L. J.: An Historical Geography of Ireland. London 1997
Grape, W.: Der Teppich von Bayeux. München/New York 1994
Greaney, J.: Dunmore. (Dunmore) 1984
Grimal, F.: Cité de Carcassonne. Caisse Nationale des Monuments Historiques. Paris 1966
Guide-Card: Greencastle, Co. Down. Dept. of the Environment for Northern Ireland 1984

H

Hallam, E. M.: Capetian France 987–1328. Harlow 1988
Hallam, E. (ed.): The Plantagenet Encyclopedia. New York 1996
Harbison, P.: Guide to the National Monuments of Ireland. Dublin 1970
Harbison, P.: Guide to the National and Historic Monuments of Ireland. Dublin 1992
Harvey, J.: The Plantagenets. Glasgow 1979
Hausherr, R.: Die Zeit der Staufer. (Katalog) Stuttgart 1977
Héliot, P.:La genèse des châteaux de plan quadrangulaire en France et Angleterre. Bull. de la soc. nat. des antiq. de France 1965, S. 238–257
Hinz, H.: Motte und Donjon – Zur Frühgeschichte der mittelalterlichen Adelsburg. Köln 1981
Hofrichter, H. (ed.): Die Burg. Ein kulturgeschichtliches Phänomen. Stuttgart 1994
Hollister, C. W.: The Military Organization of Norman England. Oxford 1965
Hore, P. H.: Enniscorthy Castle. Notes on the Ancient and Present Buildings. JRSAI 35, 1905, S. 74–76
Hore, H. : Ferns, County Wexford. JRSAI 40, 1910, S. 297–315

I

Innes-Smith, R.: Pembroke Castle. Derby 1990
Internet: http.//www.castlewales.com/listings.html (163 Burgen von Abergavenny Castle bis Wiston Castle mit Links zu den einzelnen Burgen, Stand 1997)
Isenburg, W. K., Prinz zu: Europäische Stammtafeln. Stammtafeln zur Geschichte der europäischen Staaten. Fortgeführt von F. Baron Freytag von Loringhoven. Neue Folge, Hrsg. D. Schwennicke. Bd. I–XV, Marburg 1980–1993, Bd. XVI, Berlin 1995, Bd. XVII–XVIII, Frankfurt 1998

J

Janneau, G.: L'Architecture militaire en France. 1979
Jäschke, K.-U.: Wilhelm der Eroberer. Sein doppelter Herrschaftsantritt im Jahre 1066. Sigmaringen 1977
Jäschke, K.-U.: Die Anglonormannen. Stuttgart 1981
Jäschke, K.-U.: Residenzenforschung. Nichtkönigliche Residenzen im spätmittelalterlichen England. Sigmaringen 1990
Johns, C. N.: Criccieth Castle – Gwynedd. HMSO London 1975
Johns, C. N.: Caerphilly Castle. HMSO Cardiff 1978
Jope, E. M.: Excavations at Carrickfergus 1949–50. UJA 13, 1950, S. 61–65
Jope, E. M./Jope, H. M./Johnson, E. A.: Harry Avery's Castle, Newtownstewart, Co. Tyrone, Excavations in 1950. UJA 13, 1951, S. 81–92
Jope, E. M.: A Guide to Carrickfergus Castle. HMSO Belfast 1974
Junges, J.: Langeais au temps de l'an mil ou Foulque Nerra et son premier donjon de pierre. Langeais o. J.

K

Keen, M.: Das Rittertum. München/Zürich 1987
Keller, H. L.: Reclams Lexikon der Heiligen und biblischen Gestalten. Stuttgart 1987
Kenyon, J. R.: Kidwelly Castle. Cardiff 1990
Kirker, S. K.: Cloughoughter Castle, County Cavan. JRSAI 21, 1890, S. 294–297
Kluxen, K.: Englische Verfassungsgeschichte im Mittelalter. Darmstadt 1987
Knight, J. K.: Grosmont Castle – Gwent. HMSO Cardiff 1980
Knight, J. K.: Chepstow Castle and Port Wall. Cardiff 1991
Knight, J. K.: The Three Castles – Grosmont Castle, Skenfrith Castle, White Castle. Cardiff o. J.
Knox, H. T. et al.: Notes on the Burgus of Athenry. JGAHS XI, 1920/21, S. 1–26
Kowa, G.: Architektur der englischen Gotik. Köln 1990
Krieger, K.-F.: Geschichte Englands von den Anfängen bis zum 15. Jahrhundert. München 1990

L

Leask, H.: Irish Castles 1180–1310. Arch. Journ. 93, 1936, S. 143–199
Leask, H. G.: The Castle and Manor of Nenagh. JRSAI 66, 1936, S. 247–269
Leask, H. G.: Terryglass Castle Co. Tipperary. JRSAI 73, 1943, S. 141–144
Leask, H. G.: Ballymoon Castle, Co. Carlow. JRSAI 74, 1944, S. 183–189
Leask, H.: Irish Castles and Castellated Houses. Dundalk 1941, 1986
Leistikow, D.: Kreuzritterburgen im lateinischen Königreich Jerusalem. Überblick und Forschungsstand. Istanbuler Mitteilungen 39, 1989, S. 341–372
Lydon, J. F. (ed.): The English in Medieval Ireland. Dublin 1984

M

Maguire, J. B.: Dublin Castle. Historical background and Guide. OPW Dublin o. J.
Malcomson, R.: Carlow. JRSAI 10, 1868, S. 162–163
Manning, C.: Clonmacnoise. OPW-Guidebook Dublin 1994
McNeill, Ch.: Notes on Dublin Castle. JRSAI 70, 1940, S. 194–199
McNeill, T. E.: Carrickfergus Castle. HMSO Belfast 1981
McNeill, T. E.: Trim Castle Co. Meath. The first three generations. Arch. Journ. 147, 1990, S. 308–336
McNeill, T.: Castles. London 1992
McNeill, T.: Castles in Ireland. Feudal Power in a Gaelic World. London/New York 1997
Mesqui, J.: Île de France Gothique 2 – Les demeures seigneuriales. Paris 1988
Mesqui, J.: Châteaux et Enceintes de la France Médiévale. 2 Bde. Paris 1991 und 1993
Mesqui, J.: Châteaux Forts et fortifications en France. Paris 1997

Metternich, W.: Chambord und der mittelalterliche Burgenbau. Burgen und Schlösser 1982/I, S.17–28
Metternich, W.: Die Königsburgen von Wales. Darmstadt 1984
Metternich, W.: Schloß Chambord an der Loire. Darmstadt 1985
Metternich, W.: Der Torbau und die regelmäßige Burganlage des 13.Jahrhunderts im anglofranzösischen Raum. Burgen und Schlösser 1990/II, S.58–74
Metternich, W.: Der Dom zu Limburg an der Lahn. Darmstadt 1994
Mitteis, H.: Lehnrecht und Staatsgewalt. Darmstadt 1974
Moody, T. W./Martin, F. X.: The Course of Irish History. Cork 1967
Moody, T. W./Martin, F. X./Byrne, F. J.: A New History of Ireland – VIII A Chronology of Irish History to 1976. Oxford 1982
Moody, T. W./Martin, F. X./Byrne, F. J.: A New History of Ireland – IX Maps, Genealogies, Lists. Oxford 1984
Müller-Wiener, W.: Burgen der Kreuzritter. München/Berlin 1966
Muir, R.: Castles & Strongholds. London 1990
Munby, J. T.: Portchester Castle – Hampshire. London 1990
Murphy, D.: The Castle of Roscommon. JRSAI 21, 1891, S.546–556
Murphy, N.: Nenagh Castle – chronology and architecture. Guidebook, Nenagh 1993

N

N. N.: Fields and Shore – Daily Life and Traditions – Aran Islands 1900. Dublin 1989
N. N.: Trim. Arch. Journ. 88, 1931, S. 364–367
N. N.: Roche. JRSAI 38, 1908, S.305–306
N. N.: Carlingford, JRSAI 38, 1908, S.310–312
N. N.: Maynooth Castle. JRSAI 44, 1914/1, S.281–294
N. N.: Swords. JRSAI 44, 1914/2 Carlingford, S.259–263
N. N.: Greencastle (Donegal). JRSAI 45, 1915, S.201–203
Neary, J.: On the History and Antiquities of the Parish of Dunmore. JGAHS VIII, 1913/14, S.94–100
Newark, T.: Medieval Warfare. London 1988

O

O'Neil, B. H. St. J.: Caerlaverock Castle. HMSO Edinburgh 1975
Ó'Ríordáin, S.: Antiquities of the Irish Countryside. London 1971
O´Brien, J./Harbison, P.: Das alte Irland. 1996
O'Conor: Ballintubber Castle, Co. Roscommon. JRSAI 19, 1889, S.24–30
O'Keeffe, T.: Barryscourt Castle and the Irish Tower House. The Barryscourt Trust, Cork 1997
O'Meara, J. J. (ed.): Gerald of Wales, The History and Topography of Ireland. London 1982
Oman, C.: A History of War in the Middle Ages, II, New York 1959
Oman, C. W. C.: British Castles. London 1989
OPW-Guide: Athenry Castle. 1994
Orpen, G. H.: Mote and bretasche building in Ireland. English Historical Review, 21, 1906, S.417–444

Orpen, G. H.: Motes and Norman Castles in Ireland. JRSAI 37, 1907/1, S. 123–152
Orpen, G. H.: Athlone Castle. Its early History, with Notes on some Neighbouring Castles. JRSAI 37, 1907/2, S. 257–276
Orpen, G. H.: Novum Castrum McKynegan, Newcastle, Co. Wicklow. JRSAI 38, 1908, S. 126–140
Orpen, G. H.: Dundrum Castle County Down, Identified with the „Castrum de Rath". JRSAI 39, 1909/1, S. 23–29
Orpen, G. H.: Notes on some Limerick Castles. JRSAI 39, 1909/2, S. 30–41
Orpen, G. H.: The Mote of Knockgraffon. JRSAI 39, 1909/3, S. 275–277
Orpen, G. H.: The Earldom of Ulster. JRSAI 43, 1913, S. 30–46
Orpen, G. H.: Ireland under the Normans. Oxford 1911–1920
Otway-Ruthven, A. J., A History of Medieval Ireland. New York 1993

P

Painter, S.: French Chivalry. New York 1988
Paor, L. de: Excavations at Ballyloughan Castle, Co. Carlow. JRSAI 92, 1962, S. 1–14
Patourel, J. le: The Norman Empire. Oxford 1997
Peers, C.: Kirby Muxloe Castle. London 1977
Perks, J. C.: Chepstow Castle – Gwent. HMSO London 1978

R

Raby, F. J. E./Reynolds, P. K.: Framlingham Castle. HMSO London 1977
Radford, C. A. R.: Goodrich Castle – Herefordshire. HMSO London 1975
Radford, C. A. R.: Kidwelly Castle – Dyfed. HMSO London 1978
Radford, C. A. R.: Tretower Court and Castle. Cardiff 1990
Rees-Jones, S. G./Waterman, D. M.: Recent Work at Harry Avery's Castle Co. Tyrone. UJA 30, 1967, S. 76–82
Reeves, A. C.: The Marcher Lords. A New History of Wales. Llandybïe 1983
Reeves-Smyth, T.: Irish Castles. Belfast 1995
Renn, D./Avent, R.: Flint Castle – Ewloe Castle. Cardiff 1995
Renn, D. F.: Kenilworth Castle. London 1973
Renn, D. F.: Caerphilly Castle. Cardiff 1989
Richter, M.: Irland im Mittelalter. München 1996
Rigold, S. E.: Nunney Castle – Somerset. HMSO London 1977/1
Rigold, S. E.: Portchester Castle – Hampshire. HMSO London 1977/2
Rihaoui, A.: Le Crac des Chevaliers. Damaskus 1982
Robinson, T.: Stones of Aran. Dublin 1995
Roche, R.: The Norman Invasion of Ireland. Dublin 1995
Rud, R.: The Bayeux Tapestry. Copenhagen 1988
Rumeau, B.: Clement V. – Villandraut et son Château. Villandraut 1928

S

Salch, Ch.-L.: Les Plus Beaux Châteaux Forts en France. Strasbourg 1978

Salch, Ch.-L.: Atlas des Villes et Villages Fortifiés en France – Début du Ve siècle à la fin du XVe siècle. Strasbourg 1987
Salch, Ch.-L. / Finó, J.-F. (ed.): Atlas des Châteaux Forts en France. Strasbourg 1988
Salter, M.: The Castles of Gwent, Glamorgan & Gower. West Malvern 1991/1
Salter, M.: The Castles of Mid Wales. West Malvern 1991/2
Salter, M.: The Castles of Herefordshire and Worcestershire. West Malvern 1992/1
Salter, M.: The Castles and Moated Mansions of Warwickshire. West Malvern 1992/2
Salter, M.: The Castles and Moated Mansions of Shropshire. West Malvern 1992/3
Salter, M.: Castles and Stronghouses of Ireland. West Malvern 1993/1
Salter, M.: The Castles of South – West Scotland. West Malvern 1993/2
Salter, M.: The Castles of Lothian and the Borders. West Malvern 1994/1
Salter, M.: The Castles of the Heartland of Scotland. West Malvern 1994/2
Salter, M.: The Castles of Western & Northern Scotland. West Malvern 1995/1
Salter, M.: The Castles of Grampian and Angus. West Malvern 1995/2
Salter, M.: The Castles of South-West Wales. West Malvern 1996
Salter, M.: Castles and Old Churches of Isle of Man. West Malvern 1997/1
Salter, M.: The Castles & Tower Houses of Northumberland. West Malvern 1997/2
Salter, M.: The Castles and Moated Mansions of Staffordshire. West Malvern 1997/3
Salter, M.: The Castles of North Wales. West Malvern 1997/4
Scott, A. B. / Martin, F. X. (ed.): Giraldus Cambrensis, Expugnatio Hibernica. The Conquest of Ireland. Dublin 1978
Siegrist, M.: Richard von Ely – Schatzmeister des Königs. Finanzverwaltung im Mittelalter. Zürich / München 1986
Simpson, D.: Urquhart Castle. HMSO Edinburgh 1976
Simpson, D.: Kildrummy and Glenbuchat Castles. HMSO Edinburgh 1978
Spurgeon, C. J.: The Castle and Borough of Aberystwyth. Aberystwyth 1975
Stenton, D. M.: English Society in the Early Middle Ages, Harmondsworth 1985
Stout, M.: The Irish Ringfort. Dublin 1997
Sweetman, P. D.: Archaeological Excavations at Trim Castle, Co. Meath 1971–1974. PRIA 78 C, 1978, Nr. 6, S. 127–198
Sweetman, P. D.: Archaeological Excavations at Ferns Castle, Co. Wexford. PRIA 79 C, 1979, Nr. 10, S. 217–245

Sweetman, P. D.: Archaelogical Excavations at King John's Castle, Limerick. PRIA 80 C, 1980, S. 207–228

Sweetman, D.: Irish Castles and Fortified Houses. Dublin 1995

T

Tabraham, C.: Scotland's Castles London 1997

Taylor, A. J.: Master James of St. George. The English Historical Review Vol. LXV, 1950, No. CCLVII, S. 433–457

Taylor, A. J.: The King's Works in Wales 1277–1330. London 1974. Reprint aus: Colvin 1963

Taylor, A. J.: Rhuddlan Castle – Clwyd. HMSO London 1975

Taylor, A. J.: Monmouth Castle and Great Castle House – Gwent. HMSO London 1976

Taylor, A. J.: Caernarfon Castle and Town Walls. HMSO London 1977

Taylor, A. J.: Conwy Castle and Town Walls. HMSO Cardiff 1979

Taylor, A. J.: Harlech Castle – Gwynedd. HMSO Cardiff 1980/1

Taylor, A. J.: Beaumaris Castle. HMSO Cardiff 1980/2

Taylor, A.: The Welsh Castles of Edward I. London 1986

Taylor, A.: Rhuddlan Castle. Cardiff 1987

Taylor, A.: Beaumaris Castle. HMSO Cardiff 1988/1

Taylor, A.: Harlech Castle. Cardiff 1988/2

Taylor, A.: Conwy Castle and Town Walls. Cardiff 1990

Taylor, A.: Caernarfon Castle. Cardiff 1997/1

Taylor, A.: Harlech Castle. Cardiff 1997/2

The National Trust: Corfe Castle. London 1992

The Royal Commission on Ancient and Historical Monuments in Wales and Monmouthshire. An Inventory of the Ancient Monuments in Caernarvonshire II, Central. London 1960

Thompson, M. W.: The Rise of the Castle. Cambridge 1991/1

Thompson, M. W.: Kenilworth Castle. London 1991/2

Thorpe, L.: Gerald of Wales. The Journey through Wales/The Description of Wales. London 1978

V

Viollet-le Duc, E. E.: Military Architecture. London 1990

Viollet-le-Duc, E. E.: La Cité de Carcassonne. Paris o. J.

W

Waddell, J./O'Connell, J. W./Korff, A.: The Book of Aran. Kinvara 1994

Wales/The Description of Wales. London 1978

Walker, D.: The Norman Conquerers. A New History of Wales. Swansea 1980

Waterman, D. M.: Excavations at Dundrum Castle, 1950. UJA 14, 1951, S. 15–29

Waterman, D. M.: Excavations at the Entrance to Carrickfergus Castle. UJA 15, 1952, S. 103–115

Waterman, D. M.: Excavations at Clough Castle, Co. Down. UJA 17, 1954, S. 103–163

Waterman, D. M.: Greencastle, Co. Donegal. UJA 21, 1958, S. 74–88

Waterman, D. M./Collins, A. E. P.: Excavations at Greencastle, Co. Down, 1951. UJA 15, 1952, S. 87–102
Wheeler, H. A.: Clonmacnoise. OPW-Leaflet (1994)
Wheeler, H. A.: Die Burg von Cahir. OPW-Guide o. J.
White, R. J.: Kurze Geschichte Englands. München 1970

Yeoman, P.: Medieval Scotland. London 1995

XII Bildnachweis

Alle Fotografien: Wolfgang Metternich

Pläne, Risse und Schnitte:
nach Barry 1988: Abb. 59
nach Bennett 1984/85: Abb. 93
nach Buckley/Sweetman 1991: Abb. 69, 80, 81, 82, 108
nach Ebhardt 1939: Abb. 32, 53 (1), 61, 65, 67, 70, 84, 104, 111
nach Kirker 1890: Abb. 78
nach Knox 1920/21: Abb. 60
nach Leask 1986: Abb. 66
nach McNeill 1990: Abb. 115
nach McNeill 1997: Abb. 76, 83, 86, 105, 106, 113
nach Murphy 1891: Abb. 110
nach Northern Ireland Hist. Mon. and Build. Branch 1984: Abb. 95
nach OPW (Office of Public Works, Dublin): Abb. 4, 68
nach Rees-Jones/Waterman 1967: Abb. 96
nach Salter 1993: Abb. 62, 63, 64, 72, 73, 75, 79, 88, 89, 90, 97, 98, 99, 100, 101, 102, 103, 112, 114
nach Sweetman 1979: Abb. 92
nach Taylor 1979: Abb. 53 (2)
nach Waterman 1951: Abb. 85
nach Waterman 1954: Abb. 77
nach Waterman 1958: Abb. 94

XIII Register

Die Seitenzahlen mit den Hinweisen auf die Abbildungen stehen *kursiv*, die der im Katalog aufgeführten Burgen sind **fett** gedruckt. Sehr häufig auftretende Begriffe, die Ländernamen England, Frankreich, Irland und Wales und die Bezeichnungen Anglonormannen, Keep, Torbau und Torhaus, sind nicht in das Register aufgenommen worden.

A

Aberystwyth 127, 221, 247
Abortanlage 148, 158, 160, 162, 181, 189, 199, 203, 213, 216, 218, 228, 230, 243, 246, 249
Adare 11, *12*, 15, 62, 70, 71, 76, 95, 98, 100, 104, 113, 114, 117, 123, 124, **144–146**, *145*, 230, 249, 250
Aed O'Connor 53
Afterlehen 262
Aigues Mortes 137
Ambleny 140
Angevinisches Reich 23, 35, 41, 42, 44, 55, 56, 85, 103, 196, 262
Anglo-Iren 58, 81
Anjony 140
Anjou 96, 132, 133
Antrim 68, 70, 94, 170, 241
Aoife 40, 195
Appartement 124, 154, 173, 182, 193, 214, 217, 225, 244, 259
Aquitanien 23, 39, 133, 135, 163
Aran-Inseln 78
Aranmore 78
Arklow 207, 235
Armagh 241
Armentières 140
Army of Dunmore 203
Askeaton 250
Athenry 15, 50, 64, 70, 71, 76, *87*, 89, 90, 100, 112, 112, 117, 118, 132, 145, **146–148**, *147*, 151, 152, 175, 203, 216, 230, 231, 251
Athlone 15, 50, 61, 62, 63, 71, *72*, 76, 98, 130, 132, **149–150**, *149*, 177, 178, 244
Auxerre 247

B

Bagenalstown 156, 158
Baginbun 95
Ballina 154

Ballinamantain 15, 50, *51*, 71, 74, 107, 117, 120, 132, 147, **150–152**, *151*, 153, 175, 225
Ballintober 15, 53, 65, 74, *84*, 99, 102, 134, 135, 152, **153–154**, 153, 214, 231
Ballintotty River 233
Ballylahan 15, 70, 90, 107, 111, *112*, 132, 152, **154–156**, *155*, 173, 225
Ballyloughan 15, 66, 71, 103, *105*, 107, 120, **156–158**, *157*, 179, 181
Ballymoon 15, 66, 71, 76, 89, *103*, 120, 130, 156, 157, **158–160**, *159*, 179, 254
Ballymote 11, 15, 53, 56, 62, 65, 72, 74, 76, 83, 85, 103, 104, *107*, 128, 134, 135, 141, 153, 154, **160–163**, *161*, 173, 214, 221, 247
Bann River 94, 165, 207
Bannockburn 8, 28, 35, 56
Bannow 17, 37, 60, 138, 210
Barbakane 163, 172, 260, 262
Barrow River 168, 219, 222, 224
Barry, David Oge de 228
Barry, de (Familie) 104, 228
Barry, T. E. 11
Bastille 137
Bawn 102, 178, 179, 262
Bayeux 9, 29, 92, 184
Beaumaris 83, 104, 127, 128, 135, 162, 163, 214
Beeston 244
Belfast 182
Belfast Lough 170
Bellavary 155
Berme 199
Bermingham, de (Familie) 64, 152, 202, 203
Bermingham, Meiler de 146
Bermingham, Piers de 148
Bertrand de Got 229, 246
Big Glebe 94
Bigod (Familie) 27
Blackstaff River 182
Blackwater River 257
Blarney 10, 122
Bodiam 130, 160, 229
Bogenschützen 30
Bolton-in-Wensleydale 130, 160
Borough 33, 47, 48, 68, 76, 87, 158, 203, 239, 262
Boyne River 70, 187, 188, 204, 257
Boyne Valley 73
Braose (Familie) 27
Breffny, Brian de 10
Bressuire 260
Breteuil 76

Brian O'Neill (Cenél Eògan) 53
Brie Comte Robert 135, 228
Broad Meadow Water 252
Bronzezeit 61
Bruce (Familie) 27, 56
Bruce, Eduard 56, 57
Bruce, Robert 8, 56, 217, 240
Budos 135, 229
Bunow River 247
Bunratty 10, 122
Burgh (Familie) 27, 50, 51, 52, 65, 72, 132, 146, 151, 152, 153, 154, 174, 175, 202, 203, 215, 231
Burgh, Hubert de 49
Burgh, Redmond de 151
Burgh, Richard de (Red Earl) 51, 54, 56, 84, 100, 104, 107, 129, 152, 153, 154, 161, 162, 163, 185, 213, 214, 215
Burgh, Richard de 50, 146, 239
Burgh, Walter de 50, 151
Burgh, William de 49, 50
Burgund 221
Burren 69
Butler of Ormond 49, 179, 233, 235, 249, 254, 255, 256

Caernarfon 129, 130, 131, 150, 154, 159, 176, 214
Caerphilly 83, 103, 127, 131, 135, 162, 214, 214, 234, 243, 246, 247
Cahir 15, 71, 76, 103, 109, *112*, 120, **163–165**, *164*, 221
Caisleán 72, 149
Canterbury 193
Cantred 47, 48, 50, 262
Capua 106
Carcassonne 137
Cardigan 25
Carlingford 11, 15, 62, *69*, 70, 76, 100, 105, 113, 114, 137, **165–168**, *166*, 171, 215, 260
Carlow 48, 64, 69, 71, 76, 83, 116, 117, 118, 126, 137, *138*, 140, 156, 158, 160, **168–170**, *169*, 179, 187, 194, 204, 206, 209, 210, 217, 224, 255, 256
Carrickfergus 15, *21*, 43, 62, 70, 71, 76, *86*, 90, 97, 98, 100, 104, 111, 114, 117, 123, 133, 137, 141, **170–173**, *171*, 190, 230, 234, 235, 259
Carrick-on-Slaney 210
Cashel 59, 222, 262
Castel Ursino 163
Castell-y-Bere 249
Castle Carra 15, 70, 112, *113*, 117, 118, 120, 132, **173–175**, 174
Castlebar 154
Castleknock 15, 63, 71, 130, 150, **175–176**, *176*, 251
Castlewellan 182

Catania 163
Cathair 59, 72, 262
Cavan 184
Chambois 140
Chambord 136, 137, 247
Chancellor 46, 263
Château Gaillard 226
Chepstow 21, 25, 101, 122, 168, 208, 240
Cheshire 244
Chevaux de frise 78, 263
Chilham 175
Chillingham 130
Clare 69, 78, 151
Clare, de (Familie) 25, *26*, 27, 28, 162, 168, 214, 221, 234, 243, 246
Clare, Gilbert de (ält. Lin.) 27
Clare, Gilbert de 127
Clare, Gilbert fitzGilbert de († 1148) 25, 125
Clare, Isabella de 208
Clare, Richard de (Strongbow) 24, 25, 27, 30, 34, 40, 41, 49, 72, 80, 84, 125, 127, 156, 168, 195, 208, 219, 220, 223, 226, 229
Clare, Richard fitzGilbert de († 1090) 25
Clare, Thomas de 237
Clare, Thomas fitzRichard de 28
Clemens V. 229, 246
Clonmacnoise 15, 62, 70, *71*, 73, 94, 146, **176–179**, 177
Clonmore 15, 66, 89, *90*, 103, 120, 130, **179–182**, *180*, 254
Clontarf 33
Clough 15, 61, 90, *93*, 118, **182–184**, *183*, 197
Cloughoughter 15, 62, 63, 71, 73, *99*, 126, **184–186**, 185
Colligan River 200
Collooney 173
Compiègne 160
Connacht 28, 32, 48, 50, 52, 54, 60, 64, 65, 68, 69, 70, 71, 94, 104, 129, 132, 146, 149, 151, 153, 154, 156, 161, 173, 174, 175, 177, 179, 187, 202, 203, 214, 231, 237, 238, 239, 244, 245, 247
Connemara 69, 74
Constable 216, 220, 226, 237, 252, 253
Conwy *129*, 209, 210
Coole Lough 150
Cork 33, 48, 68, 94, 163, 186, 227
Cornwall 201
Coucy 137
Coudray-Salbart 260
County 47, 48, 54, 68, 86, 94, 132, 263
Courcy, John de 42, 43, 49, 51, 70, 81, 125, 171, 172, 197, 198, 199
Court 86, 263
Crannóg 50, 59, 73, 184, 263

Crecy 30
Cromwell 146, 154, 186, 197
Crook 41
Croom 249

D

d'Arcy 204
Dee River 187
Delvin 15, 116, 117, 118, *141*, **186–188**, 187
Denbigh 110
Derg River
Dermot MacMurrough 31, 37, 39, 41, 72, 106, 156, 194, 205, 207, 226
Derry 94
Desmond 68, 225, 238, 250
Diant 134, 137, 246
Dinan 92
Dinefwr 130, 186, 251
Dol 92
Domesday Book 19, 263
Donal Mór O'Brien 222
Donegal 50, 151, 213, 224
Donjon 97, 98, 116, 118, 133, 134, 137, 138, 139, 140, 186, 194, 224, 263
Doué-la-Fontaine 118
Dourdan 134, 137, 194
Dover 62, 97, 123, 124, 130, 137, 167, 172, 226, 259
Down 68, 70, 145, 165, 182, 197, 215, 241
Downpatrick 60, 182, 197
Dreifelderwirtschaft 8, 32
Drogheda 15, 70, 73, 75, *136*, 137, 187, **188–190**, *189*, *190*, *191*, 257
Druyes-les-Belles-Fontaines 134, 135, 228
D-Turm 99, 100, 127, 263
Dublin 15, 32, 36, 40, 41, 45, 54, 63, 64, 69, 70, 71, 74, 75, 85, 90, 99, 102, 103, 105, 111, 113, *131*, 134, 135, 137, 146, 149, 168, 175, 181, **191–194**, *192*, 220, 221, 223, 226, 229, 233, 234, 236, 238, 247, 251, 252, 257, 260
Dún 59, 72, 163, 202, 263
Dún Aonghasa 61, 78
Dunamase 15, *60*, 61, 62, 64, 73, 74, 98, 107, *108*, 117, 120, 145, **194–197**, *195*, 230, 247
Dundalk 241
Dundonnell 62
Dundrum 15, *43*, 63, 74, 98, 104, 107, *109*, 110, 126, 130, 182, 184, **197–199**, *198*, 234, 251
Dungarvan 15, *47*, 64, 70, 76, 100, 107, 150, **200–202**, *200*, *201*, 251
Dunmore, Co. Galway 15, 62, 90, *119*, 152, 178, **202–204**, *203*, 232
Dunmore, Co. Meath 15, 70, *115*, 116, 117, 118, **204–205**, *205*, 209

Dunsilly 94
Dysert O'Dea 28

E

Early English 111, 173, 263
Ebhardt, Bodo 11, 70
Eduard I. 8, 27, 35, 52, 53, 54, 55, 56, 65, 72, 126, 127, 131, 135, 150, 154, 159, 162, 176, 202, 209, 214, 215, 229, 234, 236, 243, 246
Eduard II. 57, 249
Eleonore von Aquitanien 19, 38, 55
Enniscorthy 15, 70, 71, 74, 76, 116, **205–207**, *206*, *207*, 209, 210, 255
Erne River 184
Escheator 46, 47, 263
Etal 157
Étampes 140
Evesham 126
Ewloe 249
Exchequer 19
Exeter 104

F

Falaise 139
Fallgatter 78, 85, 110, 127, 218, 239, 249
Felim O'Connor 239
Ferns 15, 62, *73*, 83, 111, 116, *129*, 156, 168, 169, 205, 206, **207–210**, *208*, 225, 255
Ferrycarrick 15, 37, *44*, 60, 61, 70, 71, 75, 95, 104, 206, **210–212**, *211*
Feudalrecht 32
Finn River 217
Fir Lí 171
Flandern 23, 24, 33, 35, 55
Flankentürme 64, 100, 104, 109, 118, 162, 165, 167, 169, 170, 171, 172, 181, 194, 201, 209, 210, 215, 216, 217, 220, 224, 226, 227, 228, 229, 234, 246, 248, 249, 255, 259, 263
Flint 134
Fontevrault 132
Ford 130, 157
Foxford 155
Foyle River 217
Foynes 249
Framlingham 62, 167
Fry, Plantagenet Somerset 11, 68, 101, 116, 122, 128, 137
Furt 71

G

Gallien 18
Galway 70, 146, 149, 150, 152, 173, 177, 202, 231
Gascogne 24, 35, 55, 133, 135, 221, 229, 246
Geoffrey de Geneville 237
Geoffroy de Marisco 144, 233, 239

Gerald de Prendergast 206, 207
Geraldines 34, 40, 51, 52, 80, 250
Getreideanbau 69
Gilbert de Nugent 187
Giraldus Cambrensis 11, 18, 29, 30, 31, 60, 78, 95, 106, 208, 211, 228
Gisors 136, 137, 201
Glendalough 235
Gloucester 127
Godfrey (Geoffrey) de Brionne 25, 28
Gorey 207
Gort 150
Gort River 150
Gower 212
Great Chamber 86, 87, 89, 98, 172, 181, 182, 190, 195, 216, 218, 234, 237, 246, 259, 263
Greencastle, Co. Donegal 15, 53, 56, *57*, 65, 70, 72, 100, 107, 129, 141, 154, **213–215**, *214*, 224
Greencastle, Co. Down 15, 100, 104, *114*, 145, 165, **215–217**, *216*, 230
Grianan of Aileach 61
Gwynedd 72

H

Haakon IV. von Norwegen 53
Hadrian IV. 38
Halle 86, 87, 88, 89, 93, 95, 112, 113, 114, 115, 117, 118, 126, 144, 145, 146, 147, 148, 165, 166, 167, 169, 170, 172, 181, 182, 183, 193, 195, 199, 203, 212, 216, 218, 220, 224, 227, 229, 230, 232, 234, 237, 240, 241, 242, 243, 249, 253, 254, 259, 263
Hall-House 115, 117, 118, 120, 175, 204, 232, 263
Hall-Keep 87, 89, 98, 115, 117, 118, 120, 123, 137, 141, 145, 146, 148, 169, 175, 178, 187, 188, 202, 203, 204, 205, 207, 216, 230, 232, 239, 249, 251, 255, 256, 263
Halsgraben 110
Harbison 10, 68
Harlech 83, 104, 127, *128*, 129, 134, 135, 137, 163, 214, 221, 234, 246, 247, 249
Harry Avery's Castle 15, 108, 109, *110*, 120, 157, **217–219**, 218
Hastings 25, 31, 79, 92, 122
Heinrich I. 26, 123
Heinrich II. 19, 21, 24, 25, 27, 34, 37, 38, 39, 40, 41, 43, 44, 46, 48, 49, 50, 55, 81, 84, 98, 123, 132, 133, 167, 170, 176, 191, 200, 226, 235
Heinrich III. 35, 50, 65, 94, 103, 126, 167, 168, 177, 193, 215, 239
Heinrich VIII. 237
Henry Aimbreidh O'Neill 217
Henry de Loundres 193
Herstmonceux 136
Hertford 127
Hervey de Montmorency 30, 37

Hillfort 61, 78, 195, 251, 264
Hochkönigtum 32, 39, 264
Hosty 203
Houdan 140
Hubert Walter 49
Hugh O'Connor 245
Hugh Tyrell 175, 257

I

Île de France 221
Inchiquin 186
Inishowen 213
Investiturstreit 38
IRA 200, 241
Island 188
Italien 24
Itinerant Justices 46, 86, 264

J

James de St. George 127, 247
Johann Ohneland 27, 34, 35, 44, 45, 49, 50, 63, 106, 125, 133, 163, 166, 167, 168, 172, 178, 182, 191, 192, 199, 200, 225, 226, 247, 258, 260
John Comyn 252
John de Gray 149, 178
John de Verdon 241
Jordan de Exeter 155
Justitiar 43, 45, 46, 48, 49, 50, 54, 144, 149, 173, 191, 193, 226, 233, 237, 244, 264

K

Kapelle 66, 95, 110, 111, 129, 139, 173, 209, 210, 212, 220, 249, 252, 253
Kastelltyp 63, 102, 103, 104, 127, 133, 134, 135, 159, 228, 229, 264
Kavanagh MacMurrough 156, 158, 160
Keep-Gatehouse 105, 106, 107, 225, 246, 264
Kenilworth 127
Kent 83, 167
Kerry 48, 50, 68, 69, 74, 144
Kildare 69, 229, 230,
Kilkenny 15, 27, *28*, 48, 63, 64, 71, 76, 102, 103, 105, 111, 127, 131, 156, 168, **219–221**, *220*, 226, 234
Killaloe 233, 254
Kiltartan 150
Kirby Muxloe 136
Knockgraffon 15, 61, *62*, 71, 73, 90, 104, 163, **221–222**, *222*
Knowth 73
Konstantinopel 154
Krak des Chevaliers 137
Kreuzfahrerstaaten 18
Kurie 38

L

La Chasse 140
La Ferté-Milon 136, 221
Lacy (Familie) 27, 50, 258, 260, 260
Lacy, Hugh de 42, 43, 49, 81, 84, 124, 125, 126, 166, 167, 172, 174, 184, 187, 188, 198, 199, 215, 257, 259
Lacy, Walter de 83, 257, 258
Lacy, William Gorm de 184
Langbogen 31, 75, 84, 101, 222
Laois 68, 194, 222
Laudabiliter 38, 39, 40
Launceston 201
Laurence O'Toole 252
Lea Castle 15, 51, *52*, 74, 104, 107, 109, 110, 116, 117, 118, 120, 126, 137, 138, 141, 152, 169, 187, 205, 206, 209, 210, 217, **222–225**, *223*, 255, 256
Lehen 20
Lehnspyramide 20
Lehnssystem 20
Leinster 27, 29, 31, 32, 37, 39, 40, 41, 48, 49, 50, 52, 60, 61, 68, 72, 73, 84, 94, 156, 161, 168, 177, 205, 206, 207, 219, 220, 221, 223, 238, 247
Leonard Carew 158
Liberty 48, 86, 127, 264
Liffey River 70, 175, 229
Limerick 15, 33, 46, 48, 61, 63, 64, 68, 69, 70, 71, 75, *76*, 85, 90, 94, 102, 103, 105, 112, 114, 131, 135, 137, 144, 190, 194, 221, 223, **225–227**, *226*, 233, 234, 235, 238, 247, 249, 260
Lios 59, 264
Liscarroll 65, 76, 90, *102*, 103, 104, 110, 120, 135, **227–229**, *228*
Llewelyn ap Gruffydd 127
Loire 96
London 75, 79, 122, 123
Londonderry 213, 217
Longueville 125
Lough Analla 187
Lough Carlingford 215
Lough Carra 70, 173
Lough Corrib 70, 173, 231
Lough Cutra 150
Lough Derg 233, 254
Lough Foyle 213, 217
Lough Mask 70, 173
Lough Oughter 99, 184
Lough Ree 237
Loughrea 50, 147, 151, 231
Louth 48, 165, 188, 241
Louvre 75, 98, 125, 134, 135, 137, 194, 220, 246
Ludlow 260

M

Mac Oiseana 203
Magennis (Familie) 217
Magna Charta 164
Maigue River 144
Malahide 252
Manor 32, 48, 68, 70, 117, 118, 235, 236, 252, 254, 264
Marcher Lord 22, 23, 24, 25, 34, 37, 40, 41, 48, 122, 158, 206, 222, 264
Marshal (Familie) 50, 206, 209, 219
Martello-Tower 188, 213
Maurice de Prendergast 30, 37
Maurice fitzGerald 161, 174, 208, 211, 223, 229, 237
Maynooth 15, 74, 76, 110, 117, *123*, 124, 133, **229–230**, *230*
Mayo 173
McCosty 203
Meath 43, 48, 50, 68, 69, 71, 81, 84, 94, 149, 161, 177, 186, 187, 204, 205, 237, 241, 244, 257, 259
Meiler fitzHenry 196
Mez-le-Maréchal 134, 137, 140
Milo de Cogan 244
Monasternenagh 144
Montaiguillon 134, 135, 137, 162, 194, 246
Mott, George 10
Motte 43, 61, 62, 63, 68, 72, 73, 74, 79, 80, 92, 93, 94, 96, 104, 143, 155, 161, 163, 175, 178, 179, 182, 183, 184, 187, 189, 201, 215, 219, 221, 222, 223, 224, 235, 250, 252, 257, 264
Motte & Bailey-Castle 61, 79, 80, 90, 92, 93, 94, 95, 104, 178, 184, 188, 202, 212, 247, 250, 264
Mourn River 217
Moy River 154
Moylough 15, 71, *88*, 89, 90, *97*, 118, 178, **231–232**, *231*
Munster 29, 32, 48, 50, 52, 73, 94, 161, 221, 222, 238, 247
Murrough O'Connor 244

N

Nangles (Familie) 187
Navan 204, 257
Nemours 138, *139*, 140, 170, 256
Nenagh 15, 63, 64, 76, *80*, 90, 98, *106*, 107, 126, 134, 190, **233–235**, *234*, 247, 255
Nenagh River 233
Nesles-en-Tardenois 134, 137
Netherwent 25
New Ross 219
Newcastle McKynegan 15, 62, 74, 90, 100, *101*, 109, 132, 152, **235–237**, *236*, 248, 249,
Newcastle West 249
Newcastle-on-Tyne 260
Newry 165, 182, 215

Newtonstewart 217
Nicholas Carew 158
Niederrhein 92
Nordirland-Konflikt 12
Nore River 219
Normandie 13, 18, 19, 20, 21, 23, 24, 25, 26, 55, 79, 92, 125, 139, 201
Norsemen 33
Northburg 213
Northumberland 157
Norwich 149
Nunney 138, 224

O

O'Brien (Familie) 225, 227, 233
O'Byrne (Familie) 236
O'Connor (Familie) 149, 153, 154, 161, 202, 203, 231, 239, 245
O'Flynn (Familie) 203
O'Kennedy (Familie) 256
O'Neill (Familie) 217
O'Reilly (Familie) 184, 186
O'Rourke (Familie) 186
O'Toole (Familie) 236
Odiham 130, 150, 175, 251
Offaly 68, 176, 223
Olde Court 254
Orford 175
Orient 56, 133, 134
Ostsee 188

P

Pale 36, 68, 119, 191, 217, 265
Palisade 95, 100, 118, 146, 182, 183, 219, 222, 232, 250
Papst 38, 39, 40
Paris 98, 134, 137, 140, 194, 220
Parlament 193, 194
Passy-en-Valois 134, 137, 162, 194, 246
Pembroke 22, 25, 63, 98, *124*, 125, 126, 130, 134, 169, 186, 198, 234, 251
Penmaen 95, 125, 178, 212
Pest 8, 58, 76, 158
Pfalz 78
Philip de Prendergast 206
Philip de Worcester 163, 222
Philippe-Auguste 63, 64, 103, 125, 135, 170, 194, 220
Pierrefonds 160
Plantagenets 132, 260
Poddle River 191
Poitiers 30, 140
Poitou 260
Porta Nigra 136,168

Portarlington 222
Porte de Laon 137
Porte de Soissons 137
Portlaois 194
Portugal 188
Portumna 233, 254
Poterne 228, 230, 244, 246, 265
Provins 140
Pyrenäen 23, 33, 55, 102, 133, 186

R

Raid 46, 59, 78, 237, 265
Ráth 59, 62, 265
Ratilly (Treigny) 136, 221, 247
Raymond Guilhelm 229
Raymond le Gros 95
Rechtsprechung 86, 88
Renaissance 182
Rennes 92
Residenz 59, 61, 78, 109, 113, 121, 132, 167, 172, 179, 192, 194, 208, 209, 219, 220, 223, 227, 232, 235, 259
Restormel 201
Rhuddlan 22, 221, 247
Rhys ap Gruffydd (Lord Rhys) 25
Richard I. Löwenherz 126, 132, 133, 226
Richard I., Hzg. d. Normandie 25
Richard II., Kg. 113
Ring-and-Fill-Methode 93, 94, 182
Ringfort 50, 59, 73, 78, 92, 94, 155, 178, 194, 212, 221, 265
Ringmauer 62, 64, 98, 99, 100, 102, 104, 105, 114, 117, 134, 136, 143, 148, 155, 167, 170, 172, 174, 175, 178, 241, 242, 246, 248, 250, 256, 259
Ringwork 43, 61, 62, 63, 66, 68, 71, 72, 80, 92, 94, 95, 98, 100, 125, 126, 143, 144, 146, 151, 155, 174, 175, 177, 178, 208, 212, 225, 235, 265
Rinndown 15, *34*, 50, 70, 76, 104, 132, 178, **237–240**, *238*, *240*, 244
Robert de Coterel 231
Robert de Ufford 244
Robert fitzStephen 30, 37, 210, 211
Roche Castle 15, 71, 74, 107, 110, **241–244**, *242*, *243*
Rochester 83, 97, 123, 172, 259
Roger Bigod 158, 167
Rohesia de Verdon 241
Rom 38
Roquetaillade 135
Rory O'Connor 39, 42, 50, 153, 187, 238, 244, 257
Roscommon 7, 15, 46, 48, 50, 53, *54*, 65, 72, 74, 76, 83, 85, 99, 100, 102, 103, 107, 128, 131, 134, 135, 137, 152, 153, 221, 224, 231, 235, 237, 238, **244–247**, *245*

Roscrea 15, 46, 76, 92, *96*, 100, 109, 120, 132, 165, 197, 223, 237, **247–249**, *248*
Rye River 229

S

Sarzay 140
Schießscharten 85, 101, 148, 152, 159, 167, 168, 196, 208, 227, 243, 251, 255, 259
Schottland 21, 24, 28, 33, 35, 45, 53, 55, 56, 102, 121, 133, 186
Scutage 46, 55, 84, 265
Shanid 15, 61, 62, 63, *64*, 73, 74, 90, 95, 98, 104, 126, **249–251**, *250*
Shannon River 50, 65, 68, 70, 71, 72, 76, 84, 94, 118, 133, 149, 150, 177, 178, 202, 203, 225, 227, 231, 233, 238, 239, 244, 247, 249, 254
Shell-Keep 107, 201, 265
Sheriff 20, 86
Shire-System 19, 47, 265
Silvermine Mountains 233
Simon de Montfort 35, 65, 126
Sinking River 202
Sizilien 18, 19, 56, 126
Skandinavien 33
Skenfrith 130, 186, 235, 251
Slane 257
Slaney River 44, 70, 205, 210
Sligo 160, 161, 173
Solar-Keep 123, 265
Söldner 18, 31, 37, 40, 45, 46, 53, 56, 79, 84, 85, 106, 131
Somerset 138
Spanien 56, 121
St. John 206
Staunton, de (Familie) 174, 175
Stephan von Blois 125
Strabane 217
Strongbow s. Clare, Richard de
Strule River 217
Suffolk 167
Suir River 163
Swords 15, *66*, 89, 104, 111, 120, 130, 157, 181, **251–254**, 253
Syrien 137

T

Tadg O'Brien 53
Tara 61, 257
Temple 140
Tenant 87
Terryglass 15, 70, *116*, 117, 118, 137, 138, 169, 205, 209, 210, 224, **254–256**, *255*, 257
Theobald Walter 49, 63, 126, 233, 234, 254
Thiers-sur-Thève 163, 194, 246

Thomas Becket 41, 233
Thomas fitzMaurice 250
Thomond 68, 222
Tickhill 130, 150, 175, 251
Tiernan O'Rourke 39
Tintern Abbey, Irland 25
Tintern Abbey, Wales 25
Tipperary 48, 94, 221, 233, 238, 247, 254
Tonbridge 25, 127, 128, 214, 221, 234, 243, 246
Torkammer 85
Totnes 201
Tour Constance, Aigues Mortes 75
Tour Maubergeon 140
Tour Narbonnaise 137
Tower, London 75, 97, 102, 122, 123, 226
Tower-House 35, 68, 108, 109, 112, 118, 119, 120, 141, 148, 152, 158, 165, 170, 174, 178, 187, 188, 196, 204, 205, 213, 218, 225, 228, 229, 232, 237, 249, 265
Treasurer 46, 265
Treigny s. Ratilly
Trematon 201
Tretower 130, 186, 251
Trévoux 176
Trier 136
Trim 11, 15, 43, 48, 62, 64, 70, 71, 72, 76, 81, *82*, 83, 95, 97, *98*, 100, 111, 113, 114, 123, 124, 133, 141, 170, 187, 230, **257–261**, *258*, *260*
Triumphtor 106, 199
Trockenmauerwerk 59, 61, 95, 212, 265
Trojaner 18
Tuatha 32
Turlough O'Connor 202
Turmburgen 9, 10, 12
Turnier 20
Tyrone 217

U

Uachtarán 191
Ulster 32, 43, 48, 50, 51, 54, 56, 61, 64, 65, 68, 70, 74, 81, 94, 118, 126, 129, 132, 161, 171, 172, 173, 186, 197, 213, 214, 215, 238, 241, 244

V

Vexin 201
Villandraut 135, 137, 163, 221, 246, 247
Villeneuve-lès-Avignon 137
Vincennes 140

W

Waffen 19, 29, 30, 31
Ward River 251
Warwick 131, 136

Wassergraben 83
Waterford 32, 37, 40, 41, 48, 70, 75, 94, 95, 200, 219
Westmeath 68, 186
Westminster Abbey 126
Westminster Hall 113
Westport 173
Wexford 32, 37, 40, 48, 60, 69, 70, 75, 79, 95, 116, 205, 207, 210, 211, 255
Wicklow Mountains 69, 74, 179, 235, 237
Wikinger 33, 40, 70, 75, 188, 191, 225
Wilhelm der Eroberer 17, 20, 25, 31, 79, 122
William de Braose 222
William de Radeclive 111
William Marshal *26*, 27, 49, 63, 64, 83, 124, 125, 133, 140, 141, 158, 168, 169, 170, 186, 196, 197, 198, 208, 219, 220, 221, 223, 226, 256
Winchester 79, 113, 126

Z

Zinnen 78, 148, 189, 251